安多基德斯与雅典城邦政治

贾文言 —— 著

Andocides and
Politics of
Athens

中国社会科学出版社

图书在版编目(CIP)数据

安多基德斯与雅典城邦政治 / 贾文言著 . —北京：中国社会科学出版社，2020.10
ISBN 978-7-5203-6807-0

Ⅰ.①安⋯　Ⅱ.①贾⋯　Ⅲ.①奴隶制城邦—研究　Ⅳ.①K12

中国版本图书馆 CIP 数据核字（2020）第 124167 号

出 版 人	赵剑英
责任编辑	耿晓明
责任校对	杨　林
责任印制	李寡寡

出　　版	中国社会科学出版社
社　　址	北京鼓楼西大街甲 158 号
邮　　编	100720
网　　址	http://www.csspw.cn
发 行 部	010-84083685
门 市 部	010-84029450
经　　销	新华书店及其他书店
印刷装订	北京市十月印刷有限公司
版　　次	2020 年 10 月第 1 版
印　　次	2020 年 10 月第 1 次印刷
开　　本	710×1000　1/16
印　　张	19.75
插　　页	2
字　　数	277 千字
定　　价	89.00 元

凡购买中国社会科学出版社图书，如有质量问题请与本社营销中心联系调换
电话：010-84083683
版权所有　侵权必究

序　言

贵族和民主政治似乎难以兼容。在希腊人那里，贵族表示最优秀的人，他们用一系列动听的术语来表示自己的身份，诸如"有用者""有价值者""最好者""有权势者""有名望者""出生高贵者"等。与他们相对的，是"多数""卑劣者""无赖"和"乌合之众"等等。在这种两极对立的思维中，很难想象两者可以在一个城邦中和平共处，甚至共同治理城邦，更看不到希腊人最初表达民主政治术语所包含的"平等"的含义。《伊利亚特》第2卷奥德修斯的话最直白地表达了上层阶级的态度。当时阿凯亚人听完阿伽门农试探性的话语后，一窝蜂地冲向海边打算返回希腊。奥德修斯受女神雅典娜之命阻止希腊人下海，希望他们继续战斗，直到攻克特洛伊。于是奥德修斯拿起权杖，劝希腊人回到会场上。"他遇见一个国王或一个显赫的人物，他就站在他身边，用温和的话语阻止他。""但是他看见一个普通兵士在叫嚷，他就用权杖打他，那凶恶的话责骂：'我的好人，你安静地坐下，听那些比你强大的人说话；你没有战斗精神，没有力量，战斗和议事你都没分量。'"古风时代平民与贵族的冲突虽然提升了平民的地位，使平民在某些城邦中成为了公民，享有了一系列政治和社会权利，但贵族和平民、穷人和富人的区分与对抗，即使到古典时代末期，在雅典那样实行民主政治的城邦中，似乎从不曾完全消失。到公元前4世纪末，当德摩斯提尼面对埃斯奇奈斯时，他仍能在法庭上当作大多数由普通人组成的陪审员，公开挖苦对手必须为了挣得微薄的收入，从童年起就干着低贱的工作。考虑到德摩斯提尼一生都在为捍卫雅典的民主政治而呼号，最后死于马其顿人的追迫，则他对普通劳动者的态度更耐人寻味。

不过，贵族又是希腊城邦包括民主制城邦中的重要力量，从多个方面指导和掌控着城邦政治。雅典民主政治的产生以及发展，如果没有梭伦、克里斯提尼、西蒙和伯里克利等贵族领袖，能否正常运转，恐怕很成疑问。甚至到公元前4世纪，当民主政治进入剑桥大学古代史教授琼斯等人心目中的成熟时期，也被古代作家视为最为激进的时代，主要政治家仍是贵族和富人。对于这样的现象，西方学者早有留意，并且做过不同程度的研究。希格内特、西利和埃德等人都对贵族在创立民主政治中的作用给予高度重视，威布利、麦克金德里克和斯塔尔等分别写出了有关希腊贵族的专著。但最近的研究，尤其是美国学者奥伯和华莱士等人，更多地关注雅典人民的政治主动性，奥伯还把公元前508年雅典人围攻斯巴达国王和支持克里斯提尼改革的行动解读为"革命"，主张抛开领袖来理解民主政治的起源。

但是，这种完全否定领袖作用的做法，也恰当地遭到了学界某种程度的批评。拉夫劳勃指出，人民革命的确重要，但民众的革命诉求，只有通过领袖人物的制度设计才能作为成果固定下来。而雅典的政治领袖，至少在伯罗奔尼撒战争之前，几乎清一色地都是贵族。如果没有梭伦、克里斯提尼、埃菲阿尔特和伯里克利等人的设计，雅典民主政治肯定不是公元前5世纪后期那个样子。所以，要求得对雅典民主政治的充分理解，贵族及其政治作用是一个无法绕开的议题。对雅典贵族的研究，也因此具有了重要的学术意义。

贾文言的这本著作系在博士论文基础上修改而成，讨论了公元前415年到公元前392年间贵族在雅典民主政治中扮演的角色。所以选取这个时段，是因为该时期雅典政治变动剧烈，一方面民主政治发展到西方部分学者所宣称的激进时期，另一方面，民主政治遭遇严重挑战，尤其是在伯罗奔尼撒战争期间，曾先后两次被推翻，一次在公元前411年被四百人政府取代，一次在伯罗奔尼撒战争结束后被斯巴达扶植的三十僭主取代。然而寡头派的两次革命，特别是以克里提阿斯为首的三十僭主为政名声太过恶劣，不仅葬送了他们自己的统治，连带着把整个寡头政治的名声都捎上了：从公元前403年到前322年，没有任何雅典人严肃地设想在雅典实际恢复寡头政治。然而这并不意味着贵族们对民主政治完全满意。恰恰相反，伊索克拉底、柏拉图和亚里士多德对民主政治的批评都发生在公元前4世纪，而且如果我们可以相信罗兹的研究，则公元前4世纪雅典民主政治总体上处于衰退之中，典型地表现就是以效率牺牲民主，由上层阶级担任的官员在民主政治下的作用逐渐变得重要起来。这种趋势的初步显现或许是公元前4世纪中后期，但公元前5世纪末以来贵族对民主政治的挑战，以及民主政治因应挑战过程中的主动调整，恐怕不能说对此完全没有"贡献"：公元前4世纪雅典主要的制度，大体是在这个时期定型的。同时，这个时期也正是本书的主人翁安多基德斯政治上相对活跃的时期，留下的资料相对充足，而相关问题争论又比较多，从而给研究留下了某些空间。

严格地说，安多基德斯在雅典政治上留下的痕迹不多，但几次关键时候的"出场"值得我们注意。一次是他在赫尔墨斯神像被毁案和秘仪渎神案件中作为"污点证人"，不仅洗清了自己家族成员的犯案嫌疑，而且使雅典人确信他们找到了真相，从而放松了渎神追查中近乎猎巫式的调查。另外一次，则是在关键时刻给雅典送来了粮食与木材。从本书的分析看，公元前406年雅典在阿吉纽西使用的战船中，或许就部分使用了安多基德斯提供的木材，那些水手们，或许也吃过安多基德斯从塞浦路斯运来的粮食。第三次，是他作为使节前往斯巴达谈判和约。尽管他努力向雅典人阐明与斯巴达和平能够带来的好处，但他的演讲对雅典人的指责，更重要的是形势的变化，使他的使命以失败告终，他本人也与使团其他成员一道被判处死刑，从此逃离雅典，不知所终。他一生的活动，真实地反映了民主政治时代雅典贵族们作为政治人物必须承担的风险。对特殊时期这位特殊人物的研究，对揭示民主政治的制度和运作机制，特别是民主政治对贵族的控制以及贵族对民主政治的适应，具有解剖典型的意义。

◆◆◆ 安多基德斯与雅典城邦政治

　　作为一种国家的类型，希腊城邦的一个重要特点，是既缺乏现代国家的基本元素：职业军队和警察等暴力机关，也缺少维持国家日常运转的官僚机构。前者使城邦缺少能够对付强势贵族和世家大族的颠覆性力量，后者使城邦极其需要贵族的管理和专业知识，以确保城邦的正常运行。然而，希腊的贵族一方面希望获得权力，另一方面却希望不受城邦制度的约束。因此从荷马时代城邦萌芽以来，希腊人面临的一个基本任务，是一方面要遏制贵族争夺权力的冲动，防止贵族之间的冲突影响城邦整体的稳定，另一方面，是充分利用贵族中的能人出面领导国家，毕竟只有他们受到过良好的教育，也有时间掌握城邦各个方面的情况。古风时代贵族与平民的冲突要解决的基本问题之一，也是通过法律等手段制约贵族超出制度框架的竞争。在民主政治之下，这经常通过对官员的严格监督实现。雅典的陶片放逐法，就是城邦以相对温和的手段控制强势贵族的一种方式。虽然这种制度在叙拉古的实行引起了意想不到的效果，但并不影响它在雅典的成功。

　　尽管如此，我们仍能经常看到贵族为夺取权力而不惜损害城邦整体利益的冲动，最极端的例子莫过于阿尔基比阿德斯。据修昔底德，阿尔基比阿德斯为了自己的私利煽动雅典人发动西西里远征，却在被召回国受审、政治生命遭遇威胁时，选择逃亡斯巴达，说服斯巴达人出兵戴凯莱亚，并向叙拉古派出将领。雅典远征西西里的失败，固然有尼奇亚斯和雅典人自身的责任，但要说与阿尔基比阿德斯无关，肯定也难以令人信服。但这并不是他唯一伤害雅典的行动。当他在斯巴达难以立足时，他逃到波斯，耍弄手段挑拨雅典、斯巴达与波斯的关系，而且以虚假的承诺诱使雅典人推翻民主政治。当民主政治被推翻时，他摇身一变，似乎又成为四百人政权的反对者。在给雅典人造成巨大灾难后，他终于达到了返回雅典、并且再度出任将军。他所做的这一切，居然在他那里冠冕堂皇："我所爱的城邦是一个保证我的公民权的城邦，不是一个迫害我的城邦。我认为，我所攻击的城邦已经不是我的祖国，我要恢复的更不再是我的祖国。一个真正热爱自己城邦的人，不是那种不公正地失去了自己的城邦之后，不去攻击她的人，而正是由于对她的眷念要尽一切办法将她夺回的人。"这话听来，似乎比格劳库斯与萨尔佩东在特洛伊城下为私人友谊而放弃交战，相互交换武器时狄奥麦德斯所说的"我有许多特洛伊人和他们的盟军可杀，你也有阿凯亚人可杀，只要你可能。让我们互相交换兵器，使人知道我们宣称我们从祖辈起就是宾客"更加肆无忌惮。阿尔基比阿德斯当然特殊，也特别臭名昭著，但熟悉古典时代希腊历史的人，会发现这样的人不在少数。库伦曾企图借助麦加拉人力量在雅典建立僭主政治；阿尔凯伊奥斯试图依靠吕底亚帮助返回米提莱奈。即使到古典时代，希望借助外邦的力量夺回权力者，也绝非不常见。城邦政制的每一次变革，都意味着会产生一批失意者，他们中的某些人选择流亡，但也不乏借助外力达到自己回归目的的，即使由此造成自己的城邦被敌人占领，也在所不惜。

虽然如此，阿尔基比阿德斯这样的极端人物终归是少数，绝大多数贵族接受了城邦对他们的限制，并且乐意用自己的能力为城邦服务。安多基德斯内心不一定是民主派，但应当是一个爱国者。无论他是否真的参与了赫尔墨斯神像破坏案，他勇于承担责任的行动，他努力为雅典服务以换取城邦的宽恕，甚至最后他衔命出使斯巴达，力主和平的政策不合时宜，自己也因此被流放，都足以表达他真诚的爱国热情。必须承认，雅典贵族中的大多数人，都属于安多基德斯这种类型。易言之，大多数贵族默认了雅典的政治制度，而且在个人不如意时，仍愿意为城邦做出贡献。这一方面表明雅典公民中的多数对城邦的认同，另一方面，如果希腊人的看法合理，倒是凸显了贵族们一直抱怨的民主政治的成功之处：在柏拉图、亚里士多德和波利比乌斯那里，公民的美德源自城邦的培养，公民的美德，是城邦美德的微缩版。

拉杂写了这么多，扯得不免太远。文言这本书的意图，是透过安多基德斯说明雅典城邦与贵族的关系。第一章虽然是大背景，但必不可少，是安多基德斯活动于其中的基本制度和社会框架，尤其是城邦如何在既限制贵族，又充分利用贵族的能力为城邦服务等方面，做了基本分析。书稿还对贵族本身态度的变化做出了基本评估。第二章仍是背景，但更加具体，系安多基德斯个人的出身与经历，包括他的家族和政治倾向，以及研究他可以利用的各种材料。第三到六章是本书的主体，分时段讨论了雅典政治的变革与安多基德斯个人的命运。总体上看，本书给我们刻画的是一个非常不走运的安多基德斯。他坦承了自己在赫尔墨斯神像被毁案中的责任，解脱了家人，自己却被迫流亡；此后三次尝试返回，但都因为这样那样的原因无果而终，最后还是借助于民主政治普遍的大赦令才实现了回归。对于以这种方式回国，他应当还是感激的，也希望以自己的参与来回报。但他好像总也踩不到时代的脉搏，成功的记录不多，树立的私敌不少，连续卷入诉讼，旧账也不断被翻出来，最后竟至被城邦判处死刑，被迫逃亡。然而如前文所述，他一生颠沛流离，却似乎痴心不改，正说明了雅典民主政治的魅力。这种制度当然有这样那样的不足，但她成功地限制了贵族竞争权力的失控，又充分利用了贵族的政治、军事和经济能力。雅典能够在200年中成为芬利心目中希腊世界政治上最稳定、军事上最强大、文化上最繁荣的城邦，与民主政治恰当处理了城邦与贵族的矛盾，有着莫大的关系。

如前所述，公元前5世纪末到前4世纪初的雅典正处于风雷激荡时期，伯罗奔尼撒战争、科林斯战争、两次寡头政变、民主派回归和大赦，都发生在这个时期。波斯的介入和斯巴达的干涉，使本就非常复杂的局势，变得更像一团乱麻。如何在纷乱中理出头绪，并且反映在个人的命运上，在资料严重不足的情况下，成为一件几乎不可能完成的任务。本书作者花费了不少心思，综合运用了历史、文学、铭文以及各类证据，试图从安多基德斯的角度写出这个时期的历史，并勾勒出一个变动时代贵族家族的命运，说了一个相当不错的故事。作者始终从城邦命运的变迁来把握贵族个体的浮沉，较好地实现了通过安多基德斯说明雅典城邦制度特点的目标，对理解这个时期雅典和希腊的历史，无疑具有积极意义。

作为一部在博士论文基础上完成的学术专著，尽管后来经过不少修订和增删，但还是带有较多的论文色彩。它的优点是主题集中，缺点是还带有博士阶段的味道，开篇就是选题缘起和意义，继之以学术史梳理与研究方法的阐释。这是时下博士论文写作最一般的套路，甚至是官方的要求，但作为一部专著，大可不必如此拘泥。作者也试图追踪最新的学术和理论前沿，借用记忆理论分析安多基德斯在《论秘仪》和《论和平》中的辩护策略，勇气可嘉，但对讨论贵族与雅典民主政治的关系而言，还有待更进一步的发掘。一些具体问题，或许仍有可供讨论的空间。如对安多基德斯渎神罪的控告，不禁让人想起著名的苏格拉底案。二者不仅在时间上异常接近，都发生在公元前400年甚至前399年，而且罪名也与宗教有关。本书作者也许不想卷入似乎永远不可能有定论的苏格拉底受审案，但作为读者，仍不免做此联想。如果对这两个案件的背景、涉及的宗教和政治情绪进行比较分析，肯定会非常有趣。不过还是就此打住，免得这么一篇不像序的序，变得如赵世瑜先生所说，"面目可憎"了。

晏绍祥

2019年11月28日

目 录

绪 论 …………………………………………………………（1）
 一　选题缘起与意义 ………………………………………（1）
 二　基本文献与相关研究 …………………………………（6）
 三　基本概念与研究方法 …………………………………（21）

第一章　渎神案前的雅典民主政治与贵族 ………………（24）
 第一节　渎神案前的雅典民主政治 ………………………（24）
  一　民主政治的创建及日趋完善 ………………………（25）
  二　平民力量的崛起 ……………………………………（30）
  三　民主机构及举措的"滥用" …………………………（33）
 第二节　城邦政治中的贵族 ………………………………（37）
  一　雅典贵族及其特征 …………………………………（37）
  二　对贵族的限制 ………………………………………（42）
  三　对贵族的依赖 ………………………………………（48）
 第三节　贵族对民主政治的态度 …………………………（55）
  一　积极参与者 …………………………………………（56）
  二　反对者与批判者 ……………………………………（59）
  三　城邦的反应 …………………………………………（64）
 小　结 ………………………………………………………（67）

第二章　安多基德斯的家族与演说作品 (69)
第一节　家族背景及早年经历 (69)
　　一　安多基德斯的家族 (69)
　　二　早年经历及政治倾向 (74)
第二节　演说作品及其价值 (76)
　　一　演说作品 (76)
　　二　史料价值 (78)
小　结 (87)

第三章　渎神案的发生与安多基德斯流亡海外 (89)
第一节　赫尔墨斯神像破坏案与城邦的调查活动 (90)
　　一　赫尔墨斯神像破坏案的发生 (90)
　　二　城邦的早期调查活动 (97)
第二节　安多基德斯的自我揭发与流放 (105)
　　一　安多基德斯的自我揭发 (105)
　　二　赫尔墨斯神像破坏案发生原因考证 (111)
　　三　城邦调查活动的继续 (120)
　　四　流亡海外 (130)
第三节　"朋党"与雅典民主政治 (132)
　　一　朋党：概念与发展 (132)
　　二　渎神案中的"朋党" (137)
小　结 (142)

第四章　政局变动与安多基德斯的回归尝试 (144)
第一节　两次回归尝试的失败 (144)
　　一　流亡海外的生活 (144)
　　二　第一次回归尝试 (147)
　　三　第二次回归尝试 (154)
第二节　大赦令与安多基德斯的回归 (162)

一　三十僭主统治的兴衰 …………………………………… (162)
　　二　和解的执行 ……………………………………………… (172)
　　三　成功回归及其政治活动 ………………………………… (175)
　小　结 …………………………………………………………… (179)

第五章　安多基德斯的渎神案回忆与城邦判决 ………………… (180)
　第一节　控告发生的原因 ……………………………………… (180)
　　一　演说词中的记述 ………………………………………… (181)
　　二　近现代学者的构建 ……………………………………… (189)
　第二节　安多基德斯的选择性回忆与辩护策略 ……………… (194)
　　一　对渎神案的回忆 ………………………………………… (195)
　　二　对《伊索提米德斯法令》效用的否认 ………………… (202)
　　三　对放置橄榄枝指控的否认 ……………………………… (208)
　　四　辩护策略 ………………………………………………… (212)
　第三节　被无罪开释的原因 …………………………………… (214)
　　一　对赦免条款的利用 ……………………………………… (214)
　　二　对自身和原告形象的塑造 ……………………………… (218)
　小　结 …………………………………………………………… (220)

第六章　雅典的中兴努力与安多基德斯的再次流亡 …………… (222)
　第一节　科林斯战争与雅典的中兴雄心 ……………………… (223)
　　一　科林斯战争的爆发 ……………………………………… (223)
　　二　雅典的中兴努力 ………………………………………… (227)
　　三　安塔尔吉达斯出使萨尔迪斯 …………………………… (232)
　第二节　安多基德斯出使斯巴达 ……………………………… (235)
　　一　出使时的形势 …………………………………………… (236)
　　二　《论和平》的主要内容 ………………………………… (239)
　第三节　和平努力与安多基德斯的命运 ……………………… (252)
　　一　和平努力失败的原因 …………………………………… (253)

二　安多基德斯及其主张的命运 …………………………（257）
　　三　对安多基德斯共同和平方案的评述 …………………（263）
　小　结 ………………………………………………………（269）

结　语 …………………………………………………………（271）

参考文献 ………………………………………………………（283）

后　记 …………………………………………………………（301）

绪　　论

一　选题缘起与意义

1. 选题缘起

1952年，英国史学家西格内特出版《公元前5世纪末以前的雅典政制史》。他从制度史的角度，概述了从王政时代到公元前401年雅典政制的发展历程。之所以将写作下限定为公元前401年，是因为他认为雅典的激进民主制，在得到斯巴达部分征服者慷慨"善助"的情况下，最终取得了胜利。此后，民主政治的激进性质并没有改变，只是为了更好地适应形势的发展，对政制的细节进行了微小修正和调整。① 西格内特的这一观点是直接来自亚里士多德的，因为亚里士多德曾强调在公民大会施行津贴制是雅典民主政治发展的最后一步。②

该著作的出版引起了学术界的关注，西格内特也由此确立了他在雅典政治史研究中的学术地位。③ 但自20世纪80年代以来，随着西方学术界美化雅典民主趋势的日益加强，关于雅典民主政治的研究观点也发生了变化。其中之一就是否认公元前4世纪雅典依然是激进民主制。早在20世纪50年代琼斯在分析雅典民主政治的经济基础时已经注意到，由于公元前4世纪雅典财政上的困难，财政官是公民大会选举的，而这是公元前5世纪时选举军事长官中最为重要的十将军的

---

① C. Hignett, *A History of the Athenian Constitution to the End of the Fifth Century*, Oxford: The Clarendon Press, 1952, p. V.
② C. Hignett, *A History of the Athenian Constitution to the End of the Fifth Century*, pp. 41, 3.
③ 参阅晏绍祥《古典历史研究史》下卷，北京大学出版社2013年版，第46—47页。

选举方法。此举是对贵族原则必然发生的让步：因为希腊人认为民众选举是贵族的而非民主的。① 罗兹指出，在公元前403年以后，雅典的国家体制发生了很多变化，主要体现在如下三个方面：议事会和公民大会、法律的制定、财政管理和司法领域。公元前4世纪，雅典朝着效率和专业化方向发展，有时是以牺牲民主政治为代价的。他还将公元前4世纪分为初期和中期两个阶段，即初期在公民大会引入津贴制、调整陪审法庭的审判程序以及创建九人委员会（proedroi）等举措，体现的是公元前5世纪民主政治的延续；中期的雅典采用了一些不那么民主的措施，如大量使用专家等。② 奥斯特瓦尔德和西利强调公元前4世纪是法律的统治，并得到了沃尔特·埃德（Walter Eder）的支持。③ 汉森也认为公元前4世纪时的雅典民主政治，比前一个世纪的民主政治要温和，其转折点是公元前404—前403年的一系列改革。④ 可以说，这些观点背离了亚里士多德的相关论述，虽具新意，却不能被所有学者所认同，包括辛克莱（R. K. Sinclair）、奥贝尔、托德、科恩以及克赖斯特在内的学者，都对这种观点提出了质疑。⑤

---

① A. H. M. Jones, *Athenian Democracy*, Basil Blackwell, 1957, p. 3.

② Peter J. Rhodes, "Athenian Democracy after 403 B. C.", *The Classical Journal*, Vol. 75, No. 4 (Apr. -May, 1980), pp. 305 – 323; "The Polis and the Alternatives", in D. M. Lewis, John Boardman, Simon Hornblower, M. Ostwald, eds., *The Cambridge Ancient History*, Vol. VI, Cambridge: Cambridge University Press, 1994, pp. 565 – 572; P. J. Rhodes, eds., *Athenian Democracy*, Edinburgh: Edinburgh University Press, 2004, p. 3.

③ Martin Ostwald, *From Popular Sovereignty to the Sovereignty of the Law*, Berkeley: University of California Press, 1986; Raphael Sealey, *The Athenian Republic: Democracy or the Rule of Law?*, University Park, Penn.: Pennsylvania State University Press, 1987; Walter Eder, "Who Rules? Power and Participation in Athens and Rome", in Anthony Molho and Kurt A. Raaflaub and Julia Emlen, eds., *City States in Classical Antiquity and Medieval Italy*, Ann Arbor: The University of Michigan Press, 1991.

④ Mogens Herman Hansen, *The Athenian Democracy in the Age of Demosthenes*, Oxford & Cambridge: Basil Blackwell Ltd, 1991, pp. 296 – 304, p. X.

⑤ R. K. Sinclair, *Democracy and Participation in Athens*, Cambridge: Cambridge University Press, 1988, p. 84; J. Ober, *Mass and Elite in Democratic Athens*, New Jersey: Princeton University Press, 1989, pp. 299 – 304; S. C. Todd, *The Shape of Athenian Law*, Oxford: Clarendon Press, 1993, pp. 299 – 300; D. Cohen, *Law, Violence and Community in Classical Athens*, Cambridge: Cambridge University Press, 1995, pp. 34 – 57; Matthew R. Christ, *The Litigious Athenian*, Baltimore and London: The Johns Hopkins University Press, 1998, pp. 22 – 23.

以上观点表明，包括奥斯特瓦尔德、西利以及沃尔特·埃德在内的学者，之所以认为公元前4世纪的雅典民主政治较公元前5世纪更加温和，主要是因为他们认为改革后的陪审法庭更注重法律，相应地公元前4世纪的雅典也便是法律的统治。相比之下，西格内特、辛克莱、奥贝尔、托德、科恩以及克赖斯特，尤其是克赖斯特，却倾向于认为陪审法庭是民主统治最为显著的特征，所以公元前4世纪的雅典民主政治更多的是公元前5世纪民主政治的延续。这些争论的实质在于如何解读和认识公元前4世纪雅典的法律与陪审法庭地位。从实际情况来看，雅典如何看待该时期法律与陪审法庭的地位，与公元前411—前401年雅典的政制变革密切相关。亚里士多德曾言，在雅典政制发展历程中，自伊翁创制到公元前401年雅典民主政治在雅典重建，共经历了11次重大变革。在这11次重大变革中，最后的4次变革全部集中在公元前401年之前短短的10年时间内。[①] 从这个角度讲，为更好地理解公元前4世纪雅典民主政治的实际状况，重点考察该时段雅典政制变革情况是问题的关键。正因为如此，笔者意欲对公元前411—前401年雅典城邦政制变革，以及政策调整的影响及其性质予以探讨。

2. 研究对象的界定

从以上学术界对雅典民主政治的探讨而言，奥斯特瓦尔德、辛克莱等较重视制度研究。在叙述的重点上，他们更强调制度因素，注意从制度的角度对雅典的民主政治进行评价，并且更重视中长时段的研究，而不是专注于某一特定的短时段。例如，奥斯特瓦尔德的叙述下限为公元前5世纪末，辛克莱则截至公元前322年。相比之下，奥贝尔等人更注重考察雅典政治运作的实际。

可以说，以上研究自有其优点和可取之处。但不可忽视的是，任何个人都难以脱离具体的制度而单独存在，而制度的运作也需要个人

[①] Aristotle, *The Athenian Constitution*, with an English Translation by H. Rackham, Loeb Classical Library, Cambridge: Harvard University Press, 1952, p. 41.

的参与和推动。芬利虽然强调要关注对政治具有影响力的人物①，但这些人物对政治产生影响，实际上有赖于通过特定的职位或角色获得足够的名望和影响。如泰米斯托克利、西蒙、伯里克利、德谟斯提尼、莱库古等莫不如此，他们所凭借的职位或角色也相应地发生了变化。所以，将具体的个人与特定时段的政制变革相联系，通过研究具体的历史人物，从而探讨该时段雅典城邦政制变革以及政策调整的影响和性质，应该更有利于理解和把握学术界对公元前4世纪雅典民主政治性质问题的探讨，而这正是本书的主旨。本书所选择的历史人物为演说家安多基德斯，之所以选择他作为研究的切入点，主要是基于以下考虑：

第一，精英阶层在雅典城邦政治中不可或缺。

虽然雅典民主政治主要是以下层阶级占主导地位的政治制度，但包括贵族在内的精英阶层，并没有被排除在城邦政治生活之外。他们是捐助义务的主要承担者，也是雅典公职人员的主体力量，在城邦安全中所扮演的角色更为重要。由于精英阶层的这种不可或缺性，因此从精英阶层的角度去审视和探究雅典民主政治，有利于更准确地把握和理解城邦政治生活的实际和现实。

第二，安多基德斯具有一定的代表性。

这种代表性主要表现为，他不仅与该时段内的主要历史事件密切相关，而且他本人留存的演说词为开展研究提供了较好的文献基础。

就前者而言，安多基德斯出身于名门望族，其出生大约早于公元前440年，公元前415年因渎神案被流放，可能在公元前5世纪末借助大赦令返回雅典，回归后积极参与雅典的政治生活。约公元前400年，他被指控违反了《伊索提米德斯法令》，其在法庭上的辩护得到了陪审员的认可，从而得以留在雅典并继续投身于政治活动，由此获得了较高的政治威望。及至科林斯战争爆发，在公元前392年他被任

---

① M. I. Finley, "Athenian Demagogues", *Past and Present*, No. 21. (Apr., 1962), pp. 3–24.

命为使者去斯巴达进行和平谈判，但他的和平主张并未获得雅典的认同，他本人在缺席的情况下被陪审法庭判处死刑。可以说，他一生的大部分时间，不仅涵盖了前述公元前411—前401年雅典所经历的所有政制变化以及政策调整，而且涉及此前雅典政制危机的出现，以及伯罗奔尼撒战争结束后雅典的复兴等问题。在这一系列大事件的背后，是雅典民主政治的内在变化，如强调法律、调整政治机构等。因此，安多基德斯在公元前415—前392年这23年个人政治命运的起伏，可以从侧面说明和展现该时期城邦政治的实际与运作。

就安多基德斯留存的文献而言，最能体现其思想与行为的当属其名下的四篇演说词，即《论回归》《论密仪》《论和平》以及《诉阿尔基比阿德斯》。这四篇演说词极具代表性，其中《论回归》《论和平》是在公民大会上发表的演说，前者涉及他个人回归雅典的私人问题，后者是关于城邦的公共政策。实际上，在现存的民主政治时期的150篇演说词中，仅有19篇是在公民大会上发表的，且有15篇归于德谟斯提尼，另有两篇归于外邦人吕西亚斯。如此而言，安多基德斯的这两篇演说词可谓是现存最早的此种类型的演说词。《论密仪》是在陪审法庭上发表的演说，是现存最早的为自己写作的演说词。在内容上，这些演说词保存了相对丰富甚至是相当珍贵的文献资料。

因此，以安多基德斯这一历史见证者和参与者为主线，去梳理和审视该时期的主要历史事件，透过人物政治命运的起伏及其对城邦政治生活认知的变化，有利于更准确地评价政制变革和政策调整的影响与性质。与此同时，考虑到安多基德斯主要活动时段，本书所探讨与考察的时段，也相应地得以拓展为公元前415—前392年。这一时段，上承公元前5世纪，下接公元前4世纪，无疑在雅典政制变革这一长期而复杂的过程中具有突出地位。由于西西里远征军的覆灭，以及伯罗奔尼撒战争的彻底失败，这一时段的雅典民主政治遭遇了深刻且严重的危机，同时该时期也是开始逐步自我修正、重塑民主信仰的时代。

3. 选题意义

以安多基德斯为个案进行研究，不仅具有学术意义，而且包含了现实关怀。就学术意义而言，以安多基德斯为切入点，可以就包括他与埃琉西斯密仪及赫尔墨斯神像破坏案的关系、流放者的回归、法律在法庭诉讼中的地位、雅典的复兴、城邦对城邦机构进行调整和采用增加津贴吸引公民参加公民大会的效用、贵族个人与城邦的关系以及城邦政治的再评价等具体问题进行思考和考察，从而深化对于城邦政治的理解与认识。在此基础上，以安多基德斯这一个案为切入点，有利于更好地理解公元前415—前392年的雅典政制发展史，释读该时期的政治状况。

就现实关怀而言，通过探讨以上学术问题，以及以安多基德斯时代的雅典为参照反观中国，有助于加深对中国古代历史上类似历史现象的理解，更好地认知当今社会国人对于国家的态度和行为。

二 基本文献与相关研究

1. 基本文献

本书使用的基本文献主要是演说词、历史著作与铭文。

有关安多基德斯的演说词比较集中。最主要的是归于他名下的四篇演说词，即《论回归》《论密仪》《论和平》以及《诉阿尔基比阿德斯》。除了这四篇演说词外，另外还有几则演说残篇，主要涉及《致友人》。与此同时，还有归于吕西亚斯名下的第六篇演说词，即《诉安多基德斯》。在《道德论集》中，伪普鲁塔克关于十大演说家的生平，也谈及安多基德斯。

本书可供参考的历史著作较为广泛。如修昔底德的《伯罗奔尼撒战争史》，他详细地记述了从公元前431—前411年的希腊历史，其中对赫尔墨斯神像破坏案以及公元前411年寡头政变的情况有较为详尽的记述。色诺芬的《希腊史》上承修昔底德作品终结时的公元前411年，下至公元前362年的曼提尼亚战役。对雅典战败后雅典"三十僭主"政权的统治状况，以及雅典在战后的复兴等问题都有较多记载。他的另一部作品《阿哥西劳传》，也谈到了雅典在战后的复兴问题。普鲁塔克的《希腊罗马名人传》中有阿尔基比阿德斯、科农、吕山德以及阿哥西劳等人物的传记,其中对赫尔墨斯神像破坏案、三十僭主以及雅典在战后的复兴等事件有所记述。西西里的历史学家狄奥多鲁斯著有《历史集成》。该作品的第 11—20 卷记载了从公元前 479—前 302 年的历史,他基本利用埃弗鲁斯的记载,具有一定的可信度。其中,对雅典在伯罗奔尼撒战争后的复兴,以及安多基德斯的出使斯巴达等问题有所涉及。《奥克苏云基亚希腊史》也多有触及雅典之处,其对底比斯和彼奥提亚历史的记载尤其有价值。

除演说词和史料外,铭文也是研究该时期历史的重要资料。托德选编了公元前 323 年之前的希腊铭文,共分上、下两卷。上卷截至公元前 5 世纪末,下卷选编的时段为从公元前 403—前 323 年。① 梅格斯和刘易斯对公元前 5 世纪末之前的希腊铭文进行了选编。② 福尔纳拉编辑了从古风时代到伯罗奔尼撒战争末期的部分稀缺资料。③ 哈丁汇编了从伯罗奔尼撒战争末期到伊普苏斯之战时期的部分文献。④ 罗兹与奥斯邦编辑的《希腊历史铭文集》,提供了公元前 5—前 4 世纪的铭文材料。⑤ 以上铭文大多已翻译为英文,有的对铭文的背景等进行了较为详尽的介绍。

因此,从文献的角度看,关于安多基德斯的材料较为丰富,且相对集中,为本书的研究提供了较充足的材料支撑。

2. 相关研究

与本书相关的研究,主要涉及雅典贵族、安多基德斯、该时段城

---

① Marcus N. Tod, *A Selection of Greek Historical Inscriptions*, 2 Vols, Oxford: The Clarendon Press, 1946 – 1948. 该书在 1985 年合为一卷出版。

② Russell Meiggs, David Lewis, *A Selection of Greek Historical Inscriptions*, Oxford: The Clarendon Press, 1969.

③ Charles W. Fornara, *Archaic Times to the End of the Peloponnesian War*, Cambridge: Cambridge University Press, 1983.

④ Phillip Harding, *From the End of the Peloponnesian War to the Battle of Ipsus*, Cambridge: Cambridge University Press, 1985.

⑤ P. J. Rhodes and Robin Osborne, *Greek Historical Inscriptions 404 – 323 B. C.*, Oxford: Oxford University Press, 2003; *Greek Historical Inscriptions 478 – 404 B. C.*, Oxford: Oxford University Press, 2017.

邦政治等方面，具体内容如下：

（1）关于雅典贵族的研究

在对希腊贵族的研究上，正如斯塔尔所指出的，"如果不是受到指责，贵族几乎是完全被忽视的"。正因为如此，他对贵族的价值观在西方思想中的重要性进行了研究，内容涉及贵族的政治权力、社会地位、经济力量、文化角色以及宗教责任等方面。① 惠布利（Whibley）对希腊世界寡头政体的特点和组织进行了探讨，并以附录的形式涉及雅典的四百人政权。② 麦肯德里克的《雅典贵族：公元前399年到公元前31年》，以该时期的雅典贵族为研究对象，指出他们为将宗教优势转化为政治影响所做的努力。在这一过程中，他对卡里阿斯和安多基德斯之间的斗争做了初步的讨论。③ J. K. 戴维斯运用人物志的研究方法，对雅典历史上的富有家族进行了考察。他将其所搜集的雅典富人以家族相排列，考证了他们的政治、军事活动以及参加公益捐助的情况，从而展现了从公元前600—前300年这些家族的兴衰以及所反映的雅典社会面貌。他对安多基德斯及其家族做了系统梳理，并考证了每位成员的基本活动和地位，对本书的研究具有重要意义。④ 卡特对公元前430年以后雅典社会中消极对待城邦政治生活的现象进行了研究。他指出"冷淡主义"（*Apragmosynē*）出自雅典民主政治，是民主政治的产物，是反对民主政治的一种反应。这一现象不仅仅体现在精英群体内部，在自耕农中也有体现。⑤

可以说，以上是以群体的形式探讨雅典贵族。除此之外，还有大量以贵族个体为研究对象的论著。在这些论著中，以与安多基德斯大

---

① Chester G. Starr, *The Aristocratic Temper of Greek Civilization*, Oxford: Oxford University Press, 1992.

② Leonard Whibley, *The Greek Oligarchies: Their Character and Organisation*, London: Metheun & Co., 1896.

③ Paul MacKendrick, *The Athenian Aristocracy 399 to 31 B. C.*, Cambridge, Massachusetts: Harvard University Press, 1969, pp. 6 – 7.

④ John K. Davies, *Athenian Propertied Families*, Oxford: The Clarendon Press, 1971.

⑤ L. B. Carter, *The Quiet Athenian*, Oxford: The Clarendon Press, 1986.

绪 论 ◆ ◆ ◆

约同时代的人物为主题的研究与本书关系较大，如涉及阿尔基比阿德斯、塔拉绪布罗斯等人的研究。① 在这些同时代人物的研究中，往往在一些论题中会涉及安多基德斯。例如，在研究阿尔基比阿德斯时，通常会涉及西西里远征前的渎神案问题，而这不可避免地会提及安多基德斯。

（2）关于安多基德斯的研究

归在安多基德斯名下的演说词，共四篇和几则演说片段，皆收录在梅德曼特（K. J. Maidment）翻译的《次要阿提卡演说家》和爱德华兹（M. J. Edwards）主编的《希腊演说家》第四卷。这是英文学界中收录安多基德斯作品最为完整的两个版本。它们不仅完整地收录了其作品，而且涉及其生平、各篇演说词的导言、英文翻译以及注释。后者广泛吸收了麦克道维尔（MacDowell）、布莱斯（Blass）和富尔（Fuhr）以及梅德曼特的观点，具有较高的学术价值。②

由得克萨斯大学出版社出版的演说词系列之《安提丰和安多基德斯》，收录了由麦克道维尔翻译的安多基德斯的四篇演说词，包含安多基德斯的生平、各篇演说词的导言、英文译本以及注释。③ 在演说词专题研究中，1962年麦克道维尔的《安多基德斯论密仪》包含了安多基德斯的生平、导言、演说的英文翻译以及注释，并在附录部分对包括安多基德斯是否犯有渎神罪等16个问题进行了研究，④ 在学术界颇有影响，包括H. 李·赫德森-威廉斯（H. Li. Hudson-Williams）、J. H. 蒂尔（J. H. Thiel）、翁贝托·阿尔比尼（Umberno Al-

---

① Walter M. Ellis, *Alcibiades*, London and New York: Routledge, 1989; Robert J. Buck, *Thrasybulus and the Athenian Democracy*, Franz Steiner Verlag Stuttgart, 1998.

② K. J. Maidment, *Minor Attic Orators*, Vol. 1, Loeb Classical Library, Cambridge: Harvard University Press, 1941; Michael Edwards, *Greek Orators-IV: Andocides*, Warminster: Aris & Philips Ltd, 1995.

③ *Antiphon & Andocides*, Translated by Michael & Douglas M. MacDowell, Austin: University of Texas Press, 1998. 需要说明的是，在正文部分对安多基德斯演说词的引用，除有说明者外，皆使用的是该版本。

④ Douglas MacDowell, *Andokides on the Mysterie*, Oxford: The Clarendon Press, 1962.

9

bini)、利奥伊德·B. 厄达尔（Lioyd B. Urdahl）、詹姆斯·M. 雷德菲尔德（James M. Redfield）、R. A. 布朗（R. A. Browne）等在内的学者就该书撰写了书评。

另外，德国学者布莱斯于1906年，选编了《论回归》和《论密仪》两篇演说词。法国学者乔治·达尔梅达（Georges Dalmeyda）于1930年出版了其主编的安多基德斯的四篇演说词。意大利学者翁贝托·阿尔比尼（Umberno Albini）在1961年出版了其主编的《论回归》，1964年出版了其主编的《论和平》。只是囿于语言能力，笔者无法使用。

有关安多基德斯四篇演说词的真伪，一般认为除《诉阿尔基比阿德斯》外，其余三篇皆为他本人的作品。但近年来，也有学者对《论和平》的真实性提出了质疑。例如，哈里斯通过将其与埃斯基涅斯的演说词比较，认为其属于伪作。[①] 他的这一观点在2000年为汉森庆祝60大寿的论文中得到进一步的阐述。[②]

在对这四篇演说词的研究中，学界对《论密仪》的关注最多。之所以会如此，主要是因为该演说词不仅援引了大量法律文本，而且保存了诸多历史细节。传统上认为《论密仪》所援引的法律文本是真实的，因此学界围绕这些法律文本进行了大量研究，如A. S. 麦克德维特对其中所涉及的《帕特罗克列伊德斯法令》进行了研究。[③] 阿兰·L. 伯格霍尔德通过探讨《帕特罗克列伊德斯法令》，认为安多基德斯声称由于该法令而使其不受《伊索提米德斯法令》制约的断言，是站不住脚的。此外，他还分析了该法令在雅典政制发展史上的地位，认

[①] Edward M. Harris, "Review: M. J. Edwards Greek Orators iv. Andocides", *The Classical Review*, Vol. 48, No. 1 (1998), pp. 18–20.

[②] 详见 Edward M. Harris, "The Authenticity of Andocides' *De Pace* A Subversive Essay", in Pernille Flensted-Jensen and Thomas Heine Nielsen and Lene Rubinstein, eds., *Polis & Politics: Studies in Ancient Greek History*, Museum Tusculanum Press & University of Copenhagen, 2000, pp. 479–506.

[③] A. S. McDevitt, "Andocides 1, 78 and the Decree of Patrocleides", *Herms*, 98. Bd., H. 4 (1970), pp. 503–505.

为从某种程度上是一个象征。① 与上述认可其真实性的传统观点不同,米尔科·卡内瓦罗和哈里斯对其真实性提出了质疑。②

《论密仪》的另一个论题主要是围绕渎神案展开的。关于安多基德斯在渎神案中的责任问题,大体而言,麦克道维尔和爱德华兹持无罪说。马尔认为安多基德斯确实在埃琉西斯密仪渎神案中有责任,并认为其在《论密仪》中的叙述是真实的。③ 在赫尔墨斯神像破坏案的案发时间上,包括麦克道维尔在内的研究者都主张并非月圆之夜,但多弗通过援引安多基德斯对于迪奥克列伊德斯(Diokleides)的告发情况,认为案发时间确为月圆之夜。④ 弗利通过研究安多基德斯与赫尔墨斯神像破坏案,分析了公元前5世纪在雅典的宗教中所存在的危机,认为赫尔墨斯神像破坏案和埃琉西斯密仪渎神案是两个不同派别截然相反动机的产物。⑤ 德布拉·哈梅尔紧密围绕赫尔墨斯神像破坏案,就该渎神案的一些细节进行了探讨,其内容涉及朋党、安多基德斯的责任等问题。虽然篇幅不大,但对于理解赫尔墨斯神像破坏案却极有帮助。⑥

除此之外,约瑟芬·克劳利·奎因从赫尔墨斯与雕像两者之间关系的角度,探讨了雅典的政治。这有助于更好地理解赫尔墨斯神像破坏案的发生,对雅典公民群体所产生的强烈冲击。⑦ 罗伯特·W.华莱士根据《论密仪》的第11—18段四项司法谴责中所体现的人物关

---

① Alan L. Boegehold, "Andokides and the Decree of Patrokleides", *Historia*, Bd. 39, H. 2 (1990), pp. 149 – 162.

② Mirko Canevaro and Edward Harris, "The Document in Andocides' On The Mysteries", *The Classical Quarterly*, New Series, Vol. 62, No. 1 (May, 2012), pp. 98 – 129.

③ J. L. Marr, "Andocides' Part in the Mysteries and Hermae Affairs 415 B. C.", *The Classical Quarterly*, Vol. 21, No. 2 (Nov., 1971), pp. 326 – 338.

④ K. J. Dover, "Diokleides and the Light of the Moon", *The Classical Review*, Vol. 15, No. 3 (Dec., 1965), pp. 247 – 250.

⑤ W. D. Furley, *Andocides and Herms: A Study of the Crisis in Fifth-Century Athenian Religion*, London: Institute of Classical Studies, 1996.

⑥ Debra Hamel, *The Mutilation of the Herms: Unpacking an Athenian Mystery*, Baltimore: The Johns Hopkins University Press, 2012.

⑦ Josephine Crawley Quinn, "Herms, Kouroi and the Political Anatomy of Athens", *Greece & Rome*, Vol. 54, No. 1 (Apr., 2007), pp. 82 – 105.

系，以及告发者阿加里斯特（Agariste）的信息来源和告发动机进行了研究。① 谢里尔·安妮·考克斯对安多基德斯攻击希波尼库斯的演说策略进行了分析，认为他试图以此来改变局势。②

对于《论和平》的研究，基恩基于德谟斯提尼演说词引用的菲洛科罗斯（Philochoros）的一个片段，将《论和平》与色诺芬的《希腊史》相联系，从而就公元前392年和谈进行了探讨。③ 米修通过分析安多基德斯对"Δουλος τον βασιλέως"的用法并参照修昔底德、色诺芬等史学家的用法，对这一词语进行了考察。④ 格伦·R. 布盖将其与埃斯基涅斯的演说词相比较，就其中所涉及的雅典300骑兵问题进行了探讨。⑤ 詹姆斯·G. 德沃克、S. 佩尔曼等对阿哥西劳、安塔尔吉达斯以及公元前392—前391年和约的关系、雅典恢复帝国的努力、《大王和约》、塔拉绪布罗斯与科农之间的竞争等问题进行了研究，有助于我们更深入地理解安多基德斯出使斯巴达的情况。⑥ 韦斯利·E. 汤普森认为安多基德斯《论和平》的演说词中有部分内容是引自赫拉尼库斯。⑦ 此外，还有学者对该演说词所涉及的西蒙和约等问题进

---

① Robert W. Wallace, "Charmides, Agariste and Damon: Andocides 1.16", *The Classical Quarterly*, 2, Vol. 42, No. 2 (1992), pp. 328–335.

② Cheryl Anne Cox, "Hipponicus' Trapeza: Humour in Andocides 1.130–131", *The Classical Quarterly*, Vol. 46, No. 2 (1996), pp. 572–575.

③ Antony G. Keen, "A 'Confused' Passage of Philochoros (F149a) and the Peace of 292/1 B.C.", *Historia*, Bd. 44, H. 1 (1st Qtr., 1995), pp. 1–10.

④ Anna Missiou, "Δουλος τον βασιλέως: The Politics of Translation", *The Classical Quarterly*, Vol. 43, 1993, pp. 377–391.

⑤ Glenn R. Bugh, "Andocides, Aeschines, and the Three Hundred Athenian Cavalrymen", *Phoenix*, Vol. 36, No. 4 (Winter, 1982), pp. 306–312.

⑥ James G. Devoto, "Agesilaus, Antaicidas, and the Failed Peace of 392/1 B.C.", *Classical Philology*, Vol. 81, No. 3 (Jul., 1986), pp. 191–202; S. Perlman, "Athenian Democracy and the Revival of Imperialistic Expansion at the Beginning of the Fourth Century B.C.", *Classical Philology*, Vol. 63, No. 4 (Oct., 1968), pp. 257–267; G. L. Cawkwell, "The King's Peace", *The Classical Quarterly*, Vol. 31, No. 1 (1981), pp. 69–83; Barry S. Strauss, "Thrasybulus and Conon: A Rivalry in Athens in the 390s B.C.", *The American Journal of Philology*, Vol. 105, No. 1 (Spring, 1984), pp. 37–48; Robin Seager, "Thrasybulus, Conon and Athenian Imperialism, 396–386 B.C.", Vol. 87 (1967), pp. 95–115.

⑦ Wesley E. Thompson, "Andocides and Hellanicus", *Transactions and Proceedings of the American Philological Association*, Vol. 98 (1967), pp. 483–490.

行了探讨。① 珍妮弗·托尔伯特·罗伯兹从雅典内部派别斗争的角度，分析了雅典保守派与科林斯战争的弹劾审判之间的关系。② A. 米修在《安多基德斯的颠覆性演说——民主雅典中的政治、思想意识以及决策》中，运用演说与交流的理论对安多基德斯的《论和平》进行了分析，认为他有着更为长远的计划，即不是为了赢取听众的好感，而是为了颠覆听众的帝国设想，并认为他是一名狂热的寡头分子。③

在《诉阿尔基比阿德斯》的研究上，对于其真伪问题，弗利继承了 A. E. 芬比切科认为其很可能是安多基德斯本人作品的观点，但在具体论述上与其稍有差别。④ 格里布尔认为它并不是安多基德斯本人的作品，但这篇演说词所体现的历史细节与公元前 5 世纪的历史相吻合。⑤ 他还就该演说词所反映的历史进行了探讨。⑥

(3) 对古典时代雅典城邦政治的研究

ⅰ) 对古典时代雅典民主政治性质的判定

传统上，英美学界对于雅典民主政治的研究，往往是截至伯罗奔尼撒战争的结束，并强调其"激进民主"的特点，如西格内特。⑦ 但是这种研究方法的缺陷也极为明显，即忽视了伯罗奔尼撒战争结束后长达 80 多年的雅典民主政治的历史。与此同时，由于有关

---

① Wesley E. Thompson, "Andocides and the Peace of Cimon", *Phoenix*, Vol. 38, No. 3 (Autumn, 1984), pp. 216 – 220.

② Jennifer Tolbert Roberts, "The Athenian Conservatives and the Impeachment Trials of the Corinthian War", *Hermes*, 108. Bd., H. 1 (1980), pp. 100 – 114; Jennifer Tolbert Roberts, *Accountability in Athenian Government*, The University of Wisconsin Press, 1982, pp. 84 – 106.

③ Anna Missiou, *The Subversive Oratory of Andokides: Politics, Ideology and Decision-Making in Democratic Athens*, Cambridge: Cambridge University Press, 1992.

④ W. D. Furley, "Andokides Ⅳ ('Against Alkibiades'): Fact or Fiction", *Hermes*, 117. Bd., H. 2 (1989), pp. 138 – 156.

⑤ David Gribble, *Alcibiades and Athens*, Oxford: The Clarendon Press, 1999.

⑥ David Gribble, "Rhetoric and History in (Andocides) 4, against Alcibiades", *The Classical Quarterly*, New Series, Vol. 47, No. 2 (1997), pp. 367 – 391.

⑦ C. Hignett, *A History of the Athenian Constitution to the End of the Fifth Century B. C.*, Oxford: The Clarendon Press, 1952.

◆ ◆ ◆ 安多基德斯与雅典城邦政治

雅典民主机构的当代史料较少,学者在对公元前4世纪民主机构进行研究时,又需要追溯到公元前5世纪。故导致雅典政治史研究缺乏延续性并容易引起严重的年代错误。因此,包括琼斯、罗兹、汉森以及辛克莱在内的研究者都将研究的时段延伸至公元前4世纪。

辛克莱对雅典的民主政治与参与问题进行了研究,认为政治参与是公元前450—前322年雅典民主政治的基本特征,并就雅典民主政治在古代和现代所遭受的批评进行了辩护。① 约西亚·奥贝尔(Josiah Ober)没有把注意力放在政治机构以及它们如何运作的问题上,而是强调在公元前420—前322年这一时间段内演说对于政治体制的重要性。在这个体制中,决议的制定依赖于精英通过演说说服民众。② 亨特从社会史的角度就公元前420—前320年阿提卡诉讼中体现的社会控制进行了研究,其中第三章和第六章涉及雅典社会的奴隶和体罚奴隶,有助于我们理解安多基德斯演说词中的奴隶在贵族日常生活中的地位。③

古德希尔和奥斯邦对希腊的"革命"进行了重新思考。在序言和第一章中,认为希腊人没有"革命",并从这一角度分析了古代人和近现代学者对雅典政治发展的认识。在第二章从年龄分组(age-classes)的角度,分析了它们与赫尔墨斯神像破坏案的关系。④ 理查德·A.鲍曼对公元前5—前4世纪希腊社会的政治审判进行了研究,涉及对安多基德斯的审判。在具体的论述中,他将其与苏格拉底并列,认为两者是紧密相连的,这不仅是因为两者有共同的控诉者,更与当时

---

① R. K. Sinclair, *Democracy and Participation in Athens*, Cambridge: Cambridge University Press, 1988.

② Josiah Ober, *Mass and Elite in Democratic Athens: Rhetoric, Ideology, and the Power of the People*, Princeton: Princeton University Press, 1989.

③ Virgina J. Hunter, *Policing Athens: Social Control in the Attic lawsuits*, Princeton: Princeton University Press, 1994.

④ Simon Goldhill and Robin Osborne, *Rethinking Revolutions Through Ancient Greece*, Cambridge: Cambridge University Press, 2006.

雅典城邦政治所面临的特定形势有密切关系。①

ⅱ）对该时期法律的研究

关于公元前5世纪末和前4世纪初法律的研究。哈里森对公元前5世纪末期的立法进行了研究。② 克里斯托弗·J.乔伊斯对雅典的特赦与公元前403年的审查进行了研究。③ 西利对公元前5世纪末到公元前4世纪初雅典人的法律观念进行了分析，认为公元前403—前399年的改革是雅典法律发展史上最为重要的一步，随后他向前追溯到公元前427—前415年这一时段内雅典人的法律观念。④ 罗兹对公元前410—前399年雅典的法律章程进行了研究。⑤ 凯文·克林顿就公元前5世纪末期雅典修订法律的性质进行了探讨。⑥

梅丽莎·施瓦岑贝格就雅典民主政治与立法变化的关系进行了研究，指出古代的雅典人将他们调整法律的能力，看作民主政治的基本特征。实际上，雅典人注重实效的创新能力，在整个希腊世界是众所周知的，并被认为是雅典强于其竞争对手斯巴达的主要优势。在公元前5世纪末，雅典进行了包括全面的法律修订和立法程序编订在内的法律变革，并在明显有歧义之处，运用"保证条款"来保证某些条文的不可变更性，并将这种保证条款运用到同盟关系中去，但这仅仅是服务其战略目的。⑦

---

① Richard A. Bauman, *Political Trials in Ancient Greece*, London and New York: Routledge, 1990.

② A. R. W. Harrison, "Law-making at Athens at the End of the Fifth Century B. C.", *The Journal of Hellenic Studies*, Vol. 75 (1955), pp. 26–35.

③ Christopher J. Joyce, "The Athenian Amnesty and Scrutiny of 403", *The Classical Quarterly*, New Series, Vol. 58, No. 2 (Dec., 2008), pp. 507–518.

④ Raphael Sealey, "On the Athenian Concept of Law", *The Classical Journal*, Vol. 77, No. 4 (Apr.-May, 1982), pp. 289–302.

⑤ Peter J. Rhodes, "The Athenian Code of Law, 410–399 B. C.", *The Journal of Hellenic Studies*, Vol. 111 (1991), pp. 87–100.

⑥ Kevin Clinton, "The Nature of the Late Fifth-Century Revision of the Athenian Law Code", *Hesperia Supplements*, Vol. 19, Studies in Attic Epigraphy, History and Topography. Presented to Eugene Vanderpool (1982), pp. 27–37.

⑦ Melissa Schwartzberg, "Athenian Democracy and legal Change", *American Political Science Review*, Vol. 98, No. 2 (May, 2004), pp. 311–325.

刘易斯从基本法的角度对雅典在公元前5世纪末的危机、危机的深层次原因以及雅典的反应等进行了分析，指出雅典人认为法律高于个人以及机构，并按照程序对其进行修订，这与美国开国之父们的认识是一致的。① W. P. 克拉克对雅典诉讼中的个体和公共的善行进行了分析，进而探讨了被告人对于民主政治和寡头制的态度，揭示了没有人在本性上是赞成民主制或者是支持寡头制的，决定他们政治取向是在这个政体之下是否能够获得足够的利益。②

ⅲ）关于演说家与雅典民主政治

在演说家与雅典城邦政治研究方面，英国著名的古典学家芬利于1962年发表《雅典平民领袖》，将演说、演说术作为考察、分析雅典平民领袖即政治领袖的一个重要因素。随后西方学者开始逐渐将演说、演说术和雅典民主政治的研究结合起来，通过对演说术在雅典民主政治生活中作用的考察来分析民主政治，从而为雅典民主政治的研究开辟了一条新的道路。于是，演说术与雅典民主政治的研究成为古典学研究的热点，并在20世纪八九十年代达到高潮，出版和发表了一些相关的专著和论文。包括奥贝尔、汉森、罗兹等学者都参与进来，有关演说术与雅典民主政治的研究取得了丰硕的成果。其内容主要涉及以下几个方面：演说术与雅典政治领袖的研究、演说术与雅典法律诉讼的研究、演说术与雅典民主政治意识形态的研究等。③

在这一学术风气的影响下，国内学者也开始从演说的角度探讨雅典民主政治。晏绍祥、杨巨平、蒋保以及李尚君等在此方面皆有作品发表。④ 值

---

① John David Lewis, "Constitution and Fundamental Law: The Lesson of Classical Athens", *Social Philosophy and Policy*, Vol. 28, No. 1 (2011), pp. 25 – 49.

② W. P. Clark, "Private and Public Benefactions in Athenian Litigation", *The Classical Weekly*, Vol. 23, No. 5 (Nov. 11, 1929), pp. 33 – 35.

③ 蒋保：《20世纪中后期国外学者对古希腊演说研究述评》，《古代文明》2008年第4期。

④ 晏绍祥：《演说家与希腊城邦政治》，《历史研究》2006年第6期；杨巨平、王志超：《试论演说家与雅典民主政治的互动》，《世界历史》2007年第4期；蒋保：《演说与雅典民主政治》，《历史研究》2006年第6期；李尚君：《德谟斯提尼的修辞策略与雅典民众政治角色的塑造》，《历史研究》2011年第4期；李尚君：《雅典民主政治研究的新视角——德谟斯提尼的演说修辞策略与民众的政治认知》，《史林》2012年第4期。

得注意的是,蒋保与李尚君的博士学位论文选题也是通过演说来探讨雅典民主政治。①

ⅳ)对雅典大赦的研究

关于雅典大赦的研究,洛罗在《分裂的城邦》中立足于雅典民众的历史心理,通过文化人类学的方法来分析雅典的大赦。她认为城邦就像是一个大家庭——内战就如同手足相残——如果不将过去的不和消除,城邦就无法继续发挥功效。但是,雅典大赦作为一个特殊的政治事件,是一种政治选择的"遗忘",与民众因为否认过去而选择"遗忘"是不同的。②沃尔伯特在《回忆战败:古代雅典的内战与公民记忆》一书中,试图将大赦放置在一种政治文化的语境中,他认为雅典的内部和解是通过政治或者诉讼演说中不断进行的公共话语而维持的。③希尔在《城邦与革命:古典时期雅典对寡头制的应对》一书中,认为雅典战后内部和平的实现,是通过雅典人对两次寡头政变的"回应"(responding)而建立起来的。④

沃尔在《法律的世界》中通过解构法庭演说的文本,力图证明在雅典的司法性话语中存在矛盾。在第五章,作者以安多基德斯的第一篇演说词、吕西亚斯的第十二篇和第十三篇演说词为例,对雅典法庭中的记忆与忘却进行了探讨。他认为特赦为这项法律的短暂命运埋下了隐患,即一方面遵守特赦威胁了法律在控诉既往犯罪行为时的地位,另一方面又意味着在处罚过程中为重复过去的暴行暗藏了的危险。⑤

---

① 蒋保:《演说术与雅典民主政治》,博士学位论文,复旦大学,2005年;李尚君:《演说舞台上的雅典民主——德谟斯提尼的演说表演与民众的政治认知》,博士学位论文,复旦大学,2009年。李尚君的同名专著于2015年由北京大学出版社出版。

② Nicole Loraux, *The Divided City: on Memory and Forgetting in Ancient Athens*, Trans. Corinne Pache with Jeff Fort, New York: Zone Books, 2002.

③ Andrew Wolpert, *Remembering Defeat: Civil War and Civic Memory in Ancient Athens*, Baltimore and London: The Johns Hopkins University Press, 2002.

④ Julial L. Shear, *Polis and Revolution: Responding to Oligarchy in Classical Athens*, Cambridge: Cambridge University Press, 2011, pp. 5 – 6.

⑤ Victoria Wohl, *Law's Cosmos: Juridical Discourse in Athenian Forensic Oratory*, Cambridge: Cambridge University Press, 2010.

埃德温·卡拉万探讨了安多基德斯对大赦的记述，认为该记述主要是服务于他的案件。① 他在另一篇文章中分析了"MÊ MNÊSIKAKEIN"的含义，认为其意味着终结和定局，并非原谅和宽恕。② 他在专著《雅典大赦与法律的重构》中，分析了雅典赦免条款的历史背景及其内容，并通过剖析具体的案件审视了其在法庭控诉中的应用，最后还对赦免的余绪及影响进行了总结。③

安东－赫尔曼·赫罗斯特从雅典社会所存在的"朋党"入手，对古代希腊的叛逆与爱国主义进行了研究。指出这些"朋党"的目的并不是城邦的公共利益，而是其个体或小团体利益的体现。④ 玛格丽特·库克对公元前404—前395年彼奥提亚的政治派别进行了研究，其中涉及底比斯与雅典的双边关系。⑤

除了以上研究外，学术界还就三十僭主的统治、雅典帝国在伯罗奔尼撒战争后的复兴等问题进行了探讨。⑥

从学界的研究状况来看，该选题的研究目前有较为丰富的成果。为进行深入的研究提供了良好的文献资料支持和著述基础。但在这些丰富成果的背后，仍有一些问题需要深入地思考，这主要表现在如下几个方面：

第一，自19世纪末期以来，学术界对安多基德斯的研究，虽然不如德谟斯提尼等演说家那样多，但也算经常被学界所涉及，并不断有新的研究成果问世，其研究涉及安多基德斯及其演说词的各个方

---

① Edwin Carawan, "Amnesty and Accountings for the Thirty", *The Classical Quarterly*, New Series, Vol. 56, No. 1 (May, 2006), pp. 57 – 76.
② Edwin Carawan, "The Meaning of MÊ MNÊSIKAKEIN", *The Classical Quarterly*, New Series, Vol. 62, No. 2 (December, 2012), pp. 567 – 581.
③ Edwin Carawan, *The Athenian Amnesty and Reconstructing of Law*, Oxford: Oxford University Press, 2013.
④ Anton-Hermann Chroust, "Treason and Patriotism in Ancient Greece", *Journal of the History of Ideas*, Vol. 15, No. 2 (Apr., 1954), pp. 280 – 288.
⑤ Margaret Cook, "Ancient Political Factions: Boeotia 404 to 395", *Transactions of the American Philological Association*, Vol. 118 (1988), pp. 57 – 85.
⑥ Peter Krentz, *The Thirty at Athens*, Ithaca and London: Cornell University Press, 1982.

面，其中不乏如麦克道维尔的《论密仪》这样在学术界颇有影响的著作。但综观这些研究，我们不难发现国外学者的研究往往比较微观具体。在研究的内容上，侧重于《论密仪》和《论和平》这两篇演说词；在研究视角上，倾向于从法律、宗教角度提出问题。由于这些研究大多较为微观，尽管在专题的角度上成果很丰富，但对安多基德斯的研究缺乏整体把握与梳理，更难以体现公民个体与城邦政治之间的互动。这客观上要求我们将安多基德斯还原到具体的城邦政治语境中去，从个人与城邦的角度去分析史料和利用现有的研究成果。

第二，通过对有关安多基德斯的研究成果分析，我们不难发现这其中除了古典学学者外，还有法学和政治学等领域学者的参与，因此在研究方法以及论点上存在明显的分歧，并产生了一系列的问题。

在研究方法上，包括西格内特、汉森以及奥斯特瓦尔德等在内的史学家偏重于制度研究，这固然是加深了我们对于雅典民主政治的理解，但与此同时也不可避免地存在将制度研究绝对化的倾向。德圣克罗阿、奥贝尔等史学家则是侧重于使用阶级分析法，强调平民与贵族之间的阶级对立和阶级斗争，但我们应该看到这种阶级的对立与斗争的外在体现，更多的是城邦内部平民与贵族之间的对立与斗争。在具体的论点上，奥斯特瓦尔德强调雅典民主政治在公元前5世纪到公元前4世纪明显地经历了从人民主权到法律统治的转变。哈里斯从哲学和文学的角度认为公元前5世纪的雅典也崇尚法律统治。类似的观点冲突与歧义并不是一个特例，而是古典学界的普遍现象。

可以说，面对这些问题与困惑，选择以人物作为个案研究，既可在某种程度上纠正过于纠结制度研究和过于强调阶级分析方法所产生的偏颇，又可更直观地展现城邦政治之下个体公民的生存状态。而安多基德斯作为出身名门望族的贵族，既有从政的优越条件，又有丰富的参与城邦政治的经历。安多基德斯及其对雅典城邦政治的参与，为我们提供了贵族参与城邦政治的范例。因此，从城邦参政贵族的角度去认识雅典民主政治，有利于更好地理解城邦政治的运行实际。

第三，在对雅典民主政治的评价上，长期以来，国内外学界普遍

◆◆◆ 安多基德斯与雅典城邦政治

侧重于利用和挖掘从历史学家（希罗多德、修昔底德以及色诺芬）、戏剧家（阿里斯托芬等）以及哲学家（苏格拉底、柏拉图以及亚里士多德）等对雅典民主政治的认识和评价。据此，除了对民主政治的早期持一种赞同态度外，更多的是强调伯罗奔尼撒战争后的雅典民主政治是不断衰败、政治混乱、无法无天的暴民政治。这种对于雅典民主政治的批评，不仅与雅典在伯罗奔尼撒战争中的失败有关系，而且与当时对雅典民主政治进行研究的哲学家主要出身于有产阶级并掌控了政治评价的话语权有密切联系。虽然包括苏格拉底、柏拉图以及亚里士多德在内的哲学家，对于雅典民主政治的认识也在某种程度上反映了城邦政治的现实，但受限于明显的阶级意识，他们的认识也必然有不符合政治实际的地方。例如，柏拉图对民主政治的批评，更多的是对民主制度的漫画化，以及与理想国的制度对比所产生的结果；亚里士多德尽管也对民主政治的某些原则进行了辩护，但也给民主政治扣上了穷人压迫富人阶级政府的帽子。[1] 反倒是老寡头（Old Oligareh）[2] 在《雅典政制》中在批判雅典民主政治弊端的同时，对民主政治在保存政体的高效性方面有深刻的认识。因此，如果从参政贵族的角度出发，去认识雅典的民主政治，则有可能在雅典城邦政治的评价问题上做出新的认识和突破。

第四，在新的社会科学理论与方法的运用与古典学的结合方面。古典学具有深厚的学术传统，在它发展的过程中通过不断地吸收社会科学的理论与方法，从而不断地获得新的生命和形态。因此，作为一个初学者也尝试在这个方面做出一些努力，如运用记忆理论分析演说词，并在这个基础上揭示演说词作为史料所具有的优势与不足；与此同时，将安多基德斯作为一个贵族个体融入当时的整个时代，将之与

---

[1] 晏绍祥：《从理想到暴政——古典时代希腊人的雅典民主观》，《华东师范大学学报》2003年第6期。

[2] 公元前5世纪末期一本名为《雅典政制》的政治宣传册的匿名作者，因其反对民主制、赞成寡头制而被现代作者称为"老寡头"。传统上，其文收入色诺芬作品集中，因而也被称为"伪色诺芬"。

同时代的科农等贵族相比较，分析其失败的原因，进而探讨如何评价雅典民主政治。

从以上思考的情况来看，目前学术界关于安多基德斯这一论题的研究，尽管成果比较丰富，但仍存在较多的盲点和可供开拓的空间。因此，以安多基德斯政治生涯和命运浮沉为主线，通过将其与城邦政治相结合，考察公元前415—前392年雅典的政制变化与政策调整是具有可行性的。

三 基本概念与研究方法

1. 基本概念

"贵族"和"城邦政治"是本书使用的两个主要术语。就"贵族"而言，这是一个相对于"平民"的概念。他们从其祖先那里继承了"出身高贵""品格高尚"，以及"体态优美"等特质，而其祖先又通常与荷马史诗中的某一个英雄甚至是神话人物相联系。由于他们拥有颇具名望的祖先和共同的价值体系，彼此间相互交往甚至是通婚，因此通常被同胞视为独特的身份集团。他们以其本身所具有的基本权利和对运动竞赛的追求区别于其他阶层，不从事贬低身份的职业，如以赚钱为目的的手工业和商业。① 在法律地位上，在梭伦改革之前法律上有明确的规定，比如出身和财富，梭伦改革时将其变为财富。在公元前457年，因为执政官开始向第三等级的公民开放，虽然贵族的重要性进一步降低，但等级依然存在，平民（demos）仍有贬义。希腊作家通常使用"有用者""有价值者"（chrestoi）、"最好者"（beltistoi）、"有权势者"（dynatoi）、"有名望者"（gnorimoi）、"出身高贵者"（gennaioi）指代他们，但可能最为普遍和最具描述性的词语是"英俊且高贵的人"（hoi kaloi k'agathoi②）。从某种程度上讲，"贵族"与近现代学者所经常使用的"精英""有产者"以及"富

---

① Josiah Ober, *Mass and Elite in Democratic Athens*, p. 12.
② 关于"kaloi k'agathoi"及其在演说词中的运用，可以参阅 K. J. Dover, *Greek Popular Morality in the Time of Plato and Aristotle*, Oxford: Basil Blackwell, 1974, pp. 41–45。

有者",既有联系,又有所区别。"贵族"侧重于血统及其特有的价值观念;"精英"侧重于社会地位①;"有产者"侧重于财产的拥有,尤其是对于土地财富的占有;"富有者"侧重于强调其占有更多的财富,而这些财富并不一定都来自土地。在这些术语中,"精英"的内涵较之于其他术语似乎更具广泛性,例如,亚里士多德在分析民众与精英的关系时曾强调精英以其财富(*ploutos*)、高贵出身(*eugeneia*)、卓越(*arete*)和文化教育(*paideia*)而著称。② 在本书中,笔者并不严格区分"贵族"与"精英",但对于"贵族"的概念使用得更多。

就"城邦政治"而言,希腊世界除少数地区外,几乎所有城邦的政治体制都是直接参与式的,即城邦的全体公民直接参与城邦事务管理,在政治上具有一定程度的公开性与民主性。在分析雅典政治时,芬利指出有四点特征是值得注意的:它是直接民主;空间的狭小;公民大会是这一制度的王冠,拥有做出决议的权力;公民大会通常是几千人的露天聚会,其心理和行动原则都与近代世界的内阁或代议制议会不同。除此之外,政治家缺少现代意义上的政党支持,其主张是否被采纳是由其演说能力决定的,看其演说能否获得足够的支持。③ 除芬利以上所提及的内容外,雅典城邦政治的另一个突出特征是对官员实行问责制度。④

2. 研究方法

在研究方法上,本书主要是以安多基德斯的演说词为基本文本,参照修昔底德、色诺芬、狄奥多鲁斯、普鲁塔克等古典作家的记述,在考辨史料真伪的基础上,对安多基德斯在该期的主要活动和与其相关的主要政治事件进行考证整理。

---

① 关于"精英"(elite)的含义及其相关指代词,可以参阅 Josiah Ober, *Mass and Elite in Democratic Athens*, pp. 11 – 13。

② Aristotle, *Politics*, with an English Translation by H. Rackham, Loeb Classical Library, Cambridge: Harvard University Press, 1944, 1291b14 – 31.

③ M. I. Finley, "Athenian Demagogues", pp. 9 – 10.

④ Jennifer Tolbert Roberts, *Accountability in Athenian Government*, pp. 4 – 5.

与此同时，将安多基德斯置于雅典城邦政治这一宏大背景中，借助格洛特、西格内特、罗兹、戴维斯、奥斯特瓦尔德等近现代学者的相关论述，以安多基德斯为主线，对当时雅典城邦政治运作的基本情况以及公民个人命运关系等问题进行讨论。最后，以安多基德斯的个人政治命运为案例，透视民主政治下贵族的处境及其与民主政治的关系，进而揭示该时期雅典民主政治的特点。

第一章 渎神案前的雅典民主政治与贵族

公元前 415 年，安多基德斯及其同伙参与并实施赫尔墨斯神像破坏案时，雅典的民主政治已经全面显露出激进之势。可以说，当时的雅典激进民主制经历了漫长的发展进程。具体而言，大体是克里斯提尼改革的完成，意味着民主政治基本建立。随着泰米斯托克利改革、厄菲阿尔特改革的继续深入，雅典民主政治逐渐发展和完善。民主政治建立、发展以及完善的过程，是逐步对贵族在城邦政治中的地位施以各种限制的过程。与之相对应的是，平民地位的提升和公民大会、陪审法庭等机构在城邦政治中重要性凸显。正是在这个意义上，对于被限制的对象——包括贵族在内的精英阶层而言，雅典的民主政治是日益激进的。但需要注意的是，民主政治对于贵族除限制外，还有依赖的一面。本章的主旨是以民主政治与贵族的关系为主线，勾勒渎神案发生之前雅典城邦政治的历史图景，具体内容包括：描述雅典民主政治从建立到日益完善的过程，展现城邦政治对贵族施加了怎样的限制？城邦又在哪些方面依赖他们？在这种限制和依赖之下，贵族对城邦政治是怎样的态度，城邦对贵族的态度又做出了怎样的回应。

第一节 渎神案前的雅典民主政治

渎神案前的雅典，在政治上已经处于激进民主制阶段。这种激进民主制的形成经历了漫长的发展历程。这一进程的实现，与雅典的历次改革密不可分。

一 民主政治的创建及日趋完善

关于雅典民主政治的形成，国内学术界的长期争论在于民主政治的建立者以及建立的标志，并因此形成了三种较有影响的观点，分别为："梭伦说""克里斯提尼说"以及"厄菲阿尔特说"。这三种论点在古代世界就各有其倡导者，并在近现代各有其支持者。[①] 尽管三种学说各有其道理，但显然雅典民主政治的形成是一个相对漫长的过程。梭伦立法、克里斯提尼改革以及厄菲阿尔特改革，都是这一过程中极为重要的环节，对某一环节的过度强调或者片面忽略都可能是武断的，这一点已经引起了黄洋等学者的注意。[②] 一般认为，历经梭伦立法、庇西特拉图僭主政治以及克里斯提尼改革，雅典的民主政治已经初步建立起来。希罗多德认为克里斯提尼的改革开启了雅典的民主政治。[③] 而这种新政治秩序，无疑也得到了雅典民众的广泛支持，这从克里斯提尼逃离雅典，而伊萨格拉斯却依然无法再次占据优势可见一斑。但需要注意的是，雅典的政制发展并没有停滞，而是在雅典民

---

① 具体而言，在古典作家中，亚里士多德认为梭伦是雅典早期民主政治的缔造者，但与此同时他也意识到梭伦所创立政体的混合性以及给予平民权利较少的事实（Aristotle, *Politics*, 1273b35 - 1274a11; *The Athenian Constitution*, 41.2）；希罗多德主张是克里斯提尼建立了雅典的民主制度（Herodotus, *The Persian Wars*, 6.78）；普鲁塔克则强调厄菲阿尔特在创建雅典民主政治中的作用（Plutarch, *Cimon*, 15）。相比之下，在近现代学者中，梭伦说的代表者主要是伯里（J. B. Bury, *A History of Greece to the Death of Alexander the Great*, London: Macmilian and Co., Limited, 1924, pp. 180 - 189.）；克里斯提尼说的代表者为奥贝尔（Josiah Ober, *The Athenian Revolution*, Princeton: Princeton University Press, 1996, pp. 32 - 52.），并且该观点在学界的影响较大，也是美国于1992—1993年开展民主政治诞生2500周年纪念活动的主要学理依据；而厄菲阿尔特说的代表人则主要为拉夫劳勃（Kurt A. Raaflaub, *Origins of Democracy in Ancient Greece*, Berkeley: University of California Press, 2007, pp. 105 - 150）。最近，晏绍祥对自古典时代以来学术界有关雅典民主政治的起源以及近现代学者的研究进展进行了详细梳理，请参阅晏绍祥《雅典民主政治发端之论争》，《武汉大学学报》2019年第1期。

② 黄洋：《民主政治诞生2500年？——当代西方雅典民主政治研究》，《历史研究》2002年第2期。

③ Herodotus, *The Persian Wars*, 6.131; Aristotle, *The Athenian Constitution*, 29.3.

◆ ◆ ◆　安多基德斯与雅典城邦政治

众参政意识的进一步增强和政治家深入改革的基础上日趋激进,雅典民主政治由此进入一个新的发展阶段。

在克里斯提尼改革以后,对希腊历史影响重大的事件,莫过于波斯帝国在东方的兴起。虽然波斯立国不久——它迟至公元前559年才开始摆脱米底的统治——但其建立后就在国王居鲁士的率领下进行对外扩张。早在公元前547年前后,它就已经征服了吕底亚王国,因袭了对小亚细亚沿海希腊各邦的统治。而小亚细亚沿海的希腊城邦并不甘心臣属于波斯,于是,在公元前499年掀起了起义活动。雅典与埃雷特里亚对其进行了援助,但最终米利都陷落,起义失败。雅典与埃雷特里亚因此激怒了波斯国王,以至于要他的仆人每次用餐时都提醒他要征服雅典。可以说,雅典已经不得不面对这样一个新兴帝国的威胁,而这种威胁是来自海上。对于这种未来大势,泰米斯托克利敏锐地意识到了,于是他在雅典发现劳里昂银矿富脉的情况下,假借应付埃吉那威胁的名义,力倡建造了一支强大舰队。这支海军在战场上,尤其是在萨拉米斯海战中,发挥了巨大的作用。泰米斯托克利也因在战争中的卓越贡献,而名扬希腊世界。值得注意的是,海军的创建与海上战争的胜利,对于雅典民主政治的发展具有深刻的意义。之所以出现如此局面,是因为新兴的海军与传统的陆军所凭借的力量有着重大区别。在传统的陆军中,兵种主要为骑兵和重装步兵。骑兵的担任者主要为"五百斗级"和"骑士级",重装步兵的担任者主要是"双牛级",以平民为主体的"雇佣级"只能去担任轻装步兵。但海员的充任并不需要这样的身份限制,这使第四等级的雅典公民在城邦军事活动中的重要性日益提高。雅典普通公民在军事领域重要性的提升,无疑有效地增强了雅典民众的政治意识,并对政制的发展产生了一定影响。亚里士多德在对雅典的政制进行研究时,就已经注意到这一点,他曾在多处表达了平民充任海军力量促进了激进民主政治形成的观点。[1] 老

---

[1] Aristotle, *Politics*, 1274a14–16, 1304a2–25.

第一章 渎神案前的雅典民主政治与贵族

寡头也有类似的表述。①

在普通民众政治意识增强的同时，雅典的一些贵族依然如梭伦等先辈一样进行了政治制度的改革。该时期的改革，主要有公元前487—前486年泰米斯托克利改革，以及公元前461年厄菲阿尔特改革。就泰米斯托克利改革而言，其内容主要为改变执政官的遴选方式，即由原先的选举方式改为从100名候选人中通过抽签直接选出。②此举一方面降低了执政官在城邦政治事务中的重要性，另一方面提升了十将军委员会的地位。但改革并没有对雅典贵族形成大的冲击，相反战神山议事会由于在希波战争中的出色表现，而在事实上掌握了相当的权力。这种权力不仅体现为可以监督政制和一些行政法律事务，还体现为战神山议事会可以审议城邦事务，并通过它的成员将他们集体的意见传递给公民大会。③

面对战神山议事会如此占据优势的局面，厄菲阿尔特首先是通过对参与公共事务管理的个人发动控诉的方式来限制其作用。随后，他开始着手剥夺战神山议事会的全部政治权力，将之在公民大会、五百人议事会等机构中进行分配。④ 与此相对应的是，大约在公元前457年，执政官开始向低等级的雅典公民开放，使其不再仅仅局限于贵族，进一步降低了它的重要性。⑤ 虽然古代文献对于厄菲阿尔特改革的内容记载甚为模糊，对于剥夺了战神山议事会具体的哪些权力以及怎样进行分配，我们也只能是猜测，但无疑通过改革议事会、公民大会和陪审法庭，以及人民对于行政部门的控制，强化了雅典人民的主权。公元前5世纪的大量此类控制官员的铭文对此予以了证实。⑥ 可

---

① Xenophon, *Constitution of the Athenians*, 1.2.
② Aristotle, *The Athenian Constitution*, 22.5.
③ Aristotle, *The Athenian Constitution*, 23.1 - 2, 25.1; Andrew Lintott, *Violence, Civil Strife and Revolution in the Classical City*, Baltimore: The Johns Hopkins University Press, 1982, p.128.
④ Aristotle, *The Athenian Constitution*, 25.2; Plutarch, *Cimon*, 15.
⑤ Aristotle, *The Athenian Constitution*, 26.2.
⑥ Russell Meiggs, *The Athenian Empire*, Oxford: The Clarendon Press, 1972, pp.18 - 19, 235.

◆◆◆ 安多基德斯与雅典城邦政治

以说,正是在这一时期,"*demo-kratia*",即"人民统治"观念第一次出现。不久雅典开始在提洛同盟中的一些盟邦中扶植民主政治,于是雅典被认为是民主制的支持者,与斯巴达是寡头制的支持者相对应。因此,有些学者在评价厄菲阿尔特改革时指出,虽然克里斯提尼改革在1993—1994年被作为雅典民主政治诞生2500周年来纪念,但实际上将厄菲阿尔特改革作为民主政治创建的决定性时刻更为恰当。①

正因为厄菲阿尔特的改革极大地冲击了贵族的利益,因此厄菲阿尔特被一些贵族所不容,于公元前462—前461年惨遭暗杀。在厄菲阿尔特改革以后,有两个举措使普通民众在城邦政治的各个层面上的全力参与成为可能。一是"言论自由"(*isegoria*)的引入或强调。"言论自由"的含义为在公民大会上所有公民都拥有就最重要的问题发言的权利。这提升了公民大会的权力,并使它成为政治领袖竞争的主要角逐之地。而雅典人通常认为此举是民主政治的基石。② 二是降低担任官职的财产资格和引入津贴制。③

这些改革主要是在伯里克利时期实现的。他在成为领袖后,为了对抗西蒙在财富上的优势,在公元前450年开始向参加陪审法庭的陪审员发放津贴。虽然此举的动机是利用城邦收入与西蒙相竞争,但就客观效果而言,却颇具民主意味:它确保了贫困的雅典公民能够有条件参与陪审法庭,可谓是将民主政治落到实处。而公民大会在该时期已经成了名副其实的最高权力机关,它不仅对城邦的重大事务进行讨论决策,而且负责雅典法律的制定。根据雅典历法,每年有10个月,每个月要召开4次公民大会,这样一年大体可以召开40次公民大会。除此之外,如遇紧急情况,雅典还可以召开紧急会议。五百人议事会是雅典的常设政府机构,是从雅典的十个部落中年满30岁的男性公民中抽签选举产生,每个部落为50名,任期为一年,不得连任,且一生中任职不得超过两次。其主要职责是为公民大会准备预案,凡是

---

① P. J. Rhodes, *Athenian Democracy*, pp. 2 – 3.
② Josiah Ober, *Mass and Elite in Democratic Athens*, pp. 78 – 79.
③ Aristotle, *The Athenian Constitution*, 26.2, 29.5, 62.5.

第一章　渎神案前的雅典民主政治与贵族

雅典公民皆可向议事会提出议案，经议事会讨论通过后即可列入预案，提交公民大会进行讨论表决。每个部落的50名议事会成员组成常务委员会负责主持一个月的事务，并从中抽签选举议事会主席1人负责掌管城邦的印章和金库钥匙，其任期仅为1日且不得连任。雅典的另一个机构陪审法庭，陪审员从年满30岁的雅典志愿公民中抽签选出，负责裁决城邦的所有诉讼。这些诉讼大体可分为两类，即因私诉讼和因公诉讼。在审理因私诉讼时，陪审法庭的成员最低为201人。在审理因公诉讼时，至少要有501人，多则达2001人。有时公民大会也会直接对涉及重要人物或高级公职人员以及司法执政官等在内的重大案件进行审判。[①]

总体来看，在伯里克利执政的时代，公民大会已经成为城邦政治的核心，此时的民主政治已经是以公民大会为中心的民主。诚如汉森所评价的："在伯里克利时代，既没有法律委员会（nomothetai），也没有法律与法令的区别，但是所有重要的决定（包括一些政治审判的决定）都是在公民大会做出的。伯里克利的民主是一种以公民大会为核心的民主，权力是由雅典民众在公民大会上直接行使的。"[②] 与此相对应的是五百人议事会预议功能的日益下降。[③]

可以说，在雅典民主政治日益完善的过程中，泰米斯托克利、厄菲阿尔特以及伯里克利等贵族人物发挥了重大作用，而厄菲阿尔特以及伯里克利的贡献尤为关键。在《政治学》中，亚里士多德认为梭伦时的雅典城邦政治，包含有寡头制因素、贵族制因素以及平民制因素。其中，战神山会议体现的是寡头制因素，官员的选举制代表的是贵族因素，陪审法庭则构成了平民制因素。但厄菲阿尔特以及伯里克利的改革改变了这一政体结构，从而使雅典的民主政治在政治体制上

[①] 黄洋、晏绍祥：《希腊史研究入门》，北京大学出版社2009年版，第37—38页。

[②] Mogens Herman Hansen, *The Athenian Democracy in the Age of Demosthenes*, p. 299；关于此时期的民主政治的发展，可以参阅亚里士多德《雅典政制》第22—27节，以及罗兹在第283—344页的注释。（Peter J. Rhodes, *A Commentary on the Aristotelian Athenaion Politeia*, Oxford, The Clarendon Press, 1981, pp. 283–284.）

[③] Aristotle, *Politics*, 1299b38–1300a3.

日益发展和完善。①

二　平民力量的崛起

在雅典政制变革的背后，泰米斯托克利、厄菲阿尔特以及伯里克利等贵族人物固然发挥了重要作用，推动改革的动力不免带有与其他贵族相竞争的因素。但真正推动政制变革的根本力量是平民力量的日益壮大及崛起。

关于平民力量的增强，可从梭伦在立法中注重对平民的保护开始算起。大抵截至克里斯提尼在斯巴达的帮助下推翻僭主政治时，平民的力量已经达到一定的高度。当时的情况是，克列欧美涅斯准备解散雅典的四百人会议，并试图让伊萨格拉斯以及300名同党掌权，雅典民众曾围困了在雅典卫城避难的伊萨格拉斯以及斯巴达军队。② 正因为如此，奥贝尔判定人民在"直接的政治意义上"已经获得自觉，"克里斯提尼的领导权"并非如梭伦一样来自宪制授权，而是来自他说服雅典民众的能力。③ 正是得益于发现了民众在雅典历史上的作用，所以他提出了克里斯提尼改革是一次革命的学说，并在与反对者的论辩中将其逐步完善。④

波斯在东方的崛起及其向欧洲大陆的扩张，使平民的地位进一步提高。之所以出现这种情况，主要是因为雅典三列桨战舰舰队的建立，而海军发挥作用有赖于平民充当桨手。对平民阶层的这种依赖，随着提洛同盟中的大部分盟邦更倾向于缴纳金钱代替提供舰船和人力的义务，又有进一步增强的倾向。及至提洛同盟转化为雅典帝国，帝国安全有赖于雅典的海上优势，这无异于将雅典安全的责任赋予了平民阶层。

---

① Aristotle, *Politics*, 1273b35–1274a5.
② Herodotus, *The Persian War*, 5.72.2.
③ Josiah Ober, *The Athenian Revolution*, pp. 32–52.
④ 晏绍祥：《"新世纪、新民主？"——近十年来雅典民主研究的某些取向》，《史学理论研究》2009年第4期；黄洋：《"雅典革命论"与古典雅典政制的构建》，《历史研究》2012年第5期。

第一章　渎神案前的雅典民主政治与贵族 ◆◆◆

在平民力量逐步增强的背后是雅典的政制也在发生变化。可以说，厄菲阿尔特所依赖的力量恰恰是雅典的平民阶层。而伯里克利时代，对言论自由的强调，降低担任官职的财产标准，以及在陪审法庭引入津贴制等举措，又使雅典的普通民众在城邦政治的各个层面上全力参与政治成为可能。

与平民因素的增强相对应的一个现象，是克里昂等新兴政治势力的崛起。对于这一现象，阿里斯托芬、修昔底德以及普鲁塔克等古典作家曾有所涉及，① 现代学者康纳对这一现象进行了专门研究，并出版了其专著《公元前5世纪雅典的新政治家》。② 康纳认为"平民领袖"这一政治生活模式，只有在公民大会掌握全权的情况下才能出现，即出现于公元前462—前461年战神山议事会的权力受到限制之后，到公元前412年雅典城邦出现贵族的反动完全形成。在这些平民领袖中，他指出伯里克利只是过渡性人物，克里昂才是其真正代表。克里昂在政治上的崛起，一方面利用了平民在军事中日益重要而在政治上却没有影响力的现实，另一方面则是满足了城邦和帝国运转离不开专业人才的需要。克里昂开创了一种区别于其前辈的新政治活动模式。③

对康纳的这种认识，学界多有批评，并往往通过援引芬利的论文《雅典平民领袖》借以突出演说在一般意义上对于城邦政治的重要性，认为雅典城邦的政治领袖在本质上都必然是平民领袖。④ 而戴维斯则在指出平民领袖是新一类政治家的同时，认为在根本上他们所阐述的

---

① Thucydides, *History of the Peloponnesian War*, 3.36 – 5.11; Aristophanes, *Knights*, *Wasp*; Plutarch, *Moralia*: 806F – 807A.

② 该专著在1971年出版第一版，于1992年又出版了第二版。其实相比于第一版，作者并没有在第二版进行内容上的大规模修订，只是增加了一个新"引言"，可参阅 W. Robert Connor, *The New Politicians of Fifth-Century Athens*, Indianapolis and Cambridge: Hackett Publishing Company, 1992。

③ W. Robert Connor, *The New Politicians of Fifth-Century Athens*, pp. 3 – 4, 87 – 138.

④ 就国内的情况而言，无疑黄洋和晏绍祥都是这种论点的支持者，详见黄洋《雅典民主政治新论》，《世界历史》1994年第1期；晏绍祥《演说家与希腊城邦政治》，《历史研究》2006年第6期。

◆ ◆ ◆ 安多基德斯与雅典城邦政治

还是作为雅典社会核心的农民的旧式价值观念和态度。① 对于这些批驳性观点,如下两点是需要特别注意的。

第一,康纳的讨论同样是以芬利的研究为基础的,② 他认同芬利在中性意义上使用"demagogues""demagogy"等术语,也正因为如此,其专著的名称从"New Politics"改为"New Politicians",但仍自感不满意。③ 但问题是,并非所有的平民领袖发挥作用的手段和方式都是一成不变的。所以,康纳认为以克里昂为代表的平民领袖,更多地依赖通过演说直接求诸公民,他们并不依赖某一具体的官职,这种新政治模式的建立是当时民主政治发展到特定阶段的产物,即他们可以凭借直接诉诸雅典民众来谋取政治上的优势地位。在直接诉诸雅典民众的方式上,他除了强调公民大会的作用外,还特别倚重陪审法庭。

对于陪审法庭的倚重,主要体现为他不仅在公民大会上公开叫嚣要控告政治竞争者,而且利用陪审法庭反击阿里斯托芬对他的批评。④ 虽然在陪审法庭上通过控告他人而谋取个人影响的情况在这之前早已存在⑤,但克里昂的控诉焦点并不在于为本人进行辩护,而是以通过控告阿里斯托芬贬低雅典官员和雅典民众的方式来突出雅典民众的地位。可以说,在克里昂等政治人物参与城邦政治的过程中,"新兴"最主要的体现是从政所凭借力量和方式上的变化。

第二,关于阿里斯托芬与修昔底德对克里昂的批评方面。阿里斯托芬对克里昂的批评自不待言,他曾因在《巴比伦人》(*babylonioi*)中攻击克里昂而被其控告,但他并未罢手,而是在之后的四年内上演的其担任编剧的戏剧中连续攻击克里昂。修昔底德对克里昂的形象也有生动的刻画,他在叙述方式方面的最大特点,就是将之与伯里克利

---

① [英] J. K. 戴维斯:《民主政治与古典希腊》,黄洋、宋可即译,上海人民出版社 2010 年版,第 107 页。
② W. Robert Connor, *The New Politicians of the Fifth-Century Athens*, p. 3.
③ W. Robert Connor, *The New Politicians of the Fifth-Century Athens*, pp. XI – XIV.
④ Brill's New Pauly: "*Aristophanes*".
⑤ 例如,伯里克利控告西蒙。

第一章　渎神案前的雅典民主政治与贵族

的统治相比较，突出了克里昂等人的个人野心和私利。① 虽然两者的攻击存在夸大的成分，但也必然有一定真实的成分，即出身卑微和演说方式的鲁莽。②

具体到演说在其中所起的作用。虽然在直接民主制的情况下，运用演说的力量去说服民众是其手段之一。但明显的是，演说具有不同的发展阶段。在克里昂之前的演说更多的是即兴演说，这在早期社会是难以避免的。而克里昂等所处的时代，是修辞术逐渐兴起的时代，这是一种专业性演说或者说是近似专业性的演说。戴维斯也指出，在公元前450年之后，更多的知识分子开始将大量精力投入到有效说服的技巧中去。③

就克里昂等新兴政治势力崛起的影响而言，虽然他们并没有终结传统贵族的政治优势，但对这些传统贵族的影响却是极大的。对于传统贵族而言，克里昂等政治势力的行为方式是他们所不齿的，这从侧面反映了传统贵族不愿与雅典民众相接近的思想意识。这正如埃伦伯尔格在评述卖香肠者在以自己的低贱出身引以为荣的意味时所指出的那样，这种引以为荣是对贵族不愿合作、不肯让步的傲慢态度的一种戏剧式和怪诞对应。④ 从某种程度上讲，以平民为代表的雅典民众的力量，在政体中发挥的作用是极大的。正因为如此，所以老寡头在《雅典政制》中，从贵族的角度评判了当时的民主政治。他认为"demos"即"普通人"，而非"全体公民"，民主政治不过是"穷人的统治"，而非"人民的统治"⑤。

三　民主机构及举措的"滥用"

在雅典的贵族看来，雅典民主政治的激进除了以上表现外，还体

---

① Thucydides, *The Peloponnesian War*, 2.65.10.
② W. Robert Connor, *The New Politicians of Fifth-Century Athens*, pp. 151–162.
③ [英] J. K. 戴维斯，《民主政治与古典希腊》，第116页。
④ Victor Ehrenberg, *The People of Aristophanes*, Oxford: Basil Blackwell, 1943, p. 96.
⑤ Xenophon, *Constitution of the Athenians*, 1.4.

现为民主机构及举措的滥用上。这一滥用集中表现为：公民大会决策的朝令夕改、陶片放逐法的滥用、诬告者的出现以及演说术在城邦政治中的应用等方面。

在公民大会决策的朝令夕改上，最主要表现为雅典在政策的制定上缺乏连续性，这更多地出现在伯里克利去世以后。至于其内在的原因，主要是伯里克利执政时，他能够尊重民众的自由，但又能控制他们。总体而言，是伯里克利在领导雅典的民众，而不是相反的情况。当他看到民众过于自信和傲慢时，他会使民众看到所处的危险；而当民众过于缺乏勇气时，他又会设法使其恢复自信。正因为伯里克利的正确领导，所以雅典能够制定出温和、稳健的政策。伯里克利执政时期，雅典的政策更多地带有其个人色彩，所以修昔底德认为民主政治是名义上的，它更多的是第一公民的统治。[①] 也就是说，正是因为伯里克利的领导，雅典才能制定温和、稳健的政策，当然在修昔底德看来，这实质上是以牺牲雅典的民主为代价的。但是，这种局面随着伯里克利的离世而消失，雅典的政制迅速败坏。之所以如此，是因为伯里克利以后的继任者，他们彼此平等，为了竞争在城邦的优势地位而谄媚于民众，从而使他们丧失了对公共事务的领导权。相应地，雅典的政策出现了很多错误，尤其是在西西里远征决策的制定上。[②]

陶片放逐法本是克里斯提尼改革时为了防范僭主政治而采取的举措。因为新兴的民主政治是在推翻僭主政治的基础上建立起来的，而流亡海外的僭政势力，以及留在雅典城邦的僭政支持者，随时都有可能威胁新生政权的安全。陶片放逐法的首次使用以及使用最为频繁的时期，是在公元前5世纪80年代。在公元前487—前482年，不少于5人被放逐。该法之所以在此时开始并频繁使用，可能与雅典面临来自波斯的威胁有密切关系。[③] 亚里士多德曾言，包括希帕科斯在内的

[①] Thucydides, *The Peloponnesian War*, 2.65.5–9.
[②] Thucydides, *The Peloponnesian War*, 2.65.10–11.
[③] Sara Forsdyke, *Exile, Ostracism, and Democracy*, Princeton and Oxford: Princeton University Press, 2005, p.166.

前三名被放逐者，都是僭主的朋友。但是他也注意到，从被放逐的第四人开始，已经转向了那些权势过于强大的贵族人物。① 这些因为权势过大而遭到放逐的人物中，公元前482年阿里斯提德斯、公元前461年西蒙，以及公元前442年修昔底德的被放逐，则更多地说明他们之所以被放逐，并非威胁了雅典民主政治，而是因为他们推行了与其他贵族不同的政策。于是，陶片放逐法从防范僭主复辟的措施演变成了解决贵族间冲突的工具。

在这种情况下，被放逐的对象通常是雅典的土地贵族，他们是传统意义上的统治精英。他们的被放逐意味着这些统治精英，仅仅依靠自己的亲属、朋友等支持者的传统做法已经日趋困难，反映了雅典民众在陶片放逐法实施中日趋增强的影响。公元前417年，雅典民众对陶片放逐法的直接废除更彰显了他们对城邦政治的控制。

"告发"这一举措本是一项民主措施②，其目的在于通过公民个人自愿提出指控的方式来保护平民的利益。可以说，这一举措是雅典民主政治得以顺畅运转的保障。但大约在公元前450年这一举措的滥用现象开始出现，即职业告发者的产生。及至阿里斯托芬写作《阿卡奈人》《骑士》等作品时，职业告发者似乎已经很普遍。因为在这些作品中，已经对职业告发者这种现象有所涉及。而伪色诺芬更是直言，雅典人处理着远比其他地方更多的私人和公共诉讼，是最为爱好诉讼的城邦。③ 职业告发者可分为两种类型：一是滥用提起公共诉讼的权利，以此来讹诈那些被控诉，或者是被威胁受到控告的人；二是代替某个不想以他本人名义发起提案的政治领袖去提议某项法令（psephisma），并因此从中收取报酬的人。克里昂就经常以控告的方式，来恐吓和威胁其对手。可以说，职业告发者的出现与盛行，是与该时期雅典民主政治中陪审法庭地位的进一步提升密切相关的。雅典民主政治的批评者，都声称由于民主政治信奉并鼓励诉讼，雅典到处

---

① Aristotle, *The Athenian Constitution*, 22.3–7.
② 关于"告发"的介绍，具体可以参阅本章第二节城邦政治对贵族的限制。
③ Xenophon, *Constitution of the Athenians*, 3.2.

都充斥着职业告发者。① 告发者盛行时，受到伤害最大的是雅典的精英阶层。普鲁塔克为我们展示了精英分子尼西亚斯是如何受到职业告发者的威胁，以及他本人又是如何应对的。②

职业告发者现象并不仅仅局限于雅典内部，雅典还向海外的同盟者派出职业告发者，让他们散布针对盟邦上层阶级的谣言，并煽动对上层阶级成员的仇视。③

演说术在城邦政治中的应用，在论及以克里昂为代表的新兴政治势力的崛起时已经有所涉及。在这里需要强调的是克里昂等政治势力之所以是新兴的，主要是因为他们不再凭借担任具体的官职，而是在公民大会上直接通过演说能力来说服雅典民众，从而实现自己的政治主张。这种在公民大会上直接诉诸民众的方式，极大地挑战了传统政治精英依靠私人关系对城邦政治的控制。

演说除了应用在公民大会外，还体现在陪审法庭上。对于这一点，柏拉图在《菲德罗篇》中苏格拉底与菲德罗对话时曾有涉及。当时苏格拉底提到："在法庭上没有人会关注事情的真相，而只是关注那些令人信服的东西。因此，在演说中，他必须能言善辩将其注意力集中于此。无论是在控告还是辩护中，有时甚至不必陈述事实，如果它与说服力不符，那就用具有说服力的内容去替代它。简要而言，演说者务必着眼于信服，而不必过问事实真相。"④ 这其中必然有夸张的成分。但在实际审理过程中，无论是被告与原告都竭力去争取陪审员的好感，则说明注重发言的信服力是赢得好结果的重要因素。

从以上分析来看，雅典民主政治的日益激进，主要体现在三个方面：一是公民大会以及陪审法庭在城邦政治中作用的进一步加强。这种加强的背后，既有通过政制改革逐步增加公民大会、陪审法庭权威

---

① Theopomp. Hist. *FGrh* 115 F 281，转引自 Matthew R. Christ, *The Litigious Athenian*, p. 67.
② Plutarch, *Nicias*, 4.3 – 5.1.
③ Xenophon, *Constitution of the Athenians*, 1.14.
④ Plato, *Phaedrus*, 273D – E.

的因素，又与雅典普通民众政治意识的崛起及其积极地参与城邦政治有密切的关系。这在制度的层面上树立了民众的优势。二是平民力量及其代言人的崛起。他们不仅推动了政制改革，不断促进政制进一步民主化，而且通过积极地参与政治活动，从而使政体中的平民因素进一步上升。三是平民机构与举措的滥用，这其实是反映了政制民主化与民众参与的结果。这种滥用反映了制度、民众与政治家之间的相互作用。可以说，截至老寡头写作《雅典政制》时，公民大会已经在城邦政治中处于核心地位，与此相对应的是，普通民众在公民大会以及陪审法庭等机构中占据了优势地位。

第二节 城邦政治中的贵族

与平民地位的提升和公民大会权力的凸显相对应的是对贵族的限制，这同样是历经长时间的政制变革才得以完善。雅典城邦在对贵族进行多重限制的同时，又存在对贵族的紧密依赖。

一 雅典贵族及其特征

在探讨雅典城邦政治中的贵族之前，有必要首先明了雅典贵族及其特征等基本状况。雅典贵族共同以"Eupatridai"而知名，强调其拥有的贵族血统。[1] 这些贵族从其祖先那里继承了出身高贵、品格高尚以及体态优美等特质，而其祖先又通常追溯至荷马史诗中的某一个英雄，甚至是与某位神话人物相联系，从而为自己宗族的谱系涂抹一层神圣和远古的色彩。这诚如芬利在分析希腊的贵族时所指出的那样："一些家族经常宣称祖先为'英雄'或神明，这种做法可能指向贵族身份……贵族集团也占有了大部分财富。"[2] 可以说，这些贵族当时在

---

[1] Aristotle, *The Athenian Constitution*, 13.2; P. J. Rhodes, *A Commentary on the Aristotelian "Athenaion Politeia"*, pp. 72–76; Josiah Ober, *Mass and Elite in Democratic Athens*, pp. 248–250.

[2] ［英］M. I. 芬利：《古代世界的政治》，晏绍祥、黄洋译，商务印书馆 2013 年版，第 18 页。

◆◆◆ 安多基德斯与雅典城邦政治

经济实力、政治影响、宗教特权以及海外联系等方面都占据优势。显然，血缘和世系是此时贵族赖以立身的主要依据。①

正是源于贵族阶层在以上各个方面的优势，所以他们得以垄断城邦的权力与权威。早期雅典社会的特性在于，其共和制开始得较早，因为雅典的贵族通过增加执政官的数额而逐渐篡夺了王权。执政官人数的增加以及任职年限的设置使贵族掌控了城邦政治的统治权。及至公元前7世纪，雅典已经成为贵族共和国。相比之下，无权无势的平民阶层与之形成了强烈对比。正因为如此，贵族与平民之间的冲突早在梭伦改革之前便已经公开化。亚里士多德在《雅典政制》中曾提及，无地少地的贫民与贵族之间的阶级矛盾已经比较激化。② 诚如芬利在评述希腊城邦与罗马社会结构的相似性时所指出的，"它们都是农业社会，其间在希腊罗马古风历史上起核心作用的公开的阶级冲突，经常爆发于土地贵族和欠债的农民之间，而且总是他们之间的冲突"③。

与公开的阶级冲突相伴随，尽管贵族凭借其血缘和世系占据优势地位，但随着希腊社会经济的发展，他们并非唯一的富有者。至少在公元前7世纪晚期，在雅典社会已经存在一批富有但非贵族出身的人。他们被一些贵族称为"*kakoi*"。这可能仅仅意味着是低贱的出身，但它含有道德责备的成分，我们可以称为"令人厌恶的人"（the nasty men）。④ 尽管在经济上富有，但这些富有者并未进入参与雅典城邦政治的范围之内。与此同时，一些贵族尽管在血缘上尚能占据优势，但其财富地位却降低了。例如，梭伦所属的家族本为贵族，但其家道中落，以至于梭伦本人在年轻时便已外出经商。⑤ 当然，富有者空有经济优势却不能参与城邦政治的局面并非一直不变，转机来自梭伦

---

① 关于早期希腊出身与政治权利之间的关系，可参阅 C. G. Starr, *Individual and Community*, New York, 1986, pp. 59–63。

② Aristotle, *The Athenian Constitution*, 6.1.

③ ［英］M. I. 芬利：《古代世界的政治》，第18页。

④ Josiah Ober, *Mass and Elite in Democratic Athens*, p. 58.

⑤ Plutarch, *Solon*, 2.

第一章　渎神案前的雅典民主政治与贵族

改革，是梭伦以立法的形式将富有者纳入精英群体中去。具体而言，梭伦以农业收成为基础，将所有雅典公民划分为四个不同的等级，即"五百斗级""骑士级""双牛级"以及"塞特级"①。该举措在如下两个层面上深具历史意义：一是此举意味着梭伦改变了精英阶层的入选标准，将原来强调血缘和世系改为以财富为标准。雅典精英的基础经历了从出身到财富的转变，而这一转变无疑是以梭伦立法为发端的。将富有者纳入精英的范围，这直接扩大了雅典精英的范围。二是雅典城邦以法律的形式确立了精英的政治地位，根据梭伦的这一制度设计，前两个阶层由于其经济地位上的优势而拥有了与之相适应的政治地位，这在制度层面确立了精英阶层在城邦政治中的优势地位。尽管梭伦推行了这些改革，但实际上他并未涉及贵族势力的根基——部落，而这正是贵族保持政治影响力的基础。甚至是在梭伦改革后不久，雅典就已经分裂为三个不同的政治派别，而其领导者无一不是贵族。② 因此，就当时雅典社会的情况而言，传统的雅典贵族依然是社会财富的主要持有者和城邦政治权力的掌控者。

在随后庇西特拉图试图建立僭主政治的过程中，他除了依靠本派别追随他的民众外，也能够积极与海岸派的麦加克勒斯以及其他领袖相合作。在经历了两次失败后，终于在第三次建立了稳固的僭主统治。虽然是僭主，但实际上庇西特拉图并没有改变梭伦时期的政制，而仅仅设法使自己的支持者当选为执政官。庇西特拉图及其儿子的主要贡献在于：放逐了一些反对其统治的贵族、扶植自耕农以及通过城邦层面的建筑计划等举措提升雅典公民与城邦的紧密度。③ 在僭主政治结束后，伊萨哥拉斯曾试图重建贵族的统治，但被克里斯提尼的改革所取代。克里斯提尼改革中与贵族关系最为密切的是部落改革，即废除了传统上的四

---

① Aristotle, *The Athenian Constitution*, 7.3 – 4.
② Herodotus, *The Persian Wars*, 1.59.3; Aristotle, *The Athenian Constitution*, 13.4.
③ Herodotus, *The Persian Wars*, 5.62.2; Thucydides, *The Peloponnesian War*, 6.59.4; Aristotle, *The Athenian Constitution*, 19.3.

◆ ◆ ◆　安多基德斯与雅典城邦政治

个部落,创建了十个新部落。① 这一变革意味着雅典构建政制的基础由血缘转变为地域,而这意味着贵族控制城邦政治能力的消减。

自梭伦改革以降,雅典的贵族尽管仍然主导着以财富决定的新的统治阶级,但是其对城邦政治的垄断权却已开始逐渐打破。传统贵族所赖以发挥作用的血缘和世系,逐渐被财富所取代。一些原本归于高等级的雅典贵族,其等级地位有可能因为财富的减少而降低。与此同时,一些雅典公民也可以通过积累财富等方式来提高自己所处的等级。如迪菲鲁斯(Diphilus)从雅典的第四等级的"塞特级"而上升为第二等级"骑士级"②。当然,雅典社会的这种阶层流动的规模很难准确把握,但从精英分子竭力模糊其身份可管窥一斑。如原本地位较低的人物克里昂的行为方式明显有别于原有贵族,因此被包括修昔底德等在内的古典作家所广泛关注。③ 而随着时间的推移,在外在形式上,一些雅典精英也逐渐地模糊自身在服装、装饰等方面的特征。如修昔底德曾指出,在公元前5世纪末期雅典的富有公民已经摒弃了奢侈的生活方式,不再穿亚麻布的短袍和使用金蚱蜢的饰针盘起他们的长发。④ 然而,需要指出的是,并非所有雅典精英分子都会如此,也有一些处于高等级的非贵族公民,他们在等级提升后,通过与雅典贵族通婚以及在行为模式上对其进行模仿等方式,逐步向贵族靠近。尽管在公元前4世纪的演说词中,演说者在陪审法庭中竭力地模糊自己的地位,力争多向民众靠拢,但是演说词中"富有的人"(plousioi)与"劳作的人"(penetes)的大量并列出现,则揭示了现实生活中两者的对立。⑤ 实际上,在雅典社会中,精英由于其特殊的性情依

---

① Herodotus, *The Persian Wars*, 5.69; Aristotle, *The Athenian Constitution*, 21.2–4; Aristotle, *Politics*, 1319b19–27.

② Aristotle, *The Athenian Constitution*, 7.4.

③ Thucydides, *The Peloponnesian War*, 3.36–5.11; Aristophanes, *Knight*, 1067; Plutarch, *Moralia*; 806F–807A.

④ Thucydides, *The Peloponnesian War*, 1.6.3.

⑤ 关于"富有的人""劳作的人"这两个术语,参见 M. I. 芬利《古代世界的政治》,第16页。

第一章　渎神案前的雅典民主政治与贵族

然易于辨认，这诚如亚里士多德在《修辞术》中所总结的："出身高贵的性情是，拥有高贵出身的人更加热爱名誉……与财富相对应的性情是谁都可以认出来的。富人们暴虐而又傲慢，占有财富给他们的内心造成了某种影响。"① 总体而言，尽管贵族的血缘与世系更为重要，但在梭伦的立法及其以后的历史中，雅典贵族所赖以存在的基础已经不是血缘和世系，而是所拥有的财富。从这个意义上讲，梭伦改革以后的雅典精英首要标准是财富精英。梭伦以立法的形式确立了精英阶层在雅典城邦政治中的地位，并且直到亚里士多德时代仍未发生实质性改变。当然，需要指出的是，相比于普通公民的数量优势，包含贵族在内的精英阶层在人数上天然地处于劣势地位。②

在特征上，雅典的贵族无疑是以其家族历史的源远流长为首要标志。这一特征在雅典这一"面对面社会"中是具有高度识别性的，因为家族历史或者家族历史的呈现更容易为外界所熟知。但倘若从服饰上对其进行区分可能并不会总是成功，因为修昔底德曾提及，雅典人虽然最早舍弃随身携带武器的习俗，并采取随性且更为奢侈的生活方式，但其富有的年长者不久便开始放弃穿亚麻内衣和用金蚱蜢扎束头发的奢侈穿戴。③ 与贵族这种自愿行为不同，梭伦在改革时也对公民的习俗进行了规定，如不允许用全牛作牺牲、装殓死者的衣服不得超过三件等，这些行为虽然是面向公民，但更多地指向贵族。④ 虽然如此判断一名公民是否属于贵族尚有难度，但就作为阶层的贵族而言，

---

① 苗力田主编：《亚里士多德全集》第九卷，中国人民大学出版社1994年版，第451页。
② 由于对雅典公民总人口估计的不同，关于精英的财产资格和人数规模的估计也呈现出巨大差异。戴维斯认为，雅典最为富有的公民都包含在承担城邦公益捐助的公民群体之内，捐助者的财产大约在3—4塔兰特，在公元前4世纪大约有300—400名捐助者。一个家庭拥有1塔兰特的财产方可被归为有闲暇的阶级，这样的公民大约有1200—2000人，他们通常在城邦需要的情况下要缴纳战争税（eisphora）。(J. K. Davies, *Athenian Propertied Families, 600 – 300B. C.*, pp. XX – XXX; J. K. Davies, *Wealth and the Power of Wealth in Classical Athens*, New York, 1981, pp. 9 – 37.) 关于这些有闲暇的公民在雅典公民总人口中的比例，奥贝尔估计大约在5%—10%。(Josiah Ober, *Mass and Elite in Democratic Athens*, p. 129.)
③ Thucydides, *The Peloponnesian War*, 1.6.3.
④ Plutarch, *Solon*, 21.5.

◆◆◆ 安多基德斯与雅典城邦政治

他们拥有颇有名望的祖先、共同的价值体系，彼此之间相互交往甚至通婚，因此被其同胞视为独特的集团。他们以其本身与生俱来的权利、对运动竞赛的追求以及对宴饮活动的热衷，而区别于其他阶层。与此同时，他们不从事贬低身份的职业，如以赚钱为目的的手工业和商业。芬利在评述希腊城邦和罗马社会的贵族时曾言："'贵族'又是一个意义含糊的词语，但在此我们所讨论的是一个严格意义上的等级，那些贵族家庭这样看待自己，而且亦为其他贵族家庭所认可……不过一些家族经常宣称祖先为'英雄'或神明，这种做法可能指向贵族身份，对此我们不能轻视。贵族集团也占有了大部分财富，现代学者以其规模不大的理由低估这一点的做法亦应受到抵制。"①

二 对贵族的限制

雅典民主政治的建立及其日趋激进的进程，伴随着人民权利的增强和城邦政治机构的日趋民主化，与此同时，雅典贵族在城邦政治中的作用日益面临更多的限制。城邦政治对贵族的限制，主要体现在如下几个方面。

雅典民主政制中最主要的一个特点是重视抽签选举与轮番为治。从根本上讲，包括雅典城邦政治在内的所有希腊城邦政治，都是"直接民主制"。在"直接民主制"之下，政治实践的核心观念是全体公民直接参与城邦事务的管理。因此要求通过抽签选举的方式实现轮流为治。这种政治理念得到亚里士多德的高度重视。他在总结民主政治的特征时，对抽签选举官员、轮流执政予以了充分肯定。②于是，在城邦政治中，除了财务官、将军等技术性特别强以及对城邦极为重要的官职外，几乎剩余的官职都是实行抽签选举和轮番为治。

---

① ［英］M. I. 芬利：《古代世界的政治》，第18页。
② Aristotle, *Politics*, 1317b17–1318a10.

第一章 渎神案前的雅典民主政治与贵族

虽然城邦将财务官以及将军等重要职位留给了贵族，但对他们的限制与制约也很明显，这主要体现为：一是集体领导制和任期有限制，二是接受来自城邦和公民个人的监督。在推行职务的集体领导制和任期有限制方面，早在梭伦时期，当时最为重要的官职执政官就已由九人组成，分别负责不同的事务。到克里斯提尼改革时，十将军委员会成员的最初组成，是每部落选举一人，在其内部同样实行集体领导。

在这里需要注意的是，虽然集体领导制和任期有限制体现了对贵族的限制，但这种限制并非仅针对贵族，还包括一些非贵族群体。如雅典的议事会议员是500人，市场监督为10人，港口监督为10人，而陪审法庭更是从201人到6000人不等。这些职位并非仅仅由贵族担任，因此这种机制并非仅仅适用于贵族，也包括在其中任职的普通雅典民众。

对于官员面临的来自城邦和公民个人的监督方面：在任职前，要接受严格的资格审查；在任职中，要定期接受公民大会的审查和雅典公民的监督；在卸任时，要由城邦对其进行审核。除此之外，在其卸任之时，任何雅典公民都可以以其侵害公民权利而进行控诉。因此，每年夏季都会有30名官员在市场坐镇三天，以便接受公民所呈交的控诉。[①] 对在城邦政治中发挥重要作用的将军而言，所有将军中至少有五分之一的人或早或晚都曾面临检举。检举通常是以定罪或者处以死刑而告终，因而很多将军宁愿选择逃亡，而不是接受审判。[②] 西西里远征中，将军尼西亚斯的作为和选择，有力地印证了将军的压力和处境。当时雅典军队在埃皮波莱战役中失利，军队内部已经表决要撤退，但尼西亚斯否决了这一点。因为，他认为假如这样回到雅典，他必定会遭到雅典民众的控告。在遭受雅典不公正的审判和在战场上死于敌手之间，他宁愿继续留在战场上。[③] 而随着演说家的兴起，演说

---

① Aristotle, *The Athenian Constitution*, 48. 3 – 5.
② Morgens Herman Hansen, *The Athenian Democracy in the Age of Demosthenes*, p. 217.
③ Thucydides, *The Peloponnesian War*, 7. 48. 4 – 5.

◆◆◆ 安多基德斯与雅典城邦政治

家的资格也要经过审核。

与此同时，随着形势的发展，执政官向第三等级的雅典公民开放，十将军委员会改由公民大会选举产生，也意味着城邦对贵族限制和制约的加深。

对贵族的限制和制约还体现在津贴制的实行和推广上。如前所述，津贴制的实施是在伯里克利时期通过的，其最初只适用于参加陪审法庭的陪审员。公元前425年，当克里昂当选为将军时，他将参加陪审法庭的津贴由2奥波尔提高到3奥波尔。① 有学者根据铭文 IG I³ 82 推测，在公元前429—前421年期间，雅典城邦对议事会成员也开始发放津贴。② 汉森通过梳理史料，认为在公元前411年四百人政权建立之前，雅典城邦对执政官以及其他官职也是有酬金的。③

津贴制的实行与推广具有深远的政治意义，它对于贵族势力的限制极为明显。雅典的贵族如伯里克利等，过去还可以利用亲属、朋友以及家族关系等在政治中谋取优势地位。但他也开始逐渐地意识到，这并不足以保证他能够长期拥有政治影响力。因此，他逐渐地疏远了原先的政治关系，转而直接求诸雅典公民。虽然伯里克利的统治如修昔底德所言的那样，是他控制了民众，而不是民众引导了他，并盛赞其治下是第一公民的统治。但必须看到的是，他的政策也并非一直得到民众的理解与认同。如在伯罗奔尼撒战争刚刚开始时，他为雅典制定的防御政策并没有给雅典带来胜利，他因此遭到罚款，并一度被罢免将军职位。而克里昂等人则可完全通过求助于雅典民众而走上政治

---

① Aristophanes, *Knights*, 51. 255. 也有学者认为其时间应该为公元前427—前426年，即克里昂当选为议事会成员当年通过的。[Wilamowitz-Moellendorff, U. von. *Aristoteles und Athen*, Berlin, 1893: 1. 129, n. 1, 转引自 Vincent J. Rosivach, "IG I³ 82 and the Date of the Introduction of Bouleutic 'μισθοσ'", *Zeitschrift für Papyrologie und Epigraphik*, Bd. 175 (2010), pp. 145 – 149。]

② Vincent J. Rosivach, "IG I³ 82 and the Date of the Introduction of Bouleutic 'μισθοσ'", pp. 145 – 149.

③ Mogens Herman Hansen, "Misthos for magistrates in classical Athens", *Symbolae Osloenses: Norwegian Journal of Greek and Latin Studies*, Vol. 54, No. 1 (1979), pp. 5 – 22.

第一章 渎神案前的雅典民主政治与贵族

舞台，并谋取优势。

除上述限制与制约外，城邦还对包括贵族在内所有公民的私人领域有所限制和制约。早在梭伦时期，城邦就立法限制嫁妆和丧葬花费。① 除了这种法律上的限制外，雅典在道德领域对公民的行为规范也有所限制，如"Prece hubris"。"hubris"，可译为"傲慢无礼"，它是希腊人行为规范中的一个重要道德概念，指自恃有力而对他人造成侮辱的过分言行，如攻击他人身体、性侵犯、对老人以及妇幼的过分行为、入侵他国等。②

在城邦对贵族进行控制的过程中，公民大会和陪审法庭发挥了核心作用。就公民大会的作用而言，它主要体现为公民大会不仅主导了陶片放逐法的实施，而且拥有政治审判的司法权。陶片放逐法的本意是防止僭主政治的复辟和避免民主政治遭到僭政的威胁，但它逐渐演化为城邦权力集团清除宿敌的举措。③ 从这个意义上讲，陶片放逐法已经偏离了其早期放逐僭主的本意，而通过放逐政敌逐渐成为一种控制政治家的方式与制度。它实施的整个流程都被公民大会所控制。具体而言，它的实施可分为两步：每年雅典公民在公民大会上举手表决，看是否需要实行陶片放逐法；如果决定要实行，两个月后在阿哥拉广场举行投票，投票时以部落为单位，公民投出刻有被放逐人名字的陶片，最后由城邦统计票数以决定最终放逐人员。④ 阿里斯提德斯等被放逐者的被召回，进一步说明公民大会还掌握着流放人员的召回权。⑤

公民大会的政治审判司法权，是与"告发"（eisangelia）紧密相关的。"告发"起源于梭伦时期，最初主要是针对那些法律没有涉及

---

① Plutarch, *Solon*, 21.
② 黄洋、晏绍祥：《希腊史研究入门》，第232页。
③ Aristotle, *The Athenian Constitution*, 22.1–6.
④ Aristotle, *The Athenian Constitution*, 43.5.; Philokhoros, FGrH 328 F 30, 转引自 G. R. Stanton, *Athenian Politics c. 800–500 BC*, London and New York: Routledge, 1990, p.177; Plutarch, *Aristides*, 7.5–6.
⑤ Plutarch, *Themistcles*, 11.1; *Aristides*, 8.1.

◆◆◆ 安多基德斯与雅典城邦政治

的犯罪行为，后来这些犯罪行为根据个体法律的不同而又有些差异，它可以向公民大会、五百人议事会、执政官、陪审法庭提出告发，但最主要的是面向公民大会的告发（eisangelia eis ton demon）和面向议事会的告发（eisangelia eis ten boulen）。①

就面向公民大会的告发而言，它是针对犯有政治罪的任何雅典公民。这种告发，可以在公民大会的主会（ekklesia kyria）上，由任何公民担任告发人，并且可在不经议事会进行预议的情况下提出。一旦告发进入公民大会主会的议事议程，就成为必须要处理的事项。在公民大会的主会上之所以如此快捷，主要是因为在每个部落月（Prytany）召开的一次公民大会上，"告发"都是其议题的固定内容。而告发如果是在公民大会的普通会议上提出，则需先向五百人议事会提出，经其预议后列入公民大会的议程。② 可以说，这种提交到公民大会的告发是极为重要的，一方面是因为这是针对将军和政治领袖控以腐败和欺诈罪时使用最多的程序；另一方面还因为从理论上讲，所有提交给陪审法庭的、针对将军和所有行政官的告发，都可提交给公民大会。在整个公元前5世纪到公元前355年的这段时间内，公民大会通常决定亲自听审此类告发。从这个意义上讲，汉森认为公元前355年之前的雅典民主政治并没有变得日益"温和"，而是依然"激进"③。

就陪审法庭在雅典城邦政治中的地位而言，无疑它是充当了城邦政府的主宰，因为民众拥有投票的权利。④ 汉森在讨论陪审法庭的政治地位时，曾指出陪审法庭有权审理所有的诉讼和宣判各种违法行为。在描述雅典民主政治的运转时，必须要将注意力集中在陪审法庭对其他城邦机构以及政治领袖的控制上。对政治领袖的控制，主要是通过审理因公诉讼中的政治审判来实现的，而政治审判可以被定义为

---

① Brill's New Pauly, "eisangelia" 词条。
② Mogens Herman Hansen, The Athenian Democracy in the Age of Demosthenes, pp. 212–215.
③ Mogens Herman Hansen, The Athenian Democracy in the Age of Demosthenes, pp. 150–160.
④ Aristotle, The Athenian Constitution, 9.1.

第一章 渎神案前的雅典民主政治与贵族 ◆ ◆ ◆

针对"政治人物"的审判。汉森由此认为陪审法庭权力的基础，主要是通过三种重要的诉讼来形成的，即违法提案起诉（graphe paranomon）、因叛国和收受贿赂而向公民大会提起的告发，以及官员任职结束审核账目的检举制度（euthynai）。它们分别针对不同的政治人物：违法提案起诉针对演说家、告发主要是针对将军，而检举制度则面向所有行政官员。① 在汉森所列举的三类诉讼形式中，"因叛国和收受贿赂而向公民大会提起的告发"似乎修改为"因叛国和收受贿赂而向陪审法庭提起的告发"更为恰当。②

除公民大会和陪审法庭能对贵族进行控制外，其他机构如五百人议事会等也可发挥类似的作用。③ 需要注意的是，虽然公民大会、陪审法庭在控制贵族的过程中发挥了核心作用，但它们自身并无法主动实现这一功能。在古代希腊没有"公诉人"和"公诉机构"的概念，因此它的诉讼都是由个人发起的，他们可以是公民个人、外邦人甚至是奴隶。由个人提起诉讼要归功于梭伦，他在公元前594年将起诉权赋予了雅典的普通公民。这一举措意味着，所有雅典公民都可以针对伤害城邦公共利益——城邦共同体利益的行为——提出指控。也意味着，雅典公民可以对任何官员的渎职和腐败行为，提出正式指控。城邦为了更好地维护政制的安全，在制度层面上对此是积极鼓励的。例如，将部分罚款和没收的财产奖励给控告人。因此，雅典城邦也出现了一些专门控告违法行为的人，称之为"志愿控告者"（sycophans/sykophantes）。他们的动机在于获取这些奖励的罚金，或者为了博取好

---

① Mogens Herman Hansen, *The Athenian Democracy in the Age of Demosthenes*, pp. 203 – 205.

② 关于这一点，笔者无法确定这是源于汉森的笔误，还是英文版翻译者的误译。而汉森自己的说法也存在不一致的地方，他在其著作第218页再次认为面向公民大会的检举主要是针对公民大会选出的将军。但与此同时，他又曾明确区分了面向公民大会和陪审法庭所提起的两种检举，而且他和罗兹都认为针对官员个人的检举既可向公民大会又可向陪审法庭提出。[Mogens Herman Hansen, *The Athenian Democracy in the Age of Demosthenes*, pp. 212 – 213; P. J. Rhodes, "ΕΙΣΑΓΓΕΛΙΑ in Athens", *The Journal of Hellenic Studies*, Vol. 99 (1979), pp. 103 – 114; Mogens Herman Hansen, "Eisangelia in Athens: A Reply", *The Journal of Hellenic Studies*, Vol. 100 (1980), pp. 89 – 95.]

③ Mogens Herman Hansen, *The Athenian Democracy in the Age of Demosthenes*, pp. 257 – 258.

◆ ◆ ◆ 安多基德斯与雅典城邦政治

的名声，因而常常被讥讽为"诬告者"。为防止诬告，城邦也规定假如控告者没有得到陪审团五分之一票数的支持，他不仅要被科以1000德拉克玛的罚金，而且其部分公民权也要被剥夺。① 但对于提出告发的控告者而言，则没有此类的惩罚。即使撤回其提出的告发，亦不过是处以1000德拉克玛的罚金。可以说，城邦的这一举措，有鼓励针对损害城邦的任何行为进行告发的意味。其后果是以"告发"方式提起的诉讼是如此众多，以至于汉森把历史学家因此而面临的尴尬境地界定为：要么雅典的公民大会更倾向于选举那些腐败和易于叛国的人当选将军，要么是公民大会和陪审法庭惯于以莫须有的罪名审判其品格高尚的将军。② 总体而言，司法诉讼在雅典城邦是如此之多，甚至因之而被称为"好讼的雅典人"③。

从城邦对于贵族的限制与制约而言，其内容的核心或目标在于限制参政者的个人权威的形成，阻止其威胁民主政治的安全。在限制与制约的客体上，城邦针对的是公民个体，陶片放逐法以及城邦的审判都是以个人作为对象。在限制与制约的主体上，公民大会和陪审法庭发挥了核心作用。在限制与制约的主客体之间，公民个人充分发挥了对于参政者的监督作用，从而通过发起诉讼的方式，使城邦对于参政者的控制和限制能够顺畅地运转起来。正是通过以上限制性举措，贵族阶层所享有的世袭性权力逐渐被剥夺，城邦的公民大会、议事会、陪审法庭等公共机构的权威逐渐树立起来。

三 对贵族的依赖

在城邦与贵族的关系上，虽然城邦对贵族施以了种种限制和制约，贵族本身也因此深受其害，但这并不意味着雅典城邦政治全面排斥或者拒绝杰出人物。恰恰相反，雅典城邦政治的正常运转离不开贵

---

① Hypereides, 2.8., 转引自 Mogens Herman Hansen, *The Athenian Democracy in the Age of Demosthenes*, p. 214。
② Mogens Herman Hansen, *The Athenian Democracy in the Age of Demosthenes*, pp. 214, 217。
③ Matthew R. Christ, *The Litigious Athenian*, pp. 14 – 17。

第一章　渎神案前的雅典民主政治与贵族

族的支持与参与。而城邦对于贵族的依赖，可谓是涉及行政、经济以及外交等城邦政治的各个层面。

在行政上，城邦对贵族的依赖主要体现为依赖贵族为其提供政治领袖和提出政治决策。芬利对公元前5世纪末期上层阶级的政治演说家，即平民领袖进行了关注。他认为"平民领袖"是直接民主制决策过程中，必不可少的结构和组成部分，公民大会根据政治领袖提供的信息与判断做出选择。[1] 芬利的这一分析无疑是一重要的突破，[2] 而学者也经常援引以期证明雅典历史上政治领袖存在本质上的一致性。[3] 但显而易见的事实是，伯里克利之前的政治领袖大多与某一官职相连。待及克里昂之后，更多的是政治家与演说家身份的合一。而最能体现这一趋势的，莫过于"将军"一职。亚里士多德注意到这一现象，他指出古时候，平民领袖和担任军事领导职务的将军是同一人。这种现象之所以不再适用于当时的雅典，盖因为彼时的平民领袖都选自军事将领，而现在由于修辞技巧的发展，能言善辩的演讲者担任平民领袖，但由于缺乏军事经验使他们不再负责军事事务。[4]

康纳对亚里士多德的论断进行了分析，认为这一现象大约始于公元前5世纪中期，该时期正是政治事务日益专业化和军政行业差别逐渐增长的时期。[5] 康纳的分析，无疑是充分考虑了外部因素。但问题是，就政治领袖所依赖的"将军"而言，它不仅一直存在，而且职权并无实质性变化。因此，戴维斯从贵族青年接受教育的角度，将外部环境的变化与贵族内部因素相结合得出的结论更具说服力。他认为，泰米斯托克利、伯里克利等政治领袖的后代接受的传统教育已经不合时宜，相反倒是智者提供的训练更占优势。在政治

---

[1] ［英］M. I. 芬利：《古代世界的政治》，第89—101页。
[2] Josiah Ober, *Mass and Elite in Democratic Athens*, p. 17.
[3] 晏绍祥：《演说家与希腊城邦政治》，《历史研究》2006年第6期。
[4] Aristotle, *Politics*, 1305a10 – 15.
[5] W. Robert Connor, *The New Politicians of Fifth-Century Athens*, pp. 144 – 145.

◆ ◆ ◆ 安多基德斯与雅典城邦政治

技能层面上的空缺还存在的情况下,由克里昂等为代表的更具必要政治和管理技能的人来弥补则是理所当然的。① 这意味着十将军委员会的人员组成,尽管还与过去相同,依然来自同样的社会阶层,但自伯里克利去世之后,将军在影响政策的决定性发言权上,已经开始让位给平民领袖。②

除依赖贵族提供政治领袖和政治决策外,城邦还需要贵族出任各种官员。因此城邦将一部分官职,以选举的方式留给了包括贵族在内的高等级公民。早在梭伦改革时期,雅典城邦就依据财富将公民划分为四个等级,四个等级的公民享有不同的政治权利。第四等级的公民只能参加公民大会和陪审法庭,前三个等级的公民皆可出任官职,而城邦的高级官职如执政官和司库等只能由第一等级担任。此后,虽然随着社会的发展一些官职逐步向普通公民开放,但梭伦的等级划分一直存在,而部分官职依然只向高等级的公民开放。由于公元前487年执政官选举方式的变革,执政官的地位已经大为下降,这类官职主要是财务官以及将军等职位。一般而言,这些官职具有一定的技术性要求,且对担任者的要求较高。此外,它们大多没有津贴,甚至还要求担任者自己垫付钱财。老寡头在《雅典政制》中注意到该现象,并进行了评述。他指出,雅典民众对于那些从总体上对雅典民众的安危有影响的官职并不感兴趣,因为这取决于他们是否能运用得当,即他们对将军和骑兵长官这样的官职并不想染指,他们意识到这些官职掌握在最有影响的人之手,能给他们带来更大的利益。除此之外,雅典民众对其不感兴趣的原因,还在于担任这样的官职无利可图。③

在财政方面,城邦对贵族依赖的最大体现就是通过公益捐助制度(liturgy/leitourgia)将贵族在财富上的优势转化为他们对于城邦的经济责任。公益捐助制度是雅典城邦指定富有公民负担城邦公共支出的

---

① [英] J. K. 戴维斯:《民主政治与古典希腊》,第103—104页。
② C. Hignett, *A History of the Athenian Constitution to the End of the Fifth Century B. C.*, p. 262.
③ Xenophon, *Constitution of the Athenians*, 1. 3.

制度。它可以分为常规性公益捐助和非常规性公益捐助。前者在固定的时期重复出现，主要涉及宗教节日和艺术，最为重要的有三种，即歌队捐助（The choregy）、体育竞赛捐助（The gymnasiarchy）以及公共招待捐助（Public entertainment）。后者则是在紧急情况下无规律出现的，主要是为了满足军事需要，最为重要的有两种，即三列桨战舰捐助（The trierarchy）和特别财产税（The eisphora）。①

对于贵族而言，公益捐助是沉重的经济负担。这从城邦对其进行的调整可见一斑。在西西里远征后不久，出现了三列桨战舰联合捐助（syntrierarchy）。而伯罗奔尼撒战争结束后不久，开始施行歌队联合捐助（synchoregia）。② 特别财产税的征收是以财产而不是收入为基准。③ 有证据表明，早在公元前434—前433年就已有类似的举措。④ 但无疑修昔底德所提及的公元前428—前427年对该税种的征收，更反映了当时雅典在财政上所面临的压力，其数额高达200塔兰特。修昔底德本人也称之为雅典历史上第一次征收。⑤ 虽然学术界对于公元前5世纪战争时期财产税的征收频率和数额颇有争议，⑥ 但一致认为这对于富有阶层而言是一个沉重负担。⑦

城邦为了公益捐助的顺利实现也采取了多种举措：一方面通过授予公民相应的荣誉，来引导公民积极参与捐助行为。城邦所授予的荣誉，往往是对积极参加捐助的人员授予金冠和嘉奖，捐助者可相应地提高自己的社会地位。⑧ 另一方面则是通过采用"财产互换法"，鼓

---

① A. M. Andreades, *A History of Greek Public Finance*, Vol. 1, New York: Arno Press, 1979, pp. 130 – 133, 291 – 294, 322 – 363.

② A. M. Andreades, *A History of Greek Public Finance*, Vol. 1, pp. 324, 292.

③ Thucydides, *The Peloponnesian War*, 3.19.1; A. W. Gomme, *A Historical Commentary on Thucydides*, Vol. 2, Oxford: The Clarendon Press, 1968, p. 278.

④ Marcus N. Tod, ed., *A Selection of Greek Historical Inscriptions to the End of the Fifth Century B. C.*, Vol. 1, Oxford: The Clarenolon Press, 1946, pp. 104 – 111.

⑤ Thucydides, *The Peloponnesian War*, 3.19.1.

⑥ A. W. Gomme, *A Historical Commentary on Thucydides*, Vol. 2, p. 279.

⑦ J. K. Davies, *Wealth and the Power of Wealth in Classical Athens*, p. 82.

⑧ IG II² 1629. 190 – 204.; Demosthenes, *On the Trierarchic Crown*, 1.

励捐助者之间进行相互监督。该制度的程序是，如果捐助义务的承担者认为有人比他更富裕，且更应该承担此捐助义务，那么他可以要求此人代替其承担捐助义务，否则两者要互换财产。①

除在公益捐助上依赖贵族外，在其他方面如税收征收上，雅典也依赖贵族。例如，城邦对进出口货物征收的五十分之一税（pentekoste），其征收的方式即为通过类似现代竞标的方式将其给予出标最高者，对外邦人所征收的个人税（metoukion）以及妓女所缴纳的从业许可费（pornikon telos）也是采取承包的方式。② 在这些竞标中，包括贵族在内的精英阶层往往是胜利者，然后他们负责代替城邦行使职责。

与雅典贵族对城邦的经济义务相关的问题是，贵族的财富在公元前5世纪的城邦政治中发挥了怎样的作用。在论及该问题时，学术界一般强调雅典帝国对于雅典贵族在财富方面的制约和限制，认为由于雅典控制了提洛同盟的金库，使在公共开支方面不必过度依赖富有的贵族阶层。③ 但问题是此类收入很不稳定，且很容易受到战争局势的影响。梅格斯曾指出自公元前454年以来，雅典每年征收的贡金超过400塔兰特是极为可疑的。在公元前431年，虽然伯里克利认为雅典的贡金收入为600塔兰特，其实际上不大可能超过350塔兰特。④

三列桨战舰捐助的推行和特别财产税的征收，从侧面证明了公民的财富在紧急时刻对于雅典城邦的重要性。三列桨战舰捐助在公

---

① Lysias, *On the Refusal of a Pension to the Invalid*, 9.

② Mogens Herman Hansen, *The Athenian Democracy in the Age of Demosthenes*, pp. 260 - 261.

③ 例如，马丁·奥斯特瓦尔德认为："随着从公元前454年雅典帝国贡金的开始使用，有产阶级逐渐从公共服务中解脱出来，他们的功能也就日益消解并成为没有实际意义的例行公事。" [Martin Ostwald, "Public Expense: Whose Obligation? Athens 600 - 454B. C. E.", *Proceedings of the American Philosophical Society*, Vol. 139, No. 4 (Dec., 1995), pp. 368 - 379.] 国内持相似观点的主要是黄洋，详见黄洋《雅典民主政治新论》，《世界历史》1994年第1期。

④ Russell Meiggs, *The Athenian Empire*, pp. 253 - 254.

第一章　渎神案前的雅典民主政治与贵族

元前 5 世纪中期开始已存在，在伯罗奔尼撒战争开始后，其更是持续地使用。① 特别财产税的征收，说明了提洛同盟以及雅典帝国在公共支出上并不足以完全取代富有公民财富的作用。从某种程度上讲，包括贵族在内的精英阶层的财富，在危急时刻发挥了雪中送炭作用，构成了雅典财政收入的最后一道稳定屏障。可以说，戴维斯认为城邦的政策在早期由于城邦积累了大量财富不受制于上层阶级的制约，而后期则不然的分析，可能更符合雅典的实际状况。② 而大约是公元前 420 年所写作的演说词，在阐述贵族在经济上所担负的义务时，曾经谈及："与我的对手所不同的是，我多次缴付数额庞大的财产税，担任三列桨战舰的指挥官，慷慨地履行戏剧捐助，我经常向朋友提供钱财，为许多人的担保支付颇多。"③ 可以说，这则演说词不仅体现出贵族对于城邦在经济上需要承担责任，而且透露出贵族对其他公民也有经济上的责任。

在外交关系上，城邦对贵族依赖最大的体现就是利用贵族在其他城邦的私人关系去处理和协调各城邦之间的关系。古代希腊社会没有形成正式且系统的外交制度，它在外交事务上主要是以代理人制度（*Proxenia*）为基础，即在另一个城邦通过任命代理人（*Proxenos*），由其接待到该城邦的公民，在法庭上代表他们并且在各方面保护其利益。这一制度可以追溯到荷马时代，起源于荷马时代的个人之间以及家族之间友谊关系（*xenia*-relationship）。在公元前 5 世纪中期，它演变成雅典控制提洛同盟内盟邦的制度。在这一制度下，代理人代表雅典的利益，如有反叛雅典的行动其向雅典汇报，并因之获得荣誉或保护。④ 但与此同时，其他城邦在雅典也有类似的代理人存在。仅以斯巴达而言，他们在雅典就与多个家族有联系，让其充当斯巴达代理

---

① A. M. Andreades, *A History of Greek Public Finance*, Vol. 1, p. 323.
② ［英］J. K. 戴维斯：《民主政治与古典希腊》，第 103 页。
③ Antiphon, *First Tetralogy*, 11 - 13.
④ ［英］J. K. 戴维斯：《民主政治与古典希腊》，第 71 页；Brill's New Pauly："*Proxenia*"，"*Proxenos*" 词条。

◆◆◆ 安多基德斯与雅典城邦政治

人。例如,尼西亚斯与斯巴达国王保萨尼阿斯的家族建立了友谊关系。在公元前421年,斯巴达意欲通过尼西亚斯和另一名雅典人拉凯斯(Laches)进行和平谈判。① 阿尔基比阿德斯曾提及他的祖先是斯巴达任命的代理人,只是他的祖父断绝了这一关系,但他本人曾力图将其恢复。② 其他贵族家族,如卡里阿斯所属家族、安多基德斯所属家族都是斯巴达在雅典的代理人。贵族个人,如西蒙等人与斯巴达也都有很好的私人关系。公民与外界城邦之间的这种私人关系,极大地便利了城邦开展与其他城邦的谈判等诸多事宜。最具代表性的事件为,在公元前451—前450年,城邦甚至是重新召回已经处于流放状态的西蒙,然后派往斯巴达进行和平谈判,并最终签订了一份为期五年的停战协定。③ 城邦除了任命具有朋友关系的公民担任使者外,还会选任此类公民去担任将军职务。④ 就城邦对贵族的这种私人关系的利用而言,犹如米切尔(Mitchell)所指出的:"雅典公民乐于通过贵族的友爱观和朋友的联系,而将其限制在有限的范围内,从而达到为城邦所用,而不是相反。贵族的时代已然结束,但他们的可用之处仍有益于雅典公民。"⑤

最后,城邦在军事、宗教事务以及某些法律方面对贵族也有依赖。在军事上,如雅典城邦一直让前两个等级的公民提供骑兵。他们承担了"三列桨战舰捐助"的义务,而该项捐助的军事属性要远超其经济意味。⑥ 贵族在宗教事务以及法律上的责任,如波里阿斯的雅典娜神庙(Athena of Polias)和厄瑞克透斯(Erechtheus)的波塞冬神庙祭司,总是出自厄特奥布特斯家族(Eteoboutadai)。波优兹盖家族

---

① 与保萨尼阿斯的友谊,Lysias, *On the Confiscation of the Property of the Brother of Nicias*, 10; Thucydides, *The Peloponnesian War*, 5.43.2。
② Thucydides, *The Peloponnesian War*, 6.89.2.
③ Andocides, *On the Peace with Sparta*, 3.
④ Lynette G. Mitchell, *Greeks Bearing Gifts*, Cambridge: Cambridge University Press, 1997, pp. 96 – 108.
⑤ Lynette G. Mitchell, *Greeks Bearing Gifts*, p. 110.
⑥ A. M. Andreades, *A History of Greek Public Finance*, Vol. 1, p. 323.

（Bouzygai）担任的祭司与宙斯有关。埃琉西斯密仪的祭司职位，选自该地区的优莫尔皮戴（Eumolpidai）家族和克里克斯（Kerykes）两大家族，其中祭司长选自优莫尔皮戴家族，包括执火炬者在内的三名人员则选自克里克斯家族。[①] 除了担任祭司职位外，这些贵族可能还掌握着不成文法的解释权。例如，至少是晚至伯里克利执政时期，优莫尔皮戴家族还对一些不成文法拥有解释权。[②]

通过上述论述可以看出，虽然雅典城邦政治对贵族施以大量限制，但雅典城邦政治的正常运转实际上离不开贵族。究其原因，除了他们在经济以及社会关系等方面占据着主导性优势外，还与贵族具备较高知识素养、拥有充足的闲暇等因素密切相关。城邦对贵族施加限制的目的，是希望通过制度性干预将贵族在经济、政治等方面的优势转化为贵族对于城邦的责任，从而最终达到为城邦所用的目的。虽然随着提洛同盟的建立及其向雅典帝国的转变，似乎使城邦对贵族的依赖程度有所降低，但伯罗奔尼撒战争爆发后，由于雅典对帝国控制的削弱以及战争形势的莫测变化，贵族在经济和军事等方面所面临的压力有上升的趋势。

第三节 贵族对民主政治的态度

在雅典民主政治初步建立到其逐渐激进化的过程中，随着城邦公共权力的增强，民主政治对于贵族的政治取向产生了巨大影响。可以说，贵族对于雅典城邦政治的态度是有差异的。其中既有民主政治的积极参与者——他们以极大的热情投入到城邦政治中去；也有并不认可民主政治者——他们对民主政治持批判和反对的态度。他们或积极地参与反对民主政治的活动，或消极地应对作为公民所应该履行的义务。相应地，城邦针对贵族对待城邦的态度也有所回

[①] C. Hignett, *A History of the Athenian Constitution to the End of the Fifth Century*, p. 64.
[②] Lysias, *Against Andocides*, 10; Raphael Sealey, "On the Athenian Concept of Law", pp. 289–302.

◆◆◆ 安多基德斯与雅典城邦政治

应,这主要表现为尊重和宽容贵族的私下行为,并适时对城邦政制进行局部调整。

一 积极参与者

贵族积极参与城邦政治的体现,主要是他们不仅为民主政治提供了政治领袖,而且踊跃地承担了公益捐助。关于前者,我们发现从克里斯提尼改革到西西里远征前夕,雅典的主要政治领袖无一不是来自贵族阶层,如克里斯提尼、阿里斯提德斯、泰米斯托克利、厄菲阿尔特、伯里克利等。他们不仅能够通过提供决策影响城邦政治,有些贵族更是直接充当了改革活动的领导者。奥贝尔在分析这些政治领袖的作用时,注意到了他们作为政治改革者在历史中的作用,认为其改革活动往往会推进政治生活的进一步民主化,这同时也意味着精英所能直接控制的机构越来越少,进而使这些精英在缺少他们所能直接发挥作用的机构的情况下,不得不成为更为公开的"政治家"[①]。

除了提供决策和充任改革的领导者外,有些贵族还能较好地处理对民主政治心怀不满的贵族对城邦所进行的颠覆活动,进而妥善地维护城邦利益。这集中体现在阿里斯提德斯对一次颠覆民主政治活动的处理上。根据普鲁塔克的记载,在普拉提亚战役之前,雅典的一些显赫家族和巨富们由于对战争的前景比较悲观,以及受民主政治对其财富、声名以及地位剥夺的影响,密谋推翻民主政治。阿里斯提德斯获悉后,只是逮捕了众多密谋者中的八个,并且只有两人最终被控诉有罪,剩下的六人得以无罪释放。[②] 阿里斯提德斯对该事件的处理,既有效地制止了针对民主政治的颠覆活动,保证了城邦的安全,又将惩罚对象的范围限制在最小范围之内,使受牵连的范围最大限度地缩小,维护了城邦的内部和谐。

[①] Josiah Ober, *Mass and Elite in Democratic Athens*, pp. 84–85.
[②] Plutarch, *Aristides*, 13.

第一章　渎神案前的雅典民主政治与贵族

　　有些贵族虽然没有充当政治领袖，但他们积极地履行城邦义务，这主要体现为出任城邦的各类官职和负担城邦所分配的公益捐助。此类参与是维护城邦政治正常运转的关键，而这样的贵族占据了贵族阶层中的大多数。在参与这种公益捐助时，不乏有些贵族的付出远远超出了城邦要求。例如，尼西亚斯一直以慷慨地担负公益捐助义务而著称。① 在公元前415年远征西西里时，战舰捐助者不仅为最上一排的桨手准备了额外的佣金，而且都力图使自己的舰船在外观和航速等所有方面都是最为优秀的。因此，有些希腊人认为，与其说雅典人是去进攻敌人，不如说是去展现财富和力量。② 而有些贵族甚至是在没有捐助义务的情况下，主动为城邦提供此类捐助。例如，在公元前481—前480年的阿尔铁米西昂（Artemisium）战役中，克里尼亚斯（Clinias）自愿提供了一只船和两百人参加战斗。在这次海战中，雅典人是希腊人中最为英勇的，而他又是雅典人中最为英勇的。③

　　贵族之所以乐于积极地参与民主政治，与他们对"荣誉"的追求密切相关，因为权力的竞争即为荣誉的竞争。亚里士多德曾言："修养极高且性情积极向上者皆以荣誉为乐，因为可以说，荣誉乃政治生活的目标。"④ 而色诺芬认为人与动物的真正区别在于对荣誉的追求，而且用"热爱荣誉"（philotimia）来指代那些特别积极的政治活动。⑤ 因此，贵族所获得的荣誉，不仅有助于提升他在城邦的名望与地位，而且有极为现实的应用价值。这种价值主要体现为，当贵族在公民大会或者是陪审法庭面临控告时，他们往往通过强调自己对城邦所曾经履行过的义务来求得陪审团的好感。⑥

---

①　Plutarch, *Nicias*, 3-4.1.
②　Thucydides, *The Peloponnesian War*, 6.31.3-4.
③　Herodotus, *The Persian Wars*, 8.17; Plutarch, *Alcibiades*, 1.1.
④　Aristotle, *The Nicomachean Ethics*, 1095b22-23.
⑤　Xenophon, *Hiero*, 7.3-4.
⑥　Lysias, *On the Confiscation of the Property of the Brother of Nicias*, 7; *On the Property of Aristophanes*, 29, 57; *Defence against a Charge of Taking Bribes*, 2; *Defence against a Charge of Subverting the Democracy*, 12; Isocrates, *Against Callimachus*, 58; *Aegineticus*, 36.

◆ ◆ ◆　安多基德斯与雅典城邦政治

可以说，贵族对城邦政治的积极参与，体现了贵族对于城邦政治的正面意义。与此同时，也证明了贵族价值观与民主政治是兼容的。与寡头制下通过密谋来获得官职不同，雅典的官职通过抽签和选举而产生，这赋予了贵族更大的自信与权威。修昔底德曾指出，一个贵族如果在民主政治的选举中失败了，他们能够更好地承受失败的结果，因为这一结果并不是来自贵族同伴的评判，而在寡头制下，这样的拒绝却是一种羞辱。① 贵族通过积极参与民主政治，也能获得实际的好处，诚如安德鲁·林托特（Andrew Lintott）在评述贵族对待寡头制和民主政治的取向时曾指出的："即使对于那些在理论上与寡头制有着联系的贵族而言，他们也能在民主政治的事务中为他们找到好处。"当然，林托特也指出了这种情况仅适用于民主政治没有表现出犯错误的症候之时。②

与此同时，贵族通过积极参与城邦政治，也使贵族价值观在雅典民主政治的观念形态中占据了主导地位，即"贵族的价值观在雅典，犹如在其他希腊城邦一样，处于独一无二的地位"。这种主导地位，最早被奥斯汀和维达尔·那奎特所注意，后得到洛罗、奥贝尔等多位学者的认可。③ 奥贝尔对出现这种现象的原因进行了分析。他认为，这并不仅仅是由于贵族占据了直接统治的地位，而是与民众的持续认可有关系。因为这种认可，是以精英与民众分享财产，并向公民全体展现出成效为前提的。只有这样，精英有价值的东西才能得到公开的展现。④

当然，并非所有贵族都积极选择参与城邦政治。例如，康纳在论及由克里昂所确立的新政治模式对旧贵族统治阶层在城邦政治中的选

---

① Thucydides, *The Peloponnesian War*, 8. 89. 3.
② Andrew Lintott, *Violence, Civil Strife and Revolution in the Classical City*, p. 148.
③ M. M. Austin and P. Vidal-Naquet, *Economic and Social History of Ancient Greece: An Introduction*, Berkeley Los Angeles: University of California Press, 1977, pp. 15 – 17; 关于洛罗以及其他学者的认同情况，可参阅 Josiah Ober, *Mass and Elite in Democratic Athens*, p. 290, and Note 74。
④ Josiah Ober, *Mass and Elite in Democratic Athens*, pp. 290 – 292.

第一章　渎神案前的雅典民主政治与贵族

择产生的影响时，曾指出他们大约有四种选择：其一为遵从老寡头在《雅典政制》中的建议。为了寡头制而离开雅典城邦。该选择的坏处在于，离开者将遭受巨大的个人财产损失。其二为可以尝试新的方式。它们包括赢得民众的支持、采用放肆的演说方式，也可能包括做一个特定的举动，去表明他是真正爱民众的（philodemos）。其三为他可以继续旧的方式，从而在政治上碰碰运气。其四是他可以不采用前述三种方式，只是待在城邦中，但拒绝参加政治生活。[①] 虽然贵族的以上行为选择，并非皆由克里昂所确立的新政治模式而引起，但康纳的归纳却有一定道理。戴维斯在评述旧贵族阶层的斗争途径时，也有类似的言语，他曾提及："在雅典城邦内部，旧贵族统治阶层被剥夺了大部分世袭的权力，他们以各种方式为生存而斗争。一方面，他们采用了与时代相适应的新技巧和态度，即便自己并不相信这些……另一方面，一些贵族开始隐退，重组并寻求新的武器以伺反击。"[②] 虽然康纳和戴维斯的分析具有合理性，但他们忽视了贵族中的另一类群体——他们依然留在城邦内部，不过他们并不是站在民主政治一边，而是站在其对立面进行批判或反对。

二　反对者与批判者

综合康纳和戴维斯对贵族政治态度的分类以及雅典的实际情况，雅典贵族对于民主政治的反对或批判大体可分为如下几类：密谋推翻民主政治、公开表达对现有政治不满以及消极对待城邦政治生活。

就密谋推翻民主政治的暗流而言，最主要的表现就是存在两次贵族密谋推翻民主政治的情况。第一次在前述阿里斯提德斯时已有所涉及，它发生在公元前479年普拉提亚战役前夕。[③] 第二次是在公元前458年，当时是在彼奥提亚的斯巴达军队受到一部分雅典人的怂恿，企图去进攻雅典。这些雅典人希望借此来推翻民众在雅典的统治和终

[①]　W. Robert Connor, *The New Politicians of the Fifth-Century Athens*, pp. 178–179.
[②]　[英] J. K. 戴维斯：《民主政治与古典希腊》，第62页。
[③]　Plutarch, *Aristides*, 13.

止对长墙的建设。而雅典人也准备开赴战场去迎战斯巴达人，理由之一就是怀疑他们有颠覆民主政治的企图。①

对于这两次针对民主政治的逆流而言，奥斯特瓦尔德认为在动机中没有对民众统治的憎恨和厌恶，更无确立寡头制的企图。具体而言，他认为第一次逆流主要是基于雅典内部的斗争，即密谋者只是想罢免那些在城邦赢得荣誉和官职以及准备在普拉提亚作战的人。第二次主要是密谋者由于雅典修建长墙所可能导致土地被放弃的潜在后果而引发的，并渴望与斯巴达的友谊。② 奥斯特瓦尔德如此论证的出发点，主要是想证明雅典的民主政治在公元前5世纪是稳定的、富有生命力的。但就该时期雅典民主政治的实际来看，它并非没有潜在的危机。这种潜在危机，主要体现为陶片放逐法的使用上。克里斯提尼设置陶片放逐法的目的就是避免僭主政治的复辟，但其设置后很长的一段时间并没有使用，直到公元前487年才第一次施行，这是与马拉松战役中及其后期所面临的僭主政治复辟的严峻形势紧密相连的。但正如F. D. 哈维所指出的，普鲁塔克所列举参与密谋的元凶"Agesias"，即为刻写在用于放逐陶片上的"Agasias"③。据此，我们有理由相信密谋者可能与僭主政治有一定联系，这些密谋活动背后的政治意味要远超奥斯特瓦尔德的估计。对于第二次的密谋活动而言，在此之前，西蒙已经对厄菲阿尔特改革后的政制有所不满，并力图将其恢复到克里斯提尼改革之初的局面，只是以失败告终。④ 而厄菲阿尔特本人，也因改革被塔纳格拉的阿里斯托狄库斯（Aristodicus of Tanagra）所谋杀。⑤ 基于这些行为，我们很难相信，在密谋者的背后没有推翻现行政制的动机和可能。

如果说以上的密谋活动还是潜在的，背后所隐藏的政治意味仍属

---

① Thucydides, *The Peloponnesian War*, 1. 107. 2 – 6.

② Martin Ostwald, *From Popular Sovereignty to the Sovereignty of Law*, pp. 177 – 182.

③ F. D. Harvey, "The Conspiracy of Agasias and Aischines (Plutarch, Aristeides 13)", *Klio*, Vol. 66, No. 1 (1984), pp. 58 – 73.

④ Plutarch, *Cimon*, 15. 2

⑤ Aristotle, *The Athenian Constitution*, 25. 4.

第一章　渎神案前的雅典民主政治与贵族

推理性的，伯里克利的政敌修昔底德则证明了雅典社会确实存在反对民主政治的势力。作为伯里克利的竞争者，修昔底德所依赖的力量，主要是"富有者"和"反民主政治者"。他禁止他们在公民大会上与普通民众混杂在一起，而是让他们集中就座，从而在演说者发表演说时对其进行责问或起哄，并作为一个整体在公民大会上投票。修昔底德与伯里克利竞争的后果是造成了城邦的分裂，其中一派被称为"德莫斯派"或"人民派"，另一派则被称为"寡头派"或"少数派"。最终，雅典城邦施行陶片放逐法放逐了修昔底德，反对伯里克利的政治团体也随之瓦解。[①] 在这一记述中，其透露的伯里克利属于"人民派"的细节颇有价值。该细节的背后是一种新的赢取政治影响模式的出现，即伯里克利成为"人民派"主要是在公民大会上通过发表演说而实现的，这是对传统上依靠朋党、家族联姻等方式的放弃。正因为如此，伯里克利更多地被康纳认为是雅典政治史上承上启下的过渡性人物。[②] 在这一政治模式转变的过程中，雅典社会对"朋党"等政治小团体的认知态度也发生了变化。如奥贝尔所指出的："伯里克利不是在私人宴会时的私密场所上运作政治，而是通过在公民大会发表演说赢取普通民众的支持。政治小团体的紧密狭小圈子，日益被雅典的普通民众怀疑为反民主政治阴谋的主要场所。"[③]

在贵族公开表达对现有政治的不满上，主要的体现是埃斯库罗斯以及阿里斯托芬等戏剧家的戏剧。早在公元前458年的《复仇女神》中，就出现了只能称为战神山议事会这一机构的"宪政神话"的东西，其中"宪章"（charter）的意味已甚为明显。在剧中，法庭是由神的权威设立的，被放置在永恒的过去；它对杀人罪的审判，也恰恰是在厄菲阿尔特的改革中作为"祖宗习俗"给"战神山议事会"所保留的权力。但"大地的壁垒"（bulwark of the land）和"大地的堡

[①] Plutarch, *Pericles*, 11.2–3, 14.2.
[②] W. Robert Connor, *The New Politicians of Fifth-Century Athens*, pp. 119–128.
[③] Rodin Osborne, *Classical Greece 500–323 BC*, Oxford: Oxford University Press, 2000, pp. 123–124.

垒"（bastion of the land）的含义则远超出判决杀人罪的责任，意指亚里士多德所提及的"政体守护者"这样异乎寻常的作用。戴维斯对此进行评述时曾说："不管他认为'祖宗习俗'约束的是什么，他和其他人所使用的就是这个约束：如果这是一次革命，那么它是一次以非常保守的词汇来表达的革命。"①

阿里斯托芬更是通过《骑士》②《马蜂》③表达了他对传统民主制度的怀念和对当时民主政治中激进民主现象的批判。在《骑士》中，阿里斯托芬主要讽刺了当时的激进派领袖克里昂，他希望雅典民众能够认清楚包括克里昂等在内的政治家的阴谋，避免被他们所利用从而做出错误的决策。在《马蜂》中，他讽刺了当时雅典陪审法庭中的非民主因素。因为在他看来，陪审法庭不仅没有成为公民实现民主的地方，而且成为一些野心家操纵政治的工具。

与攻击克里昂的立场相类似，修昔底德对包括克里昂在内的平民领袖也颇为不满。他认为他们不仅只是为满足个人私利而去迎合群众，还在于他们改变了伯里克利所制定的防御性政策，从而把雅典带向危险。④ 从阿里斯托芬和修昔底德两人的立场而言，无疑他们都是站在雅典社会中"高贵而善良者"一边。⑤

在消极对待城邦政治生活上，最主要的体现是雅典城邦中消极主义（apragmosynē）和消极公民（apragmōn）的出现。"消极主义"主要是指公民不参加城邦政治，逃避公民所应担负的责任，只是专注于个人的私人领域。卡特对该现象进行了专门研究，他从考证"消极主义"的词源出发，认为该现象主要集中在公元前431年以后的雅典城邦中。其原因是多样的，包括反感、担忧、憎恨以及不便等各种因素，其涉及的范围包括贵族青年、自耕农以及富人中的消极者等群

---

① ［英］J. K. 戴维斯：《民主政治与古典希腊》，第64页。
② 《骑士》上演于公元前424年的勒那亚节。
③ 《马蜂》上演于公元前422年的勒那亚节。
④ Thucydides, *The Peloponnesian War*, 2.65.7–11.
⑤ ［英］J. K. 戴维斯：《民主政治与古典希腊》，第105页。

第一章 渎神案前的雅典民主政治与贵族

体。就贵族的情况而言，无疑主要是包括两个群体，贵族青年以及富人消极者中的雅典贵族。对于前者而言，卡特指出，在公元前 5 世纪 20 年代，有些贵族青年拒绝他们在社会中的传统地位，而专注于私人生活，这主要表现为向往斯巴达、热衷于打猎、钟情于同性恋以及乐于参加小规模的宴饮活动等；对于后者而言，尽管他们也履行公益捐助的义务，但他们远离政治和陪审法庭，更倾向于过一种平静的生活。[1]

卡特侧重于从民主政治的角度去分析问题，但问题是雅典的消极主义现象与消极者的出现，要远早于民主政治的历史。例如，在庇西特拉图意欲建立僭政的过程中，梭伦将甲胄置于门外以示抗议，此即为消极对待城邦政治的显例。[2] 相比之下，另一位英国学者马修·R.克赖斯特在对雅典的"坏公民"[3] 现象进行研究时认为，尽管这些"坏公民"的动机十分宽泛，但归根结底还在于个体对于私利的追逐。[4] 而公益捐助制度本身所蕴含的过高的财政负担，以及所存在的不公平、强制性等因素，不可避免也会是贵族想方设法予以逃避的原因。实际上，老寡头曾批评公益捐助是使穷人致富而富人变穷的制度。[5] 在贵族消极对待城邦政治生活的方式上，除了上述所及的表现外，最主要的就是个别贵族采取隐藏财富、通过各种策略或方式影响财政责任的分派等，从而逃避或者减轻本应负担的捐助义务。[6]

与有些贵族消极对待城邦政治相关的是，旧贵族生活方式的死灰复燃。留长发是旧贵族的主要象征，但根据修昔底德的记载，雅典富有阶级中的老者曾开始不再穿亚麻布的短袍，放弃用金蚱蜢饰针去扎

---

[1] L. B. Carter, *The Quiet Athenian*, pp. 1 – 130, 52 – 75, 99 – 130.

[2] Plutarch, *Solon*, 30. 5.

[3] 克赖斯特认为雅典的"坏公民"主要是不积极履行公民义务的人，这些包括不愿应征、在战场或后方胆怯以及逃避捐税等。

[4] Matthew R. Christ, *The Bad Citizen in Classical Athens*, Cambridge: Cambridge University Press, 2006, p. 15.

[5] Xenophon, *Constitution of the Athenians*, 1. 13.

[6] Matthew R. Christ, *The Bad Citizen in Classical Athens*, pp. 190 – 204.

紧他们的头发。① 由此可见，这种旧的生活方式，在民主政治之下是不受欢迎的。但在戏剧中，我们经常看到贵族的形象是手指戴有指环，长者用金蚱蜢的饰针别着发髻，年轻人无论是男性还是女性都喜欢穿华丽的服装和佩戴金质装饰品。② 埃伦伯尔格对此的推断是，至少是在伯罗奔尼撒战争期间，贵族理想中的这种并无恶意和单纯的虚荣，被片面地夸大了。但公元前5世纪末期，对于青年贵族而言，奶油小生所怀念的理想在他们祖父那个时代曾是很普通的。在其背后，必然存有一定的真实性。③

需要强调的是，尽管在此列举了贵族对待城邦政治的三种不同态度，这并不意味着雅典就存在这三类严格划分的政治派别，而且随着政治形势的变化，贵族对待城邦政治的态度也会发生相应变化，甚至是在同一个人身上在不同时期也能体现出不同的政治趋向。例如，与安多基德斯大约同时期的另一位政治家特拉梅涅斯（Theramenes），他在政治活动中不断变换政治立场：公元前411年，他领导了推翻民主政治、建立四百人寡头政权的政变；数月之后，他又领导推翻了四百人寡头政权，转而支持建立五千人政权；在公元前410年民主政治恢复后，他又积极支持民主政治，或率军参加海战，或率领使团去斯巴达参与议和；在伯罗奔尼撒战争结束后，又积极参与三十僭主政权的建立，并发挥了重要作用，直至最终因为与克里提阿斯的冲突而被处死。④

三 城邦的反应

需要注意的是，贵族与城邦之间虽然存在潜在的紧张，但城邦对此的反应却是较为开明的。一方面，对于贵族的个人行为，尤其是私下的行为，城邦予以尊重和宽容；另一方面，城邦根据实际形势的需

---

① Thucydides, *The Peloponnesian War*, 1.1.6.
② Aristophanes, *Knights*, 1331; *Clouds*, 984; *Lysistrata*, 1189; *Assemblywomen*, 632.
③ Victor Ehrenberg, *The people of Aristophanes*, p. 97.
④ Thucydides, *The Peloponnesian War*, 7.68.4, 8.89 – 91; Xenophon, *Hellenica*, 2.3.22 – 56.

第一章　渎神案前的雅典民主政治与贵族

要，局部地调整其政治制度。

就城邦对于贵族私下行为的宽容而言，可从伯里克利的演说词中管窥一二。在葬礼演说中，伯里克利曾盛赞雅典城邦在公共和个人方面的自由，认为雅典人没有必要去监督公民个人行为。[1] 城邦对于公民个人行为的这种宽容态度，自然在贵族的身上也有体现。这种体现，最主要的就是对包括"朋党"在内的贵族的私下交往给予了相当宽容，无论这种私下交往是出于志趣相投的一类人之间的社会聚集，还是意欲协调他们的政治立场和动员社会力量。例如，在公元前417年实施陶片放逐法时，其本意是想解决阿尔基比阿德斯和尼西亚斯之间的争端，但两人通过"朋党"而影响了陶片放逐法的实施，最终将许珀玻路斯（Hyperbolus）流放。尽管民众对最终的流放结果不满意，认为流放一个身份如此低下的小人物是玷污了陶片放逐法，但他们并没有对尼西亚斯和阿尔基比阿德斯通过朋党而密谋的行为提出警告或控诉。[2] 赫尔墨斯神像破坏案发生后，一些公民主张阿尔基比阿德斯先去率军西征，而背地里却准备以亵渎埃琉西斯密仪的名义对其进行缺席控诉。据此可以推断包括阿尔基比阿德斯等贵族在内的雅典公民的私生活是多么糟糕，可能某些公民对此十分熟悉，但在城邦层面上对此却没有进一步的限制措施。可以说这种极宽容的态度，即便在赫尔墨斯神像破坏案发生后仍没有改变。也正因为如此，"朋党"才能够在公元前411年四百人政权建立过程中发挥核心作用。[3] 此外，城邦对贵族的宽容，也体现为在特定形势下允许一些被放逐者回到雅典。例如，在萨拉米斯海战之前，城邦召回了被放逐的贵族，其中包括"正义者"阿里斯提德斯。[4]

在制度的调整上，主要是涉及公益捐助制度。早在公元前5世纪

---

[1] Thucydides, *The Peloponnesian War*, 2.37.2.
[2] Plutarch, *Nicias*, 11.1–6.
[3] Andrew Lintott, *Violence, Civil Strife and Revolution in the Classical City*, p.127.
[4] Plutarch, *Aristides*, 8.1. 值得注意的是，普鲁塔克在记述雅典城邦允许包括阿里斯提德斯等人在内的流放原因时，指出其主要是担心阿里斯提德斯会投靠波斯人。但阿里斯提德斯用实际行动告诉雅典民众他是爱国的。

◆◆◆ 安多基德斯与雅典城邦政治

70年代,随着雅典城邦对公益捐助制度的日益依赖和一些捐助者的反对,一些关于担负公益捐助制度频率的规定就已出现。最初的规定,可能是一名捐助者在一个年度内,所承担的捐助义务不超过一次。随后或与此同时,捐助义务承担完毕后,应该短暂地豁免该项义务的规定,也得以确立。即每完成一次节日捐助,或者三列桨战舰捐助,可获得一次为期一年的豁免期。可能是在伯罗奔尼撒战争期间,规定假如在承担三列桨战舰捐助时的花费特别巨大,也可获得一次为期两年的豁免期。[1]

可能是在公元前5世纪50年代,又引入了"*skēpsis*"和"*antidosis*"两项措施。[2] 这两项措施规定由陪审法庭负责审理,针对雅典官员任命捐助任务所提出的反对意见。具体而言,"*skēpsis*"意为"反对",即控诉人可以就雅典官员所拟定的捐助义务豁免情况提出反对意见,所提交的反对意见由陪审法庭审理;"*antidosis*"意为"交换财产",即假如一个捐助者认为由他承担捐助义务不合理,那么他可以指认一名比他富有的人去承担该义务,如对方不同意,则两者交换财产后由原告继续承担捐助义务。关于这两项措施的意图,克赖斯特认为旨在限制富有者逃避捐助义务,但不可否认的是,从捐助承担者的角度来看,这也为其合理地避免捐助义务提供了制度性保障。

伯罗奔尼撒战争爆发后,在特别财产税的征收和公益捐助上,雅典更加依赖包括贵族在内的富有者,由此雅典城邦有意识地减少节日捐助,以减轻其负担。例如,在战争的大部分时间里,酒神节(Dionysia)和日神节(Lenaia)上演戏剧的次数由5次减为3次。相应地,所需要的"歌队捐助"数量也得以减少。[3] 在其他节日捐助上,

---

[1] V. Gabrielsan, *Financing the Athenian Fleet*, Baltimore: The Johns Hopkins University Press, 1994, p. 86.; Matthew R. Christ, *The Bad Citizen in Classical Athens*, p. 158.

[2] 对于这两项措施实施的时间无法准确定位,但无疑在公元前5世纪20年代的文献中已有大量记述,一般而言是将其确定在公元前5世纪50年代至公元前5世纪30年代之间,详见 Matthew R. Christ, *The Bad Citizen in Classical Athens*, pp. 159 – 160。

[3] J. K. Davies, "Demosthenes on Liturgies: A Note", *Journal of Hellenic Studies*, Vol. 87 (1967), pp. 33 – 40.

第一章　渎神案前的雅典民主政治与贵族

可能也有类似的削减。①

就其调整的效果来看，包括贵族在内的富人与城邦之间的紧张，似乎并没有得到缓和。例如，在公元前424年上演的《骑士》中，公益捐助制度被克里昂用来作为恐吓政敌的工具，声称不仅要让其领受最破的舰船担任该义务，而且要其承担压垮富人的特别财产税。② 可能正是因为贵族与城邦政治之间的这种持续紧张，雅典民主政治暗藏着巨大的危机。其主要体现为，在城邦内部"富人"与"穷人"之间存在诸多对立，具体体现在老寡头的《雅典政制》中。③ 可以说，这种紧张关系，正如戴维斯所评述的："卡利克勒斯和'老寡头'的语言明确说明，这种紧张关系确实存在，而且也为人们所感知。"④ 与此同时，虽然有些贵族对于民主政治颇有微词，但民主政治的优势和高效仍然让其折服。这在老寡头对于雅典民主政治的态度中，也有明确的表现。他曾赞赏雅典人通过各种举措，完好地保持了其政制，并认为雅典的穷人和平民享有比富人和贵族更多的权利是公正的。⑤

小　结

总体而言，雅典贵族在民主政治初步建立以后，即使是在民主政治的统治之下，最初仍可占据城邦政治的统治地位。他们可以依靠本德莫的民众以及血缘和婚姻等因素继续维持对于城邦的统治权。但是，随着雅典城邦公共权力的扩大以及雅典民众政治意识的逐步增

---

① Matthew R. Christ, *The Bad Citizen in Classical Athens*, p. 163.
② Aristophanes, *Knights*, 912–918, 923–926.
③ 这种对立在《雅典政制》的第一部分体现得尤为明显，主要有如下术语"the poor and the people" VS "the highborn and the wealthy"; "the people" VS "the highborn and the good man"; "the people" VS "the most influential men"; "the poor, the popular, and the base" VS "the wealthy, good men are well off" 等，详细可参阅 Xenophon, *Constitution of the Athenians*, 1.1–13。
④ ［英］J. K. 戴维斯：《民主政治与古典希腊》，第114页。
⑤ Xenophon, *Constitution of the Athenians*, 1.1–2, 3.1.

◆ ◆ ◆ 安多基德斯与雅典城邦政治

强,雅典贵族发现他们越来越难以维持自己在城邦中的统治地位。最大的体现是,伯里克利及其以后的政治领袖更多的是通过在公民大会发表演说来直接赢取民众对其政治事务的支持。在这种变动之下,贵族在原有条件下维持优势地位已经越发不可能。与之相反的是贵族在行政、经济、外交以及军事等诸多领域,承担了相当重任。随着伯罗奔尼撒战争的爆发以及战争形势的发展,这种重要性表现得愈加明显。贵族所面临的,一方面是对城邦的重要责任,另一方面是他们传统政治优势的日渐消亡。相较之下,雅典贵族对于城邦政治的不满日渐增长。在老寡头的《雅典政制》中,贵族对于城邦政治的不满与抱怨已跃然纸上,只是由于民主政治仍在高效运转,他们不得不附庸民众的统治。可以说,民主政治的高效运转,是贵族附和民众统治的前提条件。

需要注意的是,民主政治的高效运转并不仅仅取决于城邦的内部因素。随着伯罗奔尼撒战争进程的深入发展,外部因素也对民主政治的运转产生越来越大的影响。主要体现为,战争的爆发从某种程度上使城邦更加依赖贵族,如前述城邦对于贵族在经济以及外交上的依赖,这也意味着贵族面临的压力在逐渐增大,从而进一步影响城邦政治下贵族的政治态度。与之相适应,城邦虽然也在制度与政策上进行了相应的调整,但包括贵族在内的雅典精英依然承受了巨大压力。而战争形势的变化,还会影响到雅典帝国的属邦,在战争压力较大,或者是受到斯巴达的鼓动与挑唆的情况下,他们力图争取城邦的独立。可以说,随着伯罗奔尼撒战争的进行以及战场形势的剧烈变化,这种外部因素对于雅典城邦内部各个阶层的影响也越来越大,对贵族与民主政治的关系产生了深刻的影响,从而使两者之间的关系更趋紧张,安多基德斯及其家族就是在这样的背景下进入雅典公共生活的。

第二章 安多基德斯的家族与演说作品

安多基德斯所属的家族是古老而富有的。本章的主要内容是分析安多基德斯之前该家族的历史，他本人早年的主要活动和政治倾向，并在叙述其演说作品的基础上，对其所蕴含的文献价值与不足进行剖析。

第一节 家族背景及早年经历[①]

一 安多基德斯的家族

安多基德斯所属的家族是古老而富有的。关于其古老，公元前5世纪的历史学家赫拉尼库斯（Hellanicus）曾将其上溯至赫尔墨斯（Hermes）和奥德修斯（Odysseus）。安多基德斯本人也曾自诩其家族的住房在雅典城是最为古老的。[②]

在具体的家族所属上，普鲁塔克曾明确指出他属于克里克斯家

[①] 关于安多基德斯的生平，笔者能够接触到的主要有五个版本，即杰布的版本（Richard Claverhouse Jebb, *Attic Orators From Antiphon to Isaeus*, Cambridge: Cambridge University Press, 2009, pp. 71 - 87.）；洛布丛书中K. J. 梅德门特（K. J. Maidment）的版本（*Minor Attic Orators*: Vol. 1, pp. 320 - 322.）；D. 麦克道维尔的两个版本（Douglas MacDowell, *Andocide On the Mysterie*, pp. 1 - 6.; *Antiphon & Andocides*, pp. 95 - 98.）；米哈伊尔·爱华德的版本（Michael Edwards, *Andocides*, pp. 1 - 3.）。本生平是在参考以上版本的基础上形成的。

[②] Plutarch, *Alcibiades*, 21.1; *Moralia*, 834c.; Andocides, *On the Mysteries*, 147.

族。① 但是，雅各比根据赫拉尼库斯的记载，认为这一家族可上溯到赫尔墨斯，中经阿提卡英雄克法洛斯（Kephalos），因此这一家族属于克法洛斯家族（Kephilidai）。② 杰布、麦克道维尔、托德等学者比较赞同普鲁塔克的说法。③ 戴维斯以克法洛斯是迪奥尼斯（deioneus）的儿子为依据，否定了雅各比的说法。但与此同时，他也没有赞同普鲁塔克，而是认为无法确知安多基德斯的家族属于哪一氏族。④ 笔者更倾向于杰布等学者的看法，因为安多基德斯本人在《论密仪》中提及，他曾介绍其他人行密仪入门式，并经常在厄琉西乌姆献祭。⑤ 而这本应是克里克斯家族以及优莫尔皮戴（Eumolpidae）家族的责任。

该家族的富有，在公元前 550 年安多基德斯一世担任雅典娜神庙司库（tamias of Athene）中可见一斑。因为根据梭伦的立法，该职位只向公民的财产达到"五百斗级者"开放。⑥ 安多基德斯本人对其所拥有的财富更是自信满满。⑦

安多基德斯一世的儿子是列奥格拉斯，即学界所称的列奥格拉斯一世。列奥格拉斯一世的身份存有争议。在《论密仪》中，其身份是演说家本人的曾祖父，而在《论回归》中则成为演说家父亲的曾祖父。相应地，对他具体行为的记述也有不同。在《论密仪》中，他与

---

① Plutarch, *Moralia*, 835b.

② J. K. Davies, *Athenian Propertied Families 600 – 300 B. C.*, p. 27.

③ Richard Claverhouse Jebb, *Attic Orators From Antiphon to Isaeus*, p. 71. and Note 1；但包括麦克道维尔、弗利在内的学者肯定了其家族属于克里克斯家族：Douglas MacDowell, *Andokides on the Mysterie*, p. 156；Furley, *Andokides and the herms*, pp. 49 – 50。需要注意的是，这一认识并非决定性的，但假如麦克道维尔以及弗利的结论成立的话，那么意味着公元前400 年由卡里阿斯所主谋的针对安多基德斯的控告，则有可能不仅仅是家族冲突，而且涉及了对家族宗教习俗权利的争夺。（S. C. Todd, *A Commentary On Lysias*, Oxford: Oxford University Press, 2007, p. 402.）

④ J. K. Davies, *Athenian Propertied Families 600 – 300 B. C.*, p. 27.

⑤ Andocides, *On the Mysteries*, 132.

⑥ IG i² 393. 4；J. K. Davies, *Athenian Propertied Families 600 – 300 B. C.*, p. 27；Robert Develin, *Athenian Officials 684 – 321 B. C.*, Cambridge: Cambridge University Press, 1989, p. 44.

⑦ Andocides, *On the Mysteries*, 144.

第二章　安多基德斯的家族与演说作品

他的岳父查里阿斯（Charias）在帕列涅神庙附近击败了僭主。而在《论回归》中，他领导民众发动了反对僭主政治的起义。对于这一分歧，戴维斯详细地列举了学术界对此的理解情况，他本人更倾向于认为这是两个不同的人，并认为安多基德斯一世还有一个与他同名的儿子，即安多基德斯二世，也即雅典历史上著名的陶工安多基德斯。[①]

这一分析的疑点是虽然陶工安多基德斯是客观存在的，但他是否必定属于演说家安多基德斯的家族呢？他的职业身份能否见容于如此富有且高贵的家族？因此，笔者更倾向于认为陶工安多基德斯并非演说家安多基德斯的家族成员。而《论密仪》与《论回归》中的两个列奥格拉斯应该是同一个人。并且《论密仪》中的列奥格拉斯是安多基德斯的曾祖父更合乎情理。另外，需要注意的是，演说家安多基德斯塑造的列奥格拉斯一世反对僭主政治的形象，更多的是为了迎合雅典民众。经过演说家安多基德斯的塑造，其家族由此开启了反对僭主政治的家族传统，也显示了他们家族与阿尔克美尼昂家族良好的关系。当然，在反对僭主政治传统上，安多基德斯明显夸大其先祖而歪曲了历史事实。实际上，雅典僭主政治的推翻，更多地与克里斯提尼以及斯巴达人密切相关，即便列奥格拉斯与查里阿斯参与过推翻僭主政治的行动，其作用也是微不足道的。[②]

关于列奥格拉斯一世的后人，目前我们确定名字的有三人。其中有两人是其孙辈的陶热阿斯（Taureas）和阿尔克麦昂（Alkmeon），

[①] Andocides, *On the Mysteries*, 106; *On His Return*, 26; D. M. Lewis, "Cleisthenes and Attica", *Historia*, Bd. 12, H. 1 (Jan., 1963), p. 23. and Note 18. 需要提及的是，在这里出现了两个身份不同的列奥格拉斯，在《论密仪》中其身份是演说家本人的曾祖父，而在《论回归》中则成了演说家父亲的曾祖父，因此有学者认为这是由于抄写错误或安多基德斯本人弄混淆了。（*Antiphon & Andocides*, p. 147. and Note 9）比较可信的是《论密仪》中的学说，麦克道维尔主要持这一意见。（Douglas MacDowell, *On the Mysteries*, Appendix K.）另外，在开创反僭政的家族传统上，刘易斯明确地将之归功于列奥格拉斯，而戴维斯错误地理解了刘易斯的观点，将其归为担任司库的安多基德斯。（J. K. Davies, *Athenian Propertied Families 600 – 300 B. C.*, pp. 27 – 28.）

[②] ［古希腊］安多基德斯：《论密仪》，晏绍祥译，载彭小瑜、张绪山主编《西学研究》第一辑，商务印书馆2003年版，第440页。关于雅典僭主政治被推翻的记载，详细可参阅 Aristotle, *The Athenian Constitution*, 19。

◆ ◆ ◆ 安多基德斯与雅典城邦政治

但具体是从孙子还是外孙的角度来算，目前还不能确定。这两人都曾出现在渎神案的被告名单中，但都因为安多基德斯的自我揭发而得以释放。①

第三位所知的列奥格拉斯一世的后人，是与安多基德斯一世同名的另一位安多基德斯，即戴维斯所言的安多基德斯三世，实际上应该为安多基德斯二世，即演说家安多基德斯的祖父。其生年大约介于公元前510—前500年。有学者认为他是公元前447—前446年迪奥尼索斯节上戏剧合唱的领队，公元前451—前450年一则法令的提议者。② 公元前446—前445年，他担任将军到墨伽里德（Megarid）远征；同年，他作为使者与斯巴达签订了三十年和平协议。公元前441—前440年，与伯里克利一道在萨摩斯担任将军。③

安多基德斯二世在迎娶了卡莱斯克洛斯（Kallaischros）妻子的姐姐或妹妹后，生了列奥格拉斯二世，即演说家安多基德斯的父亲。普鲁塔克曾明言，列奥格拉斯来自卡达刻那欧谟（Cydathenaeum）德莫。④ 大约在公元前5世纪40年代后期，列奥格拉斯二世迎娶了菲莱俄斯家族（Philaidai）成员特山德尔（Teisander）的女儿。由此他不仅与最富有的家族建立了关系，而且这种婚姻关系也延续了他们与阿尔克美尼昂家族的良好关系，因为特山德尔还有一个女儿嫁给了伯里克利的儿子克桑提波斯（Perikles'son Xanthippos）。⑤ 除此之外，他还与马其顿的国王建立了良好关系，这为其参与政治活动奠定了良好的基础。但其参与政治活动的记录较少，仅仅是公元前426年带使团去

---

① Andocides, *On the Mysteries*, 46; J. K. Davies, *Athenian Propertied Families 600 - 300 B. C.*, p. 29.

② J. K. Davies, *Athenian Propertied Families 600 - 300 B. C.*, p. 29.

③ Charles W. Fornara, *Archaic Times to the end of the Peloponnesian War*, p. 112; Andocides, *On the Peace with Sparta*, 6; J. K. Davies, *Athenian Propertied Families 600 - 300 B. C.*, pp. 27 - 29; Michael Edwards, *Andocides*, p. 1.

④ Plutarch, *Moralia*, 834c.

⑤ Andocides, *On the Mysteries*, 117; J. K. Davies, *Athenian Propertied Families 600 - 300 B. C.*, pp. 296 - 298.

第二章 安多基德斯的家族与演说作品

马其顿出使。① 他本人对于政治似乎并不感兴趣，引人注目的主要是其耽于享乐和生活方式的奢华，并曾因此遭到阿里斯托芬和优波里斯等人的讽刺。②

与对政治不感兴趣相适应，列奥格拉斯二世可能还经常参加一些贵族间的宴饮活动，并因此在渎神案的调查活动中遭到控告，幸而最后逃脱了。③ 至于其背后的原因，可能如米修所认为的："他有限的公共角色和奢侈的生活方式……表明了一个雅典贵族对他们所处时代政治状态的不满意和他们有意地拒绝为城邦服务。"④ 可能正因为如此，演说家安多基德斯在演说时，更多的是援引祖辈家族成员的卓越功绩，而对其父亲的活动或经历并没有多少涉及。

列奥格拉斯二世育有一个女儿和一个儿子安多基德斯，即演说家安多基德斯本人。女儿嫁于卡利亚斯（Kallias），卡利亚斯的名字也曾经出现在渎神案的被告名单中，也是因为安多基德斯的自我揭发而得以释放。⑤

从安多基德斯家族的情况来看，该家族无疑是富有的。在居住的场所上，尽管难以确定该家族何时开始定居于城区，但从安多基德斯本人对其家族住宅悠久历史的自诩来看，其必定是很早便已经定居。这与该时期其他雅典贵族大多居住于城区是相似的。在其家族历史上，安多基德斯一世、列奥格拉斯一世以及安多基德斯三世大抵都能够积极地参与城邦政治活动，但列奥格拉斯二世则更多地投身于奢华的私人生活以及宴饮活动。该家族成员所体现出来的对待城邦政治由

---

① 关于他们家族与马其顿的联系：Andocides, *On His Return*, 11；Charles W. Fornara, *Archaic Times to the End of the Peloponnesian War*, pp. 144 – 146。列奥格拉斯与阿尔克美尼昂家族的联系：Richard Claverhouse Jebb, *Attic Orators From Antiphon to Isaeus*, pp. 71 – 72. And Appendix L。

② Aristophanes, *Clouds*, 109；*Wasps*, 1269；Eupolis, *Fragment* 44. 见 Fragments of Old Comedy, Vol. 2, Edited and Translated by Ian C. Storey, Loeb Classical Library, Cambridge：Harvarcd University Press, 2011。

③ Andocides, *On the Mysteries*, 17 – 23.

④ Anna Missiou, *The Subversive Oratory of Andokides*, p. 16.

⑤ Andocides, *On the Mysteries*, 50.

积极向消极态度的转变，可能与此时贵族中的消极分子对待雅典民主政治的态度是相一致的。假如这些推论切实贴合实际的话，这意味着安多基德斯家族在雅典的众多贵族家族中具有一定的典型性和代表性。

二 早年经历及政治倾向

就演说家安多基德斯本人的情况来看，他大约早于公元前440年出生。① 关于他的早期经历，我们所知道的并不多，但有两点是较为明确的。一点是他在早年便表现出一定的演讲天赋。② 就其接受的教育而言，尽管当时智者的演说术训练已较为普遍，但安多基德斯所接受的可能更多的还是贵族的传统教育。另一点是他加入了一个贵族圈子，这其中的成员包括梅勒图斯（Meletus）和欧菲勒图斯（Euphiletus）等人，他们有着共同的政治兴趣。③

可能正因为其出众的演说才华，安多基德斯很早就发表了《致友人》。④ 其发表的时间，应该为公元前415年他因渎神案被放逐之前。梅德曼特根据残篇中曾提及当时的民主派领袖许珀玻路斯，认为它发表于公元前417年之前。⑤ 这是目前所能确知的属于安多基德斯的第一篇演说词。遗憾的是，大部分失传，只剩少量残篇存世。

---

① 关于安多基德斯的出生年月无法确切得知，只能根据他自己以及吕西亚斯的演说词予以大致的推断。在演说词中，他提到自己在公元前415年还很年轻（*On His Return*, 7），在公元前399年被控告时，他在辩护词中提到自己还有生育孩子的希望（*On the Mysteries*, 148）。吕西亚斯在演说词中认为安多基德斯在公元前400年已经40多岁了（Lysias, *Against Andocides*, 46）。而普鲁塔克在《安多基德斯传》中将其生年定为第78届奥林匹亚节，是年提奥格尼德斯（Theogenides）在雅典担任执政官，即公元前468—前467年，这似乎与他本人的描述有较大出入，故学界一般认为是错误的。（Plutarch, *Moralia*, 835a; Michael Edwards, *Andocides*, p. 1. and Note 1.）

② 杰布以及金斯伯里（Kingsbury）的研究表明安多基德斯在十大演说家中是一位业余演说家。（Richard Claverhouse Jebb, *Attic Orators From Antiphon to Isaeus*, pp. 88 - 108; Samuel Shipman Kingsbury, *A Rhetorical Study of the Style of Andocides*, Baltimore: John Murphy Company, 1899, pp. 13 - 15, 46.）

③ Andocides, *On the Mysteries*, 63.

④ 收入洛布丛书。(*Minor Attic Orators*, Vol. 1, pp. 580 - 583.)

⑤ K. J. Maidment, *Minor Attic Orators*, Vol. 1, p. 581.

第二章 安多基德斯的家族与演说作品

就《致友人》的主题而言,它主要是对现存民主政治政府的谩骂式攻击。这种攻击主要表现在如下三个方面:一是故意歪曲事实以便鼓动其同伴。安多基德斯认为雅典人偷取了停放在马格涅西亚(Magnesia)的泰米斯托克利的遗骸,并将之抛向空中。对此,普鲁塔克直言安多基德斯的话并不足信,认为他编织了这一谎言,其目的是鼓动寡头分子去推翻民主政治。二是借助阿基达摩斯战争给雅典带来的困境,来攻击民主派以及帝国主义派别,认为正是他们的错误政策导致了雅典目前的这些困境。三是攻击当时的民主派领袖许珀玻路斯,认为许珀玻路斯的父亲是奴隶,而许珀玻路斯本人则以从事制灯的贱业为生。可以说,这些事实显示了安多基德斯对民主派当政的雅典推行战争政策的不满,加之他对民主派领袖的攻击,这说明了他是站在了民主政治的对立面,是反对民主政治的。

在安多基德斯加入以梅勒图斯和欧菲勒图斯为首的贵族小团体方面。关于这一小集团的性质,可能更多的是社会性质的,但具有潜在的政治性质。[①] 在一次酒会上,欧菲勒图斯曾提议去破坏赫尔墨斯神像,虽然据安多基德斯言,该提议因他的否决而一直未实施。[②] 但是,该提议最终还是变为现实,即历史上的"赫尔墨斯神像破坏案"。

综合以上情况来看,安多基德斯本人出自一个古老且富有的家族,除其父亲列奥格拉斯以外的几位家族成员,大多积极地参与了雅典的政治活动。列奥格拉斯更多的是耽于享乐和生活方式的奢华,对政治涉及不多。及至安多基德斯本人,他富有演说才华,但在政治态度上却是反对民主政治的。他不仅参加贵族小团体爱好的宴饮活动,而且以演说的形式攻击当局推行的政策以及当时的民主领袖。他在生活以及政治方面所持的这种态度,深刻地影响了他本人随后的人生以及雅典的历史,而他与他的同伙很快便因为"渎神案"而臭名昭著。

[①] 关于贵族小团体或朋党性质的讨论,可以参阅本书第三章第四节。
[②] Andocides, *On the Mysteries*, 61.

第二节 演说作品及其价值

一 演说作品

安多基德斯具有杰出的演说才能，实际上他是位列"阿提卡十大演说家"第二位的演说家。[①] 除了《致友人》外，归至其名下的主要是四篇演说词以及一些演说词残篇，四篇演说词分别为《论回归》《论密仪》《论和平》以及《诉阿尔基比阿德斯》。

就其真伪而言，学界一般认为前三篇为安多基德斯本人的作品。对于第四篇的真伪问题，争议较大。哈尔伯克拉提昂（Harpocration）和福提乌斯（Photius）没有质疑，普鲁塔克也认可其真实性，学界认为他所提及的《为斐阿克斯辩护》（*Defence against Phaeax*），即为《诉阿尔基比阿德斯》。[②] 但近现代学者多持否定性意见。[③] 之所以出现如此局面，很大一部分原因是所依据标准的不同。赞成者多是从演说文本出发，认为该演说词与其他三篇演说词有相同的表达形式，相同的力度和重音。而否定者则多从历史事实的角度，认为两者存在太多出入，不足为信。

《论回归》是安多基德斯在第二次试图回归时，在公民大会上发表的演说，其确切时间目前尚不能确定。麦克道维尔认为其必定是介于公元前410—前405年。[④]

该演说词共有28节。在演说词中，值得注意的是安多基德斯本人对于自己的罪行是承认的，他提及"自己的年轻与愚蠢"，他在其

[①] 十大演说家的名单确定于公元前1世纪晚期，或者是公元1世纪早期，确定人是奥古斯都时代的文学批评家卡利克特（Caleacte）的卡西略（Caecilius）。

[②] Plutarch, *Andocides*, 835A; Michael Edwards, *Andocides*, p. 3.

[③] 关于《控诉阿尔基比阿德斯》真伪的争论，可以参阅 Samuel Shipman Kingsbury, *A Rhetorical Study of the Style of Andocides*, pp. 41 – 46. 学者持否定性意见的依据主要包括所提及的陶片放逐法没得到实施和安多基德斯彼时年龄尚小。（Michael Edwards, *Andocides*, p. 131.）否定性意见中比较有代表性的文章，可以参阅 Edward M. Harris, "The Authenticity of Andokides' *De Pace*. A Subversive Essay", pp. 479 – 506.

[④] Michael Gagarin and Douglas M. MacDowell, *Antiphon & Andocides*, p. 141.

中"要担负一部分责任","自己冒犯了众神"。只是他的这些承认都十分笼统,没有具体内容。在阐述他本人和其家族先人对城邦所做的贡献方面,他首先是讲述了他本人在四百人政权期间支持萨摩斯民主派的贡献。然后涉及他对城邦一个即将实现的贡献,即通过他的努力,大批运送谷物的船只将从塞浦路斯抵达雅典。最后他历数了其家族在反对僭主政治方面的努力。① 在此基础上,他恳求公民大会能够允许他回归。

《论密仪》是公元前400年安多基德斯在陪审法庭上为自己进行辩护的演说词。虽然该演说词通常名列安多基德斯演说词的第一篇,但就发表时间而言它其实要晚于《论回归》。

该演说词共有150节。在该演说词中,安多基德斯首先指明了对他的控告,但是他否认与两宗渎神案的关系,并力图证明控告他的依据《伊索提米德斯法令》已经失效,即使他犯有过错,该法令也无法适用于他。② 随后,他揭露了原告的真实法律地位,以及对他的控告源于私人恩怨。于是他列举了色菲西乌斯、梅勒图斯以及埃庇查瑞斯的法律地位,并解释了他与卡里阿斯以及阿古尔西乌斯的恩怨。③ 演说词中,他还涉及了原告就橄榄枝问题向其提起的控告,他很轻易地就击败了对手。④ 最后,他列举了自己在海上航行时的种种幸运,并认为这是缘于众神的眷顾。⑤ 基于以上辩护,他再次祈求陪审员宣判其无罪。⑥

《论和平》是公元前392年安多基德斯在公民大会上阐述与斯巴达缔结和平协议的演说。该演说词的真实性曾一度受到狄奥尼修斯和哈尔伯克拉提昂的质疑,但现在学界对其真实性是认可的。⑦

---

① Andocides, *On His Return*, 7, 8, 15, 10-12, 16-22, 26.
② Andocides, *On the Mysteries*, 11-91.
③ Andocides, *On the Mysteries*, 92-100, 117-136.
④ Andocides, *On the Mysteries*, 110-116.
⑤ Andocides, *On the Mysteries*, 92-100, 137-139.
⑥ Andocides, *On the Mysteries*, 140-150.
⑦ Michael Edwards, *Andocides*, p.107.

该演说词共有 41 节。安多基德斯首先通过列举历史事实，力图证明与斯巴达缔结和平协议不会威胁雅典的民主政治。① 随后，他列举了缔结和平协议给斯巴达、彼奥提亚，并最终给雅典带来的益处。与此同时，他也陈述了与科林斯、阿尔戈斯为伍，继续作战所带来的害处。② 最后，在驳斥立即缔结和平协议和继续进行战争两种观点的基础上，强烈吁请缔结和平协议。③

《诉阿尔基比阿德斯》自称是在实行陶片放逐法时，被放逐的候选人在公民大会上所发表的演说。对于该演说词是否是安多基德斯的作品问题，学术界争议颇大。现代学者一般认为，其并非安多基德斯本人的作品。它更多地被认为只是一个用于练习的文本，大约形成于公元前 4 世纪或者更晚。④

而残篇则主要是《致友人》的片段。主要是反映了安多基德斯在阿基达摩斯战争期间，他对国内情势的认识和反对民主派领袖许珀玻路斯的政治态度。⑤

二 史料价值

安多基德斯作为阿提卡十大演说家之一，其演说作品又都是古希腊最早的修辞类型的作品，因此，它们被后世所重视，在随后几个世纪的希腊罗马文化和教育中起了重要作用。⑥

从历史角度来看，安多基德斯的演说词也极具价值。关于演说词所具有的史料价值，爱德华兹评论道，"从历史的角度讲，演说词是第一手资料，它们为希腊历史上重要时期的事件提供证据，并且往往是唯一的证据，从而与修昔底德和色诺芬的记述相补充"⑦。而安娜·

---

① Andocides, *On the Peace with Sparta*, 1 – 12.
② Andocides, *On the Peace with Sparta*, 13 – 32.
③ Andocides, *On the Peace with Sparta*, 33 – 41.
④ Michael Edwards, *Andocides*, p. 136.
⑤ K. J. Maidment, *Minor Attic Orators Vol. 1*, pp. 580 – 583.
⑥ Michael Edwards, *Andocides*, p. 3.
⑦ Michael Edwards, *Andocides*, p. 3.

第二章　安多基德斯的家族与演说作品

米修在对公元前5世纪到公元前4世纪的议事性演说,或者是政治性演说的价值进行评述时,也曾指出:"对于我们而言,它们不只在一个方面意义巨大:通过他们所使用的惯用语和流行语、他们所表达的担忧与恐惧,使我们可以理解他们对历史与未来在态度上的变化,因此有助于更好地把握历史的进程。"当她在论及安多基德斯现存的两篇议事性演说词的价值时,更是明言:"它们是公元前5世纪末到公元前4世纪早期保存最好的范本。"[1] 可以说,这两位学者对演说词所具有的史学价值进行了充分肯定,但他们对演说词史料价值的判断仅仅是学理上的,缺乏实际的论证。并且即使是学理上的判断,也并没有囊括安多基德斯演说词的所有方面。

事实上,安多基德斯演说作品的史料价值并不在于其记录的真实性,因为他发表演说的出发点如其他演说家一样,其目的在于说服而非记录。其意义如戴维斯在评述演说词的价值所列举的一样,即"它们展现了公共演说的力量是如何被使用的。这样一来,它们比历史学家或铭文都能够更加直截了当地揭示雅典社会。因为要具有说服力,演说者必须根据听众的态度、价值取向和偏好来说话。当然,这也正是演说词从某种程度上对历史学家来说很不可靠的原因。通常我们只有一面之词,而演说者非常善于掩盖真相,因为他们的目的是说服,而不是记录……然而形成悖论的是,这不可靠本身却是第一流的历史证据。不管关于某个特定场合的演说和事实之间是什么关系,我们有理由相信,我们可以看见那些最优秀的说服艺术的实践者们是如何行事的。"[2] 除历史价值外,安多基德斯的演说词在保存家族传统、记述历史、援引法律文本以及对民主政治的体认等多个方面,都具有独特意义。与此同时,我们也应该看到,除具有这些价值和优势外,安多基德斯的演说词作为史料应用,也存在内在的劣势与不足。

---

[1] Anna Missiou, *The Subversive Oratory of Andokides*, pp. 1-2.
[2] [英] J. K. 戴维斯:《民主政治与古典希腊》,第116—117页。

◆ ◆ ◆　安多基德斯与雅典城邦政治

1. 史料价值与优势
（1）家族记忆传统：口述与文本

包括雅典在内的希腊社会，在很多方面是一个"口述社会"，绝大多数关于家族过去的知识，都是通过口头的方式来保存的。尽管一些贵族家庭可以通过诗歌的方式来保存其家族的荣耀，但家族传统通常不是以书面的形式保存的，更遑论以家族档案的形式存在。在《拉凯斯篇》中，柏拉图曾谈及吕西玛库和梅勒西亚斯对子女进行教育的方式。他们是在进餐时给孩子们讲述他们父亲的事迹，即"当他们管理同盟以及城邦的事务时，在战争和和平期间所取得的所有功绩"①。这种有关家族记忆的口头传递，被认为是理所当然的，并且以进餐时谈话这样非常随意的方式来开展。

与此同时，城邦层面上对于葬礼的一系列规定，也影响了家族传统。这其中以梭伦所颁布的"禁奢令"最为典型。该法令对参加葬礼人员的行为举止和规模、祭品的多少、逝者随葬品以及挽歌安排等进行了多重限制。② 可以说，此举竭力地阻止了贵族在此方面的自信，因为葬礼、墓葬的奢华可以显示出优越感，而这正是梭伦所力图控制的。有学者认为，由于在维持家族传统方面缺少强化持续记忆的内置机制，故在民主政治之下那些存在的机制都被系统性地削弱了。③

对于家族传统而言，虽然有着以上多种不利的制约性因素，但幸运的是演说者在为自己进行辩护时，往往保存了一些家族记忆传统，安多基德斯的演说词即为一显例。就其价值而言，因为安提丰本人并不是为自己写作演说词，而吕西亚斯又非雅典公民，相比之下，安多基德斯的家族记忆可谓十大演说家中最早保存家族传统的。

就安多基德斯所保存的家族记忆而言，主要是他在演说词中使用

---

① Plato, *Laches*, 179C.
② Plutarch, *Solon*, 21.5.
③ Rosalind Thomas, *Oral Tradition and Written Record in Classical Athens*, p. 106.

第二章 安多基德斯的家族与演说作品

的几则有关其家族传统的记忆片段。① 就它们所展现的家族传统的特征或者是特点而言,主要体现在如下三个方面:第一,尽管赫拉尼库斯曾将其家族起源上溯至赫尔墨斯和奥德修斯,安多基德斯本人也曾自诩其家族历史的悠久,但他强调的是他新近祖先的事迹,却从未涉及传说中的祖先的事迹。第二,安多基德斯对于其家族历史的回忆具有特定的针对性,他更多地根据城邦的爱国传统,从而将家族与新近发生的事件和雅典历史紧密地联系起来。在这里,安多基德斯所强调的是为城邦所提供的服务。第三,在对城邦所提供的服务上,安多基德斯侧重强调反对僭主政治、在战场上牺牲、遵守城邦的法律、承担公益捐助时的慷慨以及作为使者出使他邦。

在这一文本中,安多基德斯基于不同的演说目的,通过家族记忆不断地回忆和叙述其家族历史,而家族传统也随之发生或大或小的变化,从而彰显了家族记忆与家族传统之间的互动以及家族传统的最终形成。因此,透过安多基德斯所描述的家族传统,可以更好地认识城邦传统。

除此之外,安多基德斯在展现其家族传统的同时,还保存了大量与其家族传统密切相关的历史片段,这为我们透过家族传统来分析历史提供了大量素材。例如,安多基德斯在《论和平》中批评雅典城邦惯于在外交上支持弱者,在举例时他提及他的舅舅埃庇吕库斯参与了与波斯国王的和平谈判。②

可以说,安多基德斯所保存的家族传统具有极高的价值,因为家族传统是理解雅典传统的基石。③

(2)历史片段记述:亲历与解释

在安多基德斯展现其家族传统的同时,还保存了大量的历史片段,反映了演说者本人对于雅典历史的认识。如雅典贵族推翻僭主政

---

① Andocides, *On the Mysteries*, 146-147; *On His Return*, 26; *On the Peace with Sparta*, 6, 29.
② Andocides, *On the Peace with Sparta*, 29.
③ Rosalind Thomas, *Oral Tradition and Written Record in Classical Athens*, p. 95.

治的过程①,"五十年时期"历史的简述②,雅典如何由提洛同盟演化为雅典帝国的理解③,渎神案④,从公元前405—前403年大赦与修订法律⑤等。

在雅典僭主政治及其被推翻的问题上,安多基德斯的记述极有特色。他将梭伦以后的雅典政制看作民主政治,于是僭主统治相应地成为驱逐民主派的统治。而僭主政治被推翻的过程,也就成了民主派在其曾祖父列奥格拉斯以及查里阿斯的领导下,打败僭主、回归雅典的过程。可以说,这一记述,不仅与他本人的记述相矛盾,而且与希罗多德、亚里士多德的记载也有重大区别。安多基德斯在《论回归》中不仅将驱逐僭主归为其父亲的曾祖父,而且行为方式也改为了发动起义。相比之下,希罗多德、亚里士多德记述的重点是克里斯提尼所属家族以及克里斯提尼本人是如何争取斯巴达人支持的。⑥

安多基德斯在对"五十年时期"的历史进行叙述时,将该时段分为前后两部分。前一部分是雅典人在优波亚的战争,后一部分是因为埃吉那而重启战端。但在具体的叙述上,安多基德斯却漏洞百出。例如,优波亚的战争大约发生在公元前446年,此时正值伯里克利在此征战。安多基德斯认为,为了结束战争,雅典城邦召回了米泰亚德,但实际上是召回了西蒙,而西蒙此时已经去世三年了。西蒙应该于公元前451年被派往斯巴达签订"五年和约"。在结束与埃吉那的战争方面,主要是城邦派遣了他的祖父安多基德斯,去签订了"三十年和平协议"。随后是因为麦加拉而开始了伯罗奔尼撒战争,这与阿里斯

---

① Andocides, *On the Mysteries*, 106; *On His Return*, 26.
② "五十年时期"(Pentekontaetia)是指从公元前479—前431年伯罗奔尼撒战争爆发这一段时期内的历史,这一段历史主要由修昔底德在其作品中提供了简要叙述(Thucydides, *The Peloponnesian War*, 1.89 – 118),而此处安多基德斯也简略地涉及这一时期(Andocides, *On the Peace with Sparta*, 3 – 9)。
③ Andocides, *On the Peace with Sparta*, 37 – 38.
④ Andocides, *On the Mysteries*, 11 – 70.
⑤ Andocides, *On the Mysteries*, 71 – 91.
⑥ Herodotus, *The Persian War*, 5.62 – 64.; Aristotle, *The Athenian Constitution*, 19.

第二章 安多基德斯的家族与演说作品

托芬的喜剧和修昔底德归于《麦加拉法令》是相一致的。① 安多基德斯所涉及的两次和平协议给雅典带来的好处，无论是舰船数量、骑兵人数、斯基泰人弓箭手等方面与史实皆有较大出入，因此被多位学者所诟病。② 需要指出的是，安多基德斯的这一记述之所以有大量错误，主要是因为其目的并非在于保存事实，而只是为了服务于其演说的目的。但恰恰是因为如此，他展现了演说家如何运用和组织材料为自己的演说目的服务。

在对渎神案的解释上，其中11—33节讲述埃琉西斯密仪亵渎案，34—70节记述赫尔墨斯神像破坏案。这些记述的价值在于，安多基德斯本身是参与者与见证者，因此他的解释区别于当时已经远离雅典本土的修昔底德的记载，两者可以相互参照和补充。

安多基德斯对从公元前405—前403年大赦与修订法律的记载，涉及该时期内的一系列主要事件。例如，公元前405年，颁布了《帕特罗克列伊德斯法令》，恢复了那些在雅典失去公民权者的权利；公元前404年，雅典召回流放者；公元前403年，雅典实行大赦；除此之外，还有《特萨美诺斯法令》以及其他法律的颁布等内容。

以上是简要列举的安多基德斯在演说过程中所利用的历史片段。尽管这些历史片段是从属于演说，为了增加说服力也有篡改事实的成分，但这些历史片段的保存极具个人特色，反映了贵族人物对这些历史细节的认识和评价，从某种程度上可以与修昔底德等人的历史著作相互佐证。

（3）原始法律文本：援引与归纳

托马斯在分析公元前403年之前演说词的特点时，曾指出它们更重视见证人，而对于新近的法令以及以公文文件展现的历史典故则极少援引。③ 他引安多基德斯与安提丰两人为例，二人生活的年代相近，但两人在演说词中对于法律文本的援引却有本质的不同。在安提丰的

---

① Aristophanes, *Acharnians*, 510-550; Thucydides, *The Peloponnesian War*, 1.139.
② Michael Edwards, *Andocides*, p. 194.
③ Rosalind Thomas, *Oral Tradition and Written Record in Classical Athens*, pp. 87-88.

演说词中，尽管他多次使用见证人出庭作证，但其未曾援引过一则公文文件。吕西亚斯只是在《诉阿哥拉图斯》援引了关于阿哥拉图斯本人的法令。① 相比于安提丰与吕西亚斯，安多基德斯仅在《论密仪》中，就援引了三则法律条文和三则法令。② 另外，他在《论回归》中还引用了一则法令。③

安多基德斯援引的法律条文分别为第 85 节、87 节以及 116 节。

85 节的法律规定："在任何情况下，行政官员都不能执行那些没有刻写出来的法律。"

87 节的法律规定："无论是什么事情，行政官员都不能采用未经刻写出来的法律。无论是议事会还是公民大会通过的法令，都不可超越法律。专门针对某一个人的法律是不能被允许通过的，除非同一法律可以适用于全体雅典人，除非它是经过 6000 人出席的公民大会以秘密投票的方式予以通过。""所有在民主政治时代所做出的判决和仲裁都将是有效的。但是，只有自优克列伊德斯（Eucleides）担任执政官以来通过的法律才有效。"

116 节的法律规定："对放置橄榄枝在厄琉西尼乌姆的处罚是罚款 1000 德拉克玛。"这一条是宗教法律，当时是刻写在厄琉西尼乌姆的石碑上。

他援引的法令分别为 77—79 节、83—84 节以及 96—98 节。其中 77—79 节涉及《帕特罗克列伊德斯法令》，83—84 节涉及《特萨美诺斯法令》，96—98 节主要是关于《德摩潘图斯法令》（Decree of Demophantus）。

可以说，安多基德斯本人虽然是为了用这些法律证明自己的清白，但他对这些法律文本的援引，实际上是保存了这些文献，因此其价值是巨大的。包括麦克道维尔、爱德华兹在内的多位学者都认为这

---

① Lysias, *Against Agoratus*, 70 - 72.
② Andocides, *On the Mysteries*, 77 - 79, 83 - 84, 85, 87, 96 - 98, 116. 其中 85 节、87 节以及 116 节为法律条文，剩余三则为法令。
③ Andocides, *On His Return*, 23.

第二章　安多基德斯的家族与演说作品

些文献是真实的。① 当然,并非所有学者都对其真实性毫不怀疑,最近卡内瓦罗与他的导师哈里斯就对这些文献的真实性产生了质疑。②

(4) 政治生活与公民:参与与体认

安多基德斯演说词的价值,还体现在他对民主政治的认识上。关于当时雅典人对民主政治的认识与评价,在公元前5世纪后半期的文献中,体现比较多的是修昔底德与色诺芬的作品,但其不足也较为明显,即他们写作的目的并不是直接评述政制,因此他们对于民主政治的看法,往往是透过其作品间接表现的,并不完全反映他们对于民主政治的认识。可以说,在直接认识和评价雅典的民主政治方面,伪色诺芬和安多基德斯两人的认识是较为独特的,存留了他们对雅典民主政治的直接认识。具体到安多基德斯,他对民主政治的认识主要包括如下几点。

在《论回归》中,安多基德斯展现了他对议事会与公民大会的认识。他认为:"如果现在被告知,他们(议事会)必定比你们在立即达成意见方面所犯的错误更少。他们在闲暇中思考报告,并且如果他们出错了,他们可以被其他的公民指责和批评。但是,却没有人去批评你们,你们的事务是完全撑握在你们手里,如你们所喜欢的,无论好坏地去处理它。"③ 根据这段文字,明显的是,安多基德斯认为议事会的决策凭借少数人的深思熟虑,犯错较少,且能经受批评,而公民大会则不同,它更依赖民众,但民众更多地喜欢我行我素,且不愿意接受批评。在安多基德斯看来,议事会与公民大会是两个完全分开的机构。

安多基德斯的这一认识,是不同于对议事会与公民大会两者关系的制度设计的。在制度设计上,两者联系极为紧密,最主要的体现

---

① D. M. MacDowell, *Andokides On the Mystaies*; Michcrel Edwards, *Greek Orators-Ⅳ: Andocides.* 对相关法律文本所做的注释和简评部分。

② Mirko Canevaro and Edward M. Harris, "The Document in Andocides' On the Mysteries", pp. 98 – 129.

③ Andocides, *On His Return*, 19.

是，议事会要为公民大会准备议案。如果考虑到他本人的回归还有赖公民大会做出最终的决定，但他本人在公民大会上如此谈及议事会和公民大会，似乎极不合乎情理。

除此之外，他的演说词还反映了在特殊情况下雅典民主机构的运转，这主要体现为他向我们展现了雅典政治领域存在秘密会议。这种秘密会议共两次：第一次是在密仪渎神案的消息在公民大会上被皮托尼库斯披露时。当时议事会的主席团决定让没有参加过密仪入门式的雅典公民退场，从而召开了一次只有行过密仪入门式的门徒参加的秘密会议。[1] 可能正是这一秘密会议，授权议事会以最高的权威去处理渎神案事宜。[2] 第二次是在迪奥克列伊德斯告发涉及赫尔墨斯神像破坏案时发生的。当时的议事会在听取了告发情况后，召开了一次秘密会议，决定逮捕包括安多基德斯等在内的涉案人员。[3]

与议事会召开秘密会议相对应，公民也可以向议事会提起保密提案。安多基德斯本人提供了一个生动的案例。在公元前410年雅典民主政治恢复后，他为了赢取新政权的好感，在议事会上提出了解决雅典粮食危机的秘密提案。[4]

安多基德斯的这些记述，深刻地反映了雅典在危机状态下是如何处理相关事宜的。这区别于雅典公民大会平时会议的公开性，以及在制定政策方面的低效率。

2. 不足与缺点

虽然安多基德斯的演说词作为史料使用具有相当高的价值，但需要注意的是，演说词本身的目的并非在于保存历史事实，它们最直接的目的还是用于说服。为了让自己的演说更加具有说服力，演说者必须根据听众的态度、价值取向和偏好来组织自己的演说内容。在这一目的的引导之下，加之其他客观因素，演说者本人往往会掩盖一些不

---

[1] Andocides, *On the Mysteries*, 11–12.
[2] P. J. Rhodes, *The Athenian Boule*, Oxford: The Clarendon Press, 1985, p.186.
[3] Andocides, *On the Mysteries*, 42–45.
[4] Andocides, *On His Return*, 3, 19, 21.

第二章 安多基德斯的家族与演说作品

利于说服力的史实,甚至是故意曲解史实,因此其作为史料使用具有多种不足。这种不足最大的体现莫过于演说家本人在史实叙述上存在错误。例如,在公元前392—前391年,安多基德斯在《论和平》中是如此来支持同斯巴达讲和的:

> 我们再次因为麦加拉人而陷入战争,并使乡村被遗弃。在经历了众多损失之后,我们再次签订了和平协议,这次协议是由尼克拉图斯(Niceratus)的儿子尼西亚斯为我们安排的。我希望你们仍然都记得,正是因为这个协议,使我们能够在雅典卫城积攒了价值7000塔兰特的铸币。我们拥有近400艘战舰;每年有1200塔兰特的贡金收入;我们占据了切尔索涅斯(Chersonese)、纳克索斯以及优波亚超过三分之二的土地;而如果单独列举其他殖民地的名字,这将花费大量的时间。带着这些优势,我们再次陷入与斯巴达的战争,而这一次仍然是源于阿尔戈斯人的说服。①

对于该节的价值评判,戴维斯认为:"作为另一类历史,它却是非常有价值的,因为他告诉我们,大多数人对过去的记忆是非常模糊的,因此这类说辞能够具有说服力。""它们本身却是第一流的历史证据。"纵然如此,如果从史料的角度分析,戴维斯同样指出:"作为历史,这是十分可怕的,因为这段文字里有五个至六个主要的错误或是过于简化的地方。"② 从这个角度而言,演说词对于历史学家来说,是极为不可靠的。

小　结

从安多基德斯的家族情况来看,他的家族无疑是古老而富有的。

---

① Andocides, *On the Peace with Sparta*, 8-9. 该节演说词曾被戴维斯所援引,并经黄洋、宋可即翻译为汉文。为求文献援引的统一性,笔者对译文稍有变动。
② [英] J. K. 戴维斯:《民主政治与古典希腊》,第117页。

其家族成员，大多能够积极参加城邦的政治活动。由于良好的出身和家境，安多基德斯本人应该从小就接受了较为良好的教育。他在早年便已展现了一定的演说才华，并在贵族圈子中发表过演说。从政治倾向上看，他对现行的民主政治以及民主派领袖是极为敌视的。他所参加的贵族小圈子虽然是社会团体，但具有潜在的政治倾向。因为安多基德斯参加了贵族圈子，所以其行为必将受其影响，而后来的事实也证明正是他们制造了骇人听闻的"渎神案"，从而深刻地影响了雅典历史以及这些贵族青年的命运。

  总体而言，安多基德斯的演说作品虽然数量并不多，但由于它们最初发表在公民大会以及陪审法庭上，可以说较具价值。从史料的角度而言，安多基德斯演说词的最大价值在于，以历史亲历者的个人身份保存了大量文献。这些文献，广泛涉及其家族传统、法律文本等多个方面。但由于其演说的目的并不在于保存史料，而只是为了说服听众，因此其保存文献的可信度并不高。如要使用，需要参照其他文献，在鉴别史料、去伪存真的基础上谨慎使用。

第三章　渎神案的发生与安多基德斯流亡海外

公元前415年，在西西里远征前夕，雅典城内几乎所有的赫尔墨斯神像一夜之间惨遭破坏，史称"赫尔墨斯神像破坏案"。该渎神案极大地震惊了雅典民众，雅典为此成立了专门的调查委员会全权处理该事件。在调查的起始阶段，对于赫尔墨斯神像破坏案，并没有什么收获。相反，另一宗渎神案，即埃琉西斯密仪亵渎案，却在调查期间逐渐浮出水面，并引发了大规模的搜捕。在这一过程中，安多基德斯及其家族成员因此落狱。为了求得自身的安全以及拯救家族成员，安多基德斯以自我揭发换取赦免，于是他及其同伴在赫尔墨斯神像破坏案中的责任才开始被揭发出来。与此同时，安多基德斯及其亲友得以保全性命，而城邦也从大规模的政治恐慌中解放出来。不久，城邦通过了《伊索提米德斯法令》，禁止那些犯有渎神罪并承认自己罪行的人进入雅典广场以及阿提卡圣地。在这种情况下，安多基德斯参与城邦政治的权利被剥夺，尽管仍可居留在雅典，但安多基德斯选择了出走。本章的主要内容在于，以赫尔墨斯神像破坏案为中心，展现城邦的调查活动，探讨渎神案发生的原因及安多基德斯所属的贵族团体在其中发挥的作用。

◆◆◆ 安多基德斯与雅典城邦政治

第一节 赫尔墨斯神像破坏案与城邦的调查活动

一 赫尔墨斯神像破坏案的发生

公元前415年，雅典城邦决议远征西西里，但在远征军出发前，雅典全城几乎所有的赫尔墨斯神像一夜之间惨遭破坏，史称"赫尔墨斯神像破坏案"[①]。

赫尔墨斯（Hermes）是宙斯（Zeus）与阿特拉斯（Atlas）之女迈亚（Maia）的儿子，古希腊神话中的商业之神，位列希腊奥林匹斯十二主神。他出生在阿耳卡狄亚（Arcadian）的一个山洞里，最早是阿耳卡狄亚的神。奥林匹斯神系确立后，他成为畜牧之神，是宙斯的传旨者和信使。因此，他也被视为行路者的保护神、商人的庇护神、雄辩之神。与此同时，赫尔墨斯还有阴险狡诈的意思。[②] 赫尔墨斯神像即纪念这位希腊神的雕像，他的头像位于石柱的上方，面部多胡须，而石柱的正面是探出的男性生殖器，其状是竖立的。正因为如此，希罗多德形象地将其描述为"具有勃起阴茎的雕像"。据传，这种雕像的制作方法，是雅典人最早从皮拉斯基人（Pelasgians）那里学来的，然后传入整个希腊地区。[③] 最早引入雅典的赫尔墨斯神像是由庇西特拉图的小儿子希帕库斯所树立的，大约在公元前514年他被刺杀之前。[④] 它在雅典分布最为广泛，不仅用来当作城区和片区道路的

[①] 关于神像破坏案的发生时间，可以参阅 Douglas M. MacDowell, *Andokides on the Mysteries*, p. 188; A. W. Gomme, A. Andrewes, and K. J. Dover, *A Historical Commentary on Thucydides*, Vol. 4, Oxford: The Clarendon Press, 1970. pp. 274–276; S. C. Todd, "Revisiting the Herms and the Mysteries", in D. L. Cairns and R. A. Knox, eds., *Law, Rhetoric, and Comedy in Classical Athens*, Swansea: Classical Press of Wales, 2004. p. 94; Debra Hamel, *The Mutilation of the Herms*, p. 1。

[②] M. Cary, *The Oxford Classical Dictionary*, Oxford: The Clarendon Press, 1949, "Hermes"。

[③] Herodotus, *The Persian War*, 2.51。

[④] *Lexicon Iconographicum Mythologiae Classicae*, Vol. 5, pp. 301–306. 转引自 Josephine Crawley Quinn, "Herms, Kouroi and the Political Anatomy of Athens", p. 93。

第三章 渎神案的发生与安多基德斯流亡海外

标识①，而且放置于圣所和私人住处的入口处②。例如，在雅典卫城的入口处都有赫尔墨斯神像，因而保萨尼阿斯称之为"入口处的赫尔墨斯"③。总体而言，它们守卫着入口处，区分了个人领域和公共领域，是神界与俗世的界限。④

在破坏案发生的具体时间上，学术界多有争论。麦克道维尔认为其发生的时间为月末，正值没有月光的时候。在阐述其观点时，他对迪奥克列伊德斯所提供的当时正值满月的说法进行了评述并予以了否定。他甚至将其推断为6月6日或7日。⑤ 汉森推测也是在月末，具体是在塔尔格里昂月（Thargelion，即公历的5—6月）开始之前的夜晚。⑥ 多弗以及戈麦等学者依据迪奥克列伊德斯的说法，认为应当是在月圆之夜。⑦

在这三种观点之间，笔者更赞同多弗和戈麦等人的观点。这主要因为迪奥克列伊德斯是当时的见证者，他曾明确提到赫尔墨斯神像破坏案发生时是满月。⑧ 虽然普鲁塔克也曾指出，赫尔墨斯神像破坏案发生时并没有月光，指控者不可能看清楚破坏者的真实面目，并将大量人员的关押归于民众的焦躁情绪。⑨ 但他并没有明确指出该指控者就是迪奥克列伊德斯。另外，如果考虑到安多基德斯在为自己辩护时，并没有对此予以否认。与此同时，且迪奥克列伊德斯最初提出控告时，雅典城邦普遍认可并给予他优裕的待遇，尽管后来被证明他的控告充斥着谎言，但至少说明他所提供的当时正值月圆之夜的信息是

---

① Plato, *Hipparchus*, 228d.
② Thucydides, *The Peloponnesian War*, 6.27.1.
③ Pausanias, *Description of Greece*, 1.22.8.
④ William D. Furley, *Andokides and the Herms*, pp. 13 – 17.
⑤ Douglas Mac Dowell, *Andokides On the Mysterie*, pp. 187 – 188.
⑥ M. H. Hansen, *Eisangelia*, *The Sovereignty of the People's Court in Athens in the Fourth Century B. C. and the Impeachment of Generals and Politicians*, Odense, 1975, p. 80. and note 5. 转引自 Michael Edwards, *Andocides*, p. 1。
⑦ K. J. Dover, "Diokleides and the Light of the Moon", pp. 247 – 250; A. W. Gomme, A. Andrewes and K. J. Dover, *A Historical Commentary on Thucydides*, Vol. 4, pp. 274 – 276.
⑧ Andocides, *On the Mysteries*, 38.
⑨ Plutarch, *Alcibiades*, 20.5.

具有可信性的。①

其实，不管神像破坏的发生时间到底是在月中抑或月底，对于神像遭到破坏这一事实而言，这些都不是实质性的。真正让雅典人感到恐惧的，是这些神像一夜之间都遭到了破坏，且在城邦成立调查委员会的情况下却迟迟无法获得真相。该破坏案所体现出来的预谋性、组织性以及秘密性，时刻都在撩拨着雅典人脆弱的神经。虽然修昔底德将破坏案的发生主要归于远征的凶兆以及推翻民主政治的阴谋，②但需要注意的是，这种恐慌产生的最初动因仍需归于破坏案本身，即赫尔墨斯神像遭到破坏的具体情况，这既包括神像的破坏部位，又包括破坏规模。

关于神像的具体破坏部位，修昔底德并没有提供很翔实的记载，他只是提及所有神像的面部都遭到了破坏。③ 安多基德斯指出，全雅典的赫尔墨斯神像只有他家附近的一座得以幸存，但没有涉及神像的损坏部位。④ 德布拉·哈梅尔以阿里斯托芬喜剧和普鲁塔克传记的相关内容为依据，强调神像的面部可能是破坏者的主要目标，但考虑到神像的结构，破坏活动可能不止于此，因此他推断破坏者可能同时也破坏了雕像上的男性生殖器象征物。⑤

类似哈梅尔所主张的观点，也并非被学界所普遍认同。例如，早在哈梅尔之前，弗利就指出，阿里斯托芬在《吕西斯特拉忒》中的相关记述并不足以支撑破坏暴露的生殖器的结论。他认为阿里斯托芬设计的台词，只不过意味着让暴露生殖器的男士应该马上穿上衣服，以免神像破坏者目睹他们的行为并再次挑起暴力行动，这通常但不必然

---

① Andocides, *On the Mysteries*, 45; K. J. Dover, "Diokleides and the Light of the Moon", pp. 247 – 250; A. W. Gomme, A. Andrewes and K. J. Dover, *A Historical Commentary on Thucydides*, Vol. 4, pp. 274 – 276.

② Thucydides, *The Peloponnesian War*, 6. 27. 3.

③ Thucydides, *The Peloponnesian War*, 6. 27. 1.

④ Andocides, *On the Mysteries*, 62. 阿里斯托芬以及普鲁塔克的相关部分，请分别参阅 Aristophanes, *Lysistrata*, 1093 – 1094; Plutarch, *Alcibiades*, 18. 3。

⑤ Debra Hamel, *The Mutilation of the Herms*, p. 3.

第三章 渎神案的发生与安多基德斯流亡海外

是只针对生殖器官。另外,弗利认为修昔底德坚持自己的观点,很难说是出于"羞怯"。因为,在吕西亚斯诉安多基德斯的演说词中,破坏赫尔墨斯神像与伤害一个人的"头部或面部或手或足"是相似的。在雅典广场出土的一个赫尔墨斯神像,也显示其头部是公元前415年破坏者的目标。因此,弗利认为暴力行为是针对赫尔墨斯神像的头部与面部,这是对赫尔墨斯神秘能力的侵犯。①

对于弗利的解释,如果仅仅从戏剧角度来审视的话,也许其推断具有其内在的合理性,但这一解释明显地忽视了普通人视域中的赫尔墨斯神像形象。根据希罗多德的记述,赫尔墨斯神像的最大特征无疑是其勃起的男性生殖器象征物。从这个角度来看,神像破坏者可能并非仅仅破坏了神像面部,神像上的男性象征必然是其破坏的主要内容。相比之下,哈梅尔的观点更具说服力。除此之外,值得注意的是,不管破坏者到底是破坏了神像的哪个部位,神像破坏活动的巨大规模都足以说明这是一次有组织的破坏活动。

关于神像的实际破坏规模,修昔底德曾言几乎所有的神像都遭到破坏。② 安多基德斯认为仅剩他家附近的一座神像未遭破坏。正因为该神像靠近他家,且未被破坏,因此被称之为"安多基德斯的赫尔墨斯神像"。及至公元前345年埃斯基涅斯控告提马库斯时,该神像甚至被民众普遍认为是安多基德斯奉献的,因此他不得不提醒民众注意其实这是埃该伊德部落奉献的。③ 普鲁塔克的记述,证实了安多基德斯家附近的赫尔墨斯神像未遭破坏,但他也指出这是少数完好神像中的一座。④ 狄奥多鲁斯指出,雅典各地的赫尔墨斯神像都遭到了破

---

① W. D. Furley, *Andokides and Hermes*, p. 28.
② Thucydides, *The Peloponnesian War*, 6.27.1-2.
③ Andocides, *On the Mysteries*, 62; Aeschines, *Against Timarchus*, 见 The Speed of Aeschints, with an English Translation by Charles Darwin Adams, Ph. D., Loeb Classical Library, Cambridge: Harvard University Press, 1919, 125。
④ Plutarch, *Alcibiades*, 21.1-2.

坏。① 神像破坏案的规模、破坏程度以及城邦早期调查活动的毫无进展都说明该事件具有严密的组织性。② 除神像的破坏规模反映了这次破坏活动是有组织的行为外，安多基德斯的揭发还表明该行为具有预谋性。他曾言，在一次酒会上，梅勒图斯曾提议去破坏赫尔墨斯神像，但被他拒绝了。③

虽然以上记述略有差异，但却可以推断出该案件是一次有组织、有预谋的破坏活动。在此案件之前，雅典也曾多次发生针对其他神像的破坏活动，通常被认为是醉汉所为。这些只是一些个例，城邦也没有予以高度重视。④ 可以说，此次赫尔墨斯神像破坏案本身所展现出来的有组织、有预谋，是导致雅典当局对此高度重视的直接原因。

与此同时，将此案件与推翻民主政治的阴谋活动相联系，进一步加剧了事件的严重性。修昔底德在记述该事件发生后雅典民众的反应时，除了提及这对于出征的舰队是凶兆外，还指出这被认为与政变阴谋相关，其目的是推翻民主政治。⑤ 即便排除其与民主政治相关，破坏活动专门针对赫尔墨斯神像也显然是意有所指。因为赫尔墨斯是行路者的保护神，他的神像遭到破坏对于即将出征的远征舰队而言，无疑是一个凶兆。⑥ 也有学者认为由于赫尔墨斯神像在雅典相当普遍，其并不与特定政体相联系。因此破坏赫尔墨斯神像本身并不能被认为是反对民主政治的举动。⑦ 但需指出的是，古代希腊社会的特性之一，即宗教与政治紧密联系在一起，而赫尔墨斯神像遭到破坏虽看似是宗教事件，但其在一夜之间遭到破坏，使该宗教事件无疑具有深刻的政治含义。格洛特对神像遭到破坏与政治含义之间的关系，进行了深入

---

① Diodorus, *The Library of History*, 13. 2. 3.
② Thucydides, *The Peloponnesian War*, 6. 27. 3.
③ Andocides, *On the Mysteries*, 61.
④ Thucydides, *The Peloponnesian War*, 6. 28. 1.
⑤ Thucydides, *The Peloponnesian War*, 6. 27. 3.
⑥ Thucydides, *The Peloponnesian War*, 6. 27. 3; Mark Munn, *The School of History*, Berkeley: University of California Press, 2000, p. 104.
⑦ Martin Ostwald, *From Popular Sovereignty to the Sovereignty of Law*, p. 326.

第三章　渎神案的发生与安多基德斯流亡海外 ◆ ◆ ◆

阐释。他将雅典人看到赫尔墨斯神像遭到破坏的反应，与西班牙人和意大利人看到贞女玛丽亚的圣像遭到破坏的情况进行了类比，并认为："对于雅典人而言，当他们在第二天走出房屋时，每人都发现他们位于家门口的保护神遭到了羞辱和面部损坏，都逐渐认识到这种破坏是普遍性的。这意味着城邦已经失去了神的保护，他们的街道、市场以及柱廊再也没有神的佑护。更为糟糕的是，他们的保护神遭到了普遍的破坏，一种异化的情绪降临在他们身上：愤怒代替了保护、恶意取代了同情。"① 在这种情况下，神像破坏事件所蕴含的政治意味是不言而喻的。因此，该事件诚如普鲁塔克所记述的，极大地触动了很多人的心灵，甚至是包括那些平时通常对此类事情不甚关注的人。②

除此之外，当时雅典所面临的内部形势，也推动了城邦对此高度重视。在西西里远征之前，雅典内部比较突出的一个现象是贵族小团体的存在。如前所述，贵族小团体，在修昔底德与伯里克利的竞争中，在阿尔基比阿德斯和尼西亚斯联合起来放逐许珀玻路斯的过程中，都发挥了重要作用。这种利用贵族小团体来影响城邦政治的举动，必然引起了城邦的注意。这从许珀玻路斯被放逐后城邦废弃陶片放逐法可为佐证，因为陶片放逐法并不是为许珀玻路斯之类出身卑微的人设计的。③

这种贵族小团体，早在公元前424年就曾被作为阴谋组织而遭到谴责，尽管这主要出现在阿里斯托芬的喜剧中④，但足以说明雅典公民普遍担心贵族小团体在某一天将推翻民主政治，在其他城邦寡头政权的怂恿之下尤其令人担忧。在阿里斯托芬的喜剧中，与"阴谋者"一样出现频率较高的，还有另一个词"僭主"。在《马蜂》中，主人

---

① George Grote, *A History of Greece*, Vol. 7, London & Cambridge: Cambridge University Press, 2009, p. 231.
② Plutarch, *Alcibiades*, 18.4.
③ Plutarch, *Alcibiades*, 13.3 – 5; *Nicias*, 11.6.
④ Aristophanes, *Knights*, 257, 452, 475, 628, 826; *Wasps*, 345, 483, 488, 507, 953.

◆◆◆ 安多基德斯与雅典城邦政治

公布得吕克里昂（Loathecleon）的一段台词，描述了僭主一词是如何被频繁使用的："只要有人告发，不管案情大小，你们就认为有共谋者，有独裁僭主；这名称已经有五十年没听说过了；但如今它比咸鱼还贱地又在市场流通了。如果有人想买大鲈鱼，不想买小鳀鱼，旁边的鳀鱼贩子立刻就会嚷道：'这家伙买鱼，像个独裁僭主！'如有人要韭葱作为烧白杨鱼的佐料，那个卖菜的妇人就会用一只眼瞟他一下，说道，'告诉我，你要韭葱吗？你是不是想当独裁僭主，叫雅典给你进贡佐料'？"① 而这一词的提及，并非仅见于此处，在阿里斯托芬的喜剧中还有多处体现。②

如果说文学作品中这类词的大量出现，是出于剧作家的文学想象，那么雅典历史上民主政治所曾面临的两次被推翻的威胁，以及现实生活中雅典民众对于阿尔基比阿德斯可能建立僭主政治的恐惧，则足以证明雅典民众对于民主政治安全的担心并非空穴来风。③ 如此而言，老寡头在《雅典政制》中描述的雅典民众更想成为岛民的心态则更易理解。因为，在成为岛民的情况下，"只要他们愿意，在掌握制海权的情况下，他们没有任何损失——既可使他们的领土免于遭到破坏，也可避免与敌人之间的直接交战……而且，如果他们居住在岛屿上，他们还可以免于另一种恐惧：他们的城邦再也不能被寡头分子所背叛，与此同时，他们的国土再也不会被敌军长驱直入"④。作为现代人，我们很容易认识到公元前457年塔纳格拉战役到公元前411年四百人政权建立之间的时期，雅典民主政治确实没有受到实质性威胁。但作为历史的"局中人"，当雅典民众面临赫尔墨斯神像大规模遭到

---

① Aristophanes, *Wasps*, 488-499. 译文来自张竹明译《阿里斯托芬喜剧》上卷，译林出版社2007年版，第403页。
② Aristophanes, *Wasps*, 345, 417, 463, 498, 506, 953; *Knights*, 257, 452, 475; *Birds*, 1583; *Lysistrate*, 616.
③ 关于雅典所面临的民主政治被推翻的危险，可参阅本书第一章第三节雅典贵族对民主政治的反对与批判部分。雅典人对阿尔基比阿德斯建立僭主政治的担心，可参阅Thucydides, *The Peloponnesian War*, 6.15.4。
④ Xenophon, *Constitution of the Athenians*, 2.14-15.

第三章 渎神案的发生与安多基德斯流亡海外 ◆ ◆ ◆

破坏的现实时，他们认为该破坏活动是预谋性的，将之与民主政治的安危紧密联系在一起是有合理性的。

正是在以上因素的影响下，城邦民众"非常严肃地看待该事件，它被认为是远征将遇坎坷的凶兆，是发动政变并推翻民主政治阴谋的一部分"①。当然，也不排除有人利用神像破坏案造成的惊愕和恐惧，从而将该事件加以扩大，认为这是显而易见的、危险的阴谋。② 因此，城邦决定采取措施查出肇事者。随后，城邦召开了公民大会，并在公民大会上表决，要对提供信息者先是给予1000德拉克玛，后是10000德拉克玛的奖赏。此外，无论是雅典公民、外邦人抑或是奴隶，只要他能提供有关此次或者其他任何渎神案件的信息，他们都被赋予免予被起诉的权利。③ 与此同时，城邦授予五百人议事会以全权，并组建了调查委员会负责调查事务。狄奥格内图斯（Diognetus）、皮山大（Peisander）以及查理克勒斯（Charicles）等人是其成员，后两位还是当时雅典民主派的主要领袖。④ 正是在如此的政治氛围下，城邦开始了大规模的调查活动。

二 城邦的早期调查活动

虽然城邦授予五百人议事会全权，并成立了专门的调查委员会去调查赫尔墨斯神像破坏案，但实际上他们的调查行动离不开告发者主动提供信息，因此告发者及其提供的信息是理解城邦调查活动的主线。

根据修昔底德的记载，首先是一些外邦人提供了信息。但这些信息并不是关于赫尔墨斯神像破坏案的，而是涉及其他神像的破坏案和密仪渎神案。提供信息者指出，其他神像的破坏是一些醉酒的青年所

---

① Thucydides, *The Peloponnesian War*, 6.27.3.
② Plutarch, *Alcibiades*, 18.4.
③ Thucydides, *The Peloponnesian War*, 6.27.2; Plutarch, *Alcibiades*, 18.4; Andocides, *On the Mysteries*, 27, 40.
④ Andocides, *On the Mysteries*, 14, 15, 36, 40, 65; Plutarch, *Alcibiades*, 18.4.

为。而密仪渎神案的揭发者,则揭发了一些人在个人家中"模仿"了密仪仪式,西西里远征的积极支持者阿尔基比阿德斯名列其中。① 在这里,修昔底德并未就其他神像的破坏进行深入的叙述,这表明雅典民众并没有予以过多的看重,因为醉酒青年的个体破坏行为,并不如赫尔墨斯神像破坏案所显示的针对城邦有组织的威胁那样令人恐惧。② 可以说,由于告发者的最初告发信息都是关于密仪渎神案的,因此城邦的调查活动从一开始,就与密仪渎神案的揭露情况紧密联系在一起。③

埃琉西斯密仪的仪式每年秋季在雅典卫城以西 20 公里外的埃琉西斯开始举行,主要是纪念两位女神,即得墨忒耳(Demeter)及其女儿珀耳塞福涅(Persephone,又称为 Kore,意为"少女"。之所以如此称呼,是因为她乃冥界哈迪斯的王后,希腊人不想直接称呼其名字)④。埃琉西斯密仪的形成,是以珀耳塞福涅被冥王哈迪斯掠走为背

---

① Thucydides, *The Peloponnesian War*, 6.28.1; 关于认为阿尔基比阿德斯与赫尔墨斯神像破坏案有关联的传统,可以参阅 Victoria Wohl, *Love among the Ruins: The Erotics Democracy in Classical Athens*, Princeton and London: Princeton University Press, 2002, p.141 and note 56。

② 古代作家所记载的密仪渎神案的揭发情况共有五则,详见 Andocides, *On the Mysteries*, 11 – 13, 15, 16, 17; Plutarch, *Alcibiades*, 22.3; Debra Hamel, *The Mutilation of the Herms*, p.7。

③ 在这里需要注意的是,虽然赫尔墨斯神像破坏案与密仪渎神案两宗渎神案在调查过程中混合在一起,且其揭露的人员中也互有交叉,但两者是相互独立的两宗渎神案。这为奥斯邦、默里、奥斯特瓦尔德以及弗利等学者所普遍认同。详见 Rodin Osborne, "The Erection and Mutilation of the Hermai", *Proceedings of the Cambridge Philological Society*, New Series, No.31 (211) (1985), pp.47 – 73; Oswyn Murray, "The Affair of the Mysteries", in Oswyn Murray, eds., *Sympotica: A Symposium on the Symposium*, Oxford: The Clarendon Press, 1990, pp.149 – 161; Martin Ostwald, *From Popular Sovereignty to the Sovereignty of Law*, pp.537 – 550; W. D. Furley, *Andokides and Herms*, pp.41 – 48。但也有例外,如詹姆斯·F. 麦格卢将两宗渎神案与雅典的"朋党"相联系,认为这体现了朋党对雅典民主政治的质疑与拒绝 [James F. McGlew. "Politics on the Margins: The Athenian 'Hetaireiai' in 415 B.C.", *Historia*, Bd.48, H.1 (1st Qtr., 1999), pp.1 – 22]。

④ 得墨忒耳是希腊神话中掌管农业的谷物女神,亦称为"丰饶女神"。她是第二代众神之王克罗诺斯与众神之王后瑞亚的女儿,后与宙斯生珀耳塞福涅,与伊阿西翁生财富之神普卢托斯和菲洛墨洛斯,与波塞冬生神骏阿里翁。珀耳塞福涅是得墨忒耳与宙斯的女儿,后被冥王哈迪斯掠至冥界为后。

第三章　渎神案的发生与安多基德斯流亡海外

景的。珀耳塞福涅是宙斯与得墨忒耳的女儿，后被哈迪斯绑架至冥界。失去女儿的得墨忒耳为此十分悲痛，于是她离开了奥林匹斯山去寻找女儿。与此同时，作为谷物女神，她停止了谷物的生长。这不仅使世间众生要面临饥馑的危险，而且使众神也将没有牺牲享用。在这样的情况下，宙斯命信使赫尔墨斯去要求哈迪斯释放珀耳塞福涅。哈迪斯同意释放珀耳塞福涅，但在释放前命她食用一粒石榴种子。当得墨忒耳与珀耳塞福涅母女重逢后，女儿告诉了母亲食用石榴种子的事情，得墨忒耳告诉珀耳塞福涅因此她将不得不每年在冥界度过四个月。与此同时，宙斯派出瑞亚（Rhea）对得墨忒耳进行安抚，于是得墨忒耳返回奥林匹斯山，与众神和解，并命谷物再次生长。

随后，得墨忒耳将密仪的仪式，传授给当时埃琉西斯的统治者。但据学者的研究，埃琉西斯密仪崇拜大约可追溯至青铜时代，中经迈锡尼文明末期的中断，而一直持续到公元395年西哥特国王阿拉里克（Alaric）洗劫埃琉西斯。掌控密仪的主要是埃琉西斯的两大家族，即优莫尔皮戴和克里克斯家族。可以说，这是两大家族在宗教上的特权。在节日之前，两大家族的成员被派往希腊各地去宣告神圣休战，从而保证任何愿意前来参加密仪的人能够安全到雅典参加仪式。整个节日前后共持续8天，它包括向众神献祭、从雅典卫城到埃琉西斯得墨忒耳—科瑞的圣殿游行，以及举行面向行过入门式或正在行入门式的门徒开放的秘密仪式。在整个节日过程中，秘密仪式的举行无疑是其高潮部分，但因其仅向行过入门式的门徒开放，因此学术界虽多有涉及，但猜测的成分仍很大。[1] 美国学者米尔恰·伊利亚德在对埃琉西斯密仪的特点进行阐述时，曾指出："密仪包含着几个不同的等级。有埃琉西斯小密仪、埃琉西斯大密仪以及最终体验。而埃琉西斯大密仪与最终体验的真正秘密则从未公开过。"[2]

---

[1] Hugh Bowden, *Mystery Cults of the Ancient World*, Princeton: Princeton University Press, 2010, pp. 26–48.

[2] ［美］米尔恰·伊利亚德：《宗教思想史》（第一卷），吴晓群译，上海社会科学院出版社2011年版，第250页。

◆ ◆ ◆ 安多基德斯与雅典城邦政治

从修昔底德所记载的对亵渎埃琉西斯密仪的情况来看,他并没有明确提及是谁告发了亵渎密仪的情况,而是将叙述聚焦在亵渎密仪事件中的阿尔基比阿德斯身上。根据告发的情况,阿尔基比阿德斯牵涉其中,而他的政敌为了更好地与他开展竞争,故意夸大该事件的影响,认为亵渎埃琉西斯密仪与赫尔墨斯神像的破坏,都是意欲推翻雅典民主政治计划的一部分。与此同时,阿尔基比阿德斯极力否认告密者对他的指控,并主张立即就该事件进行审查。其政敌为更好地掌控局势,主张阿尔基比阿德斯应该首先率军出征。随后,修昔底德将注意力转向出征军队的宏大规模和奢华上去,再未具体记述调查。①

普鲁塔克的记载与修昔底德有相似之处。在《阿尔基比阿德斯传》中,他提及阿尔基比阿德斯极力否认告密者对他的指控。② 而在《尼西亚斯传》中,他只是提及雅典城邦打算召回阿尔基比阿德斯到雅典受审,没有涉及告发的具体状况。③ 但与此同时,普鲁塔克所提供的一些细节却很有价值。例如,他指出,是当时的民众领袖安德罗克勒斯(Androcles)通过援引一些外邦人和奴隶的证据,控告阿尔基比阿德斯及其朋友破坏了其他神像,并在醉酒的聚会中恶搞了埃琉西斯密仪。亵渎密仪涉及的主要人物有特奥多鲁斯(Theodorus)、普律提昂(Pulytion)以及阿尔基比阿德斯。其中特奥多鲁斯充任了传令官、普律提昂负责执火炬,而阿尔基比阿德斯则扮演了大祭司,剩下的人则是行过入门式的门徒。这些行为是由西蒙的儿子特萨鲁斯(Thessalus)在公民大会上控告阿尔基比阿德斯亵渎埃琉西斯的女神时揭露的。④ 普鲁塔克的这一记述明显区别于修昔底德的记载,因为修昔底德重点是强调阿尔基比阿德斯亵渎了密仪仪式,但并没有提

---

① Thucydides, *The Peloponnesian War*, 6.28.1, 6.31.6.
② Plutarch, *Alcibiades*, 19.2–5.
③ Plutarch, *Nicias*, 14.4.
④ Plutarch, *Alcibiades*, 19.1–2.

第三章　渎神案的发生与安多基德斯流亡海外　◆◆◆

及阿尔基比阿德斯还曾参与了破坏其他神像。这说明普鲁塔克与修昔底德所记载的可能并不是源于同一批告密者。对于特萨鲁斯的控告，根据普鲁塔克的描述，其来源于一份城邦的正式文件。这一控告是在阿尔基比阿德斯离开雅典到西西里进行远征时发生的，更确切地说，是在赫尔墨斯神像破坏案调查结束以后发生的。① 如此推断，普鲁塔克的这则记载与修昔底德的记述在时间上完全冲突。相比之下，安多基德斯的记载，可能与修昔底德的记载更为接近。

安多基德斯在《论密仪》中曾提及远征的将领拉马库斯的旗舰已驶出港口时，皮托尼库斯（Pythonicus）在公民大会告发了阿尔基比阿德斯恶搞了密仪仪式，并声称倘若城邦能够授予豁免权，他可以说出证人的名字。② 阿尔基比阿德斯极力地否认这一指控，于是城邦决定派人找出皮托尼库斯所提供的证人。这人正是阿尔基比阿德斯的奴隶安德罗马库斯（Andromachus）。安德罗马库斯证实密仪仪式是在普律提昂家中举行的，当时参加的人员主要有阿尔基比阿德斯、尼希德斯（Nicides）和梅勒图斯（Meletus），这三人是密仪仪式主要角色的实际扮演者。除此之外，还有一些奴隶在场，其中包括安德罗马库斯本人、他的兄弟希克斯乌斯（Hicesius）以及梅勒图斯的奴隶。③ 随后，安德罗马库斯提供了一份包括 10 人的控告名单，这被安多基德斯称为有关亵渎密仪仪式的第一份证词。④ 这 10 个人分别是：阿尔基比阿德斯、尼希德斯、梅勒图斯、阿奇比阿德斯（Archebiades）、阿奇普斯（Archippus）、迪奥根尼斯（Diogenes）、波里斯特拉图斯、阿里斯托美尼斯（Aristomenes）、欧诺尼阿斯（Oeonias）以及帕纳尼乌

---

① Plutarch, *Alcibiades*, 21.5 – 22.3.
② Andocides, *On the Mysteries*, 11.
③ Andocides, *On the Mysteries*, 11 – 12. 不过需要注意的是麦克道维尔所提供的译本，与洛布丛书中梅德门特在该节中人物以及人物的关系的翻译上多有不同。例如麦克道维尔认为安德罗马库斯是阿尔基比阿德斯的奴隶，而梅德门特认为安德罗马库斯是阿科比阿德斯（Archebiades）的儿子。在密仪仪式的主要人物中，前者认为是尼希德斯，而后者翻译为尼希阿德斯（Niciades）。（详细可以对比洛布丛书梅德门特译本的相关章节。）
④ Andocides, *On the Mysteries*, 13 – 14.

斯（Panaetius）。在这10人中，只有波里斯特拉图斯（Polystratus）被逮捕后处死，其他9人都逃往国外。

在这一份人员名单中并没有普律提昂的名字，而实际上安德罗马库斯所揭露的这次恶搞密仪仪式，正是在普律提昂的家中举行的。有学者认为普律提昂有可能也揭发了有关密仪渎神案的信息。① 假如安多基德斯所记载的阿尔基比阿德斯确实是我们所熟知的西西里远征的将军阿尔基比阿德斯，那么无疑安多基德斯夸大了当时的情况，因为阿尔基比阿德斯本人在控告名单出现后并没有立即逃亡，相反他仍滞留在雅典并竭力否认对他的控告。② 如此而言，安德罗克勒斯与安德罗马库斯的告发，无疑都涉及阿尔基比阿德斯。但普鲁塔克所记载的安德罗克勒斯的控告，在时间上要略晚于安德罗马库斯的告发。这种局面被阿尔基比阿德斯的政敌所利用，尽管阿尔基比阿德斯极力地予以否认，但其政敌进一步推动对渎神事件的调查，无疑是很自然的事情。③ 根据安多基德斯的记载，紧随安德罗马库斯进行告发的是特克罗斯（Teucrus）。④

特克罗斯是在雅典居住的外邦人，在赫尔墨斯神像破坏案发生后悄然逃往麦加拉（Megara）。在那里，他传话给雅典议事会，如果授予他豁免权，他将把他所知道的有关两宗渎神案的信息提交给雅典当局。因为他本身曾参加过埃琉西斯密仪渎神案，并知晓赫尔墨斯神像破坏案的事情。在这种情况下，他被带回雅典，并由城邦授予其豁免权，于是他提供了两份人员名单。

在这两份名单中，一份是关于埃琉西斯密仪渎神案的，它涉及了

---

① J. L. Marr, "Andocides' Part in the Mysteries and Hermae Affairs 415 B. C.", p. 329. and note 1.

② Thucydides, *The Peloponnesian War*, 6.29.1-3; Plutarch, *Alcibiades*, 19.2-3.

③ Thucydides, *The Peloponnesian War*, 6.28.2; Plutarch, *Alcibiades*, 19.2.

④ Andocides, *On the Mysteries*, 15. 需要指出的是麦克道维尔在得克萨斯版中将之译为"Teucer"，但通过查验其 *Andokides On the Mysterie* 中所引用希腊语"Τε□κρος"，似乎"Teucrus"更为恰当。与此同时，洛布丛书梅德门特译本也是译为"Teucrus"。综合以上两种意见，故采用"Teucrus"。

第三章　渎神案的发生与安多基德斯流亡海外　◈ ◆ ◆

包括他本人在内的 12 人。这些人的名字分别是：菲德罗斯（Phaedrus）、格尼丰尼德斯（Gniphonides）、伊索诺穆斯（Isonomus）、赫怀斯托多罗斯（Hephaestodorus）、色菲索多罗斯（Cephisodorus）、特克罗斯本人、狄奥格内图斯、斯明杜里德斯（Smindyrides）、菲劳克拉特斯（Philocrates）、安提丰（Antiphon）、忒撒库斯（Teisarchus）以及潘塔克勒斯（Pantacles）。此控告名单一出，所涉及的人都逃亡国外了。① 与此同时，特克罗斯还提供了一份涉及赫尔墨斯神像破坏案的人员名单，这一名单包含了 18 人，这些人是：优克特蒙（Euctemon）、格劳西普斯（Glaucippus）、尤里马库斯（Eurymachus）、波里欧克图斯（Polyeuctus）、柏拉图（Plato）、安提多罗斯（Antidorus）、查里普斯（Charippus）、提奥多罗斯（Theodorus）、阿尔基斯特尼斯（Alcisthenes）、麦涅斯特拉图斯（Menestratus）、厄里克斯马库斯（Eryximachus）、欧菲勒图斯（Euphiletus）、优里达马斯（Eurydamas）、佛里克勒斯（Pherecles）、梅勒图斯、提曼特斯（Timanthes）、阿基达姆斯（Archidamus）、特勒尼库斯（Telenicus）。②

根据安多基德斯的记述，当特克罗斯把名单提交给雅典当局后，调查委员会的成员，以及雅典民主政治的坚定支持者皮山大和查理克勒斯，都认为这并非少数人的作为，其目的在于推翻民主政治，因此调查活动应该继续进行而不是中途终止。安多基德斯曾提及在分配奖金时，曾有《克列奥尼穆斯法令》（Cleonymus'decree）所规定的 1000 德拉克玛与皮山大的 10000 德拉克玛之间的分歧。③ 有学者认为，这可能是因为《克列奥尼穆斯法令》所规定的 1000 德拉克玛的奖励没有达到预期效果，故皮山大把奖金提高到原来的十倍。④ 但安多基德斯在记述迪奥克列伊德斯（Diocleides）的告发时，又曾提及在赫尔墨

---

① Andocides, *On the Mysteries*, 15.
② Andocides, *On the Mysteries*, 35.
③ Andocides, *On the Mysteries*, 36, 27.
④ 晏绍祥译：《论密仪》，第 416 页注释 2。

103

◆ ◆ ◆   安多基德斯与雅典城邦政治

斯神像破坏案发生的第二天提供信息的奖赏已经是 10000 德拉克玛。①可以说，由于安多基德斯所提供的信息并没有其他史料作为旁证，而关于克列奥尼穆斯的史料又极为有限，故无法根据安多基德斯个人的记述得出完全令人信服的结论。除却这些推测，皮山大和查理克勒斯对调查活动的积极推动，却是显而易见的。

在皮山大和查理克勒斯等人的推动之下，迪奥克列伊德斯向议事会提出了控告，他声称他知道是谁参与了赫尔墨斯神像破坏案，并认为大约有 300 人参与其中。当时的情况是，他要到劳里昂（Laurium）的奴隶那里收取租金，但他起得太早了，借助满月的月光他就上路了。等走到狄奥尼修斯剧院（Dionysus）入口时，他看到大约有 300 人分成几组，而等到他从劳里昂银矿返回时，得知了赫尔墨斯神像被破坏的消息，于是他确定正是昨夜他遇见的人与此密切相关。在这些人员之中，安多基德斯的家族成员名列其中，于是迪奥克列伊德斯与之开始了一系列的沟通，但最终安多基德斯家族并未兑现承诺，随后他决定向城邦进行告发。② 迪奥克列伊德斯最终向城邦提交了一份 42 人的人员名单。其中既包括当时的议事会成员曼提特乌斯（Mantitheus）和阿普色菲昂（Apsephion），又包括安多基德斯本人和他的亲属。这些人中，曼提特乌斯和阿普色菲昂两人在缴纳保释金后逃亡了，而另外包括安多基德斯在内的 40 人则被投入监狱。③

在这种情况之下，城邦的形势似乎较之此前更加严峻。议事会一方面按照迪奥克列伊德斯的告发逮捕相关人员；另一方面召集了雅典的将军们，让他们发布雅典处于危机状态的紧急命令。于是，公民们都到指定的相应位置去集结，而议事会成员则在卫城上守夜、议事会

---

① Andocides, *On the Mysteries*, 41.
② Andocides, *On the Mysteries*, 37–42.
③ Andocides, *On the Mysteries*, 43–47. 关于安多基德斯所提供的自己家属及亲戚的人员状况，此处共提及包括他本人、父亲、妹夫、两个表兄弟以及五个其他亲属共 10 人，但是在《论密仪》的第 68 节提及他所拯救的人员中包括他的父亲、妹夫、三个表兄弟以及七个其他的亲属，再加上他本人共涉及 13 人。（Andocides, *On the Mysteries*, 68.）对于这一点，有学者认为是源于古代抄本的错误。（参见晏绍祥译《论密仪》，第 428 页注释 2。）

主席团成员则在其日常办公处守夜。与此同时，彼奥提亚人在得知雅典城邦内部发生的事情后，也派遣了一支军队到双方的边境线。①

截至此时，虽然城邦开展了大规模的调查活动，但并没有对赫尔墨斯神像破坏案的具体情况调查清楚，相反却卷入了埃琉西斯密仪渎神案。而埃琉西斯密仪渎神案更多的是与阿尔基比阿德斯联系在一起。面对开展调查的现实局面，以及雅典人对于历史上僭主政治的恐惧，雅典人民此时处于不快之中，他们对那些因密仪事件而受到牵连的人产生了怀疑，对他们而言，整个事件都是旨在建立寡头制或僭主政治阴谋的一部分。在人民的盛怒之下，很多"优异之士"都被投入监狱。更让人恐慌的是这种事情仍在继续，没有终止的迹象。于是，随着时间的流逝，人民愈加残暴，而越来越多的人被投入监狱。② 这种情景给人的印象是，城邦的调查活动越来越复杂，但距离事情的真相却似乎越来越遥远。幸运的是，因迪奥克列伊德斯控告而入狱的安多基德斯进行了自我揭发，从而提供了一个亲历者的版本。

第二节 安多基德斯的自我揭发与流放

一 安多基德斯的自我揭发

根据《论密仪》的描述来看，安多基德斯之所以会进行自我揭发，很大程度上是因为其表兄弟查尔米德（Charmides）的劝说。③ 普鲁塔克认为劝说者是提玛欧斯（Timaeus）。此人在狱中才开始与安多基德斯成为密友，他声名狼藉，但精明练达且富有冒险精神。④ 史学家修昔底德只是提到了首恶者在狱友的劝说下自首的事实，对于自首者和劝说者的身份都没有明确指出。⑤ 虽然修昔底德并没有明确这

---

① Andocides, *On the Mysteries*, 45.
② Thucydides, *The Peloponnesian War*, 6.60.1–2.
③ Andocides, *On the Mysteries*, 48–50.
④ Plutarch, *Alcibiades*, 21.2.
⑤ Thucydides, *The Peloponnesian War*, 6.60.2.

◆◆◆ 安多基德斯与雅典城邦政治

名首恶者的身份,但从被关押的事实以及被说服从而进行自我揭发的细节来看,可以推断这名首恶者即为安多基德斯本人。普鲁塔克曾提及安多基德斯本人之所以嫌疑最大,最主要的原因就是他家附近的赫尔墨斯神像是幸存的几座神像中唯一保存完整的神像。①

因为古典作家记述的劝告安多基德斯的人员有差异,因此所给出的劝告理由也有所不同。具体而言,查尔米德的劝告更侧重于通过自我揭发来拯救安多基德斯的亲属;提玛欧斯则认为自行招供可以获得人民的原谅,而审判的结果却是不确定的;修昔底德版本中的劝告者则认为在获得赦免的情况下进行招供,既可使自己免于一死,又可将城邦从当时严重的猜忌中拯救出来。② 以上劝告者以及劝告理由的差异,很可能源于记述者不同的资料来源。而安多基德斯本人也承认曾有多人对其进行劝服。③ 此外,劝告者的不同,也意味着安多基德斯所认为的他们仅被关押了短暂几天的陈述,是站不住脚的。他们被关押的时间,似乎要很长,吕西亚斯的演说词甚至认为是"将近一年"④。

虽然有着以上人员的劝告以及劝告理由,但真正影响安多基德斯进行自我揭发的决定性因素,却可能主要是如下两个:一是通过自我揭发来拯救他的家族成员及其亲戚,二是赫尔墨斯神像破坏案参与者中的大部分成员已经被特克罗斯控告,他们或被城邦处死,或者逃亡海外。正因为如此,他在特克罗斯控告的基础上,又增加了四人,他们分别是帕那提乌斯(Panaetius)、查里德摩斯(Chaeredemus)、狄亚克里图斯(Diacritus)和吕西斯特拉图斯(Lysistratus)。⑤ 而普鲁塔克甚至认为,安多基德斯本人并没有增加雅典公民作为新的被告,只

---

① Plutarch, *Alcibiades*, 21.1-2.
② Andocides, *On the Mysteries*, 49-50; Plutarch, *Alcibiades*, 21.3; Thucydides, *The Peloponnesian War*, 60.3-4.
③ Andocides, *On the Mysteries*, 51.
④ Lysias, *Against Andocides*, 23.
⑤ Andocides, *On the Mysteries*, 51-52, 56-60.

第三章 渎神案的发生与安多基德斯流亡海外

是为了使他的自我揭发更可信而将他自己的奴隶牵扯其中。①

在自我揭发的过程中，安多基德斯向议事会陈述了赫尔墨斯神像破坏案的来龙去脉。按照他的说法，破坏赫尔墨斯神像的建议很早便已提出，当时是在一次酒会上由欧菲勒图斯提议的。对于这一提议，安多基德斯是反对的，因此该计划并没有立即实行。② 后来，安多基德斯在库诺撒格斯（Cynosarges）骑马时弄伤了锁骨，并磕破了头，于是他被用担架抬回了家。在安多基德斯养伤的这段时间里，欧菲勒图斯谎称安多基德斯已经同意了破坏赫尔墨斯神像的提议，并负责破坏其家附近的一座赫尔墨斯神像，于是包括欧菲勒图斯等在内的朋党成员开展了夜间破坏行动。一夜之间，除安多基德斯住宅附近的赫尔墨斯神像未遭破坏外，雅典城内所有赫尔墨斯神像都遭到了破坏。第二天，欧菲勒图斯等人发现安多基德斯并没有破坏他家附近的赫尔墨斯神像，都对此感到气愤，并由梅勒图斯和欧菲勒图斯到他家要求其保守秘密。为了证实自己在赫尔墨斯神像遭破坏期间一直卧床养伤，他将自己的奴隶交给城邦去接受拷问。③ 对于其交出奴隶的事宜，吕西亚斯和普鲁塔克认为他并没有交出。吕西亚斯认为他的奴隶已经在安多基德斯进行自我揭发之前死亡了。普鲁塔克认为安多基德斯拒绝交出自己的奴隶，并因此再次入狱。④

在安多基德斯的这一陈述中，我们不难发现他试图证明自己与该事件没有丝毫的关系。因为没有其他史料可资旁证，故安多基德斯本人所言是否属实，仍有待进一步考证。虽然如此，麦克道维尔关于欧菲勒图斯没有向同伴撒谎的推断却是合理的。他指出，欧菲勒图斯本人没有可能去保存安多基德斯住宅附近的赫尔墨斯神像，假如他本人确认安多基德斯本人不能去实施破坏任务，那么他将安排其他人员去完成这一任务。欧菲勒图斯更不可能冒安多基德斯没有参加破坏活动

---

① Plutarch, *Alcibiades*, 21.4.
② Andocides, *On the Mysteries*, 61.
③ Andocides, *On the Mysteries*, 61–64.
④ Lysias, *Against Andocides*, 22; Plutarch, *Moralia*, 834D.

◆ ◆ ◆ 安多基德斯与雅典城邦政治

但他却可能出卖参与破坏人员的风险。所以，安多基德斯极有可能是确实告知了欧菲勒图斯他将参与破坏活动，只是由于不确知的原因，而没有去实施破坏活动。① 从这个角度讲，虽然修昔底德和普鲁塔克都认为安多基德斯是"假装"自己参与了神像的破坏活动，但安多基德斯却极可能是"参与了阴谋，却没有发挥积极作用"②。

安多基德斯的揭发，使雅典议事会和调查委员会认为他们已获知赫尔墨斯神像破坏案的真相，于是他们传唤了控告者迪奥克列伊德斯。未经多少审问，迪奥克列伊德斯就承认自己撒了谎，并恳请城邦宽恕他，条件是他说出背后的主使人。迪奥克列伊德斯指出主使人是菲古斯（Phegus）的阿尔基比阿德斯和来自埃吉那的阿米安图斯（Amiantus）。随后，议事会和调查委员会将其移交给陪审法庭，并判处死刑。③ 阿尔基比阿德斯和阿米安图斯闻讯后紧急逃离了雅典，而城邦随后将阿尔基比阿德斯的财产没收并予以拍卖。④

由于阿尔基比阿德斯和阿米安图斯紧急逃离了雅典，且没有确切的证据证明迪奥克列伊德斯第二次指控的真实性，也许他再次撒了谎。通过城邦将迪奥克列伊德斯移交给陪审法庭，而法庭又判处其死刑的状况来看，城邦显然对于迪奥克列伊德斯的再次指控持怀疑态度。再加上他先前的指控也是捏造的，因此迪奥克列伊德斯的名声极为糟糕，被喜剧作家佛律尼库斯（Phrynichus）称为"诽谤者"。该喜剧作家极有可能是迪奥克列伊德斯所控告的人员，即安多基德斯的一个表兄弟。如此推断，这一戏剧讽刺具有别样的意味。⑤ 从实际情况

---

① Douglas MacDowell, *Andokides on the Mysterie*, pp. 173–174.
② Thucydides, *The Peloponnesian War*, 6.60.4; Plutarch, *Alcibiades*, 21.3; Andocides, *On the Mysteries*, 63. 与以上观点不同的是，普鲁塔克在《安多基德斯传》中认为，安多基德斯确实是在一次宴会醉酒后破坏了一座赫尔墨斯神像，并因为自己不能交出证明自己清白的奴隶而因此背上污名。（Plutarch, *Moralia*, 834D.）
③ Andocides, *On the Mysteries*, 65–66.
④ Stelai 1. Ⅷ. 3–4 in IG Ⅰ 428. 转引自 Martin Ostwald, *From Popular Sovereignty to the Sovereignty of Law*, p. 538。
⑤ Plutarch, *Alcibiades*, 20; Martin Ostwald, *From Popular Sovereignty to the Sovereignty of Law*, p. 548。

第三章　渎神案的发生与安多基德斯流亡海外

来看，迪奥克列伊德斯的指控也许并非无的放矢，可能包含了一定的真实性。其真实性最大的体现，即为他对赫尔墨斯神像破坏案发生时间的界定上，即当时是满月之时。① 此外，他关于赫尔墨斯神像破坏案的真实目的的揭露也很有价值。安多基德斯提及他在控告之前，曾与安多基德斯的家族人员接触。安多基德斯的家族准备给他 2 塔兰特的白银，并许诺在事成之后，使他成为安多基德斯一伙的成员。② 如果此事属实，那么赫尔墨斯神像破坏案的目的可能要比想象的更为复杂。

既然迪奥克列伊德斯的指控被城邦认为是捏造的，于是他所控告的人员，包括安多基德斯和他的亲属，以及其他与赫尔墨斯神像破坏案没有关系的人员都被释放了。因迪奥克列伊德斯的指控，受到牵连的议事会成员曼提特乌斯和阿普色菲昂可能也重新回到了雅典。③ 原先因局势紧张而集结的雅典民众，也都携带武器回到自己的家中。④ 与此同时，安多基德斯在特克罗斯控告的基础上，新增加的四个人都逃离了雅典。城邦在他们缺席的情况下判处他们死刑，并决定向那些能够杀死在逃人员者提供奖赏。⑤

至此，对于整个赫尔墨斯神像破坏案的处理，已经告一段落。因为雅典民众认为他们已经获知了赫尔墨斯神像破坏案的真相，并从该事件中解脱出来。但就整个赫尔墨斯神像破坏案的真相调查而言，也许正如修昔底德所指出的："那些受难者，是否遭受了不公正的惩罚，则是不确定的。"⑥ 修昔底德之所以持如此态度，主要是因为他认为供认者的认罪是虚假的。⑦ 普鲁塔克对于这种虚假的怀疑，也是明确

---

① Andocides, *On the Mysteries*, 38. 关于其认为是月圆之时的可信性，可以参阅本章第一节对赫尔墨斯神像破坏案发生时间的考证。
② Andocides, *On the Mysteries*, 41.
③ Andocides, *On the Mysteries*, 66; Debra Hamel, *The Mutilation of the Herms*, p. 23.
④ Andocides, *On the Mysteries*, 66.
⑤ Andocides, *On the Mysteries*, 66 – 68; Thucydides, *The Peloponnesian War*, 60.4.
⑥ Thucydides, *The Peloponnesian War*, 6.60.5.
⑦ Thucydides, *The Peloponnesian War*, 6.60.2 – 3.

的。① 罗宾·西格通过考证力图证明安多基德斯供认的虚假性和修昔底德怀疑的正当性。② 但不管这种惩罚是否公正，对于整个城邦而言，无疑是一个利好消息。因为城邦毕竟最终得以从赫尔墨斯神像破坏案的迷局，以及公民之间的相互猜忌和随时被逮捕的恐惧中解放出来。③ 正基于此，安多基德斯在《论回归》中认为是他凭借一己之力使雅典从恐慌局面中摆脱出来，并认为雅典人民应该感激他，而不是敌视他。④ 而在公元前400年，他在陪审法庭上为自己辩护时，仍大言不惭地说："我现在的处境不仅值得你们所有人同情，而且我的行为无疑会让你们认为我的人格是完美无缺的。"⑤

　　问题是雅典民众为何会相信安多基德斯的自首。对此，奥斯温·默里予以了关注，他认为安多基德斯的自首供述并没有解释其作案的目的和该事件的手段，更让人感到惊奇的是并没有人因为他的自首而遭受损失。认为这可能正是修昔底德对于安多基德斯的故事持有怀疑态度的原因。对于雅典民众予以接受的原因，可能是因为聚众饮酒的小团体犯下如此大规模的渎神破坏案仅仅是毫无动机的相互担保。在朋党中，这一忠诚联结的重要性以及强化它们的意义已经得到证实，尤其是安多基德斯竭力否认他背叛同伙的指控。⑥ 默里的这一分析主要是从朋党内部成员通过共同参与某事来强化信任的角度来分析问题，这一分析具有一定的道理，因为正如修昔底德所言，赫尔墨斯神像破坏案本身在经历了大量调查后并没有什么线索。⑦ 但这一分析的缺陷或者说不足在于，其分析的角度忽视了当时雅典内部的政治形势。当时阿尔基比阿德斯日益增长的政治影响力引起了部分精英人士

---

① Plutarch, *Alcibiades*, 21.3.
② Robin Seager, "Andocides' Confession: A Dubious Note", *HIstoria*, Bd. 27, H. 1 (1st Qtr., 1978), pp. 221–223.
③ Andocides, *On the Mysteries*, 66; *On His Return*, 8.
④ Andocides, *On His Return*, 8–9.
⑤ Andocides, *On the Mysteries*, 67.
⑥ Oswyn Murry, "The Affair of the Mysteries: Democracy and the Drinking Group", p.153.
⑦ Thucydides, *The Peloponnesian War*, 6.28.1.

第三章　渎神案的发生与安多基德斯流亡海外

的嫉妒和反对。因此，当发现早期的检举活动未与赫尔墨斯神像破坏案相关，而是更多地关涉埃琉西斯密仪的渎神案，更重要的是阿尔基比阿德斯牵涉其中。在这一背景之下，随后的调查活动集中到阿尔基比阿德斯身上，其自身违反传统和不民主的性质旋即成为控告他的依据，其目的在于剪除这一政敌。① 正是在这种形势之下，雅典城邦的调查活动实质上是围绕埃琉西斯密仪渎神案展开的，事实上安多基德斯的监禁也与该案件的检举有关。② 从某种意义上讲，安多基德斯的自我揭发更多是其为挽救亲友的命运而做出的意外之举。倘若不是这一自我揭发，有可能关于赫尔墨斯神像破坏案的"真相"很难获得。于是，雅典民众是否相信安多基德斯的供述并非重要事情，因为显然的是雅典并没有因此而延迟向西西里进军，他们对于其背后的潜在意蕴并无知晓的兴致。

二　赫尔墨斯神像破坏案发生原因考证

在进行自我揭发时，安多基德斯指出赫尔墨斯神像破坏案的动机是通过破坏活动来实现相互担保。③ 这一机制的目的，在于使一个群体内部的成员能够建立相互信任。通过共同参与一些暴行，群体内的成员一起牵扯进来。他们在罪行中的共犯，是防范他们相互背叛的保障。通常情况下，这种相互保证往往是进一步活动的前奏。就赫尔墨斯神像破坏案而言，并没有进一步的行动紧随其后，但公元前411年在萨摩斯（Samos）的寡头分子暗杀了当时雅典的民主派领袖许珀玻路斯，这为随后进行的推翻民主政治的活动提供了相互保证。④ 修昔底德更倾向于认为，赫尔墨斯神像破坏案只是远征的凶兆，其目的在于推翻民主政治。⑤ 克拉提普斯、普鲁塔克等则将责任归于科林斯人，

---

① Thucydides, *The Peloponnesian War*, 6.28.1–6.29.3.
② Thucydides, *The Peloponnesian War*, 6.60.1–5.
③ Andocides, *On the Mysteries*, 67.
④ Thucydides, *The Peloponnesian War*, 8.73.3.
⑤ Thucydides, *The Peloponnesian War*, 6.27.3, 6.60.1.

◆ ◆ ◆　安多基德斯与雅典城邦政治

其原因在于科林斯作为叙拉古的母邦，其希望通过破坏赫尔墨斯神像来阻止对叙拉古的战争。[①]

对安多基德斯的陈述和修昔底德的记载而言，虽然他们所强调的侧重点有所不同，但都与雅典的民主政治相联系。至于它们与即将开展的西西里远征的关系，确实是干系不大。即使是牵强地将两者联系起来，在修昔底德看来，亦不过仅仅是远征的凶兆而已。普鲁塔克的记载并没有着眼于雅典城邦，而是从科林斯人的角度，认为其目的在于阻止对于叙拉古的战争。赫尔墨斯神像破坏案发生的真实原因究竟是什么？该破坏案到底与西西里远征有没有关系？学术界的观点大体可以分为两类：一类以麦克道维尔以及 W. D. 弗利为代表，他们认为破坏神像的目的在于阻止西西里远征的推进。[②] 另一类则以 J. L. 马尔、奥斯特瓦尔德以及哈梅尔为代表，他们认为神像破坏案与西西里远征没有关系。[③]

麦克道维尔等人都认可赫尔墨斯神像破坏案的原因是阻止西西里远征的论点，但他们各有侧重。其中，麦克道维尔认为赫尔墨斯神像破坏事宜是事先安排的，这足以表明其有严肃的目的。目的之一为加强相互信任，而在其他目的中，阻止西西里远征是其选择之一。在反对西西里远征的人员中，大体有两种：一种为叙拉古人（和科林斯人），因为他们是被攻击的目标；另一种为雅典的寡头分子，他们更希望雅典保持和平。虽然安多基德斯的供认并没有为欧菲勒图斯接受

[①] 根据哈利卡纳苏斯史学家狄奥尼修斯的记载，克拉提普斯是雅典人，与历史学家修昔底德大约是同时代人，并曾为修昔底德的历史著作写过续篇。而从普鲁塔克《道德集》中对其著作引用的情况来看，他的作品涉及了公元前 494 年的事情。也有学者认为克拉提普斯是公元前 4 世纪有影响的历史家。(Brill's New Pauly, "*Cratippus*" 词条。) Plutarch, *Alcibiades*, 18.3; *Moralia*, 834D.

[②] Douglas MacDowell, *Andokides on the Mysterie*, pp. 192 – 193; William. D. Furley, *Andokides and the Herms*, p. 13 – 31, 41; Robin Osborne, "The Erection and Mutilation of the Hermai", pp. 47 – 73.

[③] J. L. Marr, "Andocides' Part in the Mysteries and Hermae Affairs 415 B. C.", pp. 337 – 338; Martin Ostwald, *From Popular Sovereignty to the Sovereignty of Law*, pp. 324 – 326; Debra Hamel, *The Mutilation of the Herms*, pp. 32 – 35.

第三章 渎神案的发生与安多基德斯流亡海外

科林斯人的贿赂提供支持，但充足的证据表明欧菲勒图斯及其朋友是寡头分子。正因为如此，麦克道维尔坚信雅典人将赫尔墨斯神像破坏案归为寡头阴谋可能是正确的，并认为其目的是阻止西西里远征。弗利通过分析文献以及瓶画中赫尔墨斯的形象而揭示了赫尔墨斯的地位，认为赫尔墨斯神像破坏案不仅牵涉了赫尔墨斯自身，而且涉及整个奥林匹斯的众神。赫尔墨斯神像破坏案至少有两个目的：一是通过共同犯罪来加强小团体内部的忠诚；二是震惊大众以使其认识到在其内部存在威胁，其意图就是反对阿尔基比阿德斯进攻西西里的提议。他甚至认为破坏赫尔墨斯神像是试图阻止雅典人进行西西里远征的最后尝试。

从以上论点来看，麦克道维尔侧重于通过欧菲勒图斯等属于寡头分子来支撑其论点，因为这些寡头分子渴求和平。但他的论据似乎过于单薄，且没有对修昔底德所记述的雅典人普遍支持西西里远征的情况进行解释，因此并不足以被普遍认可。弗利虽在论证赫尔墨斯的地位上用力颇多，但这更能证明赫尔墨斯神像破坏案的目的，更多的是针对当时的民主政治，而对于其目的是阻止西西里远征的论点并无本质性帮助。他曾指出破坏赫尔墨斯神像是试图阻止西西里远征的最后尝试，但对于赫尔墨斯神像破坏案发生之前的阻止尝试却没有涉及，这不能不说是其论证过程中的一大失误。综合而言，支持赫尔墨斯神像破坏案的目的是阻止西西里远征的这一论点的说服力差强人意。

相比之下，否认神像破坏案与西西里远征关系的论点，却能在否定以上观点的基础上，对自己的观点进行较好的阐释。例如，马尔在评价麦克道维尔的观点时，曾明言是"站不住脚的"[1]。在对自己的观点进行论证时，他主要是从四个方面进行了较为详细的阐述，它们分别为：

（a）安多基德斯在《论密仪》中谈及行动的目的，是用于"相互保证"，这通常是进一步行动的先声，如在进一步的行动中提升所

---

[1] J. L. Marr, "Andocides' Part in the Mysteries and Hermae Affairs 415 B. C.", p. 337.

涉团体的利益自然甚好，但这并非其唯一的或主要的目的。

（b）赫尔墨斯神像破坏案的发生时间，说明其并非为了阻止去西西里进行征战军队的出发。因为，这是在其准备远征的过程中，而不是在其出发的前夕，这在心理上没有后者所具备的震撼性。

（c）这一计划成功的可能性是极其微小的，没有理由相信类似的行动可以使雅典放弃他们决心去做的事情，尤其是当远征的准备活动已经大规模铺开的时候。事实上，对于雅典公民而言，放弃远征的想法似乎根本没有产生。

（d）它本身所假设的动机是不可能的。虽然在雅典确实存在为了达成与斯巴达的和解而不计代价的温和寡头派，但确切地说西西里远征并不是对公元前421年雅典与斯巴达之间和平协议的违背，并且即使是这些人担心远征将最终陷入与斯巴达的冲突之中，他们也必然意识到放弃并不能改变希腊的基本局势。这一局势不管是否有西西里远征，敌对的重新出现在任何时间都是很有可能的。赫尔墨斯神像破坏案，对于那些参与其中的人而言，是极为冒险的行动。很难有人相信为了维持这一极不稳定的现状而去冒如此风险。确切地讲，欧菲勒图斯、梅勒图斯以及他们的朋友在个人层面将一无所获。从内部情况来看，放弃远征的唯一政治受害者，将是阿尔基比阿德斯，而不是民众领袖的权力或者是民主政治的政体。

哈梅尔的论证，更多的是对马尔b、c两点论证的重复，本质上并无新的突破。而奥斯特瓦尔德的论证，则是从上层阶级对待西西里远征的态度入手，他认为在其内部都是支持远征计划的，因此将赫尔墨斯神像破坏案的意图不与阻止西西里远征联系起来的观点并不奇怪。他甚至认为赫尔墨斯神像破坏案以及模仿埃琉西斯密仪的行为都没有什么政治意图，他们不过是一群精力旺盛的青年醉酒后，缺乏适当动机的胡乱举动。

就马尔的观点而言，关于其a部分所言是通过共同犯罪而提供相互保证，加强信任的说法，这不仅为安多基德斯所亲承，而且也有公元前411年暗杀许珀玻路斯的事实为旁证，因此此部分并无异议。

第三章 渎神案的发生与安多基德斯流亡海外 ◆ ◆ ◆

对于 b 部分马尔因时机不当而否认阻止西西里远征的论据而言，诚然这一时机的选择确实不如在其出发前进行更有震撼力，但如果考虑到西西里远征的决策已定且在其准备期间，作为旅行者保护神的赫尔墨斯神像一夜之间遭到大规模的破坏，这一破坏对雅典人造成的影响也是足够震撼的。这从雅典城邦快速成立调查委员会以及提供奖赏的举动可以略知一二。在这里，强调震撼力的强度固然应是我们分析其动因的主要依据，但更应关注破坏活动本身能否正确地传达出破坏者的意图。毫无疑问的是，赫尔墨斯的一个重要形象就是旅行者的保护者，而其神像的破坏也被认为是远征的"凶兆"①。

对于 c 部分所言的成功概率微小的说法，这更像根据结果去评述事件的后见之明。如果要论证赫尔墨斯神像破坏案的成功阻止西西里进攻的概率，这需要对宗教在希腊社会中的地位进行分析。仅就此次西西里远征而言，阿尔基比阿德斯等人向雅典民众展示了有利于远征的预言。任命有威望的尼西亚斯为统帅，其威望的来源，除了在公益捐助上的慷慨、稳健的政策以及卓著的功勋外，最主要的就是宗教上的虔诚。② 同样是在西西里远征的过程中，雅典人仅仅因为一次月食的出现就坐失撤退的时机。③ 因此，笔者认为破坏者专就赫尔墨斯神像进行破坏，必然是意有所指，其破坏对象的选择绝不是随意选择的结果。而针对赫尔墨斯神像进行破坏的背后所隐藏的意图，极有可能是意欲利用破坏赫尔墨斯神像对远征所造成的凶兆影响来达到阻止远征的目的。

关于 d 部分所假设的动机问题，笔者认为这并非简单地涉及公元前 421 年"雅典—斯巴达和平协议"的存废问题，并不能根据远征西西里没有违背该协议，就断定阻止西西里远征的动机就不存在。我们

---

① Thucydides, *The Peloponnesian War*, 6.27.3.
② 关于阿尔基比阿德斯提供的有利于远征的预言：Plutarch, *Nicias*, 13.1；尼西亚斯名望的树立及其凭借：Plutarch, *Nicias*, 2.1-4.2；尼西亚斯被选为出征西西里的将军：Plutarch, *Nicias*, 12.3-4, Thucydides, *The Peloponnesian War*, 6.8.2，不过值得注意的是普鲁塔克认为雅典人选举尼西亚斯为第一将军，而修昔底德并没有类似的表述。
③ Plutarch, *Nicias*, 23.1-5；Thucydides, *The Peloponnesian War*, 7.50.4.

更应该通过考察有产者，尤其是承担捐助义务的人员对于战争的态度来判断动机是否存在。距离西西里远征最近的且最能说明其态度的，莫过于公元前421年签订《雅典—斯巴达和平协议》。这一和平协议以《尼西亚斯和约》为名。① 之所以如此命名，皆因为尼西亚斯是该和平协议的积极倡导者、坚定维护者。普鲁塔克曾援引泰奥弗拉斯托斯（Theophrastus）的记载，称尼西亚斯为之花费了大量钱财。② 在其签订的背后，是雅典民众中普遍的厌战情绪。③ 而这种情绪，不仅见于签订和约之时，而且早在签订和约之前便早已有端倪，只是囿于克里昂强烈的主战宣传，而无法落实在城邦决策上。自从和平协议签订后，尼西亚斯及其支持者则是努力对其进行维护，而这种努力直到西西里远征前仍在继续，只是在开战已成定局的情况下，很多战争反对者不得不保持沉默，这倒不是因为他们放弃了反对战争的主张，而是担心被自己的同胞认为不爱国。④ 修昔底德并没有明言谁是战争的反对者，但普鲁塔克在谈及该问题时专门谈及富人的态度，指出他们担心被自己的同胞认为是逃避"三列桨战舰捐助义务以及其他的捐助义务"，因此他们没有支持尼西亚斯的反战政策。⑤ 我们可以推断：部分承担捐助义务的人员是反对战争的。而欧菲勒图斯、梅勒图斯等人所参与的赫尔墨斯神像破坏案，一旦能够成功阻止西西里远征，那么他们有可能摆脱与战争相关的捐助义务。这一反对群体的存在，也较好地否定了奥斯特瓦尔德的论点，因为在雅典的上层阶级中存在反战力量。

从马尔、哈梅尔以及奥斯特瓦尔德等人的论证过程来看，其论证

---

① Andocides, *On the Peace with Sparta*, 8; Plutarch, *Nicias*, 9.7, *Alcibiades*, 14.2.

② Plutarch, *Nicias*, 10.1；泰奥弗拉斯托斯是亚里士多德学派的哲学家。生于公元前371—前370年，卒于公元前287—前286年。是亚里士多德的学生和继承人。(*Brill's New Pauly*, "Theophrastus"词条。)

③ Donald Kagan, *The Peace of Nicias and the Sicilian Expedition*, Ithaca and London: Cornell University Press, 1981, pp. 27 – 32.

④ Thucydides, *The Peloponnesian War*, 6.24.4.

⑤ Plutarch, *Nicias*, 12.3; A. W. Gomme, A. Andrewes and K. J. Dover, *A Historical Commentary on Thucydides*, Vol. 4, p. 263.

第三章　渎神案的发生与安多基德斯流亡海外

的背后依稀是修昔底德的身影,即他们的立论基础主要来源于修昔底德。在论述西西里远征时,修昔底德的核心论点是,虽然在雅典内部也存在反对远征的力量,但这种力量是十分微弱的,雅典民众普遍支持远征,并且这种支持随着内部讨论的展开而更趋强烈。即使是震惊雅典公民的赫尔墨斯神像破坏案本身也依然没有影响其出征计划,因为赫尔墨斯神像破坏案仅仅是远征的凶兆而已,其意图并非阻止西西里远征。[1]

正是循着修昔底德的记述,马尔等人展开了他们对于赫尔墨斯神像破坏案发生原因的讨论。在其影响下,他们讨论的核心观点,便是赫尔墨斯神像破坏案与西西里远征没有关系。而奥斯特瓦尔德则在此基础上走得更远。他甚至认为赫尔墨斯神像破坏案不存在政治动机,只不过是精力旺盛的青年醉酒后的胡乱行为。修昔底德诚然是这段历史的权威,但这种权威并不能成为阻止提出不同认识和分析的理由。这正如卡根所指出的:"历史学家即使是面对最权威的解释时,也有提出疑问的不可推卸的责任。而修昔底德对西西里远征的叙述明显地引起了此类疑问。"[2] 最易引起此类疑问的叙述,就是修昔底德在记载准备西西里远征的过程中,忽视了宗教领域存在的反对远征的相关预言和活动,而这些由普鲁塔克所记录和保存。

根据普鲁塔克的记载,城邦的"全体神职人员"是反对远征的。在这种情况下,阿尔基比阿德斯的占卜者援引了一则所谓是来自古代的预言,声称"雅典人将在西西里赢得巨大荣耀"。派往驻利比亚沙漠的"阿蒙神庙"的特使,也带回了雅典人将俘获所有叙拉古人的神谕,这让阿尔基比阿德斯颇为高兴。但实际上使者们隐瞒了与之相反的内容,以免有人将其看作不吉利的征兆。[3] 虽然看似是支持的意见占了上风,但阿尔基比阿德斯提供占卜者,然后再派人到阿蒙神庙求神谕以及使者的隐瞒行为都证明了宗教领域存在反对远征的力量。

---

[1] Thucydides, *The Peloponnesian War*, 6.24–31.
[2] Donald Kagan, *The Peace of Nicias and the Sicilian Expedition*, p.157.
[3] Plutarch, *Nicias*, 13.1–2.

◆ ◆ ◆ 安多基德斯与雅典城邦政治

这一宗教领域中的反战声音,并不见于修昔底德的记载。卡根在使用该材料时,是将其放在城邦形成远征的决策过程中予以讨论的。①当时的情况极可能是,在讨论西西里远征的过程中,城邦内的神职人员对远征提出了反对意见,于是阿尔基比阿德斯利用自己的占卜者提出了相反的神示。而为了更好地了解神谕的观点,于是城邦派遣使者,前往阿蒙神庙探问神谕。紧接着,普鲁塔克列举了赫尔墨斯神像的破坏情况,将其看作最为明确的反对远征的征兆。最后,他列举了一系列其他的反对声音和迹象,如在十二主神的祭坛发生的渎神事件、在德尔斐神庙发生的涂鸦破坏青铜棕榈树上的"金保卫"的事情、迎接来的雅典娜女神的女祭司名字却为"和平"的事情、占星家墨顿(Meton)和哲学家苏格拉底预知远征的悲剧后果,以及悲痛的妇女在阿多尼斯节(Adonis)上祭奠死去的亲人等。②

从普鲁塔克的记载来看,反对西西里远征的声音要远远超越了修昔底德的记载。这不仅表现在普鲁塔克搜集的材料更为丰富,而且反对西西里远征的意图是毫不掩饰的。普鲁塔克的记载为反思修昔底德对西西里远征的相关叙述提供了很好的线索。问题是普鲁塔克的记载是否可信?他的记载能否作为反思的恰当线索?可以说,普鲁塔克在这里的很多记载,都不见于其他史料,也不知其具体的来源。幸运的是,喜剧家阿里斯托芬在《吕西斯特拉忒》中所保存的关于此次远征前阿多尼斯节的细节,对此可予以佐证。

在该戏剧中,阿里斯托芬曾提及在公民大会就可听见阿多尼斯神庙屋顶上的哭泣哀号;当德摩斯特拉特(Demostratus)提议向西西里

---

① Donald Kagan, *The Peace of Nicias and the Sicilian Expedition*, p. 192.
② Plutarch, *Nicias*, 13.2-7. 对于以上事件的时间顺序,卡根将它们置于赫尔墨斯神像破坏案发生之前,这明显与普鲁塔克所提供的时间顺序有所不同。卡根的依据是他认为阿多尼斯节仪式举行时间是4月中旬。但实际上其时间正如多弗所言是存有争议的,在这些争议性观点中,有学者认为其发生时间为7月19—20日。(Donald Kagan, *The Peace of Nicias and the Sicilian Expedition*, pp. 192-193, and note 5. 但需要指出的是卡根所援引的多弗观点的页码是错误的,应该是第271页,而非其所指的第371页。) 在这里,笔者更倾向于采用多弗的观点,因为这更接近普鲁塔克的记述。

第三章 渎神案的发生与安多基德斯流亡海外

派兵时,他的妻子为阿多尼斯痛哭;当他提议在扎库提亚岛屿上招募重装步兵时,他的妻子为此喝得酩酊大醉,并再次为阿多尼斯痛哭;但是,德摩斯特拉特终不为所动,仍继续他的提议。① 虽然德摩斯特拉特不见于修昔底德的记述,但阿里斯托芬所描写的景象,却与其笔下阿尔基比阿德斯等人遭遇反对,但仍积极支持远征的情况颇为一致。

与此同时,根据修昔底德的记载,当西西里远征失败的消息得到确认后,雅典民众不仅恼怒于那些倡导远征的演说家,而且迁怒于神谕散布者、占卜家以及当时通过预测活动而使他们相信雅典将征服西西里的任何人。② 这说明在讨论西西里远征的过程中,在宗教领域存在类似的活动。与此相适应,阿尔基比阿德斯的占卜者所提供的支持远征的预言是可信的,进而那些反对西西里远征的意见也应有其可信度,只是修昔底德对其进行了有意或无意的忽略。由此可见,阿里斯托芬的作品虽为文学作品,并非严格意义上的文献,但却足以证明这种宗教领域的反对,必定是或多或少地反映了现实情境。

既然城邦内部并不像修昔底德所言的那样对于远征西西里是普遍支持的,那么很自然的推论,就是赫尔墨斯神像破坏案的目的可能如普鲁塔克所指出的,是为了阻止西西里远征的进行。如此而言,麦克道维尔等人的论点具有明显的合理性,只是论据稍显不足。麦克道维尔的论证主要是通过分析参与神像破坏者的身份多为寡头分子,其更倾向于和平来论证其观点的,但除此之外,从参与者经济地位的角度来进行论证,将更有助于加强其论点。

从记录没收和拍卖参与赫尔墨斯神像破坏案人员财产的情况来看,这些参与人员极为富有:他们的地产不仅见于阿提卡,而且见于塔索斯(Thasos)、俄罗波斯(Oropos)、优波亚(Euboea)、阿比多斯(Abydos);涉案人数有45人,其中外邦人科菲索多洛斯(Kephi-

---

① Aristophanes, *Lysistrata*, 387–398.
② Thucydides, *The Peloponnesian War*, 8.1.1.

◆◆◆ 安多基德斯与雅典城邦政治

sodoros)更是拥有16名奴隶。①从这个意义上讲,参与神像破坏案人员的经济地位是较高的,这意味着他们是雅典捐助阶层的主要组成部分。可以说,包括战舰捐助以及其他捐助在内的捐助义务,对于富有者而言,是极大的负担。正因为这种负担是如此沉重,因此在公元前411年寡头政变的过程中,这些承担捐助义务的富有者是其主要支持者。②在民主政治恢复以后,在城邦的诸多制度调整中就包括对原先的捐助制度进行改革。这一改革最大的体现,就是引入了"三列桨战舰联合捐助制度",即由原先一人负责一条船的捐助改为多人负责一船的捐助,通常情况下为两人共同负责,其目的是减轻承担捐助义务的有产阶级的过高负担。③

因此,从以上论证情况可以看出,破坏赫尔墨斯神像的真实动机就是借此阻止西西里远征的进行。与此同时,赫尔墨斯神像破坏案的规模以及破坏程度,都无不说明一些贵族分子在该破坏案中已经具有高度的组织性。若非安多基德斯的自我揭发,雅典城邦获知该事件真相的时间将大大延后,甚至有可能成为不为外人知晓的谜案。从这个意义上讲,贵族分子基于经济层面所进行的破坏赫尔墨斯神像的活动具有明显的反战倾向。

三 城邦调查活动的继续

虽然安多基德斯通过自我揭发,使雅典民众知晓了赫尔墨斯神像破坏案的真相,并使他们从雅典的混乱局面中解脱出来。但是,城邦的调查行动并未因此而停止,而是围绕埃琉西斯密仪渎神案继续进行。

之所以出现如此局面,一个重要原因就是密仪渎神案的具体状

---

① Russell Meiggs and David Lewis, *A Selection of Greek Historical Inscriptions to the End of the Fifth Century B. C.*, pp. 240-247; Charles W. Fornara, *Archaic Times to the End of the Peloponnesian War*, pp. 170-176.
② Thucydides, *The Peloponnesian War*, 8.63.4.
③ Vincent Gabrielsen, *Financing the Athenian Fleet*, pp. 173-174.

第三章　渎神案的发生与安多基德斯流亡海外

况仍未为雅典民众所了解，而雅典民众认为既然他们已经知晓了赫尔墨斯神像破坏案的真相，他们确信密仪渎神案同样也是基于反对民众的阴谋，于是他们对于密仪渎神案真相的破解也心存渴望。另一个原因是阿尔基比阿德斯的政敌有意继续利用密仪渎神案打击他。

在这两个原因中，可能第二个因素对于案件的继续调查起了更为明显的推动作用。因为在赫尔墨斯神像破坏案发生之前，模仿埃琉西斯密仪仪式是常有的事情。麦克道维尔认为，此时阿尔基比阿德斯的政敌皮山大、查里克列斯以及安德罗克列斯出于嫉妒，希望通过将阿尔基比阿德斯与寡头阴谋联系在一起，使他失去民众的信任。因为在赢得民众好感方面，此时的阿尔基比阿德斯已经超过了他们。① 于是，在阿尔基比阿德斯政敌的鼓动之下，雅典民众普遍怀疑与密仪渎神案有牵连的阿尔基比阿德斯意欲推翻民主政治。②

很快，针对阿尔基比阿德斯的控告再次浮出水面，这次提起控告的不再是外邦人和奴隶，而是来自贵族阶层的妇人阿加里斯特。根据其控告，阿尔基比阿德斯、他的叔叔阿克西奥库斯（Axiochus）和他的朋友阿德曼图斯（Adeimantus）在查尔米德（Charmides）的家中举行了密仪仪式。③ 此外，另外一名奴隶吕杜斯（Lydus）控告自己的主人佛里克列斯（Pherecles）在家中举行了密仪仪式。在他所列举的人员名单中，还涉及安多基德斯的父亲列奥格拉斯，只是他用斗篷蒙着脸睡着了。列奥格拉斯通过使用"违法提案起诉"避免了对自己的指控而成功逃脱，而剩余的被指控人员则逃离了雅典。④

正当密仪渎神案在深入调查之际，恰值一支斯巴达军队出现在科林斯地峡附近，这进一步加剧了形势的紧张。这支军队出现在地峡附近，本是为了履行与彼奥提亚人之间的一些安排。但雅典人却怀疑阿

---

① Douglas MacDowell, *Andokides on the Mysterie*, p. 193.
② Thucydides, *The Peloponnesian War*, 6.61.1; Plutarch, *Alcibiades*, 21.5.
③ Andocides, *On the Mysteries*, 16.
④ Andocides, *On the Mysteries*, 17–18.

尔基比阿德斯与之有密切关系，目的是推翻民主政治。在这一情况下，雅典民众认为他们有必要先发制人，于是雅典民众武装起来在提修斯神庙度过了一夜，并将原来由阿尔基比阿德斯所扣押的300名阿尔戈斯人交给了阿尔戈斯城邦。① 当时的局势，修昔底德曾提及"来自各方的针对阿尔基比阿德斯的怀疑都聚集在一起，因此城邦决定将其召回受审"②。

与此同时，普鲁塔克记录了一份导致阿尔基比阿德斯被召回的控告。他提及西蒙的儿子特萨鲁斯控告了阿尔基比阿德斯。与其他控告只是列举了参与密仪仪式人员名单不同，这次控告还对当时密仪渎神案的状况有较为详细的叙述。此次密仪渎神案，是在阿尔基比阿德斯本人的家中举行的。当时是，阿尔基比阿德斯本人穿着大祭司的专用袍服，并自称是大祭司，普律提昂充任了持火炬者，斐盖亚（Phegaea）德莫的特奥多鲁斯充当了传令官。③

在这样的情况下，雅典城邦派出了国家战舰"萨拉米斯"号去将其捉拿回国，但在行至图里伊时，阿尔基比阿德斯离舰逃亡至斯巴达。在其缺席的情况下，雅典城邦判处其死刑，并要求祭司对其进行诅咒。④ 可以说，通过密仪渎神案的继续调查，阿尔基比阿德斯的政敌成功地剪除了阿尔基比阿德斯。

可以说，事实已经证明阿尔基比阿德斯与密仪渎神案有着密切的关系，但安多基德斯与案件有关系吗？对于该问题，杰布认为，安多基德斯既不曾参与密仪渎神，也没有就此进行揭露。⑤ 麦克道维尔认为，他既参与了密仪渎神案，又进行了揭露。⑥ 马尔则认为，安多

---

① Thucydides, *The Peloponnesian War*, 6.61.2–3. 这些人质是公元前416年阿尔基比阿德斯在阿尔戈斯城邦时所抓获的300名被怀疑为亲斯巴达的阿尔戈斯人，被囚禁在当时雅典所控制的岛屿上。（Thucydides, *The Peloponnesian War*, 5.84.1.）
② Thucydides, *The Peloponnesian War*, 6.61.4.
③ Plutarch, *Alcibiades*, 22.3–4.
④ Thucydides, *The Peloponnesian War*, 6.61.4–7; Plutarch, *Alcibiades*, 21.5–22.2.
⑤ R. C. Jebb, *The Attic Orators from Antiphon to Isaeus*, Vol. 1, p.72.
⑥ Douglas MacDowell, *Andokides on the Mysterie*, pp.167–176.

第三章 渎神案的发生与安多基德斯流亡海外

基德斯可能确实参与了密仪渎神案，但没有人正式因密仪渎神案对其提出控告，他本人也未曾就密仪渎神案进行自我揭露。① 虽然三人的观点各有不同，但在内在的关系上却具有潜在的联系：首先是杰布提出安多基德斯与密仪渎神案没有关系的观点，这也被认为是一个广为接受的观点，其次是麦克道维尔在否定杰布观点的基础上树立了自己的观点，而马尔也没有认同麦克道维尔的观点。

具体而言，杰布认为："没有证据表明他参与了密仪渎神案，也没有证据表明他是密仪渎神案的揭露者。演说词的作者这样否认是理所当然的，不过他的否认是有力而明确的，并且与已知的其他文献相吻合。"② 可以说，杰布的论断，并不能很好地令麦克道维尔信服，因为麦克道维尔认为不仅不能根据罪犯有力而明确的否认来断定他无罪，而且他指出安多基德斯的否认与其他文献还存在冲突。

这些文献上的冲突，包括吕西亚斯的《诉安多基德斯》、普鲁塔克的《安多基德斯传》以及策策斯（Tzetzes）的《历史》第49节。③ 在第一则材料中，安多基德斯既是密仪渎神案的参与者，又是密仪渎神案的揭露者，而后两则史料则表明安多基德斯至少是密仪渎神案的揭露者。不过，麦克道维尔并没有将这三则材料当作不可置疑的事实来看待，而是将自己论证的焦点放在了安多基德斯在密仪渎神案中责任的辩护上。他认为吕杜斯和特萨鲁斯的控告以及他自身在《论回归》中的自承错误，证实了他可能参与了密仪渎神案。而通过"违法提案起诉"起诉斯佩西浦斯（Speusippus），使其父避免了被审判，从而掩盖了安多基德斯曾揭发了他的父亲以及其他人在密仪渎神案中的作为。④

---

① J. L. Marr, "*Andocides' Part in the Mysteries and Hermae Affairs* 415 B. C.", pp. 326 – 338.
② R. C. Jebb, *The Attic Orators from Antiphon to Isaeos*, Vol. 1, p. 72.
③ 策策斯是12世纪拜占庭博物学家，其哲学活动集中于荷马、品达、埃斯库罗斯、欧里庇得斯、阿里斯托芬以及修昔底德等古代作家（*Brill's New Pauly*, "*Tzetzes*" 词条）。策策斯的这则引文已被麦克道维尔引用并做出考证，详细可以参阅 Douglas MacDowell, *Andokides on the Mysterie*, p. 172。
④ Douglas MacDowell, *Andokides on the Mysterie*, pp. 167 – 176.

◆ ◆ ◆ 安多基德斯与雅典城邦政治

正如杰布的观点不曾被麦克道维尔认可一样,麦克道维尔的分析也没有获得马尔的认可。马尔主要是从安多基德斯在《论密仪》中的记述、他的囚禁问题、他与赫尔墨斯神像破坏案、《论回归》中的证据、控告安多基德斯的演说词以及反安多基德斯传统六个方面进行了逐一分析。正是在这些分析的基础上,马尔认为,安多基德斯并没有因密仪渎神案而正式被控告过,他也不曾揭露过自己和他的父亲。

对于马尔的观点,虽然其论证颇为翔实,但究其论证的内在依据,却依然是修昔底德对赫尔墨斯神像破坏案与密仪渎神案调查状况的记述。[①] 对此,需要注意的是,修昔底德的记述目的并不在于记录两宗渎神案真相,他记述这些渎神案的原因在于它们影响了战争进程。它们不仅仅影响了出征前后民众的情绪,强化了紧张氛围,更因为将阿尔基比阿德斯牵扯其内,这导致了针对他的指控和被召回雅典。[②] 正因为如此,修昔底德虽然涉及渎神案的某些细节,但是很多内容仍语焉不详。例如,对赫尔墨斯神像破坏案进行自我揭露者的真实身份,以及就密仪渎神案发起的针对阿尔基比阿德斯的具体控告情况。

在这种情况下,渎神案真相的揭露,有赖于各种史料的综合运用,并不能仅仅以修昔底德的记载为唯一的依据,更不能以修昔底德的记述为准则去搜集史料并论证修昔底德论述的正确性。具体到密仪渎神案真相的探讨,如果仅仅凭借修昔底德没有在密仪渎神案中提及安多基德斯的史实,就以此作为论证安多基德斯在该事件中没有责任的基点,其实是存在问题的,而这正是马尔的论证逻辑。因此,对于安多基德斯本人到底有没有对密仪渎神案进行揭露,他有没有揭露自己的父亲仍需要进行重新思考。

为更好地对此进行探讨,笔者打算以马尔的论述为分析对象,通过逐一分析马尔的论述过程,来确定安多基德斯的责任。

[①] Thucydides, *The Peloponnesian War*, 6.27 – 29, 6.53, 6.60 – 61; J. L. Marr, "Andocides' Part in the Mysteries and Hermae Affairs 415 B. C.", p. 326.

[②] H. D. Westlake, *Individuals in Thucydides*, Cambridge: Cambridge University Press, 1968, p. 221.

第三章 渎神案的发生与安多基德斯流亡海外

（1）关于安多基德斯在《论密仪》中的记述。对于安多基德斯所提供的吕杜斯的告发情况，我们必须首先明确的是，这并不像他在提供安德罗马库斯和特克罗斯的告发名单时那样详细，他只是提及密仪仪式在吕杜斯的主人佛里克列斯家里举行，而安多基德斯的父亲名列其中，他强调了他的父亲以斗篷蒙脸睡着了，因而并未被审判。① 对于这其中的原因，麦克道维尔的解释是颇为合理的，即列奥格拉斯通过使用"违法提案起诉"否决了斯佩西浦斯起诉他的提案，由此避免了进一步审判，从而使他不用再去证明自己的责任。② 麦克道维尔的这一解释，明显地也得到了马尔的认可。但马尔随后指出，安多基德斯通过告发他的父亲获得赦免，然后再去帮助他的父亲去逃脱起诉是极其不合乎情理的。而在当时群情激奋的情况下，雅典民众是不会允许两个有过错的人，通过如此明显地利用法律漏洞逃脱罪责的。③

对于马尔的这一解释，有两则史料提供了相反的信息：第一则是在列奥格拉斯在控告斯佩西浦斯的提案不合乎法律时，在6000人组成的陪审法庭上支持斯佩西浦斯的不到200人。④ 6000人组成的陪审法庭是雅典历史上唯一一次，这或许反映了当时人们的紧张情绪。⑤ 但恰恰是在这次审判中，列奥格拉斯的支持者占了压倒性的多数。第二则是在渎神案调查结束后安多基德斯本人因为伊索提米德斯（Isotimides）法令而被禁止出入神庙。⑥ 对于该法令通过的具体状况虽然尚需进一步探讨，但从内容来看雅典内部必然存在对安多基德斯不满的意见，而这种不满是基于此处雅典民众的愤懑，还是基于对被揭发者的报复，我们并无法确知，也许是民众对其利用法律漏洞帮助其父的惩罚。

---

① Andocides, *On the Mysteries*, 17.
② Andocides, *On the Mysteries*, 17; Douglas MacDowell, *Andokides on the Mysterie*, p. 170.
③ J. L. Marr, "Andocides' Part in the Mysteries and Hermae Affairs 415 B. C.", p. 327.
④ Andocides, *On the Mysteries*, 17.
⑤ 安多基德斯：《论密仪》，晏绍祥译，第413页注释4。
⑥ Andocides, *On the Mysteries*, 72.

◆ ◆ ◆ 安多基德斯与雅典城邦政治

除此之外，马尔还从安多基德斯对控告阿尔基比阿德斯的原因主要是私人性的角度入手，认为对其控告主要是阿克麦昂尼德家族的报复，而安多基德斯的家族又与阿克麦昂尼德家族颇有渊源，从而断定安多基德斯及其父亲不可能在特萨鲁斯的控告名单上。① 马尔的这一分析主要是受到多弗的影响，多弗在分析迪奥克列伊德斯的控告意图时曾指出，其目的在于通过控告当时的卓越之士和有影响的家族，使调查委员会认识到该事件的难度，使其知难而退。但安多基德斯的自我揭发使该控告的意图落空，而迪奥克列伊德斯将责任推给阿尔基比阿德斯和埃吉那的阿米安图斯。由此，负责西西里远征的阿尔基比阿德斯成了迪奥克列伊德斯控告的背后主使，因为他与迪奥克列伊德斯所提及的阿尔基比阿德斯是表兄弟。② 在这一基础之上，马尔将西西里远征将军阿尔基比阿德斯所面临的控告归之于私人恩怨，但问题是迪奥克列伊德斯将责任推卸给别人的情况是否属实我们很难得知。在证据如此不确凿的情况下，根据两个同名阿尔基比阿德斯之间的关系进行进一步的推论，实难让人信服。

就特萨鲁斯的告发而言，很明显的是，普鲁塔克援引了官方文献记录。③ 对此，马尔根据特萨鲁斯所控告的三人皆出现在安德罗马库斯和特克罗斯所控告的人员名单中，认为这并不是独立于安多基德斯所提及的前四则控告材料的第五份控告。④ 需要注意的是，特萨鲁斯提及的密仪渎神案情况，与安多基德斯所提及的密仪渎神案，有很大

---

① J. L. Marr, "Andocides' Part in the Mysteries and Hermae Affairs 415 B. C. ", p. 328.

② J. L. Marr, "Andocides' Part in the Mysteries and Hermae Affairs 415 B. C. ", p. 328; 关于两个阿尔基比阿德斯之间的关系，戴维斯认为迪奥克列伊德斯所提及的阿尔基比阿德斯是阿尔基比阿德斯二世女儿的儿子。(J. K. Davies, *Athenian Propertied Families 600 - 300 B. C.* , p. 17.) 另外，晏绍祥认为两者是堂兄弟，这在中国语境中似乎没有正确地表达出两者的关系。(安多基德斯:《论密仪》, 晏绍祥译, 第 428 页注释 1。)

③ Plutarch, *Alcibiades*, 22. 3.

④ 特萨鲁斯所控告的三人中，其中阿尔基比阿德斯和普律提昂被安德罗马库斯所控告，这次是在普律提昂的家中发生的密仪渎神案，提奥多洛斯是出现在特克罗斯所控告的赫尔墨斯神像破坏案的人员名单中 (Andocides, *On the Mysteries*, 12 - 13, 35)。关于马尔的观点，可以参阅 J. L. Marr, "Andocides' Part in the Mysteries and Hermae Affairs 415 B. C. ", pp. 328 - 329。

126

第三章 渎神案的发生与安多基德斯流亡海外

的不同。这则文献详细地描述了三位被控告者在其中所担任的不同角色，并指出这是在阿尔基比阿德斯的家中举行的。据此判断，这份文献极有可能并非如马尔所言是已知控告人员的组合，它应该是独立的第五份控告。

虽然这是一份独立的控告，但安多基德斯本人确实未曾提及。正因为如此，麦克道维尔深信安多基德斯是在控告范围之内的。而为了获得赦免，他承认了自己的罪行，并告发了他的父亲，可能被告发的还有其他人。当斯佩西浦斯提案起诉其父亲时，已经获得赦免且后悔的安多基德斯，帮助其父亲控告斯佩西浦斯并获得成功，从而使两者皆避免了被判刑。[①] 在这里，需要注意的一点是，在赫尔墨斯神像破坏案的真相得以"破解"以后，整个雅典注目的焦点是在阿尔基比阿德斯身上。这从阿加里斯特、特萨鲁斯等人的控告主要是涉及阿尔基比阿德斯及其朋友可见一斑。在这种氛围之下，也许安多基德斯及其父亲并不像马尔所言的那样难以逃脱惩罚。可以说，在这种情况下，麦克道维尔的推论，尽管没有其他文献的直接证明，但却具有一定的合理性。

（2）关于安多基德斯的囚禁问题。马尔认为在安多基德斯对赫尔墨斯神像破坏案进行自我揭发后，没有证据表明安多基德斯仍被囚禁。对于普鲁塔克和安多基德斯版本中不同的劝说者而言，马尔认为普鲁塔克在《阿尔基比阿德斯传》第21节所指的事件是赫尔墨斯神像破坏案，他援引的文献是基于安多基德斯的叙述，但是该文献在理解"$\overset{\text{'}}{\varepsilon}\lambda\alpha\beta o\nu$"时存有错误。在这里，马尔所认为的普鲁塔克所言的事件，也是指赫尔墨斯神像破坏案的观点具有合理性，这很好地解决了麦克道维尔所面临的疑惑。麦克道维尔认为："如果安多基德斯确实交出了他的奴仆，那么《诉安多基德斯》和安多基德斯为自己被囚禁负责任的整个故事，必定是虚构的，但这是一个虚构得很离奇的故事。"[②]

[①] Douglas MacDowell, *Andokides on the Mysterie*, pp. 170–171.
[②] Douglas MacDowell, *Andokides on the Mysterie*, p. 178.

◆ ◆ ◆ 安多基德斯与雅典城邦政治

而马尔的观点是承认安多基德斯交出了自己的奴仆,但这是针对赫尔墨斯神像破坏案所进行的。在这一情况下,《诉安多基德斯》和安多基德斯的被囚禁与特萨鲁斯的控告一起构成了另一个图景:安多基德斯隐藏了自己因为密仪渎神案而被囚禁的事实,这一次他没有像在赫尔墨斯神像破坏案那样提供为自己作证的奴仆,所以他不得不被囚禁。从这个角度上讲,马尔的这一观点不但没有为"没有证据表明安多基德斯仍被囚禁"的论点提供证据,反倒是使麦克道维尔的观点更加令人信服。因此,比较合理的推测是:安多基德斯在赫尔墨斯神像破坏案中的自我揭发得到了城邦的认可,他也通过自己的奴仆证实了自己的清白,于是包括他父亲在内的其他亲属和亲戚等人得以被释放。与此同时,安多基德斯还揭露了密仪渎神案的情况,但是他没有再次提供证人,于是他仍处于被囚禁的状态。

(3) 关于安多基德斯与赫尔墨斯神像破坏案。马丁认为安多基德斯在该事件中无疑是有罪的,而为了得到城邦的赦免,他不得不对自己的罪过供认不讳,但在《论密仪》中却竭力避免承认他得到了赦免。其实,马尔的论述,与安多基德斯在密仪渎神案中是否有责任这一问题,并没有多大关系。需要指出的是,虽然安多基德斯本人竭力否认自己得到了城邦的赦免,但有多重证据表明他在自我揭发后得到了这种赦免。①

(4) 关于《论回归》中的证据。马尔分析了该演说词中涉及安多基德斯自认有罪的段落,他指出只有第7—8节涉及了赫尔墨斯神像破坏案,其他第6、10、15节皆不能明确确定具体是涉及哪个渎神案。对于这一点,麦克道维尔的意见是,从以上几处看不出他是承认了哪一个渎神案。② 在这里,马尔的分析更为透彻一些,但两位学者的研究都足以表明安多基德斯在认罪方面的含混与模糊。在赫尔墨斯神像破坏案和密仪渎神案两宗渎神案相互独立的情况下,安多基德斯在《论回

---

① Andocides, *On the Mysterie*, 50; Plutarch, *Alcibiades*, 21.3; Thucydides, *The Peloponnesian War*, 60.4.

② Douglas MacDowell, *Andokides on the Mysterie*, p.170.

归》中的闪烁其词，以及在《论密仪》中的竭力否认，都反映了他自知理亏。如果他真的只是涉及了赫尔墨斯神像破坏案，估计他并不会在认罪方面如此模糊，徒然留给听众发挥想象的空间。

（5）关于控告安多基德斯的演说词。马尔认为从安多基德斯的自我揭露被城邦认可的情况来看，《诉安多基德斯》和《安多基德斯传》中所提及的没有提供进行旁证的奴隶是十足的虚构。而《诉安多基德斯》虽认为安多基德斯在密仪渎神案和赫尔墨斯神像破坏案两宗渎神案中都有责任，但没有证据证明他承认了密仪渎神案。对这一分析而言，如果如马尔所认为的那样只是纠结在是否提供奴隶且只是针对赫尔墨斯神像破坏案这一细节上而言，他的推论是正确的。因为，正如修昔底德所描述的，安多基德斯对赫尔墨斯神像破坏案的自我揭露得到了城邦的认可。① 在此，笔者更倾向于认为安多基德斯在赫尔墨斯神像破坏案中得到了城邦认可，但在密仪渎神案中他却没有提供奴隶证明自己的清白。其实，这一观点在上述剖析第二点时，已经得到了印证。如此情况下，《诉安多基德斯》和《安多基德斯传》中所提及的没有提供进行旁证的奴隶可能并非虚构，他正是因为没有提供这一奴隶，结果是被囚禁了更长时间。当然，如《诉安多基德斯》所言的，囚禁了"将近一年"，也许真是夸张。②

（6）关于反安多基德斯传统。马尔分析了反安多基德斯传统的形成原因，认为这是当时特定环境下的产物，即虽然当时存在公共记录，但这主要是涉及法律、法令、就荣誉授予进行的投票、奖赏以及惩罚等。此外，该时期还在政制以及法律等方面经历了重大变故。这一反安多基德斯传统是由其私敌将当时的几个"事实"糅合后形成的，其混淆了安多基德斯的亲人和同党，但这一传统并不意味着古代世界认为安多基德斯的否认是不可信的。对这一分析而言，明显的是特萨鲁斯的控告是来源于官方记录，这是明确无误的。虽然马尔提及

---

① Thucydides, *The Peloponnesian War*, 60. 4.
② Douglas MacDowell, *Andokides on the Mysterie*, p. 179; J. L. Marr, "Andocides' Part in the Mysteries and Hermae Affairs 415 B. C.", p. 330.

了影响该传统形成的三个"事实"①。与此相关联的事实是，虽然安多基德斯在《论密仪》和《论回归》中大谈自己在揭露赫尔墨斯神像破坏案中的公共精神，强调自己在结束雅典人的紧张局势方面的功劳，但与安德罗马库斯和特克罗斯获得城邦奖赏不同，他自己不仅没有得到城邦的任何奖赏，相反还被城邦禁止进入雅典广场和阿提卡的圣地。② 在这个基础上，安多基德斯被认为承认了在密仪渎神案中负有责任的说法，极有可能并不像马尔所言的那样是其政敌将当时的几个事实糅合的结果，而是基于事实的合理推测，或者是基于事实的合理想象。

通过以上分析可以看出，安多基德斯本人可能确实如麦克道维尔所认为的那样，承认了自己在密仪渎神案中的责任，从而获得了免予起诉的权利，然后，以斯佩西浦斯的提案不合乎法律，起诉其提案非法，从而避免其父亲被审判。③ 当然，确实没有确切的史料证明安多基德斯因密仪渎神案被人告发，也没有确切的史料证明他本人对此进行了自我揭露。这一结论的得出，实质上更多的是在现有史料的基础上进行分析以及推测的结果。在没有新史料发现的情况下，也许关于安多基德斯在密仪渎神案中的责任问题，仍将在相当长的一段时间内存有争论。

四 流亡海外

值得注意的是，虽然安多基德斯获得了赦免，通过自我揭发不仅拯救了包括其父亲在内的亲友，而且使雅典民众认为他们获得了事情的真相，但他本人并没有因此受到城邦的普遍欢迎。不久，城邦通过

---

① 这三点分别是：(a) 安多基德斯、他的父亲列奥格拉斯以及其他亲属被以渎神罪的名义控告，并被囚禁；(b) 由于被控告，列奥格拉斯因此而出现在陪审法庭上；(c) 安多基德斯通过告发其"朋党"中最为亲密的朋友而拯救了自己。(J. L. Marr, "Andocides' Part in the Mysteries and Hermae Affairs 415 B. C.", p. 336.)
② 这一条主要是基于《伊索提米德斯法令》，根据安多基德斯的说法，内容是禁止其进入圣地 (Andocides, *On the Mysteries*, 71.)，但根据吕西亚斯的说法，除了禁止进入圣地，还包括禁止进入雅典广场。(Lysias, *Against Andokides*, 9, 24.)
③ Douglas MacDowell, *Andokides on the Mysterie*, p. 170.

第三章 渎神案的发生与安多基德斯流亡海外

了《伊索提米德斯法令》，该法令规定：任何犯有渎神罪并承认自己有罪的人，都将被禁止进入雅典广场和阿提卡的圣地。面对该法令，他本人之前获得的赦免已变得毫无意义。因为他本人无法参与城邦的政治和宗教活动，这意味着他的公民权遭到极大的限制。

关于《伊索提米德斯法令》，有学者认为该法令明显是针对安多基德斯个人的。① 但是通过密仪渎神案的第一个告发者安德罗马库斯的叙述看，当时密仪仪式是在普律提昂的家中举行的。但值得注意的是，在安德罗马库斯提供的人员名单中却没有普律提昂的名字。② 马尔对此的推断是，普律提昂有可能也成了揭发者。③ 假如马尔的推断能够成立，《伊索提米德斯法令》对普律提昂而言，可能也是有效的。

就安多基德斯遭受的惩罚而言，似乎也并不仅仅限于《伊索提米德斯法令》。在吕西亚斯的《诉安多基德斯》演说词中，提到"城邦的男女祭司面朝西方站立并诅咒了他，还展开了他们的紫色袍服"④。如果他真的在城邦公开诅咒人员的名单上，这意味着《伊索提米德斯法令》并不是限制其赦免权的唯一官方尝试。⑤

另外，学界普遍认为，安多基德斯可以在这一法令之下保有其财产，但从他提及"他曾经是个很富有的人"⑥"他的房屋曾被竖琴制作者克列奥丰所占据"⑦ 等推断，他的财产可能也像其他被告一样被没收并被拍卖。

在安多基德斯本人看来，他认为，"他是城邦最为不幸的人……并想定居在很少能看到你们的地方"⑧。于是，他选择了自我流放，从

---

① Michael Edwards, *Andocides*, p. 2; R. J. Maidment, *Minor Attic Orators*, Vol. 1, p. 327.
② Andocides, *On the Mysteries*, 12–13.
③ J. L. Marr, "Andocides' Part in the Mysteries and Hermae Affairs 415 B. C.", p. 329. and note 1.
④ Lysias, *Against Andokides*, 51.
⑤ S. C. Todd, *A Commentary on Lysias*, p. 472.
⑥ Andocides, *On the Mysteries*, 144.
⑦ Andocides, *On the Mysteries*, 146.
⑧ Andocides, *On His Rerurn*, 9–10.

而开始了流亡海外的生活。

第三节　"朋党"与雅典民主政治

在渎神案中,赫尔墨斯神像破坏案涉及安多基德斯所在的贵族团体,而密仪渎神案的六个场景中有四个明确是在贵族酒会上进行的。[①]于是渎神案被现代学者认为是与雅典民主政治中的"朋党"紧密相关的。[②]但需要注意的是,无论是旁观者修昔底德,还是亲历者安多基德斯本人,都没有直接提及朋党与赫尔墨斯神像破坏案之间的关系。[③]通过分析"朋党"的基本状况及其在渎神案中的作为,进而认识朋党及其与雅典民主政治的关系,是本节要解决的主要问题。

一　朋党:概念与发展

"朋党"所对应的希腊语术语是"*hetaireiai*",指雅典社会中志趣相投的人经常在一起的社会团体,这是雅典上层阶级生活的典型特征,其规模通常为15—30人,成员的年龄通常相仿,且有着近似的社会地位,有可能在青少年时期参加身体锻炼和军事训练时已经彼此熟识。[④]在英语学界,这一类型的组织,被乔治·米勒·卡尔霍恩翻译为"Clubs",后被尼古拉斯·F. 琼斯所袭用。[⑤]具体而言,在卡尔霍恩那里,"Clubs"的含义极为广泛,它涵盖了用誓言约束的"阴谋

[①] Andocides, *On the Mysteries*, 11-13, 15, 16, 17; Plutarch, *Alcibiades*, 22.3; Lysias, *Against Andocides*, 51.

[②] 将"朋党"与渎神案联系在一起的较为典型的是詹姆斯·F. 麦格卢,详见 James F. McGlew, "Politics on the Margins: The Athenian 'Hetaireiai' in 415 B. C.", pp. 1-22。

[③] Thucydides, *The History of the Peloponnesian War*, 5.28.

[④] Debra Hamel, *The Mutilation of the Herms*, p. 17; W. Robert Connor, *The New Politicians of Fifth-Century Athens*, p. 26.

[⑤] George Miller, Calhoun, *Athenian Clubs in Politics and Litigions*, Austin: The University of Texas, 1913, pp. 10-39; Nicholas F. Jones, *The Associations of Classical Athens*, Oxford: Oxford University Press, 1999, pp. 223-227.

第三章　渎神案的发生与安多基德斯流亡海外

集团"（*synomosia*）、委婉地暗示政治联合含义的"同伙"（*philoi*, *epitedeioi*）、围绕某个领导者以"οἱ περί τινα ἑταῖροι"形式出现的群体以及在公元前411年后带有寡头意味的团体。① 对于这一概念，并非所有学者都予以认可。例如，安德鲁斯认为"同伴"（ἑταῖροι）总是被用来指那些参与任何一种共同活动的人，而不仅仅是指"社团"（ἑταιρία）或"朋党"（ἑταιρικόν）中的一员，于是他做了进一步的划分。与其持相同意见的，还有西蒙·霍恩布洛尔。② 在这些词汇中，也许翻译为"朋党"是较为恰当的，正如拉斐尔·西利在评述"hetaereia"时所指出的："考察这些术语的相似性，'hetaereia'对于政治群体而言，可能是含有贬损意味的词汇，但用于表达该事物的没有贬损意味的词汇现在尚不明确。更多的证据表明了其存在。"③ 在汉语语境中，"朋党"更多的是在强调它的政治属性。按《辞海》的释义，其原本指一些人为自私的目的而互相勾结，朋比为奸；后来泛指士大夫结党，即结成利益集团。④ 可以说，在中国语境中它更强调谋取利益，其范围更多的是局限在官场，可谓是官场文化的反映。但是在此处，奥斯特瓦尔德对雅典社会"朋党"的解释是极为贴切的，他认为："不同于我们现代的政治党派，朋党不是通过任何意识形态的原则，而是通过共同的上层阶级背景所体现出的观点而联结在一起。"⑤

正因为学者们在概念上认知的差异，所以对朋党何时形成也有区别。卡尔霍恩在借鉴芬斯勒（Finsler）⑥观点的基础上，认为"朋党"

---

① George Miller, Calhoun, *Athenian Clubs in Politics and Litigions*, pp. 4 - 9.
② A. W. Gomme, A. Andrewes and K. J. Dover, *A Historical Commentary on Thucydides*, Vol. 5, Oxford: The Clarendon Press, 1981, pp. 128 - 131; Simon Hornblower, *A Commentary On Thucydides*, Vol. 3, Oxford: Oxford University Press, 2008, pp. 916 - 920.
③ Raphael Sealey, *Essays in Greek Politics*, New York: Manyland Books, Inc., 1967, p. 9.
④ 《辞海》下册，上海辞书出版社1989年版，第3940页。
⑤ Martin Ostwald, *From Popular Sovereignty to the Sovereignty of Law*, p. 357.
⑥ 芬斯勒是德国古典学家，其在"das homerische Königtum"中搜集了大量关于荷马时代"ἑταῖροι"的材料，认为它与历史上的"朋党"（heraery）有诸多相似之处。（转引自George Miller, Calhoun, *Athenian Clubs in Politics and Litigions*, p. 14。）

133

◆ ◆ ◆ 安多基德斯与雅典城邦政治

是希腊社会最为古老的传统，可追溯至荷马时代。并认为意欲在雅典建立僭主政治的库隆（Cylon）及其追随者是雅典信史上的第一个"朋党"组织①。这一看法，被尼古拉斯·F. 琼斯所否认，他认为如果这一"朋党"是真正的实体，它们应该出现在梭伦立法的法律名单上。②相比于琼斯的观点，康纳的论证更具说服力，他认为："不过度解读这些有关团体的证据是极为重要的。他们可能是极度非正式的集结，通常主要是社交性的。可以肯定的是，他们在实质上并不是政治性的，或者说是他们并不一定是政治性的，还有就是他们的阴谋意味更少。"③因此，并不一定要将"朋党"的产生与特定的历史事件相联结，它的产生与发展具有一定的过程。但可以肯定的是，截至阿里斯提德斯、泰米斯托克利、西蒙以及伯里克利的时代，"朋党"在雅典政治生活中的角色已经日益得到体现。例如，阿里斯提德斯与他的政敌泰米斯托克利利用"朋党"谋取政治权势不同，他拒绝加入类似的组织，并用自己的行动反对它。④而这种行为似乎是其时代的例外，因此，康纳对于阿里斯提德斯这一拒绝"朋党"的行为，是极为怀疑的。⑤而泰米斯托克利、伯里克利以及阿尔基比阿德斯等人，也都曾经属于某一"朋党"⑥。

在"朋党"的规模和特征上，其规模往往在15—30人之间，这主要是由于其成员通常在私人宅邸中宴饮、娱乐以及高谈阔论，因此其规模很可能很少大于中等的家庭宴会。但是一个人可以属于多个"朋党"，这样一个政治家便可在其缔造的联盟之外，赢得更多"朋党"支持。⑦至于其特征，卡尔霍恩认为其主要有三个：贵族间紧密

---

① George Miller, Calhoun, *Athenian Clubs in Politics and Litigions*, pp. 14 – 15.
② Nicholas F. Jones, *The Associations of Classical Athens*, pp. 223 – 224.
③ W. Robert Connor, *The New Politicians of Fifth-Century Athens*, p. 26.
④ Plutarch, *Aristides*, 2. 4 – 5.
⑤ W. Robert Connor, *The New Politicians of Fifth-Century Athens*, p. 27, and note 42.
⑥ 关于他们属于某一朋党的情况，可以参阅 George Miller, Calhoun, *Athenian Clubs in Politics and Litigation*, pp. 18 – 19。
⑦ W. Robert Connor, *The New Politicians of Fifth-Century Athens*, p. 27.

第三章 渎神案的发生与安多基德斯流亡海外

关系、相近的年龄以及举行酒会。[1]

就"朋党"的形成而言，它在雅典的存在由来已久。根据卡尔霍恩的研究，他们在公元前 5 世纪已有明确的记述，但是其起源可以追溯到荷马时代。[2] "朋党"的作用尤其体现在陶片放逐法的实施过程中，最主要有两例：一是在 1937 年在雅典卫城北坡的一口井中发现了 190 片刻有"泰米斯托克利"的陶片。这些陶片是事先准备好的，并经确认是出自 14 人之手。[3] 二是在公元前 417 年本打算放逐阿尔基比阿德斯，但最终的结果是阿尔基比阿德斯与尼西亚斯联合起来，放逐了民主派的领袖。[4] 正因为如此，雅典人愤愤不平认为此举玷污了该法律，因此投票废除了陶片放逐法。这两则事例充分说明"朋党"在雅典城邦政治中所发挥的作用。当然，这些并不是其作用的全部，他们还在多方面发挥着重要作用

由于朋党在城邦政治中的作用，由此引发了学术界对其性质的讨论。菲彻尔认为"朋党"是由伊萨格拉斯一派残余势力组织起来的，其主要是作为反对民主政治的一种手段，其性质是寡头性和叛国的。[5] 卡尔霍恩对此提出了不同意见，认为"朋党"的部分活动完全是公开和合法的。在公元前 5 世纪的大部分时间里，"朋党"控制雅典政治的事例是极多的并且是强有力的，但这并不是通过阴谋策划而是通过政治活动和公民大会等正常途径实现的。及至公元前 4 世纪，要追踪"朋党"的政治倾向或者是将他们等同于某一特定的党派，已经变得完全不可能。他们更多地支持富人和具有影响力的人，他们没有特定的政治信念，更多的是通过在陪审法庭中蝇营狗苟使其成员获利。虽

---

[1] George Miller, Calhoun, *Athenian Clubs in Politics and Litigions*, p. 15.

[2] George Miller, Calhoun, *Athenian Clubs in Politics and Litigation*, pp. 1 – 17.

[3] G. R. Stanton, *Athenian Politics C. 800 – 500 BC*, p. 186；关于该次挖掘的考古报告，可以查阅 O. Broneer, "Excavations on the North Slope of the Acropolis, 1937", *Hesperia*, Vol. 7, No. 2 (1938), pp. 228 – 243。

[4] Plutarch, *Alcibiades*, 13. 3 – 5.

[5] Vischer, *Die Oligarchische Partei und die Hetairien in Athen*, Leipzig：1840, p. 159. 转引自 George Miller, Calhoun, *Athenian Clubs in Politics and Litigation*, p. 17。

然"朋党"本身并不局限于某一特定的党派,但其成员大多倾向于寡头政治。所有党派的政治家利用这种性质的组织来增强自身的地位,然而他们尤其受到寡头分子的支持。① 可以说,在卡尔霍恩那里,公元前5世纪的"朋党"在政治上是极为活跃的、积极的。汉森在该问题上持保留态度,但是他对于"朋党"在公元前5世纪末政治动乱中所起的作用并没有予以质疑。②

虽然有着以上的争议,但显而易见的事实是,"朋党"在公元前5世纪雅典民主政治中是有所体现的,并且在公元前415年之前,他们的活动没有引起雅典民众特别注意或成为审查的目标。迨至修昔底德描述公元前411年的"朋党"时,已认定其具有政治性,且意欲推翻现行政制。③ 麦格卢认为之所以会出现如此局面,是源于公元前411年之前的几年时间里"朋党"和雅典民主政治经历的变化所致。④ 因此,对于"朋党"的性质并不能简单地将其认定为具有某一特性,其内部成员的政治倾向也并非完全一致,更合理的解释可能是"朋党"具有多种类型,绝大多数在政治上是温和的,他们能够在雅典民主政治的框架内运行,这也是雅典民主政治在公元前411年四百人政权之前保持稳定的原因。与此同时,也有一部分"朋党"的政治倾向更激进、更倾向于推翻雅典的民主政治。这是雅典历史上多次出现寡头分子勾结斯巴达等邦外势力干涉现行政制的主要原因。但是,在雅典民主政治本身没有遭遇明显的危机之前,具有激进政治倾向的"朋党"并不能完成改变政制的任务。

"朋党"在政治上的这种温和性,从城邦没有对其进行过多的干预也可见一斑。总体而言,雅典城邦对于"朋党"几乎没有任何干涉。相反,包括"朋党"在内的贵族之间的交往都得到相当的尊重。

---

① George Miller, Calhoun, *Athenian Clubs in Politics and Litigation*, pp. 17–24.
② M. H. Hansen, *The Athenian Assembly in the age of Demosthenes*, pp. 72–86.
③ Thucydides, *History of the Peloponnesian War*, 8. 53. 3.
④ James F. McGlew, "Politics on the Margins: The Athenian 'Hetaireiai' in 415 B. C. ", p. 5, and note 14.

第三章　渎神案的发生与安多基德斯流亡海外　◆ ◆ ◆

无论他们是作为志趣相投的一类人的社会聚集，还是被用来协调他们的政治和社会力量。这种情况即使是在赫尔墨斯神像破坏案发生后依然没有发生改变。正因为如此，皮山大在公元前411年充分调动了这些贵族团体来推翻民主政治。[①] 在四百人政权被推翻后，雅典城邦对于"朋党"的活动略有限制，但也仅仅是局限在保护恢复后的民主政体上，并没有完全禁止"朋党"的活动。

不可否认的是，一些贵族会利用"朋党"来追求自身利益。例如，演说家安提丰（Antiphon）虽然从未在公民大会上发表演说以发出提议，但他确实曾为那些在公民大会以及陪审法庭发言的人提供过建议。可以说，归于他名下的一些演说词，正是基于如此目的而创作的。就"朋党"的作用而言，它有助于其成员在城邦政治中谋取利益，以及在法庭或者其他的事务中提供相互帮助。但与此同时，"朋党"对于"民主政治"而言，它扮演了怎样的角色？对于城邦的民主政治又会产生怎样的影响？它对于民主政治的危害仅仅是在公元前411年民主政治被推翻时才发挥负面作用吗？面对这些疑问，"赫尔墨斯神像破坏案"中"朋党"的表现，无疑为解答以上疑问提供了一个很好的注脚。

二　渎神案中的"朋党"

可以说，"朋党"在公元前415年的渎神案中多有体现。但是真正使其进入民众视野的并不是朋党自身，而是来源于控告者的告发。最初明确将赫尔墨斯神像破坏案的责任归于"朋党"的主要是迪奥克列伊德斯。根据他的告发，大约有300人参与了破坏活动，这些人又分为若干个一二十人的小组。迪奥克列伊德斯的控告最初得到了雅典民众的认可，并授以优裕的待遇。之所以出现这种局面，很大一部分原因就是他对当时参与破坏人员的描述极大地契合了雅典人的恐惧。尽管从后来的事实来看，迪奥克列伊德斯的控告是伪造的，但对于当

[①] Andrew Lincott, *Violence, Civil Strife and Revolution in the Classical City*, pp. 127-130.

◆ ◆ ◆   安多基德斯与雅典城邦政治

时的雅典民众而言,这次控告使民众相信确实是"朋党"组织了赫尔墨斯神像破坏案。

因为迪奥克列伊德斯的控告,包括安多基德斯和其亲友以及其他人员在内的很多人都被监禁起来。在安多基德斯被捕之初,他并没有选择进行自我揭发。根据他的个人回忆,他是在别人的劝说下才准备说出真相。于是,安多基德斯所在的贵族团伙酝酿以及实施赫尔墨斯神像破坏活动的过程,得以浮出水面。根据安多基德斯的告发,这次破坏活动是蓄谋已久的,最初由他的朋友欧菲勒图斯在一次酒会上提出来。虽然安多基德斯自言自己是反对这个提议的,并阻止了该提议的实施。但需注意的是,他同时也并没有向城邦告发这一提议,这说明安多基德斯对所属"朋党"的忠诚是自发的,体现了"朋党"对于个人的约束。及至欧菲勒图斯等人最终实施破坏活动,而交给安多基德斯的任务并没有完成时,欧菲勒图斯和梅勒图斯造访了安多基德斯,告诫他一定要严守秘密,否则他们将采取报复措施。[1] 安多基德斯之所以没有在第一时间进行自我揭发,很明显的是受到了朋党规则的制约。能真正使其决定进行自我揭发的,可能并不是来自劝说者的劝告,而是其家族成员所面临的危险以及其朋党已被特克罗斯告发。从其内心而言,他并不想背叛他所在的朋党。这从他对其同伙充满愧疚之情,并认为自己因此前保守了他们之间的秘密,自称有完美的人格可见一斑。[2]

很明显的是安多基德斯所在的朋党策划、组织并实施了对赫尔墨斯神像的破坏活动。这些活动为判断这一"朋党"的性质及其与民主政治的关系,提供了充分的依据。安多基德斯在进行自我揭发时,曾提及这些破坏活动是为了提供"相互保证"[3]。而这种"相互保证"往往是下一步活动的先声,意味着他们有必要为随后将要进行的犯罪活动提供相互信赖的凭证。至于他们下一步的具体行动将怎样开展,

---

[1] Andocides, *On the Mysteries*, 63.
[2] Andocides, *On the Mysteries*, 54, 67.
[3] Andocides, *On the Mysteries*, 67.

第三章 渎神案的发生与安多基德斯流亡海外

我们无法确知,因为这些贵族成员及其团体在渎神案中已遭到毁灭性打击。该"朋党"组织破坏赫尔墨斯神像的目的,可能除了巩固其成员与朋党的联系外,并无其他直接的意图。① 也许正如奥斯温·默里所言的,赫尔墨斯神像破坏案可能根本就是"缺乏适当动机的保证"(unmotivated *pistis*)②,但即便是这样,破坏赫尔墨斯神像的活动,依然意味着是对民主政治的威胁。詹姆斯·F. 麦格卢在分析这一点时曾指出:"虽然他并没有明言且因其同伙在调查过程中遭到了应有的惩罚,而无法得知其下一步行动的具体部署。但仅仅从安多基德斯没有在第一时间检举,即可看出他个人对于朋党的忠诚,已经超越了他对于城邦共同体的忠诚。"③

与安多基德斯忠于"朋党"相对应的是他本人的寡头倾向。早在青年时期,安多基德斯即被认为是"民众统治的仇敌和寡头分子"④。其名下的《致友人》的演说词残篇中,有他攻击民主政治和攻击民主派以及帝国主义派别的言论。⑤ 这更加剧了他忠于"朋党"的恶劣印象。

正如破坏赫尔墨斯神像的计划是在宴饮时提出来的一样,模仿密仪仪式的行为也是宴饮活动的一部分。如前所述,已知的六次有关密仪渎神案的告发中,有四次被告发是在宴饮过程中策划的。可以说,如何界定这些模仿埃琉西斯密仪仪式行为的性质,是判断"朋党"是否具有政治性的重要依据,但在模仿密仪仪式的行为性质上,学界多有分歧。麦克道维尔认为模仿密仪仪式本身并不是政治活动,因为这些活动是在秘密的状态下举行的,其目的并不在于影响公众观点。它们只是用于私下的娱乐活动,是做戏的一种,带有非法的意味。参加

---

① Debra Hamel, *The Mutilation of the Herms*, p. 34.
② Oswyn Murray, "The Affair of the Mysteries: Democracy and the Drinking Group", pp. 149 – 161.
③ James F. McGlew. "Politics on the Margins: The Athenian 'Hetaireiai' in 415 B. C.", pp. 1 – 22.
④ Plutarch, *Alcibiades*, 21. 1.
⑤ K. J. Maidment, *Minor Attic Orators* I, pp. 580 – 583.

的人员，既有寡头分子，也有不是寡头分子的其他人员。麦克道维尔还以阿尔基比阿德斯为例，认为在公元前415年他与寡头派在政治上并没有联系，只是在社交方面与其有联系。① 多弗的观点与之近似，他认为这是在与神明开玩笑。阿尔基比阿德斯和他的朋友不可能心怀完全的虔诚，在私下的娱乐活动中拙劣地模仿密仪仪式无疑是极其非法的。② 默里对此提出了质疑。③ 麦格卢肯定了默里质疑的重要性，他认为在雅典民众看来，正因为他们活动的非公开性，他们在政治上是别有含义的：因为非法地举行庆祝密仪，将公开的宗教仪式植入私人场景中去，他们毫无疑问的是挑战了城邦对于个体之间最基本的控制，将城邦的控制权转而赋予一小撮精英。这除了巩固他们内部的互相信任外，密仪仪式更提供了与雅典公民权无关的结合。在图谋（*synōmosia*）中联结其成员的纽带，从本质上威胁了联结公民的政治纽带，即使是图谋本身并不必然以削弱城邦为目的。阿尔基比阿德斯本人参与模仿密仪仪式，是为了强化他在其所在"朋党"中的地位。并认为，在公元前415年这一年，"朋党"公开表达了他们对民主政治的敌意，大胆地冒险挑战民主政体，并确立他们自己的政治特征。④

通过以上分析，可以看出麦克道维尔和麦格卢对于非公开模仿密仪仪式的含义进行了完全相反的解释，前者强调这意味着其并不在于影响公众观点，后者则认为这是在加强参加人员之间的联系。面对这两种完全相反的意见，需要进一步分析埃琉西斯密仪仪式的特性以及当时模仿密仪仪式的场景。

对于埃琉西斯密仪仪式的特性，其特性之一就是密仪仪式只向行

---

① Douglas MacDowell, *Andokides on the Mysterie*, p. 192.
② A. W. Gomme, A. Andrewes and K. J. Dover, *A Historical Commentary on Thucydides*, Vol. 4, p. 283.
③ Oswyn Murray, "The Affair of the Mysteries: Democracy and the Drinking Group", pp. 155-156.
④ James F. McGlew, "Politics on the Margins: The Athenian 'Hetaireiai' in 415 B. C.", pp. 6-17.

第三章 渎神案的发生与安多基德斯流亡海外

过入门仪式的门徒开放。这些门徒,可以是雅典公民,也可以是外邦人,乃至奴隶,但门徒要对庆祝仪式期间的所见和所闻保持沉默。违者,即使是意外地违犯,也将受到严厉的处罚。[①] 从模仿密仪仪式的场景来看,一般而言,模仿密仪仪式最主要是由三个人完成的,即一个人扮演大祭司,两个人则分饰持火炬者和传令官。[②] 这些场景中多为在宴饮活动之后,且有奴隶、外邦人以及笛手等助兴者参加。[③] 如此看来,模仿密仪仪式确实是违背了城邦对于严禁向没有行过入门仪式的门徒展示的规定,且其参加人员十分复杂。在这样的情况下,很难想象参加模仿密仪仪式的人员会通过如此方式来加强内部团结,因为一方面分饰密仪仪式主要角色的三人因此将自己置于危险的境地;另一方面见证密仪仪式的人员成分过于复杂,很难在内部形成具有内聚力的团体。实际上,对密仪渎神案最早进行揭发的,也主要是奴隶安德罗马库斯和外邦人特克罗斯。而从"朋党"在该时期所发挥的作用来看,由于"新政治家"势力的崛起,他们在雅典城邦政治中的作用日渐式微。[④] 可以说,"朋党"要想在城邦政治中谋取更多的利益,最好的途径和方法莫过于积极适应形势的变化。因此,在麦克道维尔和麦格卢的观点之间,无疑前者更具说服力,对于雅典精英的类似行为不必过多地与政治活动相联系,其所体现出来的社会性,应该是其活动的最主要内容。另外,需要注意的是,雅典的精英在酒会上的类似行为,虽然明显地违犯了城邦的法律,但由于其极为隐秘,并不为雅典城邦当局所关注。这从侧面说明他们的类似行为,对于雅典民主

[①] George E. Mylonas, *Eleusis and the Eleusinian Mysteries*, Princeton: Princeton University Press, 1961, pp. 224–226.

[②] 例如,在文献中所提及的六宗密仪渎神案中,其中安德罗马库斯、阿加里斯特以及特萨鲁斯三人的控告主要是提及了有三人在分饰不同角色,而在吕西亚斯的演说词中,针对安多基德斯的控告者则主要是就安多基德斯扮演大祭司的行为进行了控告。

[③] 例如安德罗马库斯在告发中就曾提到那次模仿密仪仪式中有奴隶、笛手等人员参加,而另一位告发者特克罗斯则是在雅典的外邦人,他也参与了密仪仪式。

[④] 关于"朋党"在伯里克利之前及其以后所发挥的作用,可以参阅 W. Robert Connor, *The New Politicians of Fifth-Century Athens*, pp. 119–162。

◆◆◆ 安多基德斯与雅典城邦政治

政治本身并没有实质性危害。

综上而言，无论是古代作家还是现代学者，都普遍相信赫尔墨斯神像破坏案和密仪渎神案两宗渎神案都与朋党密切相关。① 就其所体现出来的政治倾向而言，赫尔墨斯神像破坏案体现出了安多基德斯所在的朋党对于雅典民主政治所具有的潜在威胁。因为从安多基德斯本人"不得不"进行自我揭发的历程来看，在该事件中朋党对其成员的约束，明显地超越了城邦对他们的约束，从而构成了对雅典民主政治的威胁。② 但从密仪渎神案的情况来看，虽然亵渎密仪仪式违背了城邦法律，但他们的行为更多的是酒会过程中娱乐活动的一部分，其所体现出来的反对民主政治的倾向尚不甚明显。因此，就西西里远征之前"朋党"与雅典民主政治的关系而言，"朋党"大体是在民主政治的框架范围内开展活动，虽然也有"朋党"成员的政治倾向较为极端，但从雅典民主政治实际的运转来看，其并不足以影响城邦的稳定。与此同时，"朋党"自身对于其成员的约束，超越了城邦对其公民的约束，这意味着"朋党"是民主政治的潜在威胁。一旦时机合适，这种潜在的威胁便有可能转化为对雅典民主政治的实际伤害。在西西里远征失败以后，雅典的寡头分子利用"朋党"开展阴谋推翻民主政体的活动，是这种威胁的真实体现。虽然"朋党"在推翻民主政体的过程中"功不可没"，但并不能因此判定其必然是代表寡头的，因为推翻民主政体的目标之所以能实现是一系列因素相互作用的结果。③

小　结

总体上看，西西里远征之前赫尔墨神像破坏案的发生，引起了雅

---

① 当然也有例外，如普鲁塔克认为赫尔墨斯神像破坏案的调查活动的焦点最初集中在科林斯人身上，雅典人认为科林斯人是希望借此来避免对其殖民地叙拉古的战争。（Plutarch, *Alcibiades*, 18.3.）

② Debra Hamel, *The Mutilation of the Herms*, pp. 34 – 35.

③ Martin Ostwald, *From Popular Sovereignty to the Sovereignty of Law*, pp. 337 – 358.

第三章　渎神案的发生与安多基德斯流亡海外　◆ ◆ ◆

典城邦的高度重视，并掀起了一场声势浩大的调查活动。在调查的过程中，另一宗渎神案密仪渎神案也被揭露出来，由此而形成了雅典历史上的政治行动，越来越多的人因为告发，或逃离，或被抓。但经过被囚禁人员安多基德斯本人的告发，使雅典人相信他们获知了真相，于是赫尔墨斯神像破坏案的调查告一段落。与此同时，密仪渎神案却因为阿尔基比阿德斯牵扯其中，而在政敌的推动下得以继续开展。而安多基德斯本人，也被证明极有可能与这宗渎神案也有联系。虽然安多基德斯本人获得了赦免权，却因伊索提米德斯的提案而不得不流亡海外。

在两宗渎神案中，朋党都深涉其中，但所起的作用并不相同。相比而言，朋党在赫尔墨斯神像破坏案中所起的作用更明显，而该案件的真相迟迟得不到揭晓，也证明了朋党对于其成员的约束要远大于城邦对他们的约束。在密仪渎神案中，朋党的政治角色则不甚明显，体现更多的是雅典精英之间的社会交往，是酒会活动的一部分。大体而言，朋党在雅典城邦政治的允许范围之内活动，这也是雅典民主政治在当时总体上保持稳定的主要原因。在当时的情况下，雅典城邦内部存在反对民主政治的力量，但这些力量并没有呈现出完全的组织化，且更多的是在私下场合表达对民主政治的不满。安多基德斯的自我揭露，在客观上起到了平息民众激动情绪的作用，因为他竭力将渎神案的涉案者限制在尽可能小的范围。与此同时，需要注意的是，朋党作为一种较为封闭的精英团体，其对于内部成员的约束对于民主政治而言，却似处于发育中的"毒瘤"。虽一时之间不足以对民主政治造成伤害，但一俟时机成熟，有可能危及雅典民主政治的安全。

第四章　政局变动与安多基德斯的回归尝试

在安多基德斯流亡海外后,他曾三次试图返回雅典以期重获公民权。第一次尝试返回发生在公元前 411 年,正值雅典处于四百人政权的统治之下,结果是不但重获公民权无望,且被囚禁。① 第二次尝试回归的时间,大约为公元前 410—前 405 年,但再次失败。最后一次回归尝试是在公元前 403 年,在雅典颁布大赦的情况下,他最终得以回到雅典,并恢复了公民权利。本章的任务是以安多基德斯三次回归尝试为研究对象,分析其回归失败与成功的原因。

第一节　两次回归尝试的失败

一　流亡海外的生活

1. 海外游历

在流放海外期间,安多基德斯曾到过西西里(Sicily)、意大利(Italy)、伯罗奔尼撒地区(the Peloponnese)、塞萨利(Thessaly)、赫勒斯滂地区(the Hellespont)、爱奥尼亚(Ionia)和塞浦路斯(Cyprus)等地区。所到之处,除叙拉古的僭主狄奥尼修斯(Dionysius of Syracuse)外,他均能与当地的国王建立良好关系。② 需要注意的是,

---

① Andocides, *On His Return*, 11 – 16.
② Lysias, *Against Andocides*, 6 – 7.

第四章 政局变动与安多基德斯的回归尝试

狄奥尼修斯当上叙拉古的僭主,大约是公元前406年以后的事情。[①]

他的活动范围主要集中于地中海区域,但可能更多地光顾马其顿和塞浦路斯两地。主要的依据是他曾从马其顿进口木材,从塞浦路斯进口粮食到雅典。[②] 他与马其顿国王建立了良好关系,不仅获得了大量良田,而且获得诸多荣誉。[③] 普鲁塔克曾言,安多基德斯一度交好于塞浦路斯国王。[④]

与上述景象不同,吕西亚斯和普鲁塔克提供的一些信息表明他在海外的生活并不如意。吕西亚斯曾提及,安多基德斯在塞浦路斯度过了一段时间之后,因为背信弃义,被基提昂(Cition)投入监狱,后侥幸逃脱,并认为他随后返回了雅典。当时正值四百人政权期间。[⑤] 普鲁塔克也曾提及安多基德斯得罪过塞浦路斯的国王,他曾向国王贡献了一名他诱拐的雅典女性,但当他因此而被控告时,他又将这名雅典女性从塞浦路斯偷回。随后,他逃回雅典,也是正值四百人政权当政期间。[⑥]

对于吕西亚斯和普鲁塔克的记述,需要进行仔细分析。因为有两则材料与上述记述相矛盾:一是安多基德斯第一次回归时,他能从马其顿进口大量的木材等物品转卖给驻萨摩斯的雅典海军,反映出他在回归之前应该享有比较充足的人身自由,并不像被监禁的样子。[⑦] 二是安多基德斯在第一次回归失败后,他再次到塞浦路斯,他在这一地区的活动甚至一直持续到公元前403年他成功回归雅典之时。[⑧] 这证明安多基德斯在第一次回归之前,尽管可能遭遇诸多麻烦,但实际的境遇应该比较好。因为从总体上来看,他所遭遇的麻烦并不足以阻止

---

① S. C. Todd, *A Commentary on Lysias*, p. 445.
② Andocides, *On His Return*, 20 – 21.
③ Andocides, *On the Mysteries*, 4, 132; *On His Return*, 20 – 21.
④ Plutarch, *Moralia*, 834E – F.
⑤ Lysias, *Against Andocides*, 26.
⑥ Plutarch, *Moralia*, 834E – F.
⑦ Andocides, *On His Return*, 11.
⑧ Andocides, *On the Mysteries*, 4, 132; *On His Return*, 20 – 21.

其利用这些海外资源。

2. 回归的原因

虽然吕西亚斯和普鲁塔克的记述有不尽符合事实的地方。但他们将安多基德斯第一次回归的时间确定为四百人政权当政之时，却是可信的。随之而来的一个问题是，既然安多基德斯不是因为得罪了塞浦路斯的国王而想回归，那么他又是基于怎样的考虑而想回到雅典呢？

在《论回归》的演说词中，他描写了自己第二次回归时的心境，他说："对我而言，那时困境已经十分明显。我认为我不能避免那些艰难或者是耻辱，部分地是由于我的极端愚蠢，部分地是出于环境所迫。所以，我决定，最好的事情就是采取行动，并定居在你们很少能够见到我的地方。但是，一些时间过后，很自然地我开始怀念与你们一起作为公民的往日生活。为了这一点，我改变了，我决定：最好是要么结束这种生活，要么为城邦做一些足够大的贡献，以便让我能够经你们同意，作为一个公民与你们一起生活。从那时起，当还有必要时，我就没有停止将我个人和我的财产置于危险之中。"① 在这段描写中，安多基德斯透露了他想回归雅典的理由，即怀念往昔作为公民的生活。

公元前400年，他在就渎神案为自己辩护时，再次提到了他为何要回归。他提到，"我还理解对于这个伟大城邦，什么是合格公民，并理解在异国他邦的土地上，对一个外来人意味着什么"②。简单来说，安多基德斯想恢复他的公民权，以便参与城邦的政治等活动。因此，安多基德斯的回归牵扯到雅典公民权的问题。

从安多基德斯的情况来看，有可能是通过建立私人联系等手段在经济上获得丰厚的待遇，但在其他城邦却不易获得公民权。既然奴隶和外邦人在某些特殊的情况下都有可能通过为城邦提供服务，或者是显示出对城邦的忠诚，来获得公民权，那么安多基德斯有理由相信，他也可以凭借这种努力恢复在雅典的公民权。③ 安多基德斯的特殊还

---

① Andocides, *On His Return*, 10–11.
② Andocides, *On the Mysteries*, 144.
③ Andocides, *On His Return*, 23.

在于他是流放者，是雅典的罪犯。对他而言，他所需要做的是请求城邦允许其回归并恢复他的公民权。

当然，影响安多基德斯想回归的因素，应该不单纯是公民权这一因素。除此之外，年龄、社会阅历以及贵族意识等因素都有可能会影响到他的选择。可能正是在这些因素的作用和推动下，安多基德斯大约在四百人政权时期进行了第一次回归尝试。

二 第一次回归尝试

关于安多基德斯第一次回归雅典的时间，他本人曾明确提及是在"四百人政权"之时。[①] 麦克道维尔认为，此时正值驻萨摩斯的雅典海军支持民主政治之时。[②] 但假如考虑到安多基德斯本人是怀着"希望人们可以因为我的干劲和爱国主义而受到表扬"的心情回归雅典的，却遭到皮山大控诉他向"敌人运送谷物和桨用圆材"[③]。也许将其活动放在驻萨摩斯海军还未改变寡头派的立场之前更为恰当。因为，即使是他们的政治态度发生了转变，安多基德斯依然可以前往雅典谋取恢复其公民权。很难相信，他支持了萨摩斯的民主派，却要到寡头政权那里去谋取这份奖赏。总体而言，将安多基德斯第一次返回雅典的尝试，置于西西里远征失败后的大背景中去考量，更能彰显其合理性。

由于西西里远征的失败，雅典遭受了巨大损失。据学者估算，约有4.5万—5万人被派往西西里进行远征，而在公元前413年9月只剩下两名将军，7000名士兵成为叙拉古的战俘。因各种原因死亡以及被卖为奴的不计其数，只有少数人最终得以回到雅典。与此同时，雅典所剩余的可用战舰不超过100艘。[④] 可以说，战败给雅典人带来了

[①] Andocides, *On His Return*, 11.
[②] *Antiphon & Andocides*, p. 144.
[③] Andocides, *On His Return*, 13.
[④] Martin Ostwald, *From Popular Sovereignty to the Sovereignty of Law*, p. 337, and note 1.

◆ ◆ ◆　安多基德斯与雅典城邦政治

前所未有的恐惧和惊慌。修昔底德指出，他们不仅在人力和财政上损失巨大，而且可能面临敌邦乘胜追击的危险。① 因此，当战败的消息传至雅典时，雅典首先是惩罚了鼓动远征的政治家，并迁怒于那些对远征表示支持的预言家和占卜者。② 除此之外，他们则尽量从当时的既有条件出发，一方面尽力去组织舰队和协调与盟邦的关系，另一方面设立了由长者组成的委员会，让其根据形势的需要准备建议。③

虽然进行了各方面的调整，但雅典在西西里远征中的失败使斯巴达及其同盟重燃战争的热情与信心，而它的盟邦也渴望借此机会摆脱奴役。这正如修昔底德所言，"在接下来的冬季，鉴于雅典西西里远征的失败导致的巨大灾难，整个希腊都开始骚动起来"④。具体而言，斯巴达不仅准备建造200艘战舰，而且积极支持优波亚人、开俄斯人等雅典的盟邦公开反对雅典。与此同时，自希波战争结束以来，一直静观希腊局势的波斯人，也开始积极谋求与斯巴达的合作。并且出现了提萨佛涅斯（Tissaphernes）和法那巴祖斯（Pharnabazus）两位行省总督相互竞争的局面。

作为应对措施，雅典也积极组建了新的舰队，并动用了自伯罗奔尼撒战争爆发以来从未动用过的1000塔兰特的紧急储备金。尽管雅典没有成功阻止开俄斯人和米利都人脱离雅典帝国，但阻止了他们加入伯罗奔尼撒阵营，并将勒斯波斯（Lesbos）和萨摩斯（Samos）控制在雅典手中。⑤

与此同时，原本在斯巴达避难的雅典人阿尔基比阿德斯，因为与斯巴达人的矛盾而离开斯巴达，前往波斯总督提萨佛涅斯那里。在此之前，虽然斯巴达与提萨佛涅斯相互接近，并得到了波斯的大量援

---

① Thucydides, *History of the Peloponnesian War*, 8.1.2.
② Thucydides, *History of the Peloponnesian War*, 8.1.1.
③ Thucydides, *History of the Peloponnesian War*, 8.1.3 – 4; Martin Ostwald, *From Popular Sovereignty to the Sovereignty of Law*, pp. 337 – 343.
④ Thucydides, *History of the Peloponnesian War*, 8.2.1.
⑤ Thucydides, *History of the Peloponnesian War*, 8.2 – 32.

第四章 政局变动与安多基德斯的回归尝试

助，但因为小亚细亚城邦的地位问题两者已存有嫌隙。① 而现在阿尔基比阿德斯既然已经离开斯巴达，成为提萨佛涅斯的顾问，于是他转而推行反对斯巴达的政策。

在阿尔基比阿德斯的影响下，提萨佛涅斯对斯巴达开始推行新的政策。一方面，他将伯罗奔尼撒士兵的薪金由 1 德拉克玛削减为 3 奥波尔，并且不按期支付；另一方面，以腓尼基的舰队将要加入会战为由，让希腊的两个敌对阵营相互消耗。该政策执行的后果，是直接打击了斯巴达阵营的士气，并制造了波斯与斯巴达合作不畅的事实。这些现象的背后，也凸显了阿尔基比阿德斯的影响与地位。② 普鲁塔克的记述也对此予以了印证，他提及提萨佛涅斯曾将自己的花园命名为"阿尔基比阿德斯"，并且时人皆以此名称呼该花园。③ 正因为如此，当时驻萨摩斯的雅典军队，才企图通过他来求得波斯的支持。

驻萨摩斯的雅典海军向阿尔基比阿德斯求助是民主政治被颠覆的前奏。因为，阿尔基比阿德斯的条件是要用寡头制取代现行的民主政治。④ 可以说，阿尔基比阿德斯对现行政制的这种憎恨是有原因的，他因渎神案而被政敌所控告，尽管他曾全力抗争，终被雅典召回受审。在其逃至斯巴达之初，便指出雅典的民主政治是"公认的愚蠢制度"，并声称其所热爱的雅典，"不是使其遭受曲解的雅典，而是使其安享政治权利的雅典"。他所攻击的并不是他的祖国，真正的爱国者并不是遭受不公正待遇而不去攻击它的人，而是那些竭力去恢复它的人。⑤ 虽然，阿尔基比阿德斯有着充足的理由，去反对现行政制，但将雅典所面临的寡头危机仅仅归结于个人因素显然有失公允。修昔底德曾言，在战争中负担最为沉重的雅典公民的态度：他们自身想掌握政权，并渴望取得对敌战争的胜利。⑥ 修昔底德在这里强调了他们在

---

① Thucydides, *History of the Peloponnesian War*, 8.2–43; Plutarch, *Alcibiades*, 24.2–4.
② Thucydides, *History of the Peloponnesian War*, 8.45–47.
③ Plutarch, *Alcibiades*, 24.5.
④ Thucydides, *History of the Peloponnesian War*, 8.47.
⑤ Thucydides, *History of the Peloponnesian War*, 6.61, 6.89.6–92.4.
⑥ Thucydides, *History of the Peloponnesian War*, 6.48.1.

◆ ◆ ◆ 安多基德斯与雅典城邦政治

军事方面的沉重负担,这可以说是这一部分雅典公民在经济方面的考量。除此之外,自西西里远征失败以来,雅典在政制上的右倾,可能也促使他们背叛现行政制。①

正是在与阿尔基比阿德斯接触的基础上,雅典这些富有影响的公民把推翻现存政制建立寡头政权以换取波斯支持的想法告知在萨摩斯的雅典士兵。这些士兵虽然并不赞同该计划,但当看到能从波斯那里获取金钱时也就平静了下来。随后,这些寡头政治密谋者又与他们朋党的大多数成员再次商讨了阿尔基比阿德斯建议的可行性。在讨论的过程中,大多数人都认为这具有可操作性,并且是值得信赖的。当然,也有人提出了相反的意见,如当时的将军佛里尼库斯(Phrynichus)是极力反对这个计划的。但因为绝大多数人都支持这一计划,于是他们决定继续实施其计划,并派遣皮山大和其他的人作为使者到雅典,去商讨召回阿尔基比阿德斯以及改变政制的事宜。②

当皮山大及其同伴回到雅典,将召回阿尔基比阿德斯以及改变政制的计划向雅典民众说出后,这两项内容都被民众所否定。但当皮山大以雅典当时所面临的财政危机据理力争时,雅典民众最终做出了让步,并选举由皮山大带领的十人使团去与提萨佛涅斯和阿尔基比阿德斯签订最恰当的协议。另外,由于皮山大的诬告,雅典当局还免除了驻萨摩斯将军佛里尼库斯及其同僚斯克罗尼德斯(Scironides)的舰队指挥权。虽然皮山大所列举的理由,是佛里尼库斯背叛了伊阿苏斯(Iasus)和阿摩尔革斯(Amorges),但不可否认的是,其背后的原因还在于佛里尼库斯对召回阿尔基比阿德斯和改变雅典政制计划的反对态度。与此同时,皮山大还拜访了雅典各地的"朋党",并劝告他们联合起来,共同推翻民主制。在安排完这些事宜后,他与使者前往提萨佛涅斯处去协商。③

及至皮山大带领使者到达提萨佛涅斯那里,他们发现无论雅典方

---

① Andrew Lincott, *Violence, Civil Strife and Revolution in the Classical City*, pp. 135 – 149.
② Thucydides, *History of the Peloponnesian War*, 8. 48 – 49.
③ Thucydides, *History of the Peloponnesian War*, 8. 54.

第四章　政局变动与安多基德斯的回归尝试

面做出怎样的妥协,他们与提萨佛涅斯之间的协议都无法达成。因为,阿尔基比阿德斯并没有完全将提萨佛涅斯争取到雅典这一方来。相反,他还让提萨佛涅斯提出雅典根本不可能接受的放弃整个伊奥尼亚及其附近岛屿的条件。在这次谈判以后,提萨佛涅斯与斯巴达人签订了一份新的协议,可以说,提萨佛涅斯的政策又重新回到了支持斯巴达的政策原点。既然无法与提萨佛涅斯达成协议,所以皮山大与使者也就回到了萨摩斯。大约也就是此时,或者是更早的一些时间,雅典国内的民主政治已经被推翻。随着皮山大等人的到来,极大地加强了在萨摩斯的寡头势力,于是他们怂恿萨摩斯的上层阶级与他们一道建立寡头政治。现在争取波斯的可能性已经不存在,而阿尔基比阿德斯也失去了寡头派的信任,于是他们决定继续业已开始的推进寡头政治的事业,同时继续进行战争。他们随后的活动主要有两个,一是他们捐献私人财产从而维持战争;二是在雅典帝国内部展开大规模的政制变革活动,帮助盟邦从民主制变革为寡头政治。第二项活动不仅是有专人去做,而且皮山大与使者在返回雅典的过程中,也参与了推翻民主政治的活动。与此同时,在雅典城邦内部,寡头分子也在进行大规模的破坏民主政治的活动。不仅一些民主派的领袖被暗杀,而且实际上控制了雅典的政权。而皮山大和使者返回雅典后,不失时机地继续开展其他工作,最为主要的就是最终将雅典的政权委托给"四百人政权"[1]。

安多基德斯的第一次回归尝试,正是发生在雅典寡头政治确立以后。寡头政权的建立在某种意义上为其回归提供了良好的历史机遇。从雅典的情况来看,关于流放者如何回归的史料较少。但安多基德斯、亚里士多德的记述以及在特洛伊津(Troizen)发现的泰米斯托克利法令的铭文,揭示了在希波战争期间雅典城邦曾主动召回一些流放者。[2] 虽然安多基德斯将召回的时间定为马拉松战役之前,存在年代

---

[1] Thucydides, *History of the Peloponnesian War*, 8.55–67.

[2] Andocides, *On the Mysteries*, 107; Aristotle, *The Athenian Constitution*, 22.8; Russell Meigges and David Lewis, *A Selection of Greek Historical Inscriptions*, pp. 48–52.

◆ ◆ ◆ 安多基德斯与雅典城邦政治

错误。但这些材料，无疑皆说明了流放者的回归往往是城邦的主动行为。政制变更后的雅典更易于召回流放者，阿尔基比阿德斯以推翻雅典民主政治为诱饵，引诱雅典的寡头派去推翻雅典政制很好地辅证了这一点。而雅典民主政治被推翻后，城邦所面临的空前的财政压力，使它更加依赖于寡头分子的支持。

为了抓住这次机会，安多基德斯也尽可能地向驻萨摩斯的雅典海军提供帮助。这种帮助最大的体现是向其提供了用作船桨的圆木。① 这些木材来自马其顿，可以说，公元前5世纪到公元前4世纪绝大部分时间内它都是雅典木材的主要来源。在伯蒂卡斯（Perdicas，公元前417—前413年在位）执政期间，雅典与马其顿结盟的一项条款就是禁止马其顿的木材出口给雅典以外的城邦。而他的继任者阿基劳斯（Archelaos，公元前413—前399年在位）也因在公元前407年向雅典提供木材而得到雅典的尊崇。② 除了这种官方的联系外，雅典贵族与马其顿王室的私人联系，也可在木材的供应上发挥相当作用，而安多基德斯本人恰恰是利用了这种私人关系。

在这种情况下，安多基德斯利用他与阿基劳斯的私人关系，将运出的木材以每根5德拉克玛的原价，转卖给在萨摩斯的雅典海军。除了提供木材外，他还提供了谷物和黄铜。③ 当然，在公元前400年安多基德斯的反对者控告他时，他否认自己为雅典提供谷物，尽管他是船主，但并没有为雅典运输粮食。④ 尽管他的反对者并不承认安多基德斯所做的贡献，但他为城邦提供了服务是可以肯定的。正因为包括他在内的人员的付出和努力，才为公元前410年雅典取得库泽科斯战役的胜利奠定了基础。在这次战役中，雅典消灭了斯巴达的舰队，并迫使其求和。⑤

---

① Andocides, *On His Return*, 11.
② IG 1³, 89, 117. 转引自 Vincent Gabrielsen, *Financing the Athenian Fleet*, p.140。
③ Andocides, *On His Return*, 11.
④ Lysias, *Against Andokides*, 49.
⑤ Thucydides, *History of the Peloponnesian War*, 8.107.1.

第四章 政局变动与安多基德斯的回归尝试 ◆ ◆ ◆

安多基德斯正是带着为城邦服务来谋取城邦回报的心情前往雅典，希望能够因此而恢复他的公民权。但不幸的是，他甫一到达雅典即被逮捕，并被带到了议事会。在议事会上，皮山大对其提出了控告，理由是他向在萨摩斯的反对雅典的势力运送谷物和造船用的木材。于是，安多基德斯的公民权不仅没有得到恢复，相反他本人还被囚禁起来。[1]

安多基德斯第一次回归的尝试之所以失败，一方面是因为"四百人政权"在建立后执行了不召回流放者的政策，这可能主要是出于拒绝召回阿尔基比阿德斯的缘故。[2] 可以说，这与寡头政变之初要召回阿尔基比阿德斯的初衷是截然相反的。另一方面是因为驻萨摩斯的雅典海军转变了政治立场，由原来的支持寡头政变转变为支持民主政治，而这一态度的转换又与雅典城邦内的政治形势密切相关。

在"四百人政权"建立后，除执行拒绝召回流放者的政策外，他们的统治还违背了民主制的管理方式，以武力统治城邦，剪除了政敌。而在外交政策上，既然与波斯的协议无法达成，他们转而与斯巴达议和，并与斯巴达国王阿吉斯展开了多次接触。除此之外，为了安抚驻萨摩斯的雅典海军，他们还派遣了"十人团"来到萨摩斯，意图通过劝说等方式使他们认可业已建立起来的寡头政权。

实际上，在萨摩斯的雅典驻军早已展开了反对寡头政权的活动。而凯利亚斯对寡头政权残暴统治的过度夸张，更加剧了他们政治立场的转变。于是，他们重新恢复了萨摩斯政府的民主政治，并且反对国内的"四百人政权"。雅典的民主派与寡头派都希望对方能够接受自己的政制。驻萨摩斯的雅典海军为壮大自身力量，不仅与萨摩斯的民众联合起来，而且积极争取把阿尔基比阿德斯召回到萨摩斯。这些政策与寡头派的政策是截然相反的，他们甚至主张去攻打雅典本土，只是被阿尔基比阿德斯所劝阻而已。[3]

---

[1] Andocides, *On His Return*, 14–15.
[2] Thucydides, *History of the Peloponnesian War*, 8.70.1.
[3] Thucydides, *History of the Peloponnesian War*, 8.70–89.

◆ ◆ ◆　安多基德斯与雅典城邦政治

正因为如此，安多基德斯为驻萨摩斯的雅典海军提供帮助的行为，成了有害于四百人政权的行动。于是，在皮山大控告的情况下，安多基德斯被城邦监禁起来。最终，可能是在四百人政权被推翻时，他被释放。但新成立的五千人政权也无意接纳他，于是他不得不再次开始流放的生活。

三　第二次回归尝试

1. 回归时间

五千人政权持续的时间也较短，在其被推翻后，雅典恢复了民主政治。之后，安多基德斯又进行了第二次回归尝试。此次尝试回归的准确时间，目前尚难以精准确定。一般认为，是介于公元前410—前405年。[1] 但通过演说词中所透露的几个细节来看，其试图返回之时，必定属于雅典较为困难的时刻。这些细节包括：一是安多基德斯认为他提供的服务完全超越了普通服务，因为这是他花费自己的钱财和冒着生命危险提供的。[2] 二是传言没有谷物从塞浦路斯运来，但安多基德斯将会成功地运送大量粮食到雅典。[3] 三是安多基德斯提到经常看到雅典人把公民权以及大量的金钱给予奴隶和各邦的外邦人。[4] 据此推断，这是雅典缺乏大量粮食，却又无法依赖塞浦路斯解决问题的时候。与此同时，又恰值雅典大量授予奴隶与外邦人公民权的时期。

根据雅典缺乏大量粮食，且不能依赖塞浦路斯粮食的景象，很多学者大多认为在公元前410—前406年，这大体是从五千人政权建立到阿吉努赛战役（the battle of Arginusae）。考证该时段的历史，虽然雅典与斯巴达在赫勒斯滂海峡地区发生过较长时间的争夺，但公元前410年的4—5月的库济科斯战役（the battle of Cyzicus）却是一场雅典获胜的战役，随后的18个月并无大的战事。由库济科斯战役对雅典

---

[1] *Antiphon & Andocides*, p. 141.
[2] Michael Gagalin and Pouglas M. MacDowell, Andocides, *On His Return*, 17.
[3] Andocides, *On His Return*, 20.
[4] Andocides, *On His Return*, 23.

第四章 政局变动与安多基德斯的回归尝试

带来的积极影响和希望，直到公元前406年的诺提昂战役（the battle of Notium）才发生逆转，即使是这一战役失败了，雅典在物质上的损失也不大。[①] 如此看来，安多基德斯在此时回归的可能性并不大，那么何时回归的可能性更大呢？

当继续考察雅典在随后的表现时，我们会发现雅典似乎在接下来的时间里更加困难。奥斯邦搜集了包括阿里斯托芬、赫拉尼库斯、狄奥多鲁斯等在内的多位古典作家有关雅典曾向参加阿吉努赛战役的奴隶和外邦人授予公民权的文献。其中也涉及安多基德斯本人的两则演说片段，并认为其所意指的为雅典因阿吉努赛战役而授予奴隶和外邦人公民权的事宜。[②] 对于奥斯邦的这一分析，至少是在《论回归》中第23节的分析上是合理的，因为在此之前雅典从未较大规模地授予奴隶与外邦人以公民权。因此，安多基德斯的回归极有可能是阿吉努赛战役之后的事情。而考虑到此时雅典的粮食供应又出现了问题，安多基德斯回归的时间，定在公元前405年夏季羊河之役结束后更为恰当。因为经此一役，斯巴达已经完全控制了赫勒斯滂海峡，此举意味着斯巴达已经完全控制了来自黑海地区的粮食供应。羊河之役失败之后，科农率残军逃亡塞浦路斯，正是利用了他个人与当时僭主尤阿哥拉斯（Evagoras）的私交关系。这也说明了塞浦路斯与雅典可能有着不错的关系，起码塞浦路斯并不属于斯巴达的势力范围，这意味着雅典有可能从这里得到他们所需要的粮食。

关于安多基德斯回归时间的下限，大体可以截至雅典向斯巴达投降。这样看来，安多基德斯第二次尝试回归的时间，更可能是介于羊河战役结束以后到雅典向斯巴达投降之间。

2. 《论回归》的发表与主张

正是在这样的背景之下，安多基德斯尝试了第二次回归。这一次

[①] 关于该时段的历史，可以参阅 Donald Kagan, *The Fall of the Athenian Empire*, Ithaca and London: Cornell University Press, 1987, pp. 211-324。

[②] M. J. Osborne, *Naturalization in Athens*, Vol. 3-4, Brussel: Paleis Der Academiën, 1983, pp. 33-37.

他所提供的服务，已经由木材等物品变为了谷物。他首先在议事会上将这一秘密告知了当值的主席团和议事会成员，并说服议事会让其在公民大会上发言。此次发言的内容，也就是《论回归》这一演说词。

值得注意的是，在这次演说的过程中，他较多地承认了自己在渎神案中的罪过。例如，他曾提及"由于我的年轻和无知，还有受到了别人的影响，从而做出了如此愚蠢的事情"，"事情之所以陷入如此境地，其中只有很小一部分责任是我的"，以及"我冒犯了众神"[1]。这与他于公元前399年被控告时，完全否认自己与渎神案有关联的态度是完全相反的。与此同时，他的这种承认是极为模糊的，并没有具体涉及他与哪宗渎神案有关联。安多基德斯之所以主动承认他的罪过，主要是因为在公民大会上反对者已经谈及了他的遭遇。正如他所论及的，"他们所有的努力，可以归结为嘲笑我所遭遇的麻烦"[2]。作为对反对者的回应，他主要在四个层面上做了努力。[3]

一是将自己的遭遇归结为运气。他认为所有人生来就要面对好运气和坏运气，犯错是最大的不幸。既然错误与失败对于每一个人而言都是共同的，所以他认为如果从人性的角度去评判，雅典公民应该同情而不是敌视他过去的行为。

二是分析了自己犯错的原因。一方面认为自己犯错误是因为年轻与无知，并且受到了别人的影响；另一方面极力地模糊了自己的罪过，并且只承认自己的责任仅仅占了很小的一部分。

三是在解释自我揭发的原因时，他认为他是被迫的。因为假如他不这样做，他个人、他的父亲以及其他亲友都将被处死。而他进行自我揭发，不仅使自己能够存活下来，而且也拯救了包括其父亲在内的其他人。他对于自我揭发的影响并没有停留于此，而是在此基础上又进一步阐述了自我揭发对于他个人和整个城邦的影响。对于他个人而言，这一选择为他个人带来了长期的痛苦，但其实他自己在整个事件

---

[1] Andocides, *On His Return*, 7, 8, 15.
[2] Andocides, *On His Return*, 5.
[3] Andocides, *On His Return*, 5–10.

第四章　政局变动与安多基德斯的回归尝试

中的责任仅仅占很小的一部分。对于整个城邦而言，安多基德斯认为他结束了雅典民众所面临的巨大麻烦，因为当时的人们都处于危险和绝望之中。两相比较，城邦的解脱是建立在他个人痛苦的基础之上的。所以，安多基德斯认为城邦应该感谢他，而不是憎恨他。

通过安多基德斯的叙述逻辑来看，他承认自己罪行的目的并不是想要向雅典民众忏悔，求得他们的原谅，而是企图通过讲述自己悲惨的故事来证明自己所遭受的苦难。在此基础上，强调是他本人凭借自己的力量终结了雅典的恐慌，从而认为雅典民众应该感激他。

四是安多基德斯讲述了揭发带来的艰难和耻辱，于是他决定离开雅典。"然而，我却阻挡不住沦为最悲催的人。当雅典开始陷入那些麻烦时，没有人比我的命运更糟糕，并且当城邦再次开始变得安全时，我却比任何人都更不幸。城邦处于这种窘迫的境地，除了凭借我的耻辱外没有什么解救的方法，我个人的毁灭意味着你们的解脱。所以，为了那些曾经的倒霉事，你们应该感谢我，而不是恨我。对我而言，那时困境已经十分明显。我认为我不能避免那些艰难或者是耻辱，部分地是由于我的极端愚蠢，部分地是出于环境所迫。所以，我决定，最好的事情就是采取行动，并定居在你们很少能够见到我的地方。"

事实上，通过以上叙述，安多基德斯实际上已经承认了自己在渎神案中的过错，既因为自己的年轻和无知，也有来自外界的影响。他还认为尽管自己的过错在整个事件中只占据一小部分，但却通过自我揭发将整个城邦从渎神案带来的恐慌中解脱出来。于是，他自认为自己有功于城邦。接下来，他的叙述又转而联系到作为一个公民应该具有的责任，他开始怀念作为一名公民的往昔生活，而这一醒悟早在其回归之前便已产生。可以说，回到雅典，重新开启作为公民的生活，是安多基德斯的内在诉求，于是他转而公开地表达自己想要回归到雅典的请求。

为实现回归，安多基德斯认为应该为雅典做出贡献。在为城邦提供服务方面，安多基德斯列举了两项服务，一件是业已发生的，另一

◆ ◆ ◆　安多基德斯与雅典城邦政治

件是他目前正在做的。前者是指他曾经在四百人政权时期，为驻萨摩斯的雅典海军提供了木材、铜和谷物。不幸的是，四百人政权并没有感激他，而是在皮山大的指控下将其监禁起来。因为他服务的驻萨摩斯雅典海军是反对四百人政权的。① 安多基德斯之所以讲述他的这一服务，主要是因为这是向雅典的民主派提供的服务，并且自己因此而遭到寡头政权的惩罚，如此讲述更能博取雅典民众的好感和同情。

而在讲述他的这一遭遇后，他又对自己的心情进行了描写，"那时是我最为痛苦的时候。一方面，当认为雅典民众受到伤害时，自己随之也遭受到了伤害；另一方面，当我明显地有益于雅典民众时，我再次因为那事与只因向民主派提供服务而遭到皮山大的控告被毁掉了。所以，我已经没有任何方式或方法去支撑我自己。无论是哪一条路，都暗藏重重艰难。纵然如此，当我从这次恐怖的经历中恢复过来以后，我仍想首先能够为城邦提供一些服务"②。在这一描写下，一种"城邦辜负了我，但我依然要勇敢面对"的形象跃然纸上，与此同时，他再次表达了为民主政治服务的决心。

现在他向雅典提供的服务是供应谷物，它们来自塞浦路斯。他首先强调这次服务超越了普通服务。从其演说的情况来看，之所以说是超越了普通服务，主要是因为这些谷物是安多基德斯本人花钱购买的，并且冒着生命危险。③

在此基础上，安多基德斯认为既然他向城邦提供了服务，且这次服务又是如此超越普通服务，所以雅典民众应该感激他，应该向他回报以善意。而这个善意就是恢复他的公民权利，即"恢复由梅尼普斯（Menippus）所提议通过的法令，从而我将得到豁免"④。这一请求在城邦授予外邦人以及奴隶公民权的情况下，显得更加合理。

最后，他再次向雅典民众发出了允许其回归的请求，"求求你们

---

① Andocides, *On His Return*, 11–14.
② Andocides, *On His Return*, 16.
③ Andocides, *On His Return*, 17.
④ Andocides, *On His Return*, 22–23.

第四章 政局变动与安多基德斯的回归尝试

能如我所愿，摒弃你们对我可能所怀有的任何敌意"。为了向听众展示他真诚的懊悔，他罗列了他们家族对城邦提供的服务：列奥格拉斯——也就是他父亲的曾祖父——曾经领导了民众反对僭主政治的起义；而他原本可以与僭主家族联姻，加入其阵营统治城邦，但他更愿意与民主派一起被流放，忍受流放的艰辛，而不是背叛民众。由此，安多基德斯展现了其家族的反僭主政治传统，并以此来证明自己也将会是民主派的一员。为了讨好雅典民众，在演说的结尾，他声明他并不会因为城邦曾取消了对他的赦免而记恨它，并再次呼吁雅典民众支持他的回归请求。①

虽然安多基德斯向雅典提供了服务，并请求雅典允许其回归。但不幸的是，民主政治的雅典一如四百人政权，也拒绝了他的请求。

3. 回归失败的原因

假如四百人政权拒绝安多基德斯，是因为他资助了驻萨摩斯的海军的行为，从而有害于寡头政权。那么，民主政治的雅典，又为什么在安多基德斯提供服务的情况下，也拒绝了他的回归请求呢？是什么因素导致他的再次失败？

对此，安娜·米修认为主要是因为安多基德斯的寡头思想，其体现在四个方面：一是演说词中体现出强烈的傲慢意味。二是他为城邦的服务体现出他的能力来自财富和家族，而这通常被认为是寡头制正式或非正式的组成部分。三是安多基德斯不应对其贡献称功，而是需要由作为统治者的民众来决定应给予他的这种贡献怎样的承认。在这种情况下，民众会考虑安多基德斯的诉求是否可接受。四是安多基德斯对公民道德的认识显示了他的寡头思想特征。②

就安娜·米修的分析而言，她对于安多基德斯思想中寡头意识的强调，是理解其为何难以回归的关键。但显然的事实是，在雅典社会中，几乎所有精英人士都来自有产阶级，其思想上具有寡头倾向的绝

---

① Andocides, *On His Return*, 24 – 28.
② Anna Missiou, *The Subversive Oratory of Andokides*, p. 26 – 48.

◆◆◆ 安多基德斯与雅典城邦政治

不在少数,并非仅安多基德斯一人。假如米修的结论是成立的,那么如何解释不具有民主思想的贵族,为何也能在城邦政治中发挥作用并取得成功?因此,仅仅分析安多基德斯的个人因素是远远不够的,还需从城邦的角度予以考察。

由于安多基德斯此次回归的时间介于羊河战役结束以后到雅典向斯巴达投降之间的可能性更大。因此,最主要的就是考察该时期城邦的政策,在此基础上分析城邦会如何回应安多基德斯的请求。

关于此时期的城邦政策,色诺芬在《希腊志》中曾有涉及。羊河之役结束以后,吕山德率军封锁了庇雷埃夫斯海港。在这种情况下,雅典民众决定要奋力抵抗,决不投降。为了增强内部的力量,雅典恢复了一些公民的公民权,这些人曾经因为各种原因被剥夺了公民权。并且坚定不移地进行抵抗。尽管在城邦中已有很多人因为饥饿而死去,但他们拒绝主动提出和谈的建议①。

安多基德斯与吕西亚斯的一些记述,可以与色诺芬相呼应。安多基德斯曾提及,在失去舰队和被包围之后,雅典讨论了统一的问题。雅典决定恢复一些人的公民权,并且通过了《帕特罗克列伊德斯法令》②。将此处安多基德斯的记载与色诺芬的记载相比较,可以看出,他们所记述的应是同一件事。此时雅典恢复一些人的公民权,所依据的正是《帕特罗克列伊德斯法令》。

安多基德斯完整地引用了该法令的内容。根据该法令,他详细地列举了哪些人得以恢复政治权利。这些人主要包括:欠国库钱的人、本人被剥夺了公民权但可保有其财产者、以特定的方式被剥夺公民权者等。③ 虽然从表面上,安多基德斯本人的情况,可以归为被剥夺公民权但可保有财产者的类型,但实际上这种类型的人员是有严格界定的。其中主要涉及:因舍弃或者逃避军事义务、在战场上胆怯、逃避海军义务以及丢弃盾牌等而获罪的人;因三次作假证或三次虚假签署

---

① Xenophon, *Hellenica*, 2.2.11.
② Andocides, *On the Mysteries*, 73.
③ Andocides, *On the Mysteries*, 73–79.

第四章 政局变动与安多基德斯的回归尝试

传票而获罪的人；因虐待他们的父母而获罪的人。可以说，安多基德斯并不适用于这一分类。即使是考证整个《帕特罗克列伊德斯法令》，安多基德斯本人也不适用于该法令的任何一条。他本人也承认，"帕特罗克列伊德斯没有提议，你们（雅典公民）也没有表决允许流放者应该回归的内容"①。

因此，虽然此时的雅典恢复了部分人的公民权，但并不包括如安多基德斯这样的被流放者。可以说，该政策是民主政治政权在最为危险的情况下推行的。既然此时都没有允许流放者回归，那么我们有充足的理由相信，拒绝流放者回归可能是该民主政治政权的一贯政策。虽然在理论上可以如此推导，但问题是，有没有明确的事实来证明该推论的正确性呢？幸运的是，公元前404年雅典与斯巴达签订的投降协定中，关于召回流放者的条款，可以很好地予以佐证。②

与四百人政权拒绝召回流放者的政策相呼应，雅典早在公元前410年6月民主政治恢复时便已经通过了《德摩潘图斯法令》。③ 从其内容上看，主要是涉及防范寡头政治，这反映了寡头政治对雅典造成的伤害。安多基德斯在演说过程中，所表现出来的寡头倾向，可能也是城邦拒绝其回归的主要原因。雅典在极为困难的情况下都明确拒绝流放者回归，可能与该政权对寡头的憎恨有密切的关系，而考虑到流放者大多又是寡头分子，因此《帕特罗克列伊德斯法令》拒绝流放者回归也在情理之中。

以上的论述表明，此时影响安多基德斯不能回归的因素，主要是城邦在执行拒绝流放者回归的政策，而他本人在演说中所体现出来的寡头思想使其回归更加困难。于是，尽管安多基德斯提供了雅典民众急需的谷物，城邦依然拒绝了他的回归请求，他不得不再次继续流放生活。

---

① Andocides, *On the Mysteries*, 80.
② Plutarch, *Lysander*, 14.4; Andocides, *On the Peace with Sparta*, 11.
③ Andocides, *On the Mysteries*, 96–98.

安多基德斯与雅典城邦政治

第二节 大赦令与安多基德斯的回归

经历了前两次失败后,安多基德斯又尝试了第三次回归。这次回归是在公元前403年民主政治再次恢复以后实现的。而这一次安多基德斯之所以能够顺利回归,与民主政治恢复后所实行的政策密切相关。

一 三十僭主统治的兴衰

如前所述,在公元前411年,雅典曾遭遇过一次寡头政变。当时民主政治被推翻,建立了四百人执政的寡头政权。随后被五千人政权所取代,并最终在公元前410年恢复了民主政治。不幸的是,恢复后的民主政治虽然总体政策比较温和,但由于雅典在伯罗奔尼撒战争中最终失败,根据当时签订的和平协议,民主政治又被三十僭主政权所取代。

当时的和平协议是在吕山德的授意下签订的,其主要内容为:拆毁雅典长墙以及对庇雷埃夫斯海港的防护;除保留12艘舰船外,交出剩余所有舰船;召回流放者,雅典人离开所有的其他城邦,只能占有他们自身的邦土;雅典应该按照祖先政制进行统治;雅典人与拉开戴蒙人同敌同友,并且在陆地上或海上追随他们。[①]

根据该协议,雅典人本应依照"祖先政制"的方式来进行统治,但在如何理解祖先政制上却是分歧颇多。亚里士多德对这种分歧进行了清晰的描述,他指出当时雅典内部存在三个派别,他们各有其不同的理解:民主派希望尽力保存民主政治。那些属于"朋党"的贵族,以及根据和平协议回到雅典的流放者,则希望建立寡头政治。不属于任何"朋党"且是优异之士的人,则寻求建立祖先政制,在这些人

[①] Xenophon, *Hellenica*, 2.2.20; Diodorus, *The Library of History*, 13.107.4, 14.3.2; Plutarch, *Lysander*, 14.4; Andocides, *On the Peace with Sparta*, 11 – 12, 39; Lysias, *Against Agoratus*, 14 – 15; Aristotle, *The Athenian Constitution*, 34.3.

第四章 政局变动与安多基德斯的回归尝试

中，有阿基努斯（Archinus）、安尼图斯（Anytus）等人，特拉梅涅斯是该派别的领袖。①

作为参与和平谈判的主要人选，特拉梅涅斯当时力倡祖先政制的本意，也许是想借此来求得城邦的自治，防止吕山德在雅典建立类似"十人委员会"（Decarchy）的傀儡政权。② 但随着流放者的回归，雅典的寡头势力空前壮大，他们曾在公元前411年建立寡头政权，现在又企图重建寡头政权。这一派别的领袖是克里提阿斯（Critias），他曾跟随苏格拉底学习，政治上极其崇拜斯巴达的政制。③ 当民主派拒绝变革政制，并拒绝拆毁城墙时，寡头派向驻扎在萨摩斯的吕山德求救，以此达到推翻民主政治的目的。在此情况下，吕山德选择支持雅典的寡头派去推翻民主政治，并建立了三十僭主政权，其领导者是克里提阿斯。④

在该政权建立之初，它的统治较为平和，只是通过建立"五百人议事会""十一人委员会""十人委员会"等机构加强了对政权的控制。与此同时，取消了梭伦立法中模糊的地方、恢复了厄菲阿尔特剥夺的战神会的权力、废除了陪审法庭。并以违犯和平协议为由，处死了一些将军、指挥官（Taxiarchs）。⑤ 除此之外，还以清除"城邦内的不义之人"为由，逮捕和处死了一些偷窃城邦收入、收受贿赂的人以及志愿告发者。⑥ 这些举措得到当时一些人的好评，尽管也有人表现出较为漠然的态度，但总体上反映了精英人士对该政权是较为支持的。⑦

不幸的是，这种温和的统治并没有持续太长时间。为了更好、更

---

① Aristotle, *The Athenian Constitution*, 34.3.
② Donald Kagan, *The Fall of the Athenian Empire*, pp. 404–405.
③ Xenophon, *Hellenica*, 2.3.34.
④ Xenophon, *Hellenica*, 2.3.2; Diodorus, *The Library of History*, 14.3.5–7; Plutarch, *Lysander*, 15; Lysias, *Against Eratosthenes*, 71–76; Aristotle, *The Athenian Constitution*, 34.3.
⑤ Lysias, *Against Agoratus*, 13.13–20.
⑥ Lysias, *Against Eratosthenes*, 5; Xenophon, *Hellenica*, 2.3.12.
⑦ Xenophon, *Hellenica*, 2.3.12; Aristotle, *The Athenian Constitution*, 35.3; Diodorus, *The Library of History*, 14.4.2; Lysias, *Defence Against a Charge of Subverting the Democracy*, 19.

◆◆◆ 安多基德斯与雅典城邦政治

自由地推行他们的政策,他们派埃斯基尼斯和亚里士多德出使斯巴达。请求斯巴达,并说服了吕山德在雅典驻军。于是斯巴达派出了一支由700人组成的军队,交由卡里比乌斯(Callibius)去指挥。但当驻军到达雅典后,三十僭主以各种方式取悦卡里比乌斯,以求得这支驻军对他们所作所为的支持。① 在取得斯巴达驻军的支持后,三十僭主的真实面目开始暴露出来,其主要表现为两个方面:

一是剪除城邦内部反对三十僭主统治的人。根据色诺芬的记载,当埃斯基尼斯和亚里士多德出使斯巴达时,他们请求斯巴达出兵驻守雅典的原因是清除城邦内部的"无赖"与"恶棍"。但实际上,他们所要清除的并非这些恶棍和城邦的无名之辈,而是集中于两类人:一类是那些他们认为从此时起不会默从他们行为的人,另一类是那些如果能够提出反对意见,并赢得绝大多数人支持的人。于是,很多受到民众爱戴的人,被不公正地处死。② 亚里士多德和狄奥多鲁斯也有类似记述,亚里士多德明言被杀死的人如此之多,在极短的时间内,三十僭主就处死了1500人。③

该政权的这些杀戮行为激起了政权内部的矛盾,突出表现为,特拉梅涅斯开始批评该政权的领导者克里提阿斯以及该政权的政策,并强调城邦政权的稳固需要有足够的公民作为基础。在这种情况下,克里提阿斯以及三十僭主中的其他人开始着手登记了一份3000人的名单。④ 之所以将全权公民的人数定为3000人,克伦茨认为这主要与三十僭主意欲以斯巴达为蓝本重建雅典密切相关,而3000人可能是该时期斯巴达平等者的人数。⑤

也许这种推论是合理的,但作为三十僭主成员的特拉梅涅斯对此

---

① Xenophon, *Hellenica*, 2.3.13 – 14; Diodorus, *The Library of History*, 14.4.3 – 4. 需要指出的是,亚里士多德也提及三十僭主曾向斯巴达求援,但他认为这个时间要稍晚,是在特拉梅涅斯与三十僭主产生矛盾之后。(Aristotle, *The Athenian Constitution*, 37.2.)
② Xenophon, *Hellenica*, 2.3.14 – 16; Diodorus, *The Library of History*, 14.4.2 – 4.
③ Aristotle, *The Athenian Constitution*, 35.4; Diodorus, *The Library of History*, 14.4.5.
④ Xenophon, *Hellenica*, 2.3.16 – 18.
⑤ Peter Krentz, *The Thirty at Athens*, p.63 – 66.

第四章　政局变动与安多基德斯的回归尝试

毫不知情。① 三十僭主所拟定的这 3000 人名单,大抵也就是他们认为其所需要的公民人数。他们负责登记,也可以根据情况进行适当调整。但除此之外的雅典公民的武器被城邦收缴,并被封存于神庙之内。②

二是驱逐被剥夺公民权的雅典人和出于私人恩怨处死了很多外邦人,随着以上任务的完成,三十僭主更加肆无忌惮。根据色诺芬的记载,他们出于私人恩怨处死了很多人,很多情况下是为了获得其财富。因此,很多雅典公民除了武器被没收以外,他们不仅不能居住在雅典城区之内,而且被驱离他们的土地。三十僭主之所以这样做,是为了自己及其党羽能占有这些地产。与此同时,为支付斯巴达驻军的相关费用,三十僭主甚至规定 3000 人中的每一个成员,都必须要处死居住在城区的外邦人并没收他们的财产。③ 外邦人吕西亚斯用自己以及他兄弟的经历,证实了色诺芬的这一记载。吕西亚斯的父亲色法鲁斯(Cephalus)应伯里克利之邀来雅典定居,他们家族经营着拥有 120 名奴隶的盾牌作坊。这一规模,在当时算是极大的,它经常被古典史家用来证明雅典社会手工业的发达。但在三十僭主的统治之下,这一盾牌作坊、120 名奴隶以及该家族的其他全部财产都被没收。吕西亚斯的哥哥波勒马库斯(Polemarchus)未经审判即被判以死刑。④

值得注意的是,特拉梅涅斯也被分配去逮捕一名外邦人,但他拒绝了该项任务,并对该项举措提出了严厉批评,认为如此作为甚至比不上"诬告者"。正因为如此,特拉梅涅斯被认为是三十僭主的障碍,于是克里提阿斯决意要控告他,并成功地除掉了他。⑤ 特拉梅涅斯的死,深刻地反映了三十僭主内部所存在的分裂。特拉梅涅斯在辩护时所得到的支持,也证明了存在反对该政权的力量。

---

① Xenophon, *Hellenica*, 2.3.19.
② Xenophon, *Hellenica*, 2.3.20; Lysias, *Against Eratosthenes*, 95.
③ Xenophon, *Hellenica*, 2.3.21.
④ Lysias, *Against Eratosthenes*, 4 – 24.
⑤ Xenophon, *Hellenica*, 2.3.22 – 56.

◆◆◆ 安多基德斯与雅典城邦政治

面对三十僭主的暴政,越来越多的反对者聚集起来,表现最为突出的就是流亡至底比斯的雅典人塔拉绪布罗斯(Thrasybulus)及其支持者开始酝酿回到雅典。实际上,三十僭主的暴政使很多人逃亡海外,雅典邻近的几个城邦如彼奥提亚、科林斯、阿尔戈斯、卡尔基斯以及俄罗普斯等都有雅典的流亡者。①

塔拉绪布罗斯是伯罗奔尼撒战争后期主要的政治家之一,曾在公元前411年担任驻萨摩斯三列桨战舰舰长,他主张召回阿尔基比阿德斯并因此而被选举为将军。在政治倾向上,曾在四百人政权期间积极反对寡头政治。② 在僭主政权建立之初,他逃到底比斯去避难,而底比斯人则在暗地里接纳并支持了他及其同伙。③ 当特拉梅涅斯被处死时,塔拉绪布罗斯及其支持者从底比斯出发,占领了菲莱。④ 菲莱靠近菲莱德莫,位于帕尼斯山(Mount Parnes)的阳坡,战略地位较为重要,是从彼奥提亚进入雅典最为直接的路线,向雅典卫城远眺可望见巴特农神庙(Parthenon),并且易守难攻。

当菲莱被占领的消息传至雅典,三十僭主立刻集结了3000人和骑兵去攻打他们。到达后,一些年轻人立即开始攻打防御工事,但最终一事无成。正当他们打算切断敌军的给养并予以围困时,一场大雪于夜间不期而至,到了第二天仍未停歇。于是,三十僭主率军回到雅典城内,撤退时他们遭到来自菲莱方面的攻击,并有大量伤亡。于是,塔拉绪布罗斯及其支持者因为天气的原因赢得了反对三十僭主的第一个胜利。

随后,三十僭主认为如果没有力量防护,塔拉绪布罗斯及其支持

---

① Peter Krentz, *The Thirty at Athens*, p. 69.
② Thucydides, *History of the Peloponnesian War*, 8.74 – 75, 81.1, 73.4.
③ Plutarch, *Lysander*, 27.4.
④ 关于塔拉绪布罗斯反对僭政与特拉梅涅斯被处死的先后顺序,色诺芬认为是特拉梅涅斯被处死后,三十僭主更趋暴虐,于是塔拉绪布罗斯才开始占领菲莱。(Xenophon, *Hellenica*, 2.4.1 – 2.)而亚里士多德认为的顺序则是前后颠倒过来。(Aristotle, *The Athenian Constitution*, 37.1.)但显而易见的事实是,无论具体的时间顺序到底如何,都无法改变他反对僭主政治的立场。

第四章　政局变动与安多基德斯的回归尝试　◆ ◆ ◆

者将聚集起来掠夺农舍，于是派出了几乎所有的斯巴达驻雅典的军队和两队骑兵驻扎在菲莱的外围。① 可能是应三十僭主的请求，斯巴达规定希腊世界应将雅典的逃亡者引渡给三十僭主政权，如有违者将处5塔兰特的罚款。② 与此同时，塔拉绪布罗斯的力量也在逐渐壮大，值得注意的是越来越多的外邦人加入进来。外邦人支持的典型是吕西亚斯，可能早在流亡者到达菲莱时他已经加入。③ 大约到公元前403年4月底的时候，约有700人聚集在菲莱。来自外邦人的支持是如此重要，以至于公元前403年塔拉绪布罗斯返回雅典时主张授予外邦人以公民权。不久，塔拉绪布罗斯在清晨采用突袭的方式冲散了敌人，并杀死了120名重装步兵和3名骑兵。在被杀死的3名骑兵中，有一名唤作尼克斯特拉图斯（Nicostratus），诨号为"貌美者"。此后，三十僭主感到他们的政权不再稳固，于是准备接管埃琉西斯和萨拉米斯，以便在必要时作为避难地。④

在接管埃琉西斯和萨拉米斯后，三十僭主政权更显暴虐和激进。根据色诺芬的记载，三十僭主政权以欺骗的方式将全体埃琉西斯人带到雅典，并交由十一人委员会处置。第二日，这些埃琉西斯人，被3000人组成的委员会判以死刑。之所以这样做，是因为克里提阿斯想通过这样的行动，使他们的利益紧紧联结在一起。"诚如你们将分享荣誉，你们也必将共担风险。因此，你们务必要对那些被逮捕的埃琉西斯人投票判罪，从而你们与我们共同面临相同的希望与恐惧。"⑤ 此举意味着掌控政权的三十僭主，通过让他们所划定的3000人中的每一个人手上都沾上同胞鲜血的方式共担责任与罪恶。狄奥多鲁斯的记述则表明，杀死了全部的埃琉西斯人和萨拉米斯人。⑥ 色诺芬和狄奥

---

① Xenophon, *Hellenica*, 2.4.4.
② Diodorus, *The Library of History*, 14.6; The Lysias, *Against Eratosthenes*, 95–97; Plutarch, *Lysander*, 27.2.
③ Peter Krentz, *The Thirty at Athens*, p.73.
④ Xenophon, *Hellenica*, 2.4.4–8; Diodorus, *The Library of History*, 14.32.4.
⑤ Xenophon, *Hellenica*, 2.4.9.
⑥ Diodorus, *The Library of History*, 14.32.4.

◆◆◆ 安多基德斯与雅典城邦政治

多鲁斯所言的全部人员被杀死的说法,似乎存有夸张的成分,因为亚里士多德在记述雅典的和解时,曾提及仍有埃琉西斯人。①

大约与此同时,三十僭主尝试了新的阻止其政权被推翻的办法,即诱使塔拉绪布罗斯加入寡头政权。其条件是塔拉绪布罗斯取代原先特拉梅涅斯的地位,并带回任意10名流放者。但遭到了塔拉绪布罗斯的拒绝。② 随后,投靠塔拉绪布罗斯的人数又增加了300人,达到1000人左右。此时,他们与三十僭主的实力相比,仍是弱小的,何况他的支持者中雅典公民只有100名左右。虽然他们在菲莱的战役中取得了小胜,杀死了120名重装步兵和3名骑兵,但这并不足以阻止斯巴达继续干预雅典事务。于是,他们决定进入庇雷埃夫斯海港。在那里,海港不仅易守难攻,而且也有助于吸收更多外邦人和雅典人加入。于是,塔拉绪布罗斯将足够的人员留在菲莱以防不测,然后带领1200名支持者在夜间突袭进入庇雷埃夫斯,并占领了穆尼基亚山(Munychia)。在这种情况下,三十僭主带领所有武装力量,在克里提阿斯的指挥下全力进攻穆尼基亚。虽然三十僭主的力量在人数上占据优势,但在地形上并非如此,双方长时间僵持不下。直到克里提阿斯倒下时,三十僭主的力量都撤回平地上去了。塔拉绪布罗斯在支持者上升并取得军事胜利的基础上,成为庇雷埃夫斯的主人,更多的人归附于他。在力量空前壮大的情况下,他们开始围攻雅典城。③

雅典城内的3000人已经意识到形势的严峻,他们正式罢黜了三十僭主,并选举"十人委员会"掌控雅典城区的领导权。但这并没有结束雅典的内战状态。④ 被罢黜的三十僭主则退避到埃琉西斯,为了重夺对雅典的控制权,他们借口民众已经叛离斯巴达的联盟,开始向斯巴达求助。城内的雅典人也以同样的理由,派出使者向斯巴达求

---

① Aristotle, *The Athenian Constitution*, 39.3.
② Diodorus, *The Library of History*, 14.32.5–6.
③ Diodorus, *The Library of History*, 14.33.1–4; Xenophon, *Hellenica*, 2.4.10–22.
④ Xenophon, *Hellenica*, 2.4.23–27.

第四章 政局变动与安多基德斯的回归尝试

援。斯巴达的将领吕山德认为从陆海两路围攻庇雷埃夫斯,并切断其给养,足以使庇雷埃夫斯的叛乱分子迅速投降。斯巴达最终派吕山德携带100塔兰特作为雇佣军的军费,吕山德的兄弟里彼斯(Libys)则率40艘三列桨战舰出征,分别从陆海两路封锁庇雷埃夫斯。于是,庇雷埃夫斯的民主派陷入困境之中,而雅典城内的寡头分子则重拾信心。①

正在庇雷埃夫斯的民主派处境更趋艰难之时,斯巴达国王保萨尼阿斯与吕山德的矛盾使局势再次发生改变。根据色诺芬的记述,当时的情况是,保萨尼阿斯嫉妒吕山德的功绩,因为他在伯罗奔尼撒战争的末期对于斯巴达获得战争的胜利功劳甚大,而此时却仍不知收敛。于是,保萨尼阿斯与另一位国王阿吉斯达成一致,并说服五位监察官中的三位同意保萨尼阿斯也率军前往雅典。② 而狄奥多鲁斯也认为两者的矛盾是因为嫉妒,但他还指出此时斯巴达的坏名声。③ 但不管其具体的原因是什么,事实是保萨尼阿斯有意推行与吕山德相左的政策。他想促成雅典内部两派别之间的和解,并最终达成了涉及雅典民主派、雅典寡头派以及斯巴达的三方和平协议。根据色诺芬的记载,这一协议规定:"雅典城区的寡头派与庇雷埃夫斯的民主派应该和谐共处。除三十僭主、十一人委员会、统治庇雷埃夫斯的十人委员会的成员外,其余人员各回各家。居住在城区的任何人如果感到害怕,可以移居埃琉西斯。"④ 狄奥多鲁斯的记载大体与之相似。⑤

相比之下,亚里士多德关于该协议的文本似乎更为全面。该文本说明,和解是在优克雷德斯(Eucleides)担任执政官时,以如下条款为基础达成的:

---

[1] Xenophon, *Hellenica*, 2.4.28–29; Lysias, *Against Eratosthenes*, 58–60.
[2] Xenophon, *Hellenica*, 2.4.29–30.
[3] Diodorus, *The Library of History*, 14.33.6.
[4] Xenophon, *Hellenica*, 2.4.35–38.
[5] Diodorus, *The Library of History*, 14.33.6.

◆ ◆ ◆ 安多基德斯与雅典城邦政治

　　那些曾在雅典城区定居,并渴望移居到埃琉西斯的雅典人,保有他们完全的公民权,拥有管理权和自治的权利,并享有其财富。埃琉西斯神庙为双方所共有,依旧制仍由克里克斯家族和优莫尔皮戴家族监管。双方人员不能进入对方的城区,否则违法,但庆祝密仪仪式期间除外。居住在埃琉西斯的人,仍需如其他雅典人一样,从收入中贡献钱财以用于共同防御。如有人离开雅典,去接手在埃琉西斯的房子,需征得房主的同意;如不能达成协议,则双方各选择三名估价人,房主需接受估价人评估定下的任何价格。居住在埃琉西斯的人,如果新的定居者愿意的话,他们可以与其居住在一起。对于那些想移居埃琉西斯的人而言,如果他在城邦内,他在宣誓遵守和解的誓言后十日内登记,在二十日内迁出。如在海外者,在他们回归后有类似的时间(要求)。任何居住在埃琉西斯的人,都不得在雅典城担任任何公职,直至他脱离名单并重新居住在雅典城。如果一个人亲手杀死或者是伤害他人,对蓄意杀人案件的审判仍沿旧制。将对过去的行为实行全面的赦免,涉及的人员范围是除三十僭主、十人委员会、十一人委员会的成员以及庇雷埃夫斯的当权者之外的所有人,而即使是这些被排除在外的人,如果他们提交了账目报告也在被赦免的范围。那些曾在庇雷埃夫斯当权的人,将账目报告交至当地法庭;而在城区担任职务者,则将账目报告交至由相当财产的人员组成的法庭,或者是那些不愿意提交账目报告的可以根据协议移居。双方都应各自偿还为战争所借的款项。①

　　此处的文本与色诺芬的版本不同,它更侧重埃琉西斯问题以及各个问题的具体细节。当然两者之间存在两处明显的矛盾。

　　第一个矛盾是关于赦免的问题,亚里士多德认为赦免是在和平协

---

① Aristotle, *The Athenian Constitution*, 39.1-6.

第四章 政局变动与安多基德斯的回归尝试

议之中，这是在公元前403年，而色诺芬所暗示的时间要略晚，那是在统一埃琉西斯时提及的，也即公元前401年。① 可以说，两者各有古代文献提供支持。安多基德斯和哈利卡纳苏斯的狄奥尼修斯支持了亚里士多德，而查士丁（Justini）则与色诺芬的观点相一致。② 尽管有这些分歧，但多里亚赫恩（Dorjahn）的推论更具合理性，他认为："在公元前403年流放者回归后，紧接着就通过了赦免法。在公元前401年埃琉西斯并入后，则予以重申。"③

第二个矛盾是"十人委员会"是否适用于大赦令。虽然关于这一点古代文献也存有争议，但克伦茨的评述是颇有道理的，他强调："亚里士多德和色诺芬在这一点上并不存在真正的分歧，因为色诺芬所指的并非赦免令。"④

可以说，亚里士多德的文本在对和平协议的记述上，要远远超过色诺芬。根据该协议，埃琉西斯保持独立是其必然的结果。因此，雅典的内战与冲突，是以两派的和解以及埃琉西斯的独立为结局的。与此同时，民主政治再次得以恢复。随后，保萨尼阿斯解散了他的军队，而原先驻守雅典的斯巴达军队也撤出了雅典，于是，雅典从斯巴达的占领中解放出来。

总体而言，雅典的民主政治再次得到恢复。但需要注意的问题是：虽然三十僭主的统治在时间上非常短暂，只有短短的8个月且更多地受到斯巴达这一外部因素的影响，但其在统治期间的残暴与剧烈确实前所未有。雅典在不到10年的时间内经历了两次寡头政变，对于它的冲击是前所未有的。他们应该如何重建他们的城邦？他们这次的重建与公元前410年的那次会一样吗？这是雅典人必须要思考的

---

① Xenophon, *Hellenica*, 2.4.43.
② Andocides, *On the Mysteries*, 81; Dionysius of Halicarnassus, Critieal Essays: *Lysias*, with an English Translation by Stephen Usher, Loeb Classical Library, Cambridge: Harvard University Press, 1974, 32; Justini Historiae Philippicae, London: A. J. Valpy, 1822, 5.10.11.
③ Alfred P. Dorjahn, *Political Forgiveness in Old Athens*, Evanston: Northwestern University, 1946, p.15.
④ Peter Krentz, *The Thirty at Athens*, p.104.

◆ ◆ ◆　安多基德斯与雅典城邦政治

问题。

二　和解的执行

根据协议，塔拉绪布罗斯等民主派人士，于公元前403年秋季进入雅典卫城，并向雅典娜献祭。在这些人员从卫城下来后，将军们召集了公民大会，塔拉绪布罗斯在大会上表达了他对和平协议的看法："我并不是想让你们去违背已经宣誓过的誓言，而是请求你们展示这种美德，以及其他美德，即你们是遵守承诺的人，并且是敬畏神的人。"与此同时，他还告诉原居城区的寡头派，他们"没有必要生活在不安之中，只需要按照先前既定的法律生活就可以了"①。而这意味着重建后的民主政治，准备继续遵守斯巴达主导下的三方和谈方案。

从庇雷埃夫斯返回雅典的民主派有机会向寡头派复仇，但他们并没有这样做，而是选择了既往不咎，这一点曾被安多基德斯所注意。②问题是民主派为何会放弃复仇？这其中以斯巴达国王保萨尼阿斯为代表的斯巴达因素是显而易见的推动力量，但并非决定性力量。真正的决定性力量，是雅典所面临的存亡危机。自伯罗奔尼撒战争爆发以来，雅典历经与斯巴达的战争以及雅典内战，这使雅典的公民损失异常大。而内战的进行使寡头政权下的3000人名单上的所有人，都成了手上沾满同胞鲜血的罪犯。在这种情况下，雅典城邦所面临的存亡危机成为影响因素中的决定性力量。与此同时，民主派领袖信守和解的立场则维护了该和平方案的实施。例如前述塔拉绪布罗斯在公民大会上，呼吁民众要信守诺言。当然，民主派领袖的作用，并不局限于此。

亚里士多德的文本涉及了埃琉西斯的问题。根据其内容，想要移居埃琉西斯的人可以迁居。在具体操作的过程中，民主派领袖阿基努斯并没有按照协议规定给够时间，而是将截止的时间提前了，于是将

---

① Xenophon, *Hellenica*, 2.4.42.
② Andocides, *On the Mysteries*, 81.

第四章 政局变动与安多基德斯的回归尝试

很多意欲前往埃琉西斯的人都留在了雅典城。亚里士多德认为此举是阿基努斯颇具政治家气质的举措。[1] 不可否认的是此举违犯了此前的协议，但由于更多的人留在了雅典，因此加强了雅典的力量。[2] 与此同时，阿基努斯否决了塔拉绪布罗斯关于授予其追随者以公民权的提议，因为这些追随者大多为外邦人和奴隶。第三项举措是当有人开始煽动对返回者的怨恨时，他将此人押至议事会，并说服议事会不经审判就处死他，声称此时对他们而言，正是表明他们是否愿意拯救民主政治和恪守誓言的时刻，因为如果放掉此人就会使别人群起仿效，而如果处死他则足以警诫他人。[3] 阿基努斯通过此举表明了城邦一定要恪守誓言。

公元前401年，雅典民主派听说埃琉西斯的寡头派正在招募雇佣军队，于是率军前去攻打。他们杀死了前来谈判的将军，然后派遣在埃琉西斯有朋友和亲属的人去说服埃琉西斯人进行和解。他们保证信守誓言——不再重提过去的恩怨。[4] 如前所述，色诺芬错误地认为赦免是在此时实行，但是此时的赦免不过是公元前403年赦免的再确认。由此，赦免人员的范围，可能扩大到那些居住在埃琉西斯的人，包括在埃琉西斯的三十僭主、十人委员会、十一人委员会以及统治庇雷埃夫斯的十人委员会的成员。城邦要求他们提交报告以备审查或者流放。[5]

从公元前403年和公元前401年的赦免条款的使用情况来看，宣誓是重要途径，前者涉及参加公民大会的人员，而后者的情况则不明确，有可能也是公民大会。除了公民大会使用誓言外，议事会和陪审法庭每年都会举行一次宣誓，以确认信守赦免令。安多基德斯曾提及他们的誓言，议事会认为"除了那些对逃离雅典的人提起控告外，我不会允许任何因为过去的事件出现的告发或者逮捕发生"，陪审

---

[1] Aristotle, *The Athenian Constitution*, 40.1–2.
[2] Andrew Wolpert, *Remembering Defeat*, p. 31.
[3] Aristotle, *The Athenian Constitution*, 40.2.
[4] Xenophon, *Hellenica*, 2.4.43; Aristotle, *The Athenian Constitution*, 40.2.
[5] P. J. Rhodes, *A Commentary on the Aristotelian Athenaion Politeia*, p. 480.

◆ ◆ ◆ 安多基德斯与雅典城邦政治

法庭的则认为:"我不会裁决已表决过的控告,也不接受那些由任何人就过去的控诉所提出的新控告,我将依照现行有效的法律进行表决。"①

如果说恪守誓言是保障赦免实现的安全阀,那么阿基努斯所引入的一条法律和民主派领袖的好意以及决心则是另外两种更为可靠的安全阀。② 该法律只见于伊索克拉底的《诉卡里马库斯》,其主要内容为:如果有人提出了违背誓言的诉讼,被告有权进入例外请求程序,行政官员应首先将其提交给特别法庭。进入这一程序的被告,在该法庭上可优先发言,输了则需缴纳罚金。原告既然是因为毫无道德地重翻旧账,不应仅因其作伪证而判罪和等待神明的报复,而是应得到直接的惩罚。③ 可以说,这一法律并非全新的创造,在这之前已有类似的法律,主要是以"阻碍案件交付审判"为形式的特殊诉求。④ 而关于民主派领袖的好意以及决心,在前述提及塔拉绪布罗斯和阿基努斯的事迹时已有所体现。⑤

除这些在制度上的努力外,他们还以实际的行动践行和解特赦的条款和精神。这不仅表现为他们有意忘记与过去的罪行相关的控诉,而且体现在使用公款偿还三十僭主向斯巴达所借的 100 塔兰特欠款,因为和解协议规定在城区和庇雷埃夫斯的派别分别偿还。⑥

总的来说,和解特赦的条款得到较为严格的遵守,正因为如此,色诺芬、亚里士多德等都对此进行了高度赞扬。作为见证者,色诺芬描述了埃琉西斯并入雅典时雅典人宣誓"不重提过去的错误",这一誓言"直到今日雅典人还在遵守它们"⑦。亚里士多德则认为雅典政

---

① Andocides, *On the Mysteries*, 91.
② Alfred P. Dorjahn, *Political Forgiveness in Old Athens*, p. 35.
③ Isocrates, *Against Callimachus*, 2 – 3.
④ Alfred P. Dorjahn, *Political Forgiveness in Old Athens*, pp. 35 – 36.
⑤ 另外可参阅 Alfred P. Dorjahn, *Political Forgiveness in Old Athens*, pp. 37 – 39。
⑥ Aristotle, *Athenian Constitution*, 40.3; Isocrates, *Against Callimachus*, 23 – 24.
⑦ Xenophon, *Hellenica*, 2.4.43. 关于色诺芬所言的"今日",其实具体所指比较模糊,但起码截至公元前 395 年塔拉绪布罗斯失势是成立的。

治家阿基努斯"在对待过去的灾难上，无论是在私人层面，还是在城邦层面，都堪称是人类历史上最值得崇敬和最具政治家气度的。"①

正是由于城邦内部发生的这一变化，安多基德斯才得以于公元前403—前402年从塞浦路斯回到雅典。② 但与此同时，我们也应看到，虽然城邦对"赦免"在制度上以及法令层面进行了诸多限制，但雅典民众如何理解，乃至如何遵守这些限制是城邦无法规定的。可以说，和解特赦的协议在实践中如何被遵守，仍尚待时间的检验。

三 成功回归及其政治活动

在回归以后，安多基德斯得以开始参加城邦的各种政治和宗教活动。而他在流亡期间通过从事商业活动积累了大量财富，这为其开展政治活动奠定了良好的基础。事实表明，他在返回雅典后，是积极参加城邦政治活动的。

在回到雅典不到10天的时间里，安多基德斯就向王者执政官控告了阿基普斯（Archippus）毁坏了他们家族所供奉的赫尔墨斯神像。阿基普斯声称他并没有损坏这一神像，最后是在支付了一些钱财后，被释放了。③ 实际上，这一神像并非他们家族的神像，只是靠近他家祖宅，该神像由埃该伊德部落奉献的。④ 在具体的破坏方式上，其实与公元前415年破坏神像的方式不同，这次只是一些乱涂乱画的冒犯行为。⑤

随后，他开始积极地参加政治事务。他在民众面前发言，提出控告并使一些官员失去了任职资格，参加议事会会议，并在献祭、队列行进、祈祷式以及神谕中出现的争论等方面，提出自己的建议。⑥ 托

---

① Aristotle, *Athenian Constitution*, 40.2.
② Andocides, *On the Mysteries*, 4, 132.
③ Lysias, *Against Andocides*, 11-12.
④ Andocides, *On the Mysteries*, 91.
⑤ Furley, *Andokides and the Herms*, p.64. and note 56.
⑥ Lysias, *Against Andocides*, 33.

◆ ◆ ◆ 安多基德斯与雅典城邦政治

德对安多基德斯此时的活动进行注释时,认为他在议事会上的发言,可能他是作为议事会成员进入议事堂参加讨论,也可能他并非其成员,但在特定的某天争论时进行了发言。从中可以看出,安多基德斯的活动主要集中于宗教领域。这一方面说明了他是这方面的专家,另一方面也可能反映了控告者自身的偏好,认为他应该被排除在这些活动之外,还有强调安多基德斯厚颜无耻的意图。① 可能专注于宗教性活动,确实是其特长。安多基德斯本人强调,他曾多次前往厄琉西乌姆,并在那里献祭。②

在担负城邦公益捐助上,他先是在赫淮斯提亚(Hephaestia)上充任赛会组织者(Gymnasiarch)。然后,他担任了地峡赛会(Isthmua)和奥林匹亚赛会(Olympia)的城邦代表团团长(Arichitheorus)。此外,他还担任了雅典卫城圣库(The Sacred Money on the Acropolis)的财务官。③

除以上活动外,他还参加包税人竞标,并以36塔兰特的标价击败竞争对手阿古尔西乌斯(Agyrrhius),从而赢取了包税资格。这为城邦增加了6塔兰特的收入,因为阿古尔西乌斯的竞标价为30塔兰特,惯常以串通其他竞标人的方式压低标价。④

除了积极参加城邦政治事务外,他可能还与一些民主派人士联系较多。安尼图斯(Anytus)曾在菲莱支持塔拉绪布罗斯。在公元前403年以后,是雅典民主派的主要代表人物。他最为人所熟知的事迹,可能是他控告苏格拉底。⑤ 色法鲁斯也是该时期民主派的主要代表人物。⑥ 在安多基德斯被控告时,他们两人都曾出庭作证。⑦ 至于

---

① S. C. Todd, *A Commentary on Lysias*, p. 462.
② Andocides, *On the Mysteries*, 132.
③ Andocides, *On the Mysteries*, 132.
④ Andocides, *On the Mysteries*, 133 – 134.
⑤ 关于安尼图斯,可以参考 J. K. Davies, *Athenian Propertied Families 600 – 300 B. C.*, pp. 40 – 41; Robert Develin, *Athenian Officials 684 – 321 B. C.*, p. 265。
⑥ Robert Develin, *Athenian Officials 684 – 321 B. C.*, p. 473.
⑦ Andocides, *On the Mysteries*, 150.

第四章 政局变动与安多基德斯的回归尝试

同样在出庭作证的另一人塔拉绪罗斯（Thrasyllos），只是其身份不能确认。倘若如刘易斯所言，"Thrasyllos"修改为"Thrasybulus"，也即雅典的民主派领袖塔拉绪布罗斯，那么这意味着回归后的安多基德斯与当时的民主派建立了密切的联系。①

在私人事务上，安多基德斯也尽量担负起贵族应负的责任。这突出地表现在他积极争取埃庇吕库斯（Epilycus）女儿的继承权。埃庇吕库斯是安多基德斯的舅舅特山德尔的儿子，他在西西里去世后，没有男性后嗣，只留下了两个女儿以及超过5塔兰特的债务。面临这种情况，他与列阿哥罗斯（Leagrus）共同担负起迎娶她们为新娘的责任。本来商量好他们两人分别迎娶一位女孩，但不巧的是分给安多基德斯的那位姑娘染疾离世。当他看到列阿哥罗斯与卡里阿斯商谈转手另一位姑娘的权利时，他又想法迎娶这位姑娘，并与卡里阿斯产生了激烈冲突。②

当然，安多基德斯这种积极行动的背后，绝不仅仅是其声称的"尊重家族联系"，除此之外，可能还有经济方面的考量，尽管他声称，埃庇吕库斯的"财务状况非常糟糕：他财产的价值还不到2塔兰特，而债务却超过了5塔兰特"③。戴维斯也认为安多基德斯与卡里阿斯就继承问题产生的激烈争夺，也说明埃庇吕库斯继承权的价值要远大于安多基德斯所承认的。④

在这里，学界对安多基德斯参加城邦政治的行为进行评述时，就其是否持有民主信念产生了分歧。有学者认为其具有民主信念，因为安尼图斯和色法鲁斯两位民主派人物都在法庭上支持了他，而且他的控告者是基于他的揭发行为而对他进行报复。米修否定了这种意见，认为安多基德斯并不具有民主信念，而是具有贵族或寡头的世界观。其依据主要有两点：第一点是在讲述雅典历史上的大赦、赦免时，安

---

① S. C. Todd, *A Commentary on Lysias*, p. 403, and Note 16.
② Andocides, *On the Mysteries*, 117 – 121.
③ Andocides, *On the Mysteries*, 118.
④ J. K. Davies, *Athenian Propertied Families 600 – 300 B. C.*, pp. 297 – 298.

◆ ◆ ◆ 　安多基德斯与雅典城邦政治

多基德斯引用的例证是马拉松战役，而不是萨拉米斯海战。通过对马拉松战役的强调，从而将有产阶级置于比普通民众更为有利的地位，因为马拉松战役是重装步兵的胜利，而萨拉米斯海战的胜利是船员的胜利。第二点是他对于"charis"（感激、感恩）的认识体现了他的贵族立场，因为他认为由个人或家族提供的优良服务应该得到民众的回报。①

米修的分析似乎过于强调安多基德斯的寡头意识。因为个人对待城邦政治的态度，或者是个人具有怎样的政治意识，主要取决于城邦对个人利益产生了怎样的影响。老寡头在《雅典政制》中曾写道：

> 在我看来，雅典民众知晓哪些公民是好的，哪些公民是坏的。但是，尽管他们知道，他们仍乐于获得对他们顺从和有用的人的支持，即使他们是坏的，并且他们易于仇视良民，因为他们并不认为良民的天性就是为了民众的利益，而是为了伤害他们的利益。另外，一些人在天性上并非民主者，尽管他们确实与民众为伍。因为他们实行民主政治的缘故，我并不求苛责每一人。必须谅解每一位追求自己利益的人。但是，对于一个不是平民的人来说，他更倾向于生活在民主制的城邦，而不是寡头制的城邦。②

由此来看，安多基德斯作为一名曾经被剥夺公民权的雅典贵族，我们不宜简单地评价他是否具有民主理念，而应该看到他是积极参加城邦政治活动的，并与当时的民主派人士安尼图斯等建立了密切的联系。这些城邦政治活动，在他看来是有价值的，而他也获得了城邦认可。与此同时，城邦也在他积极参与政治活动的基础上，获得了相应的益处。在这种个人与城邦双双受益的背后，应该看到安多基德斯积极参与城邦政治的过程，也是与其他贵族相竞争的过程。回归后的安多基德斯在获得政治荣誉的同时，也结怨颇多。例如，他与卡里阿

---

① Anna Missiou, *The Subversive Oratory of Andokides*, pp. 50 – 53.
② Xenophon, *Constitution of the Athenians*, 2. 19 – 20.

第四章　政局变动与安多基德斯的回归尝试

斯、阿古尔西乌斯等都有嫌隙。一待时机成熟，这种贵族之间的恩怨便有可能转变为法庭上的控告。这构成了公元前400年安多基德斯被控诉的背景。

小　　结

安多基德斯本人在流亡海外后，虽然可以利用家族关系以及通过个人努力来获得物质上的满足，但在政治上却无法施展。正因为怀念在城邦的公民生活，所以他期望通过为城邦提供服务的方式来求得城邦的谅解。从他提供的服务来看，第一次是向驻萨摩斯的雅典海军提供木材、铜以及谷物等物品，第二次是向雅典提供了它急需的粮食。他本希望可以借此恢复雅典的公民权，但不幸的是两次回归请求都遭到了拒绝。虽然两次回归遭到拒绝的原因各有不同，但有一点是相同的，即无论是四百人政权，还是在推翻五千人政权后得以恢复的民主政权，都执行了拒绝流放者回归的政策。从这个意义上讲，安多基德斯回归母邦的失败更多地缘于城邦对流放者群体的不信任。

但是雅典在伯罗奔尼撒战争中战败的情况下，民主政治再次被推翻，从而开启了三十僭主的统治时代。三十僭主的残暴统治以及内战的开展，给雅典带来了深重的灾难。在斯巴达国王保萨尼阿斯的努力下，最终达成了涉及雅典民主派、雅典寡头派以及斯巴达的三方和平协议。随后，雅典恢复了民主政治，并通过了大赦令。在这种情况下，雅典召回了海外流亡者，安多基德斯也因此回到了雅典。在回到雅典后，他开始积极地投身于城邦的政治活动。这些活动广泛涉及义务捐助、担任官职、提出建议、参加包税人竞标等各方面，并在私人事务上也尽力地担负起贵族的责任。但逐渐地他与卡里阿斯等其他贵族结怨颇深。而这种恩怨正是安多基德斯的反对者向法庭对其提起控诉的主要动因。

第五章　安多基德斯的渎神案回忆与城邦判决

雅典恢复民主政治后，其面临的任务之一是继续修订法律。这不仅是因为法律方面的混乱情况，而且也有落实"和解赦免"条款的需要。在禁止就"过去的罪行"重提诉讼方面，设置了诸多障碍。[①] 但这并不意味着人人皆会心甘情愿地遵守赦免的协议和相关法律，他们往往会通过各种理由向陪审法庭就往事发起诉讼，这其中就涉及对安多基德斯的控诉。当时的情况是，色菲西乌斯在卡里阿斯指使下，于公元前400年以安多基德斯参加埃琉西斯密仪庆祝仪式违犯了《伊索提米德斯法令》为由，向城邦的王者执政官告发他，并被及时地提交给陪审法庭。这一控告与15年前的渎神案联结在一起，与三十僭主期间的罪行毫不相干。在城邦禁止就过去重提诉讼的禁令下，安多基德斯是因为什么被控告？他在陪审法庭上采用了怎样的辩护策略？城邦无罪开释他的原因是什么？这些问题是本章要解决的问题。

第一节　控告发生的原因

在被控告的时间上，安多基德斯曾提及他是在回归三年后遭到了

[①] 关于该时期城邦修订法律的状况，可以参阅 Richard Bauman, *Political Trials in Ancient Greece*, pp. 77–82。

第五章　安多基德斯的渎神案回忆与城邦判决

控告，因此其时间大体为公元前 400 年或公元前 399 年，而公元前 400 年的可能性更大一些。① 具体而言，是在公元前 400 年的埃琉西斯密仪节上，有人对安多基德斯进行了控告。

一　演说词中的记述

根据安多基德斯本人在《论密仪》中的叙述，针对他的控告主要有两项：一项是色菲西乌斯控告他违背了《伊索提米德斯法令》。色菲西乌斯的控告还得到了雅典贵族梅勒图斯、埃庇查瑞斯、阿古尔西乌斯的支持。② 另一项指控是由卡里阿斯提出的，他指控安多基德斯将用于祈求的橄榄枝放在了厄琉西乌姆。他认为根据雅典的传统法，无论是谁在密仪节日期间放置了该橄榄枝都将会是死罪。③

从以上两项控诉来看，表面上这是两个独立的控诉，实际上色菲西乌斯等人控诉的背后有卡里阿斯的影子。对此，安多基德斯曾特别强调，卡里阿斯是色菲西乌斯等人控诉的推动力量。④ 与此同时，从控告所导致的最终判决来看，这两项罪名无论哪一项被定罪皆为死罪。⑤ 需要指出的是，虽然安多基德斯所列举的是两项指控，但实际上指控的依据都是《伊索提米德斯法令》。

安多基德斯在列举控告者对他的控告时，也解释了这些控告者对其进行控告的原因。具体而言，第一项控告的主控人是色菲西乌斯，

---

① Douglas MacDowell, *Andokides on the Mysterie*, pp. 204 – 205; Michael Gagarin and Douglas M. MacDowell, *Antiphon & Andocides*, p. 99; S. C. Todd, *A Commentary on Lysias*, p. 399.

② 色菲西乌斯的控告：Andocides, *On the Mysteries*, 71。此处的梅勒图斯，并非安多基德斯的"朋党"梅勒图斯，但是否与控告苏格拉底的梅勒图斯为同一人，可以参看本章第五节：Andocides, *On the Mysteries*, 94; Michael Gagarin and Douglas M. MacDowell, *Antiphon & Andocides*, p. 125；埃庇查瑞斯：Andocides, *On the Mysteries*, 95；阿古尔西乌斯是公元前 4 世纪 90 年代的杰出政治领袖：Andocides, *On the Mysteries*, 95; Michael Gagarin and Douglas M. MacDowell, *Antiphon & Andocides*, p. 136。

③ Andocides, *On the Mysteries*, 110 – 112.

④ Andocides, *On the Mysteries*, 117 – 131.

⑤ 实际上，卡里阿斯指控所对应的惩罚，按照安多基德斯辩护的情况来看，应是罚款 1000 德拉克玛。(Andocides, *On the Mysteries*, 116.)

◆ ◆ ◆ 安多基德斯与雅典城邦政治

安多基德斯认为他是被卡里阿斯用1000德拉克玛收买，从而代替卡里阿斯对他提出控告。① 麦克道维尔甚至认为，包括色菲西乌斯及其支持者在内的人员，皆为"诬告者"，被卡里阿斯买通。② 但需要注意的是，阿古尔西乌斯与安多基德斯有私人恩怨。安多基德斯曾提及他本人与阿古尔西乌斯竞争雅典的进出口关税的承包权，从而使阿古尔西乌斯至少失去了包税权。③ 不管色菲西乌斯及其三位支持者的控告动机是什么，安多基德斯认为卡里阿斯都是其背后主谋，而这其中又涉及安多基德斯与卡里阿斯之间的恩怨。

卡里阿斯是希波尼库斯（Hipponicus）的儿子，来自安提俄喀斯（Antiochis）部落下属的阿罗珀刻（Alopeke）德莫。他所在的家族，属于埃琉西斯地区克里克斯家族，所以密仪的"持火炬者"这一职位是由该家族所世袭的。该家族不仅因其财富而闻名，而且在政治上颇有声誉。安多基德斯也曾提及，卡里阿斯本人身着举行仪式的服装指证他。④ 除了因世袭"持火炬者"这一职位而掌握宗教特权外，他的家族还与当时雅典的名门望族保持婚姻联系。例如，卡里阿斯的祖父老卡里阿斯曾娶了西蒙的姐姐厄尔庇尼克（Elpinice）。⑤ 卡里阿斯的父亲希波尼库斯将女儿希巴瑞特（Hipparete）嫁给了阿尔基比阿德斯。⑥ 与雅典名门望族交结的同时，该家族还与斯巴达素有交往。老卡里阿斯是斯巴达任命的在雅典的官方代理人，而这一职务又被其孙卡里阿斯所承袭。⑦ 其家族成员中的另一位卡里阿斯，曾经参与过反对僭主庇西特拉图的斗争，并因此被希罗多德盛赞为"是为解放他的城邦而立有大功的人"⑧。老卡里阿斯曾于公元前449年代表雅典出使

---

① Andocides, *On the Mysteries*, 121.
② Douglas MacDowell, *Andokides on the Mysterie*, p. 14.
③ Andocides, *On the Mysteries*, 133–135.
④ Andocides, *On the Mysteries*, 112.
⑤ Plutarch, *Cimon*, 4.7.
⑥ Plutarch, *Alcibiades*, 8.2.
⑦ Xenophon, *Hellenica*, 6.3.3–4.
⑧ Herodotus, *The Persian War*, 6.121–122.

第五章　安多基德斯的渎神案回忆与城邦判决

波斯，并缔结了以他的名字命名的"卡里阿斯和约"。公元前446年他与安多基德斯的祖父出使斯巴达，并缔结了"三十年和约"①。

卡里阿斯大约出生于公元前450年。他曾先后迎娶了伯里克利和伊斯叙马库斯（Ischomachus）的女儿。安多基德斯曾提及，他与伊斯叙马库斯的女儿离婚后，又与她的母亲同居。②进入公元前4世纪以后，他曾多次参与公共事务。在科林斯战争期间，他曾于公元前391—前390年担任将军，后曾三次代表雅典出使斯巴达。③但真正使其引起雅典民众注意的并不是这些，而是他的财富、文化以及他奢华的生活。在财富上，他的富有可从其绰号"拥有宝藏财富的人"可见一斑。在文化上，他本人擅长吹笛子，这在雅典精英中是颇为少见的技艺。除此之外，他还喜好交结当时的智者，不仅资助他们大量的金钱，而且经常将他们请到家中。这种场景，常见于柏拉图和色诺芬的作品。在奢华的生活上，他是剧作家的嘲笑对象，他本人也被认为是因此而将家财挥霍一空落魄终老。④

在安多基德斯看来，他之所以与卡里阿斯交恶，是因为在争夺埃庇吕库斯女儿的继承权问题上产生了冲突。事情的原委是这样的：埃庇吕库斯是安多基德斯母亲的兄弟，也就是他的舅舅，死在了西西里，他没有男性后嗣，只有两个女儿。⑤在这种情况下，根据雅典的法律规定：一个女人属于她的丈夫，如果未婚嫁则属于其父亲，如果其父去世则属于其兄弟或者是血缘关系最近的男性亲属。如果一个公民死时没有留有遗嘱，没有男性后嗣而仅有女儿，则女儿成为继承人，可以分割继承其父的遗产，然后与其血缘关系最近的男性亲属结婚。该男性亲属根据规定或娶其为妻，或为其找一丈夫并提供嫁妆，也可以在整体放弃遗产继承的情况下免负该责任。如有分歧，则需付

---

① Diodorus, *The Library of History*, 12.7.
② Andocides, *On the Mysteries*, 124; Douglas MacDowell, *Andokides on the Mysterie*, p.11.
③ Xenophon, *Hellenica*, 4.5.13; 6.3.4.
④ Douglas MacDowell, *Andokides on the Mysterie*, pp.10–11.
⑤ Andocides, *On the Mysteries*, 117.

◆ ◆ ◆ 安多基德斯与雅典城邦政治

诸陪审法庭，让法庭予以裁决。①

根据雅典的法律，安多基德斯和列阿哥罗斯是男性亲属中血缘最近的，他们对两位女继承人权利的要求是合乎情理的，最初他们也得以各随所愿，每人都获得了相应的一份。在此次继承问题上，安多基德斯认为他们两人都承担了应尽的责任，尤其考虑到埃庇吕库斯的财产价值不足2塔兰特，其债务却高达5塔兰特的情况。② 不幸的是，归于安多基德斯名下的姑娘染疾并离世。与此同时，卡里阿斯试图说服列阿哥罗斯放弃归其名下姑娘的权利。于是，安多基德斯转而争取这一个姑娘。从血缘关系上看，卡里阿斯与埃庇吕库斯的女儿并无男性血缘关系，他只是因他的妻子与埃庇吕库斯的妻子是姐妹，从而在女性亲属方面与其有关系。③ 因此，卡里阿斯如果求助于法庭，可能会因为他在血缘关系上的劣势，使他在与安多基德斯竞争时并无胜出的可能。为了阻止安多基德斯的争夺，一方面他以他儿子的名义，提议要迎娶该姑娘，另一方面则是通过收买色菲西乌斯命其对安多基德斯进行控告，理由是他违犯了《伊索提米德斯法令》。④

色菲西乌斯对安多基德斯的指控是通过"Endeixis"来完成的。"Endeixis"具有"控告"的含义，其本意指起诉某人行使了法律许可以外的权利，该控告提交给雅典的官员。⑤ 具体到安多基德斯的控告，色菲西乌斯首先向王者执政官指出安多基德斯参加了密仪节日，从而违犯了《伊索提米德斯法令》。在节日结束后，王者执政官向议事会进行汇报，然后由议事会将该案件提交给陪审法庭。⑥ 但雅典城邦不

---

① A. R. W. Harrison, *The Law of Athens: the Family and Property*, Oxford: The Clarendon Press, 1968, pp. 9 – 12, 132 – 138.
② Andocides, *On the Mysteries*, 118 – 120.
③ Michael Edwards, *Andocides*, p. 185, and Appendix B; Cheryl Anne Kox, "Incest, Inheritance and the Political Forum in Fifth-Century Athens", *The Classical Journal*, Vol. 85, No. 1 (Oct-Nov, 1989), pp. 35 – 42.
④ Andocides, *On the Mysteries*, 120 – 121.
⑤ A. R. W. Harrison, *The Law of Athens: Procedure*, Oxford: The Clarendon Press, 1971, pp. 229 – 231.
⑥ Douglas MacDowell, *Andokides on the Mysterie*, p. 142.

第五章 安多基德斯的渎神案回忆与城邦判决

曾囚禁安多基德斯，也未让其缴纳保证金，而在类似指控下，这种情况通常是不会发生的。因此，麦克道维尔推断，这是因为"卡里阿斯希望安多基德斯因该控告逃离雅典，而不是面对审判"①。

但是安多基德斯并没有逃离雅典，卡里阿斯见此局面，又采取了进一步的行动，他准备对安多基德斯发起新的指控。新指控的内容就是安多基德斯将用于祈求的橄榄枝放在了祭坛之上。② 因为很明显的是，在密仪节日期间，将用于祈求的橄榄枝放在祭坛上是违法的。并且，在卡里阿斯看来，对这一违法行为的惩罚，应该是不经审判即可处以死刑。③ 但安多基德斯并未因此而退缩，他不仅否认了自己曾将橄榄枝放在祭坛上，而且仍继续坚持他对埃庇吕库斯女儿的权利。

见此局面，卡里阿斯又试图通过安多基德斯的朋友，来换取安多基德斯本人的妥协。具体情况是这样的：卡里阿斯拜访了安多基德斯的密友吕西斯特拉图斯（Lysistratus）、赫加蒙（Hegemon）以及埃庇查瑞斯。希望通过这样的中间关系，来说服安多基德斯，放弃对埃庇吕库斯女儿的权利。作为回报，卡里阿斯放弃对安多基德斯的控告，同时劝阻色菲西乌斯，并愿意经由安多基德斯朋友的仲裁而给予安多基德斯一定的补偿。④ 面对卡里阿斯的建议，安多基德斯并没有妥协的意思，于是此案件不得不提交给陪审法庭进行审判。

以上的控告原因以及控告人的动机解释，都是来自安多基德斯。就其可靠性而言，也许麦克道维尔的评判是较为中肯的，他认为："安多基德斯所描述的事实部分可能是正确的，但他对于所涉各类人物动机的解释，则颇为值得怀疑。"⑤

安多基德斯的叙述虽有这样的缺陷，但却难以对其进行逐一的辩驳与厘清。幸运的是，有一篇演说词在部分内容上可以与其相呼应。

---

① Douglas MacDowell, *Andokides on the Mysterie*, p. 13.
② Andocides, *On the Mysteries*, 121.
③ Andocides, *On the Mysteries*, 115, 121.
④ Andocides, *On the Mysteries*, 122. 另需注意的是，此处的埃庇查瑞斯与支持色菲西乌斯的埃庇查瑞斯明显不是同一人。
⑤ Douglas MacDowell, *Andokides on the Mysterie*, p. 12.

这篇演说词即托名于吕西亚斯的第六篇演说词《诉安多基德斯》。虽然它托名于吕西亚斯,但极有可能是吕西亚斯或为色菲西乌斯及其支持者中的任一人所写的用于法庭的演说词。托德倾向于认为是梅勒图斯。① 该演说词的价值,也许正如托德在评价两篇演说词之间的关系时所评价的那样:"阿提卡演说家的现存演说词,很少为我们提供关于同一个案件的正反两方的演说词。吕西亚斯的《诉安多基德斯》与安多基德斯的《论密仪》是有关此种现象问题最多的范例,一个问题是有关法庭演说的表达背景,以及口述演说与出版版本之间的关系。"② 尽管吕西亚斯的这篇演说词在具体内容上与安多基德斯的《论密仪》多有冲突之处,但这种争议和冲突却可更好地检视安多基德斯的叙述文本,而它的价值即在于此。

《诉安多基德斯》对安多基德斯的罪行是这样描述的:"这个人身着大祭司袍服,模仿神圣的密仪仪式,并向那些没有行入门式的人展示。他向众人大声说出了本不应说出的言语。他亵渎的众神,正是我们所崇敬的。我们向这些神明奉献牺牲,并向他们祈祷,尊崇他们,并借以净化我们自己。正因为如此,城邦的女祭司和男祭司面朝西方并诅咒他,根据古代的和祖先的习俗抖开他们紫色的袍服。这个人已经招认了他的所作所为。此外,他僭越了你们所确立的法律,这条法律规定由于他不洁净的原因,他不应进入圣所。他已经踏入我们城邦,打破了所有的那些限制。他已经在祭坛上进行祭献,而在这里并不允许他这样做。他已经进入了圣所,这一行为是邪恶的。他业已进入埃琉西斯神庙,并在圣盆中洗手。"③

在这些控诉内容中,可以看到演说者对于安多基德斯的控告:模仿埃琉西斯密仪仪式和亵渎赫尔墨斯神像,并因此违犯了法律。这与

---

① 在这些人中,可能性最大的是梅勒图斯。贝戈德特、麦克道维尔以及托德皆持此说,可参阅 Douglas MacDowell, *Andokides on the Mysterie*, p. 14, and note 4; S. C. Todd, *A Commentary on Lysias*, pp. 408 – 409.
② S. C. Todd, *A Commentary on Lysias*, pp. 403 – 408.
③ Lysias, *Against Andokides*, 51 – 52.

第五章 安多基德斯的渎神案回忆与城邦判决

安多基德斯竭力否认自己与密仪渎神案有关联,并与承认对赫尔墨斯神像破坏案进行自我揭发的情况相对应。但这一描述也存在问题,主要表现为:

一是演说者就安多基德斯的两宗渎神行为进行控告,指出了他对此予以了招认。但这一招认的内容在具体中较为模糊,这诚如马尔所指出的,演说者并没有明确指出安多基德斯的具体招认内容:是两宗渎神案都招认了,还是仅仅是招认了赫尔墨斯神像破坏案。[①]

二是演说者谈及安多基德斯违犯了法律,但这一法律实际上应该是《伊索提米德斯法令》。在公元前403年雅典民主政治重建以后,雅典政治上的一个变化就是明确区分了"法律"与"法令"。托德认为这是出于修辞技巧的需要,因为"违犯法律"明显要比"违犯法令"效果更强烈。[②]

三是关于安多基德斯在祭坛上祭献的内容,演说者并没有明确其所指。但在安基多德斯的《论密仪》中,有对他在祭坛上放置橄榄枝的指控,因此托德认为这是不明确地意指该事件。[③] 但考虑到放置橄榄枝的指控是由卡里阿斯提出的,在这里其祭献的内容也有可能并非止于此。[④]

其实,除了以上的冲突或歧义外,整篇演说词还有多处明显不兼容的地方:例如,他并没有提及安多基德斯控告了自己的父亲,只是说他控告了他的亲属和朋友等。[⑤] 虽然如此,但就其指控而言,安多基德斯违犯了《伊索提米德斯法令》却是两篇演说词的"共通之处"。

[①] J. L. Marr, "Andocides' Part in the Mysteries and Hermae Affairs 415 B. C.", pp. 335–336; S. C. Todd, *A Commentary on Lysias*, p. 472.

[②] S. C. Todd, *A Commentary on Lysias*, p. 446.

[③] S. C. Todd, *A Commentary on Lysias*, p. 473.

[④] 托德认为由于两篇演说词在"橄榄枝"这一问题上不一致,因此两者并不是并存的。(S. C. Todd, *A Commentary on Lysias*, p. 473.) 但需要注意的是,尽管"橄榄枝"问题是安多基德斯被指控的罪名,但是其并不一定必然在《诉安多基德斯》中有所体现,因为很显然的是,控告者的控诉意图是在强调安多基德斯参与了密仪渎神案,并违犯了《伊索提米德斯法令》,而放置橄榄枝在祭坛上仅仅是违背这一法令的一小部分体现。

[⑤] S. C. Todd, *A Commentary on Lysias*, p. 406.

而指控者是基于宗教角度提出的指控，有可能为更合理地解释安多基德斯的案件提供线索。这一线索有可能随着演说词的真正使用者确定为梅勒图斯而更具价值。因为，他曾明确提及他的祖父曾担任埃琉西斯密仪的大祭司（hierophant），且有史料证明梅勒图斯在宗教观念上属保守派。[1]

需要注意的是，安多基德斯对他与卡里阿斯之间私人恩怨的强调，加上贝戈德特（Begodt）、麦克道维尔以及托德等人认为是梅勒图斯在法庭上演说了《诉安多基德斯》。[2] 这更彰显了该案件的宗教性，因为卡里阿斯是克里克斯家族的成员，而梅勒图斯是优莫尔皮戴家族的后人，这是把控埃琉西斯密仪的两大家族。与此同时，这也很好地说明了将这一案件发生的时间定为公元前400年的合理性。因为根据公元前403年"和解协议"而独立的埃琉西斯地区，在公元前401年已经并入雅典，于是很多与埃琉西斯密仪崇拜有联系的人员都回到雅典。当他们看到安多基德斯曾经犯有渎神罪，而在回归后却积极参与包括密仪仪式等在内的宗教活动，自然会在宗教层面产生厌恶情绪。如果说前两次没人阻止安多基德斯，是因为埃琉西斯处于独立状态，无权在雅典的陪审法庭上控告他，那么现在情况发生了变化，他们既然已经回归，那么这些宗教传统势力对安多基德斯进行阻止是理所当然的。

因此，从《论密仪》和《诉安多基德斯》两篇演说词来看，它们是两种不同的解读模式：前者所强调的是与卡里阿斯等人的私人恩怨，后者展现了宗教的视角。[3] 必须承认的是，安多基德斯所涉诉讼

---

[1] Lysias, *Against Andokides*, 54; S. C. Todd, *A Commentary on Lysias*, pp. 410 – 411; K. J. Dover, *Lysias and the Corpus Lysiacum*, Berkeley and Los Angeles: University of California Press, 1968, pp. 79 – 82.

[2] Begodt, G. *De oratione Κατ' Ἀνδοκίδου quae sexta inter Lysiacas fertur*, Inaug. – Diss., Munster, 1914, pp. 39 – 51; Douglas MacDowell, *Andokides on the Mysterie*, p. 14, and note 4; S. C. Todd, *A Commentary on Lysias*, pp. 408 – 409.

[3] 安娜·米修认为安多基德斯的最终胜诉，可能与安多基德斯此时的宗教态度更接近于传统有关。(A. Missiou, *The Subversive Oratory of Andokides*, pp. 53 – 54.)

第五章 安多基德斯的渎神案回忆与城邦判决

案的源头是公元前415年的渎神案，宗教性因素应该是其案件的重要方面。

二 近现代学者的构建

近现代学者在对《论密仪》进行分析时，通常会介绍该演说词的出现背景，以及安多基德斯遭到控诉的原因。此节意在扼要地以时间为顺序，逐一展现梅德曼特、杰布、麦克道维尔、安娜·米修、迈克尔·爱德华兹、弗利等人对安多基德斯被控诉原因的解释，在此基础上对以上学者的观点进行评述。

梅德曼特认为安多基德斯之所以被控告，是因为他在回到雅典后，随着时间的流逝而树敌颇多。他先后与阿古尔西乌斯、色菲西乌斯和卡里阿斯交恶。于是，卡里阿斯支付色菲西乌斯1000德拉克玛，支持其去控告安多基德斯。而色菲西乌斯的控告，又得到了阿古尔西乌斯等三人的支持。为增强他们的地位，卡里阿斯等五人又采取了进一步的行动，即控告安多基德斯将橄榄枝放置在祭坛上。[1]

杰布在谈及安多基德斯被控告的原因时，认为"他的反对者的热情被他业已恢复的成功所激发，在一次失败的尝试之后，他因不恭宗教行为的指控而被审判"[2]。控告的背后，是他在公元前415年对其所在"朋党"的背叛，使其被寡头派所嫉恨。与此同时，安多基德斯与寡头派世代的联系，也使他长时间遭到民主派的怀疑。除那些憎恨告密者、寡头分子、圣像破坏者的人外，可能还有许多人因特殊的原因不喜欢他。不喜欢安多基德斯的人们通常喜欢逼迫人们必须就一些私下里漠不关心的问题公开表达愤怒。[3]"公元前399年，他的反对者重启了攻击。"[4]

麦克道维尔的观点是循着安多基德斯所给出的涉案人员的动机来

---

[1] R. J. Maidment, *Minor Attic Orators* I, pp. 327-329.
[2] Richard Claverhouse Jebb, *The Attic Orators from Antiphon to Isaeus*, p. 80.
[3] Richard Claverhouse Jebb, *The Attic Orators from Antiphon to Isaeus*, pp. 84-85.
[4] Richard Claverhouse Jebb, *The Attic Orators from Antiphon to Isaeus*, p. 112.

◆◆◆ 安多基德斯与雅典城邦政治

展开的。他认为安多基德斯对这些动机的描述未必是正确的。例如，对于安多基德斯对他与卡里阿斯争端的描述，麦克道维尔认为"这仅是安多基德斯的版本，并不是客观的叙述"。这种态度尤其体现在他对两者之间因埃庇吕库斯的女儿展开争夺的评述上。他认为，从安多基德斯竭力争取对埃庇吕库斯女儿的继承权来看，安多基德斯的动机并不像其标榜的那样大公无私，有可能是除了债务外还有其他更能吸引安多基德斯的地方。但这种吸引力的具体内容，他未曾明确指出。可以说，他对于控告动机的分析，很大部分是建立在安多基德斯的叙述基础之上的。与此同时，他也注意到《诉安多基德斯》的相关内容，认为发言者将重点放在了案件的宗教性上。并指出，发言者本身与负责密仪的优莫尔皮戴家族的联系，以及对亵渎宗教行为的强调，都强化了该案件所具有的宗教性。[①]

安娜·米修在分析该问题时，认为杰布的假设可能是正确的，但她不认为安多基德斯因为得到了安尼图斯和色法鲁斯的帮助，就意味着安多基德斯是赞成民主政治的，并力图证明仍是倾向于贵族的。[②] 爱德华兹在分析安多基德斯与卡里阿斯的冲突时，他曾意识到两人之间冲突的激烈程度表明了故事远比安多基德斯讲述的要更加复杂，只是他并未予以深究。[③]

弗利的解释是以《诉安多基德斯》这一演说词的分析为基础的。他在考证审判所蕴含的宗教论点的过程中，认为对安多基德斯进行控告的人员具有宗教背景。具体而言，《诉安多基德斯》所体现的是优莫尔皮戴家族的利益诉求，而控诉的背后主使卡里阿斯则代表了克里克斯家族的利益。因此，其背后的动机是："埃琉西斯密仪的那些职员，意图阻止安多基德斯获得任何城邦显要职位，尤其是宗教性职

---

① Douglas MacDowell, *Andokides on the Mysterie*, pp. 12-15. 关于发言者与优莫尔皮戴家族的联系，建立在发言者自称自己的祖父或外祖父曾经担任过埃琉西斯密仪的"大祭司"，而这一职位是由优莫尔皮戴家族的人出任的。
② Anna Missiou, *The Subversive Oratory of Andokides*, pp. 50-51.
③ Michael Edwards, *Andocides*, pp. 13-14.

第五章 安多基德斯的渎神案回忆与城邦判决

位。不想让他成为共事者的动机是另一回事，对他过去暴行的愤慨可能只是其故事的一小部分，而非全部。当然，在基督教会中任命和擢升圣职人员时，个人竞争和愤恨在其中起了部分作用是显而易见的。然而，面对古代的类似现象则是饶有趣味的。"[1]

从以上多位学者对控告发生原因的探讨来看，安娜·米修和爱德华兹只是很简略地涉及了该问题，并未展开详细的论述。需要注意的是爱德华兹的论述，虽然他只是注意到了安多基德斯与卡里阿斯之间的激烈程度，但对两者激烈对抗的强调，却对进一步分析安多基德斯被控告的原因有所启发。托德也曾指出，卡里阿斯与安多基德斯之间，所体现的不仅仅是简单的家族争端，一旦安多基德斯像卡里阿斯一样来自克里克斯家族的猜测得到确认，那么两者之间的争端有可能还涉及对家族宗教信仰权利的争夺。[2]

梅德曼特和杰布的构建，很显然也是以安多基德斯的叙述为基础的，强调他与控诉者之间的恩怨。相比之下，与梅德曼特将个人恩怨局限于安多基德斯所提及的几人不同，杰布列举的涉及个人恩怨的范围更为广泛。这其中，除了将安多基德斯作为告密者、寡头分子、圣像破坏者来怨恨的人外，可能还有许多因特殊原因不喜欢他。问题是卡里阿斯、色菲西乌斯等五名控告者是否具有如此广泛的代表性？安多基德斯又在多大程度上能够担当起控诉所展现的复杂的"形象"？他在成功回归后，积极投身于政治活动，并与安尼图斯等民主派人士交结，这是否与其被控告有关？个人恩怨显然并不足以完全解释安多基德斯为何被控告。

相比于前几位学者，麦克道维尔和弗利的分析是较为充分的，值得注意的是他们分析的主要文本并不同，但有着相似的结论。麦克道维尔的解析对象主要是《论密仪》，然而他认为，安多基德斯对相关人员的控告动机的解释存在明显的问题。并在解读《诉安多基德斯》

---

[1] W. D. Furley, *Andokides and the Herms*, p. 110.

[2] S. C. Todd, *A Commentary on Lysias*, p. 402.

◆ ◆ ◆　安多基德斯与雅典城邦政治

后，注意到此篇演说词的发言者在控诉过程中对案件宗教性的强调。弗利是以《诉安多基德斯》为依据，同样肯定了控诉中所存在的宗教意味。值得注意的是，弗利在对《诉安多基德斯》进行剖析的过程中，着重强调了在该演说词中所体现的发言者与优莫尔皮戴家族的联系、安多基德斯在两宗渎神案中的责任、神明对安多基德斯的惩罚以及演说者所使用的演说策略，并援引了安多基德斯、苏格拉底、尤西特奥斯（Euxitheos）的辩护逻辑，认为安多基德斯被控告，与公元前403年民主政治恢复后宗教领域的"复原"密切相连。在宗教领域的"复原"过程中，人们会说伯里克利时代走得太远，伯罗奔尼撒战争已经导致了价值观和虔诚的削弱，雅典民众意欲在旷日持久的战争之后重建他们的城邦，急切地回归到宗教原旨上去，重新恢复法律和重建秩序，特别是要重获众神的垂爱。① 很明显的是，至少在弗利看来，这场宗教领域的"复原"体现的是城邦和城邦民众的意愿。但矛盾的是，安多基德斯之所以被控告是因为与埃琉西斯密仪利益攸关的家族对他过去暴行的愤恨，以及出于竞争的需要。我们的疑问是，安多基德斯所代表的是他个人抑或是重建后的民主政治？与埃琉西斯密仪利益攸关的家族的动机，除上述所指内容外，还有其他动机吗？

以上疑问的解答，首先需要分析贵族家族在宗教领域的地位和作用。贵族家族在宗教领域是处于垄断地位的。雅典历史上的几次改革实际上并未触动贵族在宗教领域的地位。即使是对贵族优势削弱较大的克里斯提尼改革，也仅仅是对其政治、经济等方面的优势予以限制，他们在宗教领域的优势依然如故。贵族控制宗教领域主要体现为对宗教崇拜的控制。家族虽为血缘组织，但往往与特定的宗教崇拜联系在一起。一些专门的祭司，通常是由某个家族的成员来担任。例如，埃琉西斯密仪的祭司，就由优莫尔皮戴和克里克斯两个家族的成员来担任。在这种情况下，家族的祭司代表城邦，在它与神明之

---

① W. D. Furley, *Andokides and the Herms*, pp. 103–111.

第五章　安多基德斯的渎神案回忆与城邦判决

间建立了联系，而雅典民众通过"家族"而与崇拜中心紧密联系在一起。[1] 贵族家族的优势地位，主要体现在他们对于这些崇拜中心的控制上，自然而然地，崇拜中心宗教条文的解释权也归他们。相应地，雅典民主政治重建后在宗教领域的"复原"，更多体现的是城邦与民众的意愿。实际上，这种意愿表达早在伯罗奔尼撒战争失败之初就已有苗头。具体表现为由城邦重新起草了"献祭日期历"，其负责人员即尼科马库斯。[2] "复原"背后的实质是城邦对于城邦宗教或者是城邦崇拜中心的控制，意味着与雅典贵族争夺宗教领域的话语权。

在这一争夺的过程中，安多基德斯扮演了怎样的角色呢？在最终回归后，安多基德斯积极投身于城邦的政治活动，只是在其阶级属性的认知上学界颇有争议。[3] 他的反对者展示了他回归后参与城邦政治的状态，"他向公众进行演讲，他在法庭上控告他人，他在官员资格审查时质疑了一些公职人员，他进入议事会，并就献祭、游行、祈祷以及神谕等问题给出建议"[4]。他的行为除涉及世俗的政治活动外，也涉及城邦的宗教问题。这些宗教活动主要包括两件事，他刚回到城邦不到10天，就以毁坏赫尔墨斯神像而控告了阿基普斯；[5] 介绍一些人行入门式，到厄琉西乌姆献祭，并担任了一些宗教性职务。[6] 反对者更设想了安多基德斯当选为执政官的情况。根据古代的习俗，王者执政官负责主持献祭和提供祈祷者。[7] 可以说，王者执政官之所以被关注是因为它在埃琉西斯密仪仪式中负有重大责任。这一假想明显地反映了他们对安多基德斯插手宗教事务的担心。

对于安多基德斯的判罚，卡里阿斯更倾向于援引古代的法律，

---

[1] Robert Parker, *Athenian Religion*, Oxford: The Clarendon Press, 1996, pp. 56–66.
[2] Lysias, *Against Nicomachus*, 30.
[3] 有些学者认为他积极投身于民主政治，已经成了民主派；也有学者认为他所体现的仍是寡头的思想倾向，仍有寡头偏见。
[4] Lysias, *Against Andokides*, 33.
[5] Lysias, *Against Andokides*, 11–12.
[6] Andocides, *On the Mysteries*, 132.
[7] Lysias, *Against Andokides*, 4.

而非刻写在石碑上的法律条文。例如，他根据他父亲以前在一个正式场合的解释，依据古代的法律，那些将橄榄枝放置在祭坛上的人应该立即被处死。然而，刻写在石碑上的法律表明针对这种行为仅仅处以罚款1000德拉克玛。[1] 与此相类似，安多基德斯的反对者在《诉安多基德斯》中给出的建议，也强调它们来自其祖父或外祖父。[2] 这些是贵族在宗教领域的传统，也是他们力主使用和力求保存的传统。

因此，对安多基德斯的控告，体现了传统贵族为保存他们在宗教上的特权而与城邦展开的博弈。博弈的对象，并非直接指向城邦，而是指向了安多基德斯。其目的就是使其停止帮助城邦"侵蚀"贵族在宗教领域的传统特权。当然，传统贵族在宗教领域的这种抗争，并不仅仅体现在安多基德斯这一个案件上。其他如对尼科马库斯（Nicomachus）等人的控告和审判，可能也是这一背景下的产物。[3]

第二节 安多基德斯的选择性回忆与辩护策略

由于安多基德斯面临的两项指控都与《伊索提米德斯法令》密切相关。而《伊索提米德斯法令》的颁布，又是因为他参与渎神案。因此，为了更好地洗脱罪名，他有必要交代他在渎神案中的责任。从安多基德斯的实际情况来看，他确实在两宗渎神案中负有责任。那么，他是怎样为自己进行辩护的呢？采用了怎样的辩护策略？从演说的过程来看，他的辩护主要是由回忆渎神案、否认《伊索提米德斯法令》的效用以及否认放置橄榄枝三大部分组成。并相应地采用了提供证据、援引法律以及攻击控告者等多种辩护策略。

---

[1] Andocides, *On the Mysteries*, 115–116.
[2] Lysias, *Against Andokides*, 54.
[3] W. D. Furley, *Andokides and the Herms*, pp. 111–112.

第五章 安多基德斯的渎神案回忆与城邦判决

一 对渎神案的回忆

安多基德斯在回忆渎神案时，一开始就将渎神案区分为"密仪渎神案"和"赫尔墨斯神像破坏案"两宗案件。

1. 对密议渎神案的回忆

关于密仪渎神案，他并没有指出这是由赫尔墨斯神像破坏案的发生附带引起的，而认为是皮托尼库斯引爆了该宗渎神案的调查。随后，他详细回忆了安德罗马库斯、特克罗斯、阿加里斯特以及吕杜斯四人的告发状况。①

在回忆密议渎神案的过程中，他回应了控诉者对他的指控。从回应的情况来看，这一控诉的主要内容是安多基德斯曾就密仪渎神案进行了告密，而被他揭发的人员名单中包括他的父亲列奥格拉斯。对此，安多基德斯首先抨击了该指控，认为这是最为无礼和邪恶的。其次指出他的父亲是被吕杜斯所揭发的，他本人并没有这样做，相反他还在吕杜斯揭发后劝告其父留在雅典。最后从他们父子两人皆平安无事来反证他告发的可能性不存在。这主要是基于如下推理：假如他真的告密，那么有一人的证词必将被证明是虚假的，从而他们二人中必有一人会死去。但结果是，他们都存活了下来，这反证了安多基德斯并没有告发其父亲。②

为了证明自己叙述的可信性，安多基德斯出示了书面证据和证人。他出示的第一份书面证据是安德罗马库斯的控告名单。③ 而从安多基德斯可以列举详细的人员名单来看，这份控告名单已被保存。安德罗马库斯所提供的这份名单是关于密仪渎神案的第一份控告。安德罗马库斯因此得到城邦 10000 德拉克玛的奖赏。④ 为证实该名单的真实性，安多基德斯还邀请狄奥格内图斯作证，具体情况如下：

---

① Andocides, *On the Mysteries*, 12–17, 28.
② Andocides, *On the Mysteries*, 19–20.
③ Andocides, *On the Mysteries*, 13.
④ Andocides, *On the Mysteries*, 28.

◆ ◆ ◆ 安多基德斯与雅典城邦政治

> 狄奥格内图斯，当皮托尼库斯在公民大会上控告阿尔基比阿德斯时，你是调查委员会的成员吗？
> 是的。
> 你还记得安德罗马库斯所提供的在普律提昂家里所发生事情的证词吗？
> 记得。
> 刚才所提及的名字是他所告发的那些吗？
> 是的。①

从这则证言的格式来看，这是安多基德斯在问询狄奥格内图斯，这是唯一一例现存的问询证人的事例。② 从证言的内容来看，当皮托尼库斯控告阿尔基比阿德斯时，狄奥格内图斯已经是调查委员会的成员。从安多基德斯的叙述来看，安德罗马库斯的控告是雅典调查委员会成立以来接到的第一份控告。但是这份名单也存在一个问题，即密仪仪式是在普律提昂的家中举行的，但安德罗马库斯所提供的人员名单中并没有他的名字。由于安多基德斯并没有对此予以解释，因此学界或认为普律提昂为外邦人，所以没有出现在控告名单上，或认为他对密仪渎神案进行了揭露。③

第二个控告者是外邦人特克罗斯，他提供了关于两宗渎神案的两份名单。与上次不同，安多基德斯在这里并没有提供证人证明，但他声明："各位陪审员，请允许我提醒你们，这份名单的真实性你们都予以了核实。"④ 有学者认为，这意味着"狄奥格内图斯非常了解情况，没有对上述陈述和名单表示异议"⑤。这种对名单真实性的核实，

---

① Andocides, *On the Mysteries*, 14.
② Douglas MacDowell, *Andokides on the Mysterie*, p. 73; Michael Edwards, *Andocides*, p. 166.
③ Douglas MacDowell, *Andokides on the Mysterie*, p. 72; J. L. Marr, "Andocides' Part in the Mysteries and Hermae Affairs 415 B. C.", p. 329, and note 1.
④ Andocides, *On the Mysteries*, 15, 35.
⑤ 安多基德斯：《论密仪》，第413页注释1。

第五章 安多基德斯的渎神案回忆与城邦判决

可能并非仅仅指狄奥格内图斯没有表示异议，更有可能是指雅典城邦相信了特克罗斯的控告，并因此而曾经授予他 1000 德拉克玛的奖赏。① 从这个角度讲，特克罗斯的控告与安德罗马库斯的控告一样都没有任何疑义，既然安德罗马库斯的控告已被狄奥格内图斯所证明，那么特克罗斯的控告在此时而言亦是毫无争议的。

然后，安多基德斯展示了第三份证词，在证词中只是提及阿尔基比阿德斯、阿克西奥库斯和阿德曼图斯在查尔米德的家中举行了密仪。② 安多基德斯同样没有出示证据。但是他在此所提到的"所有人闻讯都立刻逃向国外了"是不符合事实的，至少阿尔基比阿德斯此时并不在雅典，而是担任西西里远征的将军去了。

接下来他陈述了第四份证词，也是他所提及的最后一份控告的情况，即奴隶吕杜斯的控告。他在此处陈述时，并没有列举完整的控告人员名单，但专门提及了吕杜斯控告他的父亲以及他的父亲如何起诉斯佩西浦斯的提议违法。在提供证人时，他共邀请了四位证人，其中卡里阿斯和斯特芬诺思（Stephanus）是他的亲属，而另外两人则是吕杜斯所控告的两人的亲属。③

安多基德斯在陈述吕杜斯的控告时，他对其父亲受到控告以及他的父亲如何否认这一控告进行了详细的叙述，一方面他将控告其父亲的责任归到吕杜斯的头上，另一方面也为他下一步的辩护做了铺垫。他所提供的证人也具有不同的用途，他本人的两位家属主要是用于证明"他本人劝告其父亲留在雅典"，而两位被控告者的亲属则是为了证实吕杜斯控告的真实性。

安多基德斯虽然提供了证据和证人以证明其叙述的可信性，但在回忆的过程中确实存在故意遗漏。这种遗漏首先体现在他对于四位告发者人员名单的引述上。他对于四位告发者所提供的人员名单的情况

---

① Andocides, *On the Mysteries*, 28.
② Andocides, *On the Mysteries*, 16.
③ Andocides, *On the Mysteries*, 17-18. 关于四位证人的身份，可以参阅 Douglas MacDowell, *Andokides on the Mysterie*, p. 77; Michael Edwards, *Andocides*, p. 168。

是不同的：在列举了安德罗马库斯和特克罗斯的控诉人员名单时，他提供了两份完整的人员名单，并让当时的调查委员会成员狄奥格内图斯进行了核实。对于阿加里斯特控诉的人员，安多基德斯只是列举了他所控告的三人名单，没有提供相关的证人和证据。在列举吕杜斯的控告名单时，他只是指出他父亲在名单上，然后以提供证据的方式又增加了阿克门诺思（Acumenus）和奥托克拉托（Autocrator）两位被告。① 如果说安多基德斯没有完全列举吕杜斯的控告名单属于部分遗漏，而他对特萨鲁斯的控告则只字未提。对特萨鲁斯的控告是普鲁塔克所援引的一则官方文献。② 这是第五份有关密仪渎神案的证词，但安多基德斯并没有予以提及。

正因为安多基德斯在列举名单时存在这样或那样的遗漏，所以被怀疑可能隐瞒了他在密仪渎神案中的责任。其刻意隐藏这些事实的动机是显而易见的，因为他本人是在参加埃琉西斯密仪节日时被控有罪的。因此，在回忆中"遗忘"或"隐匿"一切他个人与密仪渎神案有关的事实，是顺理成章的，从而营造出他本人与密仪渎神案没有任何关系的效果。在否认了在密仪渎神案中的责任后，安多基德斯转而开始对"赫尔墨斯神像破坏案"进行回忆。

2. 对赫尔墨斯神像破坏案的回忆

在对赫尔墨斯神像破坏案进行回忆时，安多基德斯是从特克罗斯的控告开始的。因为特克罗斯在揭发密仪渎神案的情况后，他提供了最早的一份有关赫尔墨斯神像破坏案的18人名单。紧接着是迪奥克列伊德斯向议事会提出了控告，控告人员名单中包括安多基德斯以及他的亲属等人，因此安多基德斯等人落狱。随后，在囚禁的过程中，安多基德斯在其表兄弟查尔米德的劝说下，决定进行自我揭发。他的揭发是在特克罗斯控告基础上新增了4人，并且讲述了整个赫尔墨斯神像破坏案的策划和实施过程。他指出破坏赫尔墨斯神像的提议首先

---

① Andocides, *On the Mysteries*, 12–18.
② Plutarch, *Alcibiades*, 22.3–4.

第五章　安多基德斯的渎神案回忆与城邦判决

由欧菲勒图斯提出，但由于他的反对当时并没有立即实施。后来，他从马上掉下来伤了锁骨，并卧床养伤。欧菲勒图斯谎称安多基德斯已经同意采取行动，于是雅典城邦的赫尔墨斯神像一夜之间大多遭到破坏。当发现安多基德斯住宅旁的神像保存完好时，梅勒图斯和欧菲勒图斯警告安多基德斯要严守秘密，不然他将受到惩罚。①

从安多基德斯的回忆来看，他的被囚是因为迪奥克列伊德斯的告发，而这一告发明显是捏造的。在这里，安多基德斯的叙述与普鲁塔克的记载是有差异的。普鲁塔克指出，安多基德斯之所以被怀疑，主要是因为他家附近的赫尔墨斯神像是唯一未遭到破坏的神像，除此之外，还因为他反对民主政治，是一个寡头分子。② 在《安多基德斯传》中，普鲁塔克更是直言在渎神案发生后，安多基德斯被控在两宗渎神案中皆有责任，是因为他早些时候曾在一次醉酒后毁坏了赫尔墨斯神像。③ 在自我揭发的过程中，尽管他提及的劝告他的人与普鲁塔克所提供的人员略有差异，但这并不是问题的关键，因为存在多人劝说他的可能。他对赫尔墨斯神像破坏案的揭露也存在疑点，最大的疑点在于他认为欧菲勒图斯在向其他成员说他已经同意采取行动是谎言。

在提供证据和证人方面，由于安多基德斯的自我揭发是以特克罗斯的告发为基础的。因此，安多基德斯提供了特克罗斯所告发人员的详细名单。并邀请证人作证，当时安多基德斯特别提到：

> 现在，上述名单中的一些人已经回到雅典，而被处死的人则有大量的亲戚。在法庭给我的时间里，如果是我导致了这些人的流放或死亡，他们中的任何人都可以上前来指证我、驳斥我。④

---

① Andocides, *On the Mysteries*, 34–63.
② Plutarch, *Alcibiades*, 21.1–2.
③ Plutarch, *Andocides*, 834C–834D.
④ Andocides, *On the Mysteries*, 35.

在这里，安多基德斯提供证人的目的，一方面在于证明以上针对18人的控告是特克罗斯提出的，另一方面为他下一步论证自己仅仅为另外的4个人的流放负责埋下伏笔。

随后，安多基德斯叙述了迪奥克列伊德斯的控告情况，并详细列举了他本人及其亲属亲戚被控告的情况。① 在涉及迪奥克列伊德斯的控告时，安多基德斯向陪审员求证该控告的情况，他指出：

> 各位陪审员，请你们仔细考虑并回忆一下我是否说了实话，并将之告诉其他人，因为迪奥克列伊德斯正是在你们面前进行控告的，你们就是所发生事情的见证人。②

安多基德斯通过直接面向陪审员的吁请，让陪审员扮演了证人角色。

正是因为迪奥克列伊德斯的控告，安多基德斯被囚禁。在囚禁期间，他被劝服说出真相，并告发了4个人。③ 但他并没有交代特克罗斯是如何获得参与人员的名单的，也没有解释为什么没有提及安多基德斯本人所告发的4人名字。安多基德斯所告发的4个人，当时都逃跑了。而在该次审判中，他并没有邀请这4人前来作证，前来作证的人都是那些因其告发而获得释放的人。这说明他在提供证据以及证人方面是极有选择性的。

通过对"赫尔墨斯神像破坏案"进行回忆，安多基德斯承认了他在该案件中的责任，但他却将这种责任降低到极低的范围。他之所以有限地承认自己在赫尔墨斯神像破坏案中的责任，是与他的辩护策略以及客观事实密切相关的。因为他辩护的逻辑是极力地否认自己与密仪渎神案有关系，但又不得不对因《伊索提米德斯法令》而流亡海外的事实进行解释。

---

① Andocides, *On the Mysteries*, 36–47.
② Andocides, *On the Mysteries*, 37.
③ Andocides, *On the Mysteries*, 48–67.

第五章　安多基德斯的渎神案回忆与城邦判决

从安多基德斯对渎神案的回忆情况来看，他的回忆并非他自说自话的过程，而是通过插入诸如"我想请你们首先目睹了这一切的人再度回忆"，"诸位陪审员，请回忆一下"等话语，力图将他的个人回忆与集体记忆联系起来。安多基德斯通过"诸位陪审员，请允许我提醒你们"，"诸位陪审员，既然你们都已经清楚了这些事实"等与陪审员之间的各种互动来拉近他与陪审员之间的距离。除此之外，安多基德斯还通过向陪审员询问"还有哪些解释得不够清楚""或者是否还有遗漏"等问题，力图向陪审员展示他已经如实叙述的形象。

综合安多基德斯对渎神案的回忆及其举证情况，他对大部分控告所涉及的人员情况进行了详细列举，并提供了相关的证人。但同时对个别控告，如对于吕杜斯的控告多少有所隐瞒，而特萨鲁斯针对密仪渎神案发起的控诉则未曾提及。在他所提供的证据中，重视援引城邦保存的记录，而在提供证人方面既有狄奥格内图斯这样的当事人，安多基德斯的亲属，又有被控告人员的亲属，有时甚至是直接向陪审员进行求证。这种证据以及证人的证词，使安多基德斯的回忆听起来似乎很真实。而从其所举证的名单来看，安多基德斯在《论密仪》12—17节、35节、65节、67节所列举的人员名单，在埃琉西斯神庙的拍卖渎神案中所涉人员财产时的记录中有所体现，这反映了安多基德斯所陈述的内容是较为可信的。[①] 但这并不意味着安多基德斯的回忆就是准确的。例如，麦克道维尔曾指出根据拍卖财产的人员名单，欧菲勒图斯和佛里克列斯对两宗渎神案都有所涉及。但安多基德斯的叙述只能证明他们仅出现在特克罗斯对赫尔墨斯神像破坏案的控告名单中。[②] 考虑到安多基德斯在渎神案中确实犯有过错，我们可以相信安

[①] 该名单揭露的部分人员名单得到了确认，因为他们的财产被没收并被拍卖，而拍卖的具体情况因刻写在竖立在埃琉西斯神庙的石碑上而得以保存，该石碑的残篇已收入梅格斯和福尔纳拉的铭文集。（Russell Meiggs and David Lewis, *A Selection of Greek Historical Inscriptions*, pp. 240 – 247; Charles W. Fornara, *Archaic Times to the End of the Peloponnesian War*, pp. 170 – 173.）

[②] Douglas MacDowell, *Andokides on the Mysterie*, p. 72.

多基德斯在演说词中的叙述是真实的，但并不代表他说出了事情的真相和全部事实。由于主控方色菲西乌斯的控告文本没有存留下来，这也使详细考证安多基德斯回忆内容真实性的难度加大。但目前的文献资料已足以证明，安多基德斯对渎神案的回忆是有选择性的，既有故意的遗漏，也存在明显的曲解。

二 对《伊索提米德斯法令》效用的否认

在否认他在渎神案中的责任后，安多基德斯开始论述《伊索提米德斯法令》的效用问题。在谈论该问题前，他重申他不曾犯过渎神罪，也不曾承认自己有罪，他认为《伊索提米德斯法令》已经失效。

1. 城邦对法律的修订

安多基德斯之所以认为《伊索提米德斯法令》失效了，是依据雅典自伯罗奔尼撒战争末期以来开展的一系列修订法律行为。他最先援引的是《帕特罗克列伊德斯法令》，其主要内容为：

> [77][法令]根据帕特罗克列伊德斯的提议：雅典已经同意通过这样一个提案，这个提案就是让那些被剥夺公民权的人和欠公共债务的人，让他们在公民大会上不受惩罚地发言。这样的提案曾经存在于波斯战争期间，并使雅典受益。这些人包括：由收入监察员、雅典娜及其他神明的财物保管，或者是由王者执政官记录在案，但是截至卡里阿斯担任执政官时议事会最后一次开会前，仍未从名单中取消的人。

> [78]所有被剥夺公民权的人；欠城邦债务的人；因在职期间失职经审查员和审计办公室的评税员审查而被判罪的人；因审查他们的在职行为面临控告尚未移交给法庭的人；截至这同一时限，遭受特定限制以及放弃保释金的人；所有在四百人政权期间登记为其成员的人；寡头统治期间被记录在案的那些人——除了如下这些人：名字被刻写在石头上，但已不在雅典的人；那些被战神山议事会，或在五十一法庭、在王者执政官主持下的普里塔

第五章　安多基德斯的渎神案回忆与城邦判决　◆◆◆

尼乌姆或德尔斐尼乌姆的人，他们因杀人罪而流放，或作为谋杀者以及僭主被判处死刑。

[79]除此之外，所有其他的名字都将由收入监察员和来自各地的议事会成员取消，无论在何处的公共文件上记载了他们的名字。司法执政官以及其他官员将制作所有存于各地的副本。在人民议决以后，这些事情必须在三日内完成。任何个人都不能保存那些人们已经决定取消的文件的副本，也不能以此提起控告。否则，违背这一规定者将与被战神山会议流放的人接受同样的惩罚，从而在现在和未来的雅典都能有尽可能多地相互信任。

这则法令的内容正如安多基德斯所归纳的，主要涉及三类人：一是欠了国库债务的人，二是被剥夺公民权但是可以保有其财产的人，三是失去了特定权利但享有其他权利的人。① 从表面上看，该法令已经恢复了那些丧失公民权的人的权利，但需要注意的是，因亵渎神明而公民权受到限制者并不在该法令的范围内，而安多基德斯本人也并没有直言自己受到该法令的影响。

随后，安多基德斯援引了第二则法令，其主要内容为：

[83][法令]根据特萨美诺斯的提议，人民大会决议：雅典人将以传统的方式处理他们的公共事务。他们将采用梭伦的法律和他拟定的度量衡。他们也将采用以前实行过的德拉古的法律。这种补充应该由议事会任命的法律制定者刻写在木板上，并展现在部落保护神的神像前，以便所有人都可以看见，并且在这个月内移交给执政官。

[84]移交的法律将首先由宣誓后的议事会和由德莫成员任命的五百人法律委员会审查。此外，任何公民可以自愿到议事会，并提出关于法律的任何好的建议。在法律通过后，战神山会

---

① Andocides, *On the Mysteries*, 73–76.

议将监督法律事务,以保证官员所使用的法律是有效的。那些正式批准的法律将会刻写在墙上,以前他们就被刻写在那里,以便所有想阅览的人都可以看到。

这则法令的主要内容为所有的法令都应该重新修订,并予以公布。在完成这一工作后,雅典又通过了以下法律,其主要内容为:

[85] [法律] 在任何情况下,行政官员都不能执行那些没有刻写出来的法律。

[87] [法律] 无论是什么事情,行政官员都不能采用未经刻写出来的法律。无论是议事会还是公民大会通过的法令,都不可超越法律。专门针对某一个人的法律是不能被允许通过的,除非同一法律可以适用于全体雅典人,除非它是通过6000人出席的人民大会以秘密投票的方式予以通过。

[87] [法律] 所有在民主政治时代所做出的判决和仲裁都将是有效的。但是,只有自优克列伊德斯担任执政官以来通过的法律才有效。

通过援引以上的法律,安多基德斯认为它符合雅典的大赦令,相应地《伊索提米德斯法令》也就失去了效用。但问题是,该法令果真因此失去效用了吗?在这一问题上,至少在麦克道维尔看来,《伊索提米德斯法令》因为是宗教法令,他所引述的法律并不能证明它的效用已经丧失,而是仍然有效。[①] 与此同时,麦克道维尔也认为,以这样一个旧的法令为由控诉安多基德斯,如果不是违背了和解的字面意思,至少是违背了和解的精神。[②] 卡拉万也指出,很多法律被重写仅仅是因为在三十僭主统治之下法律或取消,或改变,所以安多基德斯

---

① Douglas MacDowell, *Andokides on the Mysterie*, pp. 200 – 203.
② Michael Gagarin and Douglas M. MacDowell, *Antiphon & Andocides*, p. 100.

第五章　安多基德斯的渎神案回忆与城邦判决

指向法律的"审查"可能是其辩护的自然结果。假如我们认为"不重提罪恶"本身涵盖了大赦的含义，他的这一原理则没有任何意义。但是，安多基德斯在为陪审员建构他的叙述，而他知晓他所谈及的是什么，并且他们看起来似乎对自公元前 403 年以来的变革尤为敏感。①

事实上，安多基德斯并没有充足的理由证明《伊索提米德斯法令》已经失效，但他在论述过程中，成功地将对自己的审判由宗教案件转换为政治事件，并且与雅典的和解赦免相联系。卡拉万曾指出："当他援引从《帕特罗克列伊德斯法令》到当前的大赦令时，安多基德斯言下之意为誓言的法律作用是差不多的：'忘记仇恨'是遵循约定权利和补救方法的保证。"② 在这种意义之下，无疑对于安多基德斯是极为有利的，因为他过去的罪恶也在宣誓的过程中被遗忘了。

安多基德斯引用这些法律的效果是显而易见的，一方面使得陪审员听起来《伊索提米德斯法令》已经失效了，他本人也在和解和大赦中回归雅典，从表面上看安多基德斯的辩护是"有理有据"的。另一方面随着辩护的深入展开，这些法律的新价值得到了不断彰显，即它们为安多基德斯攻击控告者埋下伏笔。正是循着这一逻辑，他积极地攻击了控告他的三位原告，逐渐将矛头指向他们。

2. 对色菲西乌斯等人的攻击

在对色菲西乌斯、梅勒图斯以及埃庇查瑞斯三人进行攻击时，他认为这三人都劣迹斑斑：色菲西乌斯本人曾因拖欠城邦的税金而逃亡国外，梅勒图斯和埃庇查瑞斯都曾效忠于三十僭主政权，并且其行为非常残暴。这三人虽然都有劣迹，但恰恰是因为雅典大赦的缘故而都得以平安无事。③

安多基德斯攻击的第一个目标是色菲西乌斯。根据安多基德斯的叙述，色菲西乌斯曾经承包了征收公共租金，并因此从使用有关土地的租户那里收取了 9000 德拉克玛的收入，但是他并没有向城邦上交

---

① Edwin Carawan, *The Athenian Amnesty and Reconstructing the Law*, p. 173.
② Edwin Carawin, *The Athenian Amnesty and Reconstructing the Law*, p. 182.
③ Andocides, *On the Mysteries*, 92–100.

◆ ◆ ◆ 安多基德斯与雅典城邦政治

这些租金。按照雅典法律，色菲西乌斯应该被判监禁，但他逃亡了。由于雅典决定只应用自优克列伊德斯担任执政官以来的法律，于是色菲西乌斯得以结束逃亡生活，并在雅典行使公民的权利。而之所以会如此皆因那些修订的法律。①

安多基德斯对色菲西乌斯的攻击，曾被《诉安多基德斯》的发言者所预料到，从其预料的情况来看，色菲西乌斯本人显然是存在问题的，因此他请求陪审员区别对待原告和被告。②

第二个攻击目标是梅勒图斯。梅勒图斯曾在三十僭主时期逮捕了勒昂，但也仅仅只是应用自优克列伊德斯担任执政官以来的法律，因此勒昂的儿子并没有办法去控告他。③ 梅勒图斯也被认为是苏格拉底的控告者，当时他与苏格拉底等五人被三十僭主派出去抓捕勒昂。④ 勒昂一般被认为是萨拉米斯的勒昂，他可能曾担任过公元前412—前411年的将军。⑤

第三个攻击目标是埃庇查瑞斯。埃庇查瑞斯在三十僭主政权期间曾是十人委员会成员。⑥ 正因为埃庇查瑞斯曾经在三十僭主政权期间担任官职，因此在安多基德斯看来，根据法律任何人皆可杀死他且不会因此而落罪。为了证实杀死他的合理性，安多基德斯引述了刻写在议事会门前石碑上的法律。⑦ 显然这则法律是在公元前410年通过的，但是安多基德斯本人称之为"梭伦的法律"，这是雅典在重订法律以后，并不是所有归在梭伦名下的法律都是梭伦时代创立的明证。

通过对三个原告进行攻击，安多基德斯指出了他们身上所存在的

---

① Andocides, *On the Mysteries*, 92-93.
② Lysias, *Against Andokides*, 42.
③ Andocides, *On the Mysteries*, 94.
④ Martin Ostwald, *From Popular Sovereignty to the Sovereignty*, p. 495, and note 141; R. A. Bauman, *Political Trials in Ancient Greece*, pp. 108-109, and note 23.
⑤ 晏绍祥译《论密仪》，第436页注释1。关于梅勒图斯的身份，麦克道维尔共搜集了八处名为梅勒图斯的人，并对他们的关系进行了推测。（Douglas MacDowell, *Andokides on the Mysterie*, pp. 208-210.）R. Develin, *Athenian Officials 684-321 B.C.*, p. 157.
⑥ R. Develin, *Athenian Officials 684-321 B.C.*, p. 185.
⑦ Andocides, *On the Mysteries*, 96.

第五章　安多基德斯的渎神案回忆与城邦判决

污点。具有讽刺意味的是，他本人和这三位原告都是雅典修改法律的受益者，其实安多基德斯攻击他们，实际上忘记了假如法律没有修订，他自身也难以成功回归的事实。但安多基德斯通过攻击色菲西乌斯等三人，力图证明他们作为原告是不诚实的，从而丑化他们。在丑化的过程中，安多基德斯开始酝酿反攻，而他聪明地将这矛头指向了三人中最为卑劣的埃庇查瑞斯。

之所以将反攻的重点集中在埃庇查瑞斯身上，主要是因为他的行为更恶劣，且从法律修订中受惠最多。在安多基德斯的眼里，他"在民主政治时代是一个普通的告发者，在寡头时代又成了三十僭主的帮凶"，而现在却凭借雅典所修订的法律，不仅三十僭主期间的罪责不用再追究，而且他现在要去控告他人。紧接着，安多基德斯进一步讲述埃庇查瑞斯与三十僭主之间的密切关系，并"想象"了安多基德斯本人被三十僭主审判的场面，从而"制造"他在民主政体和僭主政权下都要受审的画面。① 随后，他分析了城邦判他有罪的后果，认为这违背了雅典的和解精神，将会有更多的人因为过去的行为遭到控诉。与此同时，安多基德斯列举了他的祖先反抗僭主政治的事迹，以及城邦召回流亡者的举措。最后，他强烈呼吁陪审员要向雅典的先祖学习，放弃仇恨，控制激情，继续拥有往昔的强大和繁荣。②

安多基德斯认为将会有更多的雅典公民因过去的行为而被控诉，从而对雅典的政治统一产生影响。与此同时，他虽然试图利用雅典历史上的例子来说明政治统一的重要性，但需要指出的是他所列举的事例并不都是真实的。例如，他提到他的曾祖父列奥格拉斯和卡里阿斯共同领导了反对僭主的斗争，但这一来源于其家族口传的故事，明显夸大了列奥格拉斯的作用，并歪曲了历史事实。③ 他对希波战争的回忆，明显地混淆了波斯两次入侵的史实。事实是，在公元前490年的马拉松战役中，雅典人取得了胜利，波斯人未曾占领他们的城邦。雅

---

① Andocides, *On the Mysteries*, 99–102.
② Andocides, *On the Mysteries*, 101–109.
③ 可以参阅本书第二章关于安多基德斯的家族传统部分的论述。

典城邦被占领以及被焚毁，是公元前480年的情况。① 他所言的召回流放者的时间应该在萨拉米海战之前。②

通过对原告的攻击，安多基德斯企图使雅典民众认识到对他的审判已经涉嫌违背了雅典的和解精神和赦免条款，因此他力陈对他的审判的恶劣后果，以及对雅典政治统一的影响，从而劝告陪审员能够从雅典大局的高度去判决该案件。安多基德斯对《伊索提米德斯法令》效用的否认表明，他的论述逻辑是引用民主政治重建后修订法律的事实，以此来证明《伊索提米德斯法令》已经失效。从实际论证效果而言，这些法律并不足以证明该法令已经失效。但这些法律并非毫无意义，它们的引用否定了色菲西乌斯、梅勒图斯以及埃庇查瑞斯三位原告的法律地位。安多基德斯也循着这一逻辑，展开了对三位原告的攻击，并引导陪审员逐步认识到，对他本人的审判已经涉嫌违背和解精神和赦免条款。

三　对放置橄榄枝指控的否认

通过以上的论辩，安多基德斯认为《伊索提米德斯法令》已经失效，并阐述了对他的审判关系到城邦政治统一。但他还面临一项指控，即卡里阿斯控告他将用于祈祷的橄榄枝放置在了埃琉西斯神庙的祭坛上，于是他就该项指控展开了辩护。

1. 否认放置橄榄枝的指控

当卡里阿斯在议事会指控安多基德斯放置了橄榄枝时，安多基德斯以代表否认的沉默予以回应，并且认为这种沉默是两位女神带来的好运气。当卡里阿斯认为根据古代的法律放置橄榄枝在祭坛上将会是死刑时，安多基德斯轻松地否决了卡里阿斯的指控。因为当时在场的克法路斯指出，卡里阿斯作为克里克斯家族的一员，卡里阿斯不仅根本没有权利解释该法律条文，而且卡里阿斯认为应判以死刑的解释也是错误的。这种渎神行为只需罚以1000德拉克玛。③ 在这种情况下，

---

① Herodotus, *The Persian War*, 6.102–117, 8.52–54.
② Alfred P. Dorjahn, *Political Forgiveness in Old Athens*, p.3.
③ Andocides, *On the Mysteries*, 110–116.

卡里阿斯既无法提供证人证明是安多基德斯放置了橄榄枝，又错误地解释了法律条文。于是，安多基德斯轻松地扭转了局势。

2. 对卡里阿斯和阿古尔西乌斯的攻击

随后，安多基德斯解释了卡里阿斯为何控告他的动机。他的解释是两人之间因为争夺埃庇吕库斯的女儿而陷入冲突。① 两人之间的这种冲突显然并不足以解释安多基德斯为何会被指控，在其背后必有更为复杂的原因。② 在描述两者的冲突之后，安多基德斯开始着力于卡里阿斯本人混乱而奢侈的私生活。这种混乱和奢侈主要体现在：他同时与一对母女同居，并且挥霍了该女父亲伊斯叙马库斯的大量财产。③

安多基德斯这样安排的目的和效果如何呢？有学者在对其进行评述时给予了否定性评价，如杰布认为这是"偏离了主题"④。多布森也同样指出："与安提丰语言的优雅不同，安多基德斯总是陷入恶语毁谤中，在演讲中植入有关对手的可疑逸事，而这些逸事与主题并不相关，其目的也仅在于充当笑料。这样，他关于卡里阿斯家庭琐务的长串赘述与审判毫不相干。"⑤ 但假如除去对安多基德斯的这些攻击外，而审慎地考察他的分析思路与论辩过程，我们将发现他的辩护是极为清晰的。他通过解释卡里阿斯儿子的由来，其实是将卡里阿斯混乱的私生活展现在陪审员的面前。而在私生活方面，与一对母女同居，无论这种爆料的真实性到底有几分，对于担任埃琉西斯密仪祭司的卡里阿斯而言都是灾难性的，因为他本人的职责正是崇敬密仪所纪念的母女两位女神。安多基德斯悄然巧妙地将原告控告他的渎神罪罪名转嫁给了卡里阿斯。

然后，他引导陪审员回忆了一条关于卡里阿斯父亲的谚语，该谚语说："卡里阿斯是一个恶魔，他掀翻了其父希波尼库斯的桌子。"而

---

① Andocides, *On the Mysteries*, 117–123.
② 可以参阅本章第一节关于安多基德斯本人对其被控原因的分析部分。
③ Andocides, *On the Mysteries*, 124–131.
④ R. C. Jebb, *The Attic Orators from Antiphon to Isaeus*, p. 118.
⑤ J. F. Dobson, M. A., *The Greek Orators*, London: Methuen and Co., 1919, p. 67.

◆◆◆ 安多基德斯与雅典城邦政治

"桌子（Trapeza）"在希腊语中是双关语，它具有"饭桌"和"钱柜"的双重意思。① 但除了以上意思外，据考克斯考证，"桌子"在宗教上还有"祭台"以及"祭台上的贡品"的意思，于是安多基德斯利用了克里克斯家族的宗教功能，表达了富含宗教象征的含意。因此谚语可以翻译为："希波尼库斯养育了卡里阿斯，但卡里阿斯是个恶魔且不配享用任何祭品。"② 安多基德斯通过向陪审员展现卡里阿斯的私生活，已经开始就被控渎神的角度展开了反攻，而对阿古尔西乌斯的攻击则意味着这一反攻的完成。

阿古尔西乌斯是当时的民主派领袖，他在民主政治恢复后，曾提议给参加公民大会的雅典公民发放津贴，最初为1奥波尔，后来又提高到3奥波尔。③ 安多基德斯认为阿古尔西乌斯之所以控告他，是因为他们两人曾就进出口税收的承包权问题产生了纠纷。当时的情况是，阿古尔西乌斯出价是30塔兰特，并且商议禁止别人出更高的价，然后再分配相关的利益。但安多基德斯出价是36塔兰特，从而赢得了承包权，并阻止了阿古尔西乌斯及其朋友瓜分本属城邦的6塔兰特。④ 对于安多基德斯的论述而言，虽然他指出是6塔兰特的差额，但有学者认为上一年的进出口状况比这一年的情况要差，因此差额可能不会达到6塔兰特。⑤ 随后，安多基德斯通过描述阿古尔西乌斯在争夺承包权时的表现，将自己包装成对城邦高大无私的形象，而阿古尔西乌斯则时刻都想抓住机会瓜分原属城邦的钱。而为了获得本应该属于他们的利益，通过打官司除掉安多基德斯是他们所力求去实现的。⑥ 安多基德斯的这一分析，并非没有任何意义。正如弗利所指出的，通过将阿古尔西乌斯控告的动机归结于此，安多基德斯使阿古尔

---

① Michael Gagarin and Douglas M. MacDowell, *Antiphon & Andocides*, p. 135.
② Cheryl Anne Cox, "Hipponicus' Trapeza: Humor in Andocides 1. 130 – 131", pp. 572 – 575.
③ Aristotle, *The Athenian Constitution*, 41. 3.
④ Andocides, *On the Mysteries*, 133 – 134.
⑤ Douglas MacDowell, *Andokides on the Mysterie*, p. 205.
⑥ Andocides, *On the Mysteries*, 135 – 136.

第五章　安多基德斯的渎神案回忆与城邦判决

西乌斯的控告与真正的渎神罪指控脱离了关系。①

在攻击完阿古尔西乌斯之后，安多基德斯又分析了原告对他海上航行活动的描述。安多基德斯认为，假如他真的犯了渎神罪，那么神灵不会让他平安在海上航行，因为冬季在海上航行原本就已经非常危险，而战争的发生以及海盗的盛行更使安全航行变得愈加困难。他认为他安全抵达雅典并非为了让色菲西乌斯等人进行控告，因为色菲西乌斯假如不是雅典和解的缘故本无公民资格。②

安多基德斯就自己海上航行活动得以平安进行的解释，实际上是否认了对他渎神行为的控告。但从《诉安多基德斯》可以看出，发言者认为由于安多基德斯犯有渎神罪而激怒了神明。在这种情况下，众神要对其进行惩罚，这种惩罚表现为对安多基德斯的生活进行干涉使其遭遇各种不幸和痛苦。③ 安多基德斯在辩护过程中，认为他的海上活动得到了神明的保护，而不是他们的憎恨，从而证明了是他的反对者，而不是他本人违反了神意。

杰布在对安多基德斯对该部分的辩护进行评价时曾认为，"第三部分不过是一系列互无联系话题的组合，只是与案件稍微相关"④。但是通过分析安多基德斯的演说，其实不难发现他在该部分仍然是围绕渎神案来进行的，为此他继续否认了是他放置了橄榄枝，将卡里阿斯、阿古尔西乌斯以及色菲西乌斯的控告归结为私人恩怨，并揭露了卡里阿斯的渎神行为。安多基德斯在该处的辩护不仅有较为明晰的主题，而且有着得当的辩护策略。这正如弗利所指出的，安多基德斯最后就自己不是一个亵渎神明的人进行辩护是极有道理的。因为演说词的最后部分，总是陪审员印象中最为深刻的地方。⑤

---

① W. D. Furley, *Andokides and the Herms*, p. 112.
② Andocides, *On the Mysteries*, 137–138.
③ Lysias, *Against Andokides*, 21–32.
④ R. C. Jebb, *The Attic Orators from Antiphon to Isaeus*, p. 125.
⑤ W. D. Furley, *Andokides and the Herms*, p. 111.

四 辩护策略

通过安多基德斯的辩护来看，他在辩护的过程中采用了多种策略，主要包括聚焦于渎神案、引用法律文本以及提供证人举证、攻击对手等。

从安多基德斯的辩护情况来看，他辩护的重点是在渎神案上，为此他竭力否认自己与公元前415年的渎神案有关系，他辩护的预期效果是：他认为自己既没有承认与密仪渎神案有关系，也否认了曾经告发过别人。只是在赫尔墨斯神像破坏案的问题上，有限地承认了自己的责任。他指出《伊索提米德斯法令》在当时已经失效意在说明即使是他真的犯有渎神罪，由于该法令已经失效对他也已失去了约束力。否认放置橄榄枝，将他之所以被控告归之为卡里阿斯、阿古尔西乌斯和色菲西乌斯的私心，以及对卡里阿斯渎神行为的揭露，海上的航行活动得到神明佑护的辩护，也是紧密围绕渎神罪而进行的。从这个程度上讲，安多基德斯对相关法律的援引和对控告者逸事的搜集都从属于这一辩护主题。

与此同时，安多基德斯在辩护的过程中援引了大量法律文本。在对《伊索提米德斯法令》效用进行评判时，注意将其植入雅典修订法律的背景下去考察。从他的叙述来看，他是通过法律恢复了受到限制的公民权，并在允许流放者回归的情况下得以回归雅典。但实际的情况却并非如此，因为《帕特罗克列伊德斯法令》并没有涉及因渎神罪恢复公民权的情况，而大赦令所赦免的人员也仅仅是参与内战的人员，因此在证明《伊索提米德斯法令》失效方面的努力实际上是失败的。但这并不意味着他的辩护没有价值，在这一过程中援引一系列修订法律的意义在于：一方面造成了《伊索提米德斯法令》失效的假象，另一方面成了攻击色菲西乌斯等三位原告的有力武器，使他们在这一武器的攻击下成了有污点的原告。与此同时，安多基德斯还将自己的审判与修订法律背后的和解精神相联系，认为假如他被判有罪将对此造成损害，从而使雅典城邦的名声受到损害。

第五章　安多基德斯的渎神案回忆与城邦判决

综合安多基德斯在其辩护过程中对法律的使用情况来看，他在不同的辩护阶段采用了不同策略，如在陪审的开场白部分，他更侧重于向陪审员进行正义审判的吁请，表达自己对于陪审员依法审判的信心。随后更多采用援引城邦记录和邀请证人的方式。而在论述《伊索提米德斯法令》是否还有效用时，相关法律文件和法令文件的援引则成为其叙述的重点。从形式上看，安多基德斯极为重视法律规范。但从安多基德斯本人受到《伊索提米德斯法令》的限制这一基本事实，以及法律在辩护过程中所发挥的效用而言，这一系列法律规范实际上并未真正说明他本人与渎神案无关，也并未能证明《伊索提米德斯法令》已经过时了，但是这些法律却证明原告自身有污点，而这也正是安多基德斯向陪审员所努力展现的。

安多基德斯在为自己辩护的过程中，除了用大量的篇幅直接论述自己未曾参与渎神案、《伊索提米德斯法令》已经过时以及否认自己放置橄榄枝外，他还在自身和对手形象的塑造方面颇费心思。[①] 他对卡里阿斯等五人都进行了逐一的攻击，但攻击的重点略有不同。前三位是雅典修订法律的受益者，色菲西乌斯曾失去公民权，梅勒图斯和埃庇查瑞斯则是在三十僭主时期罪行累累；卡里阿斯虽为密仪祭司，但是他在宗教上行为极其不端正；阿古尔西乌斯虽号称"诚实"，实则贪欲颇重，是以牺牲城邦的利益为代价的。相比之下，安多基德斯的形象则颇为"光辉"。

他向陪审员展现了他积极参加城邦各项活动的形象，证明了自己对城邦是一个有用的人。安多基德斯在辩护中对自己以及控告者形象的塑造，从总体上初看似乎较为散乱，没有比较明晰的主线，但如果聚焦于该审判的背后主使卡里阿斯和安多基德斯两人，我们可以发现安多基德斯更强调宗教上的态度：卡里阿斯被塑造成一个亵渎神明的人，而安多基德斯则是尊奉神明并受它们保护的人。

从陪审法庭的最终裁决结果来看，安多基德斯被开释了，这意味

[①] 安多基德斯对自身和对于形象的塑造，详细参阅本章第三节相关部分。

着他的努力辩护得到了大多数陪审员的承认。

第三节 被无罪开释的原因

对于安多基德斯被无罪开释的原因,学术界进行了广泛的探讨。包括杰布、金斯伯里、多布森以及爱德华兹等在内的学者都认为《论密仪》的成功表明了安多基德斯的说服能力。[1] 安娜·米修从演说接受者的角度,对该结果出现的原因进行了分析,她认为,与公元前407年回归时的听众相比,这次听众的组成成分和心态都发生了变化。这次参加审判的陪审员都是参加过密仪入门式的门徒,这些门徒更关注的是宗教上的信念与恐惧。在安多基德斯担任过神圣任务的领导者和雅典娜女神圣库的财务官的情况下,他们更倾向于宣判其无罪。与此同时,安多基德斯的成功还与当时的政治氛围是相一致的。在政策上,恢复后的民主政治在很大程度上受制于斯巴达,在这一背景下,演说者可以利用听众精神上的消极状态。[2] 需要注意的是,虽然学者肯定了安多基德斯的演说能力,并将他在公元前400年的成功与公元前407年的失败做了对比,但他为何能在此时获得成功,仍未能得到较为圆满的解释。笔者认为他的成功,可能与他从雅典特定的政治环境出发,积极利用赦免条款,以及在辩护时对自身和被告形象的塑造有着密切关系。

一 对赦免条款的利用

三十僭主政权被推翻后,重建后的民主政治的重要特点,莫过于它所表现出来的和解与赦免精神。亚里士多德曾经评论道,"在对待过去的灾难方面,雅典人无论是在私人领域,还是在公共领域,都表

---

[1] R. C. Jebb, *The Attic Orators from Antiphon to Isaeus*, pp. 93 – 94; Samuel Shipman Kingsbury, *A Rhetorical Study of the Style of Andocides*, pp. 9 – 10; J. F. Dobson, M. A., *The Greek Orators*, pp. 60 – 61; Michael Edwards, *Andocides*, p. 5.

[2] Anna Missiou, *The Subversives Oratory of Andokides*, pp. 53 – 54.

第五章　安多基德斯的渎神案回忆与城邦判决

现出历史上最为高尚、最具政治家的气度。因为他们不仅有意地忘记与过去相关的种种指控,而且将三十僭主借来用于战争的款项偿还给斯巴达,尽管协议规定城区和庇雷埃夫斯地区都负责偿还各自负责的一部分。"① 即使是向来对民主政治不抱以好感的色诺芬以及亚里士多德都曾予以高度评价,而安多基德斯也曾提及,"所有希腊人都认为,你们是宽宏大量的和理智的人,因为你们没有因为过去的事而报复,而是致力于城邦的保存和公民的团结"②。可以说,和解特赦是当时时代的风向,安多基德斯必然对其有所感悟。而现在在色菲西乌斯等依据15年前的渎神案发起控告,在这种情况下,如何将和解特赦的时代风向应用于他的辩护,必然会成为他思考的一个主要问题。

虽然雅典人在这里被称赞为富有和解和赦免精神,但需要注意的是,公元前403年在斯巴达主持下签订的和解协议并不涉及安多基德斯本人。这正如卡拉万在评述该协议时所认为的:"公元前403年和解协议并不足以保护公民避免受到有特殊偏好目的的报复,因为它并非无所不包的赦免,而遗漏了很多人,他们因旧的(公元前404年之前的)罪行很容易受到控告。"③《诉安多基德斯》也指出:"安多基德斯与协议无关:以宙斯之名,他既不是与你们所认可的斯巴达有关联的一方,也不是来自庇雷埃夫斯相宜于城区人员的那一方。因为尽管我们人数众多,但我们中无人犯安多基德斯所犯的同样罪行,或者是类似的罪行。"与此同时,吕西亚斯还攻击安多基德斯直接利用这一协议来说服陪审员,指出:"他认为如果他提出这一貌似有理的论据,你们中的很多人将投票开释他,因为你们将担心违背协议。"④

实际上,安多基德斯在演说中并没有直接引用该协议去证明它适用于对他的审判,他甚至没有对其进行详细的解释,而是通过引述雅典历史上的赦免,去证明自己已经被恢复了公民权。安多基德斯共四

---

① Aristotle, *The Athenian Constitution*, 40.2–3.
② Andocides, *On the Mysteries*, 140.
③ Edwin Carawan, *The Athenian Amnesty and Reconstructing the Law*, p.173.
④ Lysias, *Against Andokides*, 37–38.

◆◆◆ 安多基德斯与雅典城邦政治

次提及雅典历史上的赦免,分别是波斯战争期间的赦免、羊河之役后的赦免、与斯巴达签订和平协议后的赦免以及公元前403年的赦免。① 这四次赦免,再加上雅典历史上其他两次赦免,被多里亚赫恩用来证明雅典历史上存在政治宽恕的传统,以此来消解由苏格拉底之死给雅典民主政治带来的负面影响。② 对于安多基德斯而言,提及这些赦免,一方面是为了证明雅典历史上存在赦免的传统,并且雅典从这些赦免中受益颇多;另一方面通过赞扬雅典民众的宽容,来督促他们继承先辈的这种精神,从而使民众可以做出有利于他的审判。正如他在《论密仪》第107—109节所展现的:

> 后来,当波斯大王侵略希腊时,他们意识到他们所面临的灾难是如此重大,波斯的军队数量也极其庞大,于是他们决定让流放者回归,恢复失去公民权者的公民权,从而共同应对城邦的安全与危险。在实现这一步相互交换保证和发誓后,他们在整个希腊人面前,在马拉松遭遇敌人时,冲锋在前,相信他们自己的勇气足以抵挡敌人的数量优势。他们参加了战斗,并且取得胜利。他们解放了希腊,也拯救了他们自己的城邦。在这次伟大的胜利之后,他们决定不再重提任何因往事而对个人产生的控告。正是基于这一原因,他们在城市成为废墟、神庙被夷为平地、城墙和房屋被拆毁的情况下,由于他们相互之间的团结,他们尽力地去建立了他们的希腊帝国并将它完好无损地传给你们。然后,当你们面临的艰难不亚于你们的祖先时,你们表现得与你们的父辈一样优秀,并在你们身上表现出了宽容精神:你们决定让流放者回归,并恢复被剥夺公民权者的公民权。所以,你们还需要做什么以比肩于你们祖先的慷慨?各位陪审员,不要重提控告,要牢记旧时雅典,它从一个小的立足点而成长为一个伟大和繁荣的城

---

① Andocides, *On the Mysteries*, 77, 107; 73; 80; 81.
② Alfred P. Dorjahn, *Political Forgiveness in Old Athens*, pp. 1–6.

第五章 安多基德斯的渎神案回忆与城邦判决

邦。如果我们的公民能够理智地采取行动并且相互团结，现在它同样能达到过去的高度。

当然，在这段文字中，安多基德斯的记述存在明显的错误。这次赦免应该是发生在萨拉米海战之前，而不是他所说的马拉松战役之前。城市成为废墟、神庙被夷为平地等惨状，更是公元前480年波斯占领雅典时的景象。

安多基德斯通过提及这些赦免，"制造"了公元前403年赦免的历史。于是，赦免不仅局限于公元前403年，而是多次出现在雅典历史上。赦免不仅使雅典克服了当时的困难，而且成就了更伟大的事业。在这种情况下，雅典民众为了比肩其先辈，继承这一精神是理所当然的。

除了"制造"赦免的历史外，安多基德斯还直接将自己的辩护建立在卡拉万所言的"赦免立法"上。所谓的"赦免立法"并非协议本身，而是为了强化该协议以及解决未曾预见的复杂情况而颁布的法律。[1] 这一应用，最主要体现在否定《伊索提米德斯法令》的效用上，他是这样说的：

> 当你们决定法律应该审核时，那些已经通过的法律将会被刻写，那些没有被刻写出来的，在任何情况下，都不能被行政官员所采用，议事会或公民大会批准的法令是不能超越法律的，仅适用于个人的法律是不能被通过的，除非它适用于所有雅典人，有效的法律是自优克列伊德斯担任执政官以来通过的法律。在优克列伊德斯担任执政官之前，所通过的法律中还有其他遗漏的吗？不论它是大还是小，哪项还有效？各位陪审员，我认为没有了。你们自己可以思考一下。[2]

---

[1] Edwin Carawan, *The Athenian Amnesty and Reconstructing the Law*, p.176.
[2] Andocides, *On the Mysteries*, 89.

三十僭主被推翻以后，雅典修订法律的目的之一在于使之与赦免的精神相契合。于是，城邦决定使用被刻写出来的法律；议事会或公民大会法令的效力不能超越法律；不通过仅适用于个人的法律；实行自优克列伊德斯担任执政官以来的法律。但是现在安多基德斯认为，《伊索提米德斯法令》是没有刻写出来的法令，且目前受到该法令惩罚的仅有他一个人，它的提出是在优克列伊德斯担任执政官之前。在这种情况下，安多基德斯自然认为该法令已经没有了效力。

随后，安多基德斯根据公民、陪审法庭和议事会的誓言，认为不应该再对他提出控告。[1]

总体来看，在对赦免条款的利用上，安多基德斯既能积极挖掘雅典历史上赦免的事例，又能够将自身的论辩建立在赦免立法之上，从而认为根据赦免的精神该法令已经失效，而陪审法庭和议事会的誓言，也表明对他过去行为的控诉是不合理的。可以说，正是因为安多基德斯敏锐地意识到赦免对于他的案件的重要性，以及他的案件对于赦免能否继续使用具有的意义，所以他在辩护的结尾时积极呼吁雅典人要继续他们的赦免政策，而不是对其予以改变。"既然你们拥有这种品质，犹如你们的朋友和仇敌所认同的，那么就请你们不要改变你们的政策，不要刻意剥夺城邦的这个名声，从而避免让更多的人认为你们更多地出于机缘而不是出于理性来行使你们的判决。"[2]

二 对自身和原告形象的塑造

需要指出的是，安多基德斯的辩护能否获得成功，除了要领悟时代风向、顺应时势外，核心的是要求他对针对自己的控告进行合理的辩解，通过说服陪审员使其相信他是无罪的，从而做出有利的判决。安多基德斯在为自己辩护的过程中，除了用大量的篇幅直接论述自己未曾参与渎神案、《伊索提米德斯法令》已经过时以及否认自己放置

---

[1] Andocides, *On the Mysteries*, 90–91.
[2] Andocides, *On the Mysteries*, 140.

第五章　安多基德斯的渎神案回忆与城邦判决

橄榄枝外，他还在自身和对手形象的塑造方面颇费心思。

在演说的开场白中，安多基德斯已经在悄悄对原告的形象进行塑造，他指出："各位陪审员：自从我第一次重返城邦那一刻起，我的对手就处心积虑地想尽一切办法伤害我，无论这些方法正义与否，这一点你们是非常清楚的，对此我不必多言。"[①] 在法庭上，被告通常控诉原告对自己的指控是阴谋，安多基德斯也是采用了这一策略。他不仅指出原告对他的控告是一个阴谋，而且指出原告是进行了长时间处心积虑的准备，这种准备甚至从安多基德斯在公元前403年成功回归雅典后就开始了。而安多基德斯个人却是"处于恐慌、危险以及对我的巨大误解之中"[②]。这反衬了安多基德斯因为没有时间准备以及缺乏经验。安多基德斯所营造的这种反差，有利于赢取陪审员的好感与同情。

在回忆完密仪渎神案的告发情况后，安多基德斯否认了自己与密仪渎神案有关联，他既不曾出现在控告的名单上，也不曾控告他人。在此基础上，他认为自己才是真正的原告，而原来控告自己的人应该是被告，因为他们在这一神圣的事情上撒谎本身就是对神的亵渎。[③] 于是他向陪审员指出，"那些故事与情节与我何干？相反，我控告那些对我进行控诉的人。我认为他们应该因为他们自身的不虔诚而被判处死刑，与此同时，我因为没有什么过错而理应被开释"。在这一角色转变的背后，安多基德斯进一步强化了他与原告之间处境的对比，他指出："很明显，犯有此类罪行的人，在辩护时不能以自己没有犯罪而为自己辩护，因为当法庭已经知道真相时，人们对被告的审判确实是更加严格。但对我而言，证据是有利于我的，因为我可以通过驳斥我的对手对我的严厉指控来获得我无辜的证明，并且我不必付诸对人们的恳求和呼吁。"[④]

[①] Andocides, *On the Mysteries*, 1.

[②] Andocides, *On the Mysteries*, 6.

[③] Douglas MacDowell, *Andokides on the Mysterie*, p. 84; Michael Edwards, *Andocides*, p. 170; *Antiphon & Andocides*, p. 109.

[④] Andocides, *On the Mysteries*, 30.

接下来，他对色菲西乌斯、梅勒图斯、埃庇查瑞斯、卡里阿斯以及阿古尔西乌斯等五人进行了回击。在否认伊索提米德斯法令的效用时，他回击了前三位。在对放置橄榄枝的控告进行辩护时，他回击了后两位。他对这五位人员进行了逐一的回击，但攻击的重点略有不同。[①] 相比之下，安多基德斯的形象则颇为"光辉"。他因为揭露赫尔墨斯神像破坏案的真相而解救了城邦；在埃庇吕库斯死后，尽管留下一堆债务，但他仍积极地承担起自己在继承其女儿方面的义务，并因为自己的坚持而遭到卡里阿斯的报复；积极与阿古尔西乌斯开展包税权的竞标活动，使城邦多收入6塔兰特，却因此与阿古尔西乌斯交恶。除此之外，安多基德斯最大的亮点在于，他在回归后积极参加城邦的政治活动和宗教活动。他向陪审员展现了他积极参加城邦各项活动的形象，证明了自己对城邦是一个有用的人。

安多基德斯在辩护中对自己以及控告者形象的塑造，从总体上初看似乎较为散乱，没有比较明晰的主线，但如果聚焦于该审判的背后主使卡里阿斯和安多基德斯两人，我们可以发现他更强调宗教上的态度：卡里阿斯被塑造成一个亵渎神明的人，而安多基德斯则是尊奉神明并受它们保护的人。

需要强调的是，以上叙述主要是从政治环境以及原告与被告形象的塑造两个方面所进行的简略推测。至于它们在多大程度上，以及有没有影响到陪审员的裁决实难准确把握。

小　　结

安多基德斯在辩护时将自己被控告的原因归结为他与卡里阿斯的私人恩怨，但透过这种表象，不难发现他之所以被控告是与民主政治恢复后城邦意欲加强对宗教的控制有关系，只是这种矛盾是以个人冲突的形式展现的。在辩护的过程中，安多基德斯不仅否认自己与渎神

[①] 详细可参阅本章第二节相关内容。

第五章 安多基德斯的渎神案回忆与城邦判决

案有任何关系,他也未曾控告他人,而即使他真犯有渎神罪,《伊索提米德斯法令》对其也没有作用可言,因为它已经因为雅典修订的法律而失去了效力。与此同时,他还驳斥放置橄榄枝的控告,认为这是卡里阿斯个人所为,并讲述了两人结怨的原因。在辩护时,安多基德斯引用了大量法律条款、证据,请多名证人作证,这体现了对于法律的尊重,但是从其发挥功用来看,这些援引更多的还是形式上的。虽然安多基德斯确实有罪,但法庭最终的裁决却是无罪开释。其背后原因极为复杂,但民主政治恢复后和解赦免的政治氛围、安多基德斯对本人以及控告者形象的塑造有可能发挥了积极作用。

第六章 雅典的中兴努力与安多基德斯的再次流亡

公元前404年，由于在伯罗奔尼撒战争中的最终溃败，雅典被迫接受斯巴达提出的条件。根据这些条件，雅典帝国被永久废除，随之而去的还有雅典的大国地位，原先雄踞于希腊世界的第一大国已被迫褪去了昔日的风采，成了追随斯巴达的附属国。但是，在剧烈变幻的国际形势中，雅典在暗中积蓄力量力图复兴昔日的大国地位，并进行了巨大努力。在这一实现大国复兴的过程中，科林斯战争的爆发为其提供了难得的历史机遇，雅典通过成为波斯海军将领的雅典人科农，借助波斯的海军和金钱逐渐冲破斯巴达所强加的种种限制。与此同时，斯巴达也根据形势变化而逐渐调整政策，先是派遣安塔尔吉达斯前往萨尔迪斯与波斯总督谈判，后在斯巴达召开希腊和平会议。

在斯巴达召开的会议上，包括安多基德斯在内的四位雅典人作为使者参与了谈判。虽然使者们被授予了谈判的全权，但他们可能是出于特殊的考虑，仍然决定将会谈的条件提交给公民大会决定。于是，在雅典公民大会上，安多基德斯发表了《论和平》的演说，陈述接受和平的主张。然而，雅典公民否决了所提议的和平条款，而四位使者也以不遵守谈判指令做虚假报告以及接受斯巴达的贿赂等罪名被控告。四位使者为避免审判而逃亡，城邦在他们缺席的情况下对他们判以死刑。安多基德斯再次流亡，并再未返回城邦，他以后的事迹也不见于文献。科林斯战争在拖延了几年后，终于在公元前386年达成了和平协议，即《大王和约》或者是《安塔尔吉达斯和约》。值得注意

第六章　雅典的中兴努力与安多基德斯的再次流亡　◆ ◆ ◆

的是，这份协议中对于雅典的条款与安多基德斯所提议的条款并没有多少变化。

本章主要探讨在科林斯战争爆发的情况下，雅典是如何利用国际形势开展中兴活动的？当斯巴达提出和平建议时，安多基德斯等使者主张接受和平协议时，他是如何向民众进行说服的？以及安多基德斯的和平努力为何会失败？

第一节　科林斯战争与雅典的中兴雄心

一　科林斯战争的爆发

公元前404年，雅典根据与斯巴达签订的和平协议，被迫交出舰队、拆毁城墙、放弃海外殖民地。雅典之前的盟友或自愿或被迫地加入伯罗奔尼撒同盟，成为斯巴达帝国的一部分。雅典受到"与斯巴达同敌同友"条款的制约，即使是在民主政治恢复以后，也基本能够履行义务，尽管有时并不是很情愿。但作为一个曾经拥有庞大帝国的城邦，它并不会长久地追随斯巴达的政策。一俟时机成熟，它必然想有所作为，而从历史上的情况来看，这一时机就是科林斯战争的爆发。

科林斯战争是指在公元前395年爆发的雅典、底比斯、科林斯以及阿尔戈斯四个城邦联合起来反对斯巴达的战争，因同盟方面的指挥中心设在科林斯而得名。在伯罗奔尼撒战争结束不到十年的时间里就爆发了科林斯战争，背后有着深刻的原因。

就底比斯与科林斯而言，它们虽然是斯巴达的传统盟友，但与斯巴达城邦之间，早在伯罗奔尼撒战争结束时就颇有芥蒂。斯巴达在希腊世界和在亚洲的霸权扩张，更加速了矛盾的发展。在三十僭主迫害雅典民主派时，底比斯为雅典民主派提供各种支持。[1] 它甚至以立法的形式规定，如果底比斯人看到雅典流放者被带走，而没有提供全力

---

[1] Xenophon, *Hellenica*, 2.4.1–2; Diodorus, *The Library of History*, 14.32.1; *Xellenica Oxyrhynchia*, 12.1

帮助要被处以1塔兰特罚金，并投票决定底比斯人不应妨害那些携带武器反对三十僭主的雅典人。① 底比斯城邦的这种做法，使帮助雅典的流放者不再仅仅是单纯的公民个人行为，而是国家行为。这意味着公开反对斯巴达政策，因为斯巴达曾经规定，在希腊的雅典流放者都应该被遣返给雅典的三十僭主政权。公元前403年，当保萨尼阿斯出兵雅典时，彼奥提亚人以及科林斯人拒绝听从其调遣。② 公元前400年左右，当阿吉斯率军征服埃利斯时，他们拒绝合作。③ 当阿哥西劳在彼奥提亚人的领土上举行出征仪式时，彼奥提亚的同盟官员不仅破坏了阿哥西劳的献祭，④ 而且公开反对阿哥西劳的战争政策。⑤

从科林斯执行的外交政策来看，其国内也存在反对斯巴达的力量，他们以提莫劳斯（Timolaus）和波里安特斯（Polyanthes）为首。他们是反对斯巴达的，因此，与斯巴达的劲敌阿尔戈斯结盟无疑是一个很好的选择。在斯巴达军队于哈里阿图斯（Haliartus）失败的情况下，使科林斯有可能推行更加积极的反斯巴达政策，于是科林斯与阿尔戈斯缔结了同盟。⑥

可以说，底比斯与科林斯这两个斯巴达的传统盟友之所以反对斯巴达，主要是因为它们在战争中做出了巨大贡献与牺牲，却没有得到相应的回报。吕山德将大量的战利品以及财富运往斯巴达更会激起它们的反对。虽然它们是斯巴达的盟友，存在亲斯巴达的力量，但反对斯巴达的力量不可避免地逐渐发展壮大。在阿尔戈斯与雅典同样存在反对斯巴达的力量。

就阿尔戈斯而言，它在历史上一直是斯巴达的死敌，两者之间长期斗争不断。伯罗奔尼撒战争期间，阿尔戈斯就想谋取在伯罗奔

---

① Plutarch, *Pelopidas*, 6.4; Diodorus, *The Library of History*, 14.6.1–3.
② Xenophon, *Hellenica*, 2.4.30.
③ Xenophon, *Hellenica*, 3.2.24–25; Diodorus, *The Library of History*, 14.17.4–7.
④ *Xellenica Oxyrhynchia*, 13.2; Xenophon, *Hellenica*, 3.5.3.
⑤ Xenophon, *Hellenica*, 3.4.2–3; Plutarch, *Agesilaus*, 6.4–5, 9.4, 16.4, 40.2.
⑥ Xenophon, *Hellenica*, 4.8.34; Diodorus, *The Library of History*, 14.92.1.

第六章　雅典的中兴努力与安多基德斯的再次流亡　◆◆◆

尼撒地区的霸权。① 公元前418年在斯巴达的支持下，阿尔戈斯曾短暂地建立了亲斯巴达的寡头政权，但该政权不久就被推翻，随后它一直是民主政权并执行反对斯巴达的政策。② 在三十僭主迫害雅典民主派时，阿尔戈斯人与底比斯人一道为雅典的民主派提供各种支持。③

相比于底比斯、科林斯等城邦公然反对斯巴达的行动，雅典在对外政策上是极其谨慎的。根据伯罗奔尼撒战争结束时斯巴达与雅典的协议，雅典在外交上要服从斯巴达，它在战后相当长的一段时间内都是执行该政策，即使在雅典恢复民主制度以后也是如此。例如，当斯巴达征讨埃利斯时，雅典派出了一支军队。④ 当提布隆（Thibron）在小亚细亚时，雅典派出了300人组成的骑兵队。不过值得注意的是，色诺芬特意提到这些人都曾为三十僭主政权服务过，⑤ 不排除雅典想借机清除城邦内部反对民主政治势力的可能。雅典拒绝为阿哥西劳提供帮助，则可以说是其在实践上第一次违背与斯巴达的协议。⑥ 雅典的这种谨慎态度，也反映在它与底比斯所缔结的同盟上。根据色诺芬的记载，这仅仅是一个防御性同盟。⑦ 但在与斯巴达合作的背后，雅典也开始试图调整自己的政策。如公元前397年，它曾派遣三位使者出使波斯，只是被斯巴达所阻截，并带回斯巴达处死。但它并没有进行抗议，而是表现出似乎什么也没有发生的样子。⑧ 是年稍后，科农被任命为波斯的海军将领，雅典又派遣德麦涅图斯（Demaenetus）率

---

① Thucydides, *The Peloponnesian War*, 5.28.1-2; 29.1.
② Thucydides, *The Peloponnesian War*, 5.82-84; Diodorus, *The Library of History*, 12.80-81; Plutarch, *Alcibiades*, 15.
③ Xenophon, *Hellenica*, 2.4.1-2; Diodorus, *The Library of History*, 14.32.1; *Xellenica Oxyrhynchia*, 12.1
④ Xenophon, *Hellenica*, 3.2.25; Diodorus, *The Library of History*, 14.17.7.
⑤ Xenophon, *Hellenica*, 3.1.4-5.
⑥ S. Perlman, "The Cause and the Outbreak of the Corinthian War", *The Classical Quarterly*, Vol.14, No.1 (May, 1964), pp.64-81.
⑦ Xenophon, *Hellenica*, 3.5.16-17.
⑧ Vittorio Bartoletti, *Xellenica Oxyrhynchia*, 2.1; Isocrates, *Panegyricus*, 142.

船去增援科农，只是随后被召回。① 在这些事件的背后，可以看出雅典内部发生了一些新变化，即寻找机遇以期改变现状的力量在逐渐增强，并开始试图调整政策。

虽然底比斯、科林斯、阿尔戈斯以及雅典皆与科林斯战争的爆发有密切的关系，但这些因素的背后实质上是斯巴达意欲称霸整个希腊以及小亚细亚的野心，而爱琴海区域的形势变动又推动了同盟的形成。早在公元前400年，斯巴达就已经派出提布隆到小亚细亚。关于其内在的动机，佩尔曼（S. Perlman）认为："其目的并不仅仅在于将小亚细亚城邦从波斯的统治下解放出来，而是要增强其作为希腊世界帝国和霸权力量。"② 随后，提布隆因侵犯希腊城邦的领土而被德基里达斯（Dercylidas）取代。③ 不久，阿哥西劳也被派往东方。④ 在他们行为的背后，我们不难发现吕山德的影子：德基里达斯原先是吕山德外派的驻军将领⑤，而阿哥西劳的上台与东征的背后都离不开吕山德⑥。这说明了吕山德的强势，与此同时，也意味着吕山德帝国政策的回归。德基里达斯与阿哥西劳的实际作为也印证了吕山德政策的实现。⑦ 在分析科林斯战争爆发的原因时，汉密尔顿除了探讨反对斯巴

---

① Vittorio Bartoletti, *Xellenica Oxyrhynchia*, 1.2 – 3.
② S. Perlman, "The Cause and the Outbreak of the Corinthian War", p. 77.
③ Xenophon, *Hellenica*, 3.8.10.
④ Xenophon, *Hellenica*, 3.4.2; Plutarch, *Lysander*, 23.1 – 2; Plutarch, *Agesilaus*, 6.1 – 3; Pausanias, *Description of Greece*, 3.9.1.
⑤ Xenophon, *Hellenica*, 3.1.9.
⑥ Xenophon, *Hellenica*, 3.4.2; Plutarch, *Lysander*, 23.1 – 2; Plutarch, *Agesilaus*, 6.1 – 3; Pausanias, *Description of Greece*, 3.9.1.
⑦ 例如德基里达斯在小亚细亚地区加强了控制，这主要体现为他修建了保护色雷斯人切尔索涅斯地区希腊城邦的长墙（Xenophon, *Hellenica*, 3.2.9 – 10）；征服了阿塔纽斯（Atarneus），使之成为被开俄斯人流放者的据点，并在那里驻军（Xenophon, *Hellenica*, 3.2.11）；而阿哥西劳虽然与吕山德有矛盾，但是他无疑也是倾向于建立斯巴达的霸权，只是在宣传上他更强调征战的泛希腊性质（Xenophon, *Hellenica*, 3.5.1, 3.4.10, 4.1.1, 4.1.28 – 30; Xenophon, *Agesilaus*, Translated by E. C. Marchant, Loeb Classical Library, Cambridge: Harvard University Press, 1968, 1.7.36, 3.3.6; Plutarch, *Agesilaus*, 11.1 – 4, 15.1）。另外，在赢取希腊人的支持上，阿哥西劳更多的是通过支持寡头派来实现。（Xenophon, *Hellenica*, 3.4.15; Xenophon, *Agesilaus*, 1.17 – 20.）

第六章 雅典的中兴努力与安多基德斯的再次流亡 ◆◆◆

达的力量外，还从斯巴达内部分析了原因，他认为吕山德和阿吉斯两派联合追求帝国的扩张是导致战争爆发的内在原因。① 汉密尔顿的分析很有说服力，只是他犯了一个小错误，即阿吉斯已经于公元前398年离世，可能此处换为阿吉斯政策的继承者阿哥西劳比较恰当，因为政治派别往往会随着领导者的死去而解散或者重组。

在这种情况下，斯巴达推行的霸权政策无疑是希腊城邦反对斯巴达的内在原因，虽然罗得斯人提莫克拉特斯（Timocrates）的贿赂是其重要的促进因素，但诚如奥克苏云基亚历史学家所指出的，这并不是主导性因素。② 佩尔曼在总结科林斯战争发生的原因时，曾指出根本原因是希腊城邦担心斯巴达会干涉它们的独立，而斯巴达从希腊以及小亚细亚地区意图称霸则加速了底比斯等城邦的反对。③ 与此同时，需注意的是，组成同盟的四个城邦在政体上不尽相同，更多的是基于反对斯巴达的共同目标而联合起来。在这些共同性因素之外，雅典的特殊性在于，从某种意义上说，战后的雅典并非真正独立的城邦，它更多的是斯巴达的附属。因此对雅典而言，它与底比斯等组成同盟参加战争具有改变孤立地位的内在动机。而伴随着科林斯战争的爆发，希腊世界以及希腊世界与波斯的形势都发生了剧烈变化，这为雅典提供了新的历史机遇。

二 雅典的中兴努力

科林斯战争分为陆上作战和海上作战两部分。陆上战役主要发生在战争的头两年，即公元前395—前394年，战场主要集中在科林斯周边地区。开始时，四方联盟军队的活动主要在中部希腊和北部希腊，并动摇了斯巴达在该地区的统治。在这种压力之下，斯巴达一方面积极准备新的战争，另一方面开始召回在东方作战的阿哥西劳。接

---

① Charles D. Hamilton, *Sparta's Bitter Victories*, Ithaca, New York: Cornell University Press, 1979, p. 208.
② Vittorio Bartoletti, *Xellenica Oxyrhynchia.*, 2.2–5.
③ S. Perlman, "The Cause and the outbreak of the Corinthian War", pp. 64–81.

下来，斯巴达先是在阿里斯托德姆斯（Aristodemus）的领导下，取得了涅米亚战役（Battle of Nemea）的胜利，后是在阿哥西劳的领导下在凯罗尼亚（Coronea）附近再次取得胜利。

就海上作战的情况而言，科农在公元前397年就已被任命为波斯海军将领，但在此后相当一段时间内，海上并无战事可言。在科林斯战争之前，比较重要的成果是：公元前396年，罗得斯脱离斯巴达的控制①；并于公元前395年夏建立民主政治②。罗得斯的退出，不仅切断了埃及对斯巴达的帮助，而且断绝了斯巴达从海上和陆上两路进攻卡里亚（Caria）的可能。③ 在阿哥西劳开始凯罗尼亚战役之前，科农和法那巴祖斯在克尼都斯取得了海上作战的胜利。战场上的这些变化，极大地影响了希腊大陆尤其是雅典的战略选择。

雅典首先需要做的莫过于在外交上改变自己的孤立局面。自伯罗奔尼撒战争结束以来，雅典一直是斯巴达的跟班，虽也有自己的想法，但总体上没有实质性的突破。可以说，雅典要改变在外交上的孤立局面其实是有着良好的基础的。如前所述，雅典的民主派与底比斯、科林斯以及阿尔戈斯城邦有着良好的结盟基础，这在三十僭主当权时期已经得到证明。但根据色诺芬的记载，首先提出结盟的反倒不是雅典，而是底比斯。当时的情况是，底比斯派出了使者出使雅典以期能够结成同盟。在听取了使者的陈述后，雅典公民群情激奋，纷纷赞同要与底比斯结盟。当时的政治领袖塔拉绪布罗斯虽然一直很谨慎，此时也与民众的观点保持了一致。但是他在向底比斯的使者通报表决的结果时，刻意强调这个同盟的防御性质。随后，他带领雅典军队到哈利阿提图斯支援底比斯人。④ 此时，雅典与底比斯已经结成同盟，而雅典也履行了同盟的义务，但比较明确的是此时还只是雅典与

---

① Diodorus, *The Library of History*, 14.79.6.
② Vittorio Bartoletti, *Xellenica Oxyrhynchia*, 10.1; Pausanias, *Description of Greece*, 6.7.6; I. A. F. Bruce, "The Democratic Revolution at Rhodes", *The Classical Quarterly*, Vol. 11, No. 2 (Nov., 1961), pp. 166–170.
③ Xenophon, *Hellenica*, 3.2.12.
④ Xenophon, *Hellenica*, 3.5.3–22.

第六章　雅典的中兴努力与安多基德斯的再次流亡　◆　◆　◆

底比斯的同盟，科林斯人并没有随同保萨尼阿斯的军队来征战，但他们也没有参加到雅典与底比斯的同盟中来，在哈利阿提图斯战役以后，它与阿尔戈斯才开始加入进来。

关于雅典等四国同盟的形式及形成过程，我们实际知道的并不多。可能是采取了单独缔结同盟的方式。从同盟的建立过程来看，雅典似乎并不积极主动，但它无疑具有摆脱外交孤立局面的动机。对于这一点，可从底比斯在请求结盟时的陈述管窥一二，底比斯的使者提到："我们皆知你们意欲恢复你们曾经拥有的帝国。"[①] 色诺芬在论述波斯人的金钱在促成同盟结成的作用时，明确提及雅典并没有分得金钱，但尽管如此，雅典人却渴望出战。[②] 据此可以看出，雅典实际上具有强烈的摆脱外交孤立的原动力。之所以出现这种局面，除了与塔拉绪布罗斯等政治领袖所推行的谨慎政策有密切的关系外，很大程度上取决于伯罗奔尼撒战争的失败所造成的后期影响。在战争结束时，雅典被迫拆毁了城墙，放弃了舰队，这使他们无法从陆上和海上同时保卫城邦，这从客观上决定了雅典复兴帝国的很多努力只能隐蔽进行。

但克尼都斯海战的胜利却使雅典复兴帝国的雄心展露无遗，这突出地表现在如下几个方面。

第一，外交活动方面。可能是在克尼都斯海战之前不久，雅典就已经与埃雷特里亚结盟。[③] 公元前394年，可能是在克尼都斯海战结束不久，雅典就派出了埃皮克拉特斯（Epicrates）和福尔米修斯（Phormisius）出使波斯，并被赠馈以礼物。[④] 公元前393年初，雅典议事会决定授予叙拉古的狄奥尼修斯以荣誉，其目的可能是通过赢取其好感，从而将其从斯巴达的联盟中争取过来。[⑤] 公元前393年科农

[①] Xenophon, *Hellenica*, 3.5.10.

[②] Xenophon, *Hellenica*, 3.5.2.

[③] Marcus N. Tod, *A Selection of Greek Historical Inscription*, Vol.2, pp.16–18.

[④] Frank Adcock and D. J. Mosley, *Diplomacy in Ancient Greece*, London: Thames and Hudson, 1975, p.164.

[⑤] Marcus N. Tod, *A Selection of Greek Historical Inscriptions*, Vol.2, pp.24–26; Phillip Harding, *From the end of the Peloponnesian War to the Battle of Ipsus*, pp.20–21.

安多基德斯与雅典城邦政治

返回雅典后,他与尤诺姆斯(Eunomus)一起出使叙拉古,目的是说服狄奥尼修斯与塞浦路斯的国王尤阿哥拉斯联姻,并且反对斯巴达成为雅典的朋友和联盟。他最终说服狄奥尼修斯停止拨发叙拉古为斯巴达预备好的一些战舰。① 可能与此同时,雅典也授予尤阿哥拉斯以荣誉,主要是感谢他对雅典的好感和帮助。②

第二,重建城墙以及庇雷埃夫斯海港的防御工事。实际上,早在公元前394年6月,雅典已经通过了重建城墙和庇雷埃夫斯海港的防御工事的法令,并至少在克尼都斯海战之前的几个月已经开始修建,但囿于财力的限制没有太大进展。③ 此时,科农在征得法那巴祖斯的同意下,于公元前393年夏季携带大量金钱来到雅典,帮助其重建城墙和庇雷埃夫斯海港的防御工事。对于科农利用波斯的金钱帮助雅典重建城墙的史实,史学家都有较为明确的记载。除此之外,史学家还提及了雅典的盟邦在重建城墙中也起了积极作用,尤其是底比斯人更是踊跃参与,他们提供了500名工匠。④ 需要指出的是,重建任务并没有完全完成。从后来斯福得里亚斯计划突袭庇雷埃夫斯海港的情况来看,当时海港还没有大门,这种情况在雅典受到激怒后才得以改观。⑤

第三,重建与原来盟邦的联系。原属雅典帝国的盟邦在伯罗奔尼撒战争结束时,或自愿,或被迫加入斯巴达阵营,成为斯巴达帝国的一部分。在克尼都斯海战胜利之后,科农与法那巴祖斯并没有返回波斯或希腊,而是继续航行至海上诸岛和沿海岸的城市,每到一处他们都尽力驱逐斯巴达的海外驻军,并允诺这些城邦的独立自主。⑥ 可能正是在这种情况下,科农利用自己的影响将这些城邦争取到雅典这

---

① Lysias, *On the Property of Aristophanes*, 19-20.
② P. J. Rhodes and Robin Osborne, *Greek Historical Inscriptions 404-323 B. C.*, pp. 50-55.
③ Marcus N. Tod, *A Selection of Greek Historical Inscriptions*, Vol. 2, pp. 22-24; P. J. Rhodes and Robin Osborne, *Greek Historical Inscriptions 404-323 B. C.*, pp. 46-48.
④ Xenophon, *Hellenica.*, 4.8.9-10; Diodorus, *The Library of History*, 14.85.3.
⑤ Xenophon, *Hellenica*, 5.4.20-34.
⑥ Xenophon, *Hellenica*, 4.8.1-2; Diodorus, *The Library of History*, 14.84.3-4.

第六章　雅典的中兴努力与安多基德斯的再次流亡

边。安塔尔吉达斯曾提醒提里巴祖斯，让他注意科农将岛屿诸邦和小亚细亚沿岸各邦争取到雅典阵营的情况推断，这应该不是空穴来风，而提里巴祖斯随后将科农诱捕并予以监禁，则证实了其内在的真实性。[1] 但至少是在公元前 392 年，雅典已经再次占据了爱琴海上的一些战略要地，如列姆诺斯、音姆布罗斯以及西居罗斯。[2] 公元前 390—前 389 年，塔拉绪布罗斯在赫勒斯滂海峡的行动，则说明雅典对盟邦的控制已经演变为事实，尽管雅典依然打着波斯的旗号。[3]

城墙、海外殖民地等因素可谓雅典帝国的象征，通过以上一系列的行动与作为，可以看出雅典为复兴雅典帝国所做的诸多努力。早在科林斯战争之前，底比斯人向雅典求助时，便已经清楚地指出，"世人皆知雅典人多么地想恢复其帝国"[4]。而安多基德斯则展示了公元前 392 年与斯巴达和谈时雅典内部存在的恢复帝国梦想的炽热程度，"是去重新占有切尔索涅斯，收回我们的殖民地、我们的海外地产以及我们的债务吗？"[5] 如果考察雅典重建帝国背后的动因，公元前 5 世纪雅典帝国所带来的利益与荣耀固然是其重要原因。[6] 但背后的决定性因素，应该是此时雅典国内面临的经济困难以及粮食供应不足。[7]

---

[1] Xenophon, *Hellenica*, 4.8.11–16; Diodorus, *The Library of History*, 14.85.4.

[2] Xenophon, *Hellenica*. 4.8.15; Andocides, *On the Peace with Sparta*, 12, 14; Jack Cargill, *Athenian Settlements of the Fourth Century B.C.*, Leiden: Brill, 1995, pp.12–15.

[3] Xenophon, *Hellenica*, 4.8.26–31; Benjamin Isaac, *The Greek Settlements in Thrace Until the Macedonian Conquest*, Leiden: Brill, 1986, p.228; Matthew A. Sears, *Athens, Thrace, and the Shaping of Athenian Leadership*, Cambridge: Cambridge University Press, 2013, p.97.

[4] Xenophon, *Hellenica*, 3.5.10.

[5] Andocides, *On the Peace with Sparta*, 15.

[6] Barry S. Strauss, *Athens after the Peloponnesian War*, Ithaca and New York: Cornell University Press, 1986, pp.42–69.

[7] 关于雅典在科林斯战争期间的经济形势：Claude Mossé, *Athens in Decline 404–86 B.C.*, London and Boson, Routledge & Kegan Paul, 1973, pp.12–17; Barry S. Strauss, *Athens after the Peloponnesian War*, pp.42–69; Edward E. Cohen, *Athenian Economy and Society*, Princeton: Princeton University Press, 1992, pp.194–195。粮食供应问题：Lysias, *Against the Corn Dealers*, 1–22; Robin Seager, "Lysias Against the Corn-dealers", *Historia*, Bd. 15, H. 2 (Apr., 1966), pp.172–184; Christopher Tuplin, "ΣΥΜΠΡΙΑΣΘΑΙ in Lysias 'against the Corndealers'", *Herms*, 114. Bd., H. 4 (4th Qtr., 1986), pp.495–498; S. C. Todd, *The Shape of Athenian Law*, pp.316–324。

◆◆◆ 安多基德斯与雅典城邦政治

在复兴帝国的过程中，雅典巧妙地利用了地中海世界政治局势的变化，以谋求在新政治环境下有所作为，科农及其背后的波斯因素加速推进了这一进程。在此项事业顺利展开的背后存在两对基本的矛盾：一是复兴帝国的野心与雅典脆弱的经济基础之间的矛盾。二是对波斯因素的依赖与复兴帝国过程中在小亚细亚地区对波斯利益的损害之间的矛盾。这些矛盾对雅典内部的政治走向与"雅典—波斯—斯巴达"三方之间的关系都产生了较为明显的影响。

三 安塔尔吉达斯出使萨尔迪斯

对雅典而言，科林斯战争是一次中兴的机会。但对战争的直接打击目标斯巴达而言，却是苦不堪言。罗得斯的退出可以说是伯罗奔尼撒战争后对斯巴达的第一次打击。为更好地应付在希腊大陆所面临的危机，斯巴达准备召回在小亚细亚作战的阿哥西劳。虽然斯巴达在陆上的战役都取得了胜利，但这些胜利并非决定性的，并没有实质性地改变战争局势，四方同盟依然存在，并与斯巴达及其盟友形成了对峙状态。海上形势的变化则使斯巴达逐渐处于不利的地位，突出地表现在克尼都斯海战的失败上。该海战的失败使斯巴达失去了对爱琴海的制海权。其在海上诸岛以及小亚细亚沿岸的城邦，大多因法那巴祖斯和科农的鼓动和允诺而脱离斯巴达。公元前392年，除了前述不利形势外，斯巴达还面临着新的危机，这主要表现为：一是它的部分领土被敌方所占领，这主要是指库塞拉（Cythera）岛屿被占领。二是阿尔戈斯与科林斯在政治上的合并。

库塞拉位于拉哥尼亚南面，当时被法那巴祖斯和科农率军攻破，并由科农任命雅典人尼科菲姆斯（Nicophemus）领一支雇佣军长期占据。[①] 阿尔戈斯与科林斯的政治合并主要是指在科林斯战争的压力下，科林斯的民主派在底比斯、阿尔戈斯以及雅典军队的协助下，推翻了科林斯的现行政府，建立了民主政治，随后与阿尔戈斯实现了政治统

---

① Xenophon, *Hellenica*, 4.8.7–8.

第六章 雅典的中兴努力与安多基德斯的再次流亡 ◆ ◆ ◆

一。需要注意的是，此时的统一，只意味着两个城邦的公民拥有了共同的公民身份，但原有的公民权依然存在。色诺芬在这里的记述存在矛盾，他认为此时的情况是阿尔戈斯与科林斯之间的界石被移除，科林斯的故土不再被称为科林斯，而是改称为阿尔戈斯。原来享有全权科林斯公民权的公民，在阿尔戈斯的地位甚至还不如外邦人。[1] 色诺芬在叙述安塔尔吉达斯出使萨尔迪斯时，还提到有科林斯的代表。在更晚的一段记述中，又提及了阿尔戈斯吞并科林斯的情况。[2] 对于阿尔戈斯吞并科林斯的情况，狄奥多鲁斯也有所提及，他认为在科林斯卫城驻有阿尔戈斯的军队，意味着科林斯人事务的终结。[3] 可以说，因为色诺芬的记载存在问题，所以汉密尔顿在分析这段论述时，认为应该是分为两个阶段：一是在公元前392年，两个城邦的公民在保有原有各自公民权的情况下，拥有了共同的公民权；二是在公元前389年，阿尔戈斯直接吞并了科林斯。[4] 虽然阿尔戈斯与科林斯的这种合并只是政治上的，但是却具有重要的战略意义。阿尔戈斯与斯巴达是世仇，两者长期为敌。而现在它又与科林斯实行政治合并，无疑意味着在伯罗奔尼撒地区反对斯巴达力量的增强，这在斯巴达历史上恐怕还是第一次，由此可见，这种政治合并所带来的威慑作用是空前的。到公元前393年底，绝大多数的斯巴达人已经意识到他们没有力量同时打赢对希腊联盟与对波斯的两线战争，因为他们缺乏足够的军事力量。在这种情况下，斯巴达率先调整外交政策，于是安塔尔吉达斯（Antalcidas）被派往萨尔迪斯进行和谈。

在萨尔迪斯，安塔尔吉达斯会见了当时波斯国王的将军提里巴祖斯。安塔尔吉达斯的目的很明确，即争取促成斯巴达人与波斯缔结和平协议，如果达不成此目标，则退而求其次，力求让波斯中止对科农舰队的支持。为达上述目的，安塔尔吉达斯的策略是以科农使用波斯

---

[1] Xenophon, *Hellenica*, 4.4.6.
[2] Xenophon, *Hellenica*, 4.8.13；4.8.43.
[3] Diodorus, *The Library of History*, 14.92.1.
[4] Charles D. Hamilton, *Sparta's Bitter Victories*, pp. 268–271.

◆ ◆ ◆　安多基德斯与雅典城邦政治

的金钱是为了雅典而不是为波斯服务的事情为说辞，以此来分化雅典与波斯。雅典人获知该消息后，他们派出了以科农为首的出访团，并且邀请了雅典盟邦的使者一同前行。①

在和谈的过程中，安塔尔吉达斯向提里巴祖斯说明了他此行的目的，是希望波斯国王能够与斯巴达签订和平协议。为达成两国之间的和平，斯巴达愿意以如下条件为前提：一是承认波斯对小亚细亚地区城邦的要求。二是岛屿诸邦和希腊大陆城邦都应该保持独立。②

汉密尔顿在评价斯巴达的这两个条件时曾指出："安塔尔吉达斯外交政策的目标，是甩掉在小亚细亚地区无利可图的战争包袱，并由此确立每一个城邦的主权都得到保证的国际秩序。"③ 这对于斯巴达是极为有利的，但对于科林斯战争所涉及的雅典等城邦而言，却极为不利。因为根据"城邦自决"的原则，这些城邦在科林斯战争期间的既得利益都会遭到损害。具体而言：雅典要放弃他们已经占领的列姆诺斯、音姆布罗斯以及西居罗斯，底比斯人将被迫允许彼奥提亚人各城邦独立，阿尔戈斯人将被迫放弃业已兼并的科林斯地区。于是斯巴达的这一提议遭到了他们的激烈反对。④

与雅典等城邦的反对意见不同，提里巴祖斯本人十分赞同这个计划。但由于波斯总督并没有缔结和约的权力⑤，于是他准备前往波斯宫廷汇报情况。但在启程之前，为了表示他对斯巴达的支持，他秘密地给了斯巴达大量金钱，以便让其装备舰队，从而迫使雅典人及其同盟更加渴望和平。与此同时，他将科农监禁起来。随后，他去觐见国王，让国王最终定夺应该实行什么样的政策。⑥ 阿尔塔薛西斯在听

---

① Xenophon, *Hellenica*, 4.8.13, 4.8.12 – 13.
② Xenophon, *Hellenica*, 4.8.14.
③ Charles D. Hamilton, *Agesilaus and the Failure of Spartan Hegemony*, Ithaca and London: Cornell University Press, 1991, p.112.
④ Xenophon, *Hellenica*, 4.8.15.
⑤ 关于波斯总督的职责权限，刘易斯认为波斯帝国实际上是对其总督严格控制的，他们有一定的职责权限，但如果逾越过大其结果将是灾难性的。（D. M. Lewis, *Sparta and Persia*, Leiden: Brill, 1977, p.57. note 51.）
⑥ Xenophon, *Hellenica*, 4.8.16.

取汇报后，并没有采纳其意见，而是派遣了斯特鲁塔斯（Struthas）去负责沿海省区的事务。斯特鲁塔斯牢记阿哥西劳给国王的领土所造成的所有危害，于是他决定全力支持雅典人和他的盟友。① 一般认为阿尔塔薛西斯（Artaxerxes）之所以采取否决意见，主要是基于斯巴达帮助居鲁士而对其产生的反感。② 于是，被囚禁的科农也被释放，他再次前往塞浦路斯，并于公元前392年晚些时候病死在那里。③ 与此同时，斯巴达不得不继续与波斯的战争。需要指出的是，波斯国王拒绝提里巴祖斯的意见的消息，以及斯特鲁塔斯到萨尔迪斯的时间大约为6个月。

第二节 安多基德斯出使斯巴达

继安塔尔吉达斯出使萨尔迪斯之后，希腊历史上还有一次在斯巴达召开的和平会谈。关于这次会谈的情况，色诺芬在《希腊史》中并没有提及，只是安多基德斯在演说词《论和平》中论述要接受斯巴达的和平条款时涉及了，但他对于色诺芬所提及的萨尔迪斯和谈只字未提。正是由于这种史料记载上的冲突，因此学术界围绕两次会谈的时间等具体问题进行了大量研究，有些学者将安多基德斯所涉及的和谈确定为公元前387—前386年，如布鲁斯和汉密尔顿持这种看法。④ 对于和谈召开的原因，汉密尔顿认为是缘于雅典的提议。⑤ 但更多的学者将此次和谈定在公元前392—前391年，并认为安多基德斯及其同行使者是雅典激进分子的受害者。⑥ 面对这些种种分歧，笔者更倾

---

① Xenophon, *Hellenica*, 4.8.17.
② D. M. Lewis, *Sparta and Persia*, pp. 26, 138; Simon Hornblower, *The Greek World 479 – 323 B. C.*, London and New York: Routledge, 2011, p. 226.
③ Charles D. Hamilton, *Sparta's Bitter Victories*, p. 248.
④ I. A. F. Bruce, "Athenian Embassies in the Early Fourth Century B. C.", *Historia*, Bd. 15, H. 3 (Aug., 1966), pp. 272 – 281; Charles D. Hamilton, *Sparta's Bitter Victories*, p. 239.
⑤ Charles D. Hamilton, *Sparta's Bitter Victories*, pp. 252 – 253.
⑥ Raphael Sealey, "Callistratos of Aphidna and his Contemporaries", *Historia*, Bd. 5, H. 2 (Jun., 1956), pp. 184 – 185.

◆◆◆ 安多基德斯与雅典城邦政治

向于赞同该会议是在公元前 392 年召开，并且召开时间在安塔尔吉达斯的萨尔迪斯和谈之后，但又早于波斯大王阿尔塔薛西斯的正式意见到达希腊之前。这次会议的主导者仍然是萨尔迪斯会议的提议者安塔尔吉达斯。曾有学者认为主导者应该是国王阿哥西劳。[1] 但这种分析更侧重于强调斯巴达内部的派别斗争，从和谈的内容来看，与阿哥西劳的关系其实并不大。因为斯巴达此时对彼奥提亚的统一做了极大的让步，这与阿哥西劳反对底比斯的政策不相符。

一 出使时的形势

虽然并没有确切的史料足以说明此次会谈的背景，但我们有可能通过安多基德斯出使时的状况以及和谈的条款来重新构建。

就安塔尔吉达斯出使萨尔迪斯以后的短期效果而言，形势无疑是朝着利于斯巴达的方向发展的。安塔尔吉达斯出使之前，虽然斯巴达在海上面临一系列失败，失去了爱琴海地区制海权，但赫勒斯滂地区一直在其控制之下，即使是科农也没有改变这种局势。安塔尔吉达斯出使萨尔迪斯的最终结果，虽然尚需波斯国王的批准，但也并非一无所获。从某种意义上讲，甚至可谓是小有所成，其中最大的成果便是使波斯停止了对希腊联盟的金钱资助，并将科农拘禁。该事件对于雅典以及希腊同盟的冲击，显然不仅仅是在金钱等物质层面上，更体现在精神层面上。科农的一度被神化，在雅典历史上是绝无仅有的，在雅典人的心目中，他不仅仅带来大量的金钱，更是一种信心与象征。如果将公元前 394 年雅典在战场上的失利与紧急通过修建城墙的法律却无力去实施相比较，我们就更能理解这种象征意义。

与此同时，暗中得到提里巴祖斯金钱资助的斯巴达，必定积极运用该资助去开展军事活动，进而谋求军事优势。可能是在公元前 392 年

---

[1] James G. Devoto, "Agesilaus, Antalcidas, and the Failed Peace of 392/91 B. C.", pp. 191–202.

第六章　雅典的中兴努力与安多基德斯的再次流亡　◆◆◆

夏季，科林斯城邦的一些寡头分子向斯巴达人开放了长墙，从而使斯巴达人占领了列凯乌姆（Lechaeum）。① 在赫里皮达斯（Herippidas）的领导下，斯巴达重夺科林斯湾的制海权。② 到了这年秋季，斯巴达人已经占领了科林斯的相当一部分领土，这其中包括列凯乌姆、西都斯（Sidus）、克隆梅乌姆（Crommyum）和埃皮耶凯亚（Epieicea）。除此之外，连接科林斯与列凯乌姆的长墙也已被拆除。在这种情况下，斯巴达人在陆地上可以长驱直入阿提卡。公元前394年雅典紧急通过修建城墙法令时的严峻形势，再一次出现在雅典人的面前。

雅典城邦派出了拥有全权的使者出使斯巴达，足以说明当时的雅典有迫切结束战争的内在需求。此次出使，雅典共派出了4位使者，分别是埃皮克拉特斯（Epicrates）、安多基德斯、欧布利德斯（Eubulides）以及科拉提努斯（Cratinus）。关于这四人的情况，其中埃皮克拉特斯当时正在科林斯执行军事任务，他被认为是雅典民主派的代表。③ 安多基德斯的情况，我们了解得较多，应该说选择安多基德斯担任出使任务，一方面说明此时他有较高的政治影响，另一方面估计是城邦考虑到了安多基德斯家族与斯巴达城邦的友好传统。而另外的两位使者，我们所知甚少。既然是授予全权，且有安多基德斯类似的亲斯巴达的使者出使，这反映出雅典面临的形势似乎并不乐观。

从和谈的具体条款来看，无论斯巴达还是雅典都旨在结束科林斯地区的战争状态。具体而言，与萨尔迪斯和谈相比，此次和谈的条款发生了较大的变化，即在维护城邦自治的前提下，斯巴达对雅典、底比斯做出了一定程度的让步，这主要体现为：第一，对雅典而言，它可以占据爱琴海上的一些战略要地，如列姆诺斯、音姆布罗斯以及西居罗斯。除此之外，雅典还可以保有新建的舰队和城墙；第二，对底比斯而言，它在彼奥提亚地区的霸权得到了承认。从上述规定来看，很明

---

① Xenophon, *Hellenica*, 4.4.7–13.
② Xenophon, *Hellenica*, 4.8.10–11.
③ I. A. F. Bruce, *An Historical Commentary on the "Hellenica Oxyrhynchia"*, Cambridge: Cambridge University Press, 1967, pp.56–57.

◆ ◆ ◆ 安多基德斯与雅典城邦政治

显该会谈是在萨尔迪斯会谈基础上所进行的修订,将雅典和彼奥提亚的部分意见考虑了进去。相比之下,对于阿尔戈斯和科林斯而言,斯巴达的要求则较为强硬:阿尔戈斯与科林斯之间的政治合并必须结束。

对于萨尔迪斯会议上的小亚细亚希腊城邦的归属问题,安多基德斯在《论和平》中并没有提及。但从历史学家菲洛科罗斯残篇的内容来看,小亚细亚城邦归属问题成为雅典人否决和平协议的原因,似乎反映出和谈涉及了该问题。对于这一点,有多种解释,但诚如有些学者所指出的,有可能是菲洛科罗斯将此次在斯巴达的和谈内容与在萨尔迪斯的和谈内容混淆了,也有可能是安多基德斯出于显而易见的原因在演说中进行了有意的忽略。[1]

当然,将雅典进行和谈的背景定为此时它所处的劣势地位,其目的也主要是缔结和约,也并非无懈可击。一是从后来的实际结果来看,雅典人并没有接受和平,二是在控告使者时其中有一罪名是没有遵循城邦的指令。不过相对而言,假如这一假设真的成立,这两点倒是比较容易解释:关于第一点,雅典最终没有接受和平协议。因为从安多基德斯等使者接受城邦安排,到去斯巴达进行商谈,再到他在公民大会上发表演说劝说民众,直至最终放弃和平建议,这中间经历了较长时间。在这一时间段内,战场以及国际形势发生变化的可能是存在的,尤其是考虑到波斯国王的最终意见是继续支持雅典时,雅典改变初衷是完全可以理解的。关于第二点,使者没有遵从城邦指令的问题。假设雅典城邦给出的指令是全权缔结和平协议,但结果是使者没有遵从这一指令,而是将和平的建议带回雅典让民众决定。民众根据形势变化,放弃了最初的和平计划。那么,对于雅典内部支持和平协议的人来说,雅典之所以错失和平机会,完全是因为安多基德斯等使者没有遵从城邦指令。

总体而言,将这次在斯巴达举行的和平会议定为介于安塔尔吉达

---

[1] Jennifer Tolbert Roberts, "The Athenian Conservatives and the Impeachment Trials of the Corinthian War", pp. 104–105.

斯的萨尔迪斯和谈之后，但又在波斯大王阿尔塔薛西斯的正式意见到达希腊之前，具有合理性。正是当时斯巴达暂时取得战争优势的情况下，雅典派出使者去斯巴达参加和谈，而使者的任务是全力缔结和平协议。

二 《论和平》的主要内容

虽然出使斯巴达的雅典使者被授予全权，但他们并没有行使这种权力，而是将和谈的条款提交给了公民大会，以便让雅典公民表决。其原因可能是避免日后受到城邦的指控，因为使者在出使任务结束后经常会面临受贿赂、叛国等指控。[①] 正是如此，为了说服雅典公民接受会谈的和平条款，安多基德斯力陈自己的主张，只是不能确定《论和平》在多大程度上与其在公民大会上的阐述相吻合。甚至有学者认为该演说词并不是在公民大会上发表的，它只是安多基德斯被流放后为自己所做的辩护。[②] 既然该演说词确实是安多基德斯的作品，且体现了这次和平会议的内容，那么有充分的理由以此来分析他的主要主张。从论证的逻辑来看，安多基德斯主要是在驳斥当时雅典内部反对意见的基础上，逐渐阐述了其和平主张的。

整篇演说词共有41节，根据其所论述的内容，可以划分为如下几个部分：第一部分，1—12节，主要是论证与斯巴达签订和平协议并不会危及雅典民主政治的安全。这部分又可分为两个层次，即1—9节与10—12节。1—9节主要是论述在五十年时期雅典与斯巴达所签和平协议及其好处。10—12节主要是谈及伯罗奔尼撒战争结束时，斯巴达与雅典所签订的并非和平协议，而是停战协定。第二部分，13—32节，安多基德斯在论述和平与战争相比所具有的优势。这部分又可分为四个层次，即13—16节、17—23节、24—27节和28—32节。13—16节主要是论述战争已经没有必要。17—23节阐述和平对斯巴

---

① W. K. Pritchett, *The Greek States at War*, Vol. 2, Berkeley and Los Angeles: University of California Press, 1974, pp. 4 – 33.

② 关于《论和平》性质的争论，可以参阅 Michael Edwards, *Andocides*, pp. 107 – 108。

◆ ◆ ◆ 安多基德斯与雅典城邦政治

达的损害以及给底比斯、雅典所带来的好处。24—27节主要是阐述与阿尔戈斯、科林斯为伍所带来的不利影响。28—32节继续阐述雅典同情弱者反对强者的外交政策,分析该政策的影响。第三部分,33—41节,安多基德斯论述将和平协议提交给公民大会的正当性,并提请公民大会就是否接受进行最终定夺。这部分又可分为33—34节、35—41节两部分。33—34节是反驳那些立即签订和平协议的意见。35—41节主要是驳斥那些认为目前的协议无利可图的意见。41节是结束语,内容是再次提请雅典人进行表决。[1]

具体而言,在1—12节中,安多基德斯借用历史上的事例,阐述了与斯巴达缔结和平协议不会威胁雅典民主政治的安全。三十僭主政权被推翻后,在民主政治的意识形态中,公共安全等同于民主政治的安全,斯巴达被看作民主政治和公共安全的威胁。这是由伯罗奔尼撒战争结束后,斯巴达在雅典树立亲斯巴达的三十僭主政权所引起的。对此,安多基德斯认为,在雅典历史上,它曾与斯巴达多次缔结和平协议,但并没有导致雅典民主政治的灭亡,因此这些往昔的事例可有助于未来。[2] 接下来,他引述了从公元前451年《五十年和平和约》、公元前446年《三十年和平和约》、公元前421年《尼西亚斯和约》以及公元前404年《停战和约》四个和约,这四个和约跨越了从公元前478—前404年的历史。在和约性质的划分上,安多基德斯认为前三个属于基于双方平等地位所签订的和平协议,而第四个是在雅典失败后斯巴达强加给雅典的停战协定。

关于公元前451年的《五十年和平和约》,在演说原文中本为"五年",但编者依据埃斯基涅斯2.172将其改为"五十年"[3]。其他如洛布和爱德华兹版本的编者也都是"五十年"和约。[4] 这可能是该

---

[1] Michael Edwards, *Andocides*, p.109.
[2] Andocides, *On the Peace with Sparta*, 1-2.
[3] Michael Gagarin and Douglas M. MacDowell, *Antiphon & Andocides*, p.150, and note 2.
[4] K.J., Maidment, *Minor Attic Orators*, Vol. I, p.501; Michael Edwards, *Andocides*, p.115. 但值得注意的是,爱德华兹在注释部分却称安多基德斯此处所签的是"五年和约"。

第六章 雅典的中兴努力与安多基德斯的再次流亡

协议即修昔底德所提及的公元前451年所签订的《五年停战协定》。[①] 如此而言安多基德斯的原稿中所称是"五年和约"应该是属实的，但安多基德斯也有错误，该和约是由西蒙代表雅典去谈判商定的，但他错误地将其归为米泰亚德。[②] 当时的情况是，西蒙被雅典城邦所流放，正定居于切尔索涅斯。为了结束在优波亚的战争，将其召回。按照普鲁塔克的记述，公元前452年，由伯里克利提议了一则特殊法令将其召回，以便利用他对斯巴达人的影响来达成和谈。[③] 虽然安多基德斯的记述有出入，但却是最早提及西蒙被召回雅典的材料。[④]

随后，在第4—5节，安多基德斯在说明和谈没有威胁雅典民主政治安全的基础上，详细地列举了雅典从该协议中得到的好处，即修筑了环庇雷埃夫斯海港的工事；修建了连接雅典与庇雷埃夫斯的北长墙；新建了100艘三列桨战舰，以便更换旧的和不适于海战的舰船；首次创建了三百骑兵组成的骑兵队和购买了三百名斯基泰人作为弓箭手。[⑤] 但是这些论述与事实有很大出入，如庇雷埃夫斯海港的防御工事早在公元前477年就已由泰米斯托克利负责完成；连接雅典与庇雷埃夫斯、法勒伦的北长墙是在公元前458—前456年修建的；关于新战舰更可能是增加的，而不是替换的，因为当时的雅典舰船有200—300艘；雅典的骑兵队早在此前已经建立。[⑥]

对于公元前446年《三十年和平和约》。根据安多基德斯的叙述，为进行此次和谈，雅典共派出了10人的使团出使。卡里亚斯[⑦]，安多

[①] Thucydides, *The Peloponnesian War*, 1. 112. 1；A. W. Gomme, *A Historical Commentary on Thucydides*, Vol. 1, Oxford: The Clarendon Press, 1945, pp. 325 – 326；Michael Edwards, *Andocides*, p. 194.

[②] Andocides, *On the Peace with Sparta*, 3.

[③] Plutarch, *Cimon*, 17. 8；Plutarch, *Pericles*, 8. 7；Russell Meiggs, *The Athenian Empire*, p. 111.

[④] Michael Edwards, *Andocides*, p. 194.

[⑤] Andocides, *On the Peace with Sparta*, 4 – 5.

[⑥] Michael Edwards, *Andocides*, p. 195.

[⑦] Diodorus, *The Library of History*, 12. 7；Xenophon, *Hellenica*, 6. 3. 4.

◆ ◆ ◆ 安多基德斯与雅典城邦政治

基德斯的祖父老安多基德斯也参与其中①——在《论密仪》中,他又称老安多基德斯是他的曾祖父。② 之所以出现这种状况,主要是因为口述传统的不确定性。③ 在叙述完签订协议的过程以及和谈并没有威胁民主政治的安全后,安多基德斯又列举了此次议和带来的好处,即储存了 1000 塔兰特,并立法规定将之用作储备金;新建了 100 艘三列桨战舰,并立法规定将之用作储备舰队;建造好船舍,并建立了各 1200 人的骑兵队和弓箭手;建造了南长墙。④ 这些叙述与事实仍有较大出入,储备金和储备舰队实际上是伯罗奔尼撒战争爆发以后的事情,当时是从 6000 塔兰特的储存金中抽出的 1000 塔兰特,雅典公民表决每年储备 100 艘战舰;修建船舍是泰米斯托克利的提议,大体是完成于公元前 451—前 448 年;该长墙即连接雅典与庇雷埃夫斯的中线长墙,它在庇雷埃夫斯长墙的南部并与之相平行,修建于公元前 5 世纪 40 年代;关于骑兵和弓箭手,修昔底德所给出的 1200 名骑兵中包括 200 名骑马的弓箭手,在公元前 431 年有 1600 名不骑马的弓箭手,这些弓箭手都是公民,以区别于上述所提及的斯基泰人弓箭手。⑤

关于公元前 421 年的《尼西亚斯和约》,这是由尼克特拉图斯(Niceratus)的儿子尼西亚斯代表雅典与斯巴达签订的。但是安多基德斯在提及这次战争时,提到是由于麦加拉所引起的,这与阿里斯托芬在戏剧中将战争归于麦加拉法令是相一致的。⑥ 但这次安多基德斯没有像前两次一样强调该和约没有对民主政治构成危害,而是直接列举了由此带来的好处:促使雅典在卫城储备了 7000 塔兰特的白银;拥有了近 400 艘战舰;每年有近 1200 塔兰特的贡金收入;雅典人占据了切尔索涅斯、纳克索斯以及优波亚超过 2/3 的领土;以及其他没

---

① Andocides, *On the Peace with Sparta*, 6.
② Andocides, *On the Mysteries*, 106.
③ Rosalind Thomas, *Oral Tradition and Written Record in Classical Athens*, pp. 123 – 131.
④ Andocides, *On the Peace with Sparta*, 6 – 7.
⑤ Michael Edwards, *Andocides*, p. 195.
⑥ Aristophanes, *Acharneis*, 523 – 556.

第六章 雅典的中兴努力与安多基德斯的再次流亡

有列举的殖民地。① 对于这些收益,在敌对状态下,雅典的储备金在公元前421—前419年不可能达到这个数字,但这个数字也可能是阿基达摩斯战争期间雅典从神庙所借用的金钱数字,这是在《尼西亚斯和约》以后雅典偿还的数字;关于战舰的数字有所不同,有学者根据埃斯基涅斯的记述,将之认为是300艘,但也有学者认为是400艘;对于贡金的收入,虽然梅格斯认为这一数字如果是1000塔兰特的贡金,加上200塔兰特的其他收入可能是正确的,但绝大多数的学者都认为这一数字是过高的;此处提及的优波亚拓殖地问题有可能是先前的情况,因为在公元前446年卡里亚斯和约时期,雅典已经没有再向该地区派驻雅典公民来拓殖。②

接下来,安多基德斯开始攻击阿尔戈斯,认为在他们的怂恿之下,雅典放弃了与斯巴达的友好政策。③

在列举完雅典通过前三次协议所获得的益处后,他再次强调这些并没有威胁到雅典的民主政治。随后,他开始反驳公元前404年停战协议导致民主政治被推翻、三十僭主开始上台的观点。对于这一观点,安多基德斯是从两个方面开始展开反驳的:一是强调公元前404年的停战协议与前三次和平协议不相同。安多基德斯开始将其与前三者和平协议区别开来,认为它与前三者不同,前三者是和平协议,是雅典与斯巴达在平等基础上通过谈判协商达成的,而公元前404年是由于雅典战败由斯巴达强加给它的。在这里,安多基德斯也强调了斯巴达强迫雅典拆毁城墙、交出战舰以及让流放者回归。④ 二是将推翻雅典民主政治的责任归于回归的流放者。在这一节,安多基德斯并没有直接将责任归于回归的流放者,而是通过对比公元前404年的和平协议和目前讨论的协议,指出在公元前404年的停战协议中,要求雅典拆毁城墙、交出除12艘战舰外的所有战舰以及允许流放者回归。

---

① Andocides, *On the Peace with Sparta*, 8 – 9.
② Michael Edwards, *Andocides*, pp. 195 – 196.
③ Andocides, *On the Peace with Sparta*, 9.
④ Andocides, *On the Peace with Sparta*, 11.

◆ ◆ ◆　安多基德斯与雅典城邦政治

现在的和约是平等的，因为它允许雅典重建城墙、重建舰队、重新占据列姆诺斯等地，并且也没有要求允许流放者回归，而上次允许流放者回归很明显地造成了民主政治的倾覆。通过这一比较，安多基德斯不仅认为目前所讨论的协议是平等的，而且将公元前403年雅典民主政治倾覆的责任由斯巴达转嫁给回归的流放者。安多基德斯进而指出，签订和平协议意味着民主政治的安全和力量，不签则意味着战争的到来，而战争意味着民主政治的倾覆。①

在13—16节，安多基德斯主要是驳斥要继续战争的观点，认为战争已经没有必要。首先，安多基德斯从战争的目的入手，他认为战争的目的有两个，一是因为自己是非正义的受害者，二是因为在支持受害者。在这里，安多基德斯认为雅典本身是受害者，并且是在支持作为受害者的彼奥提亚人。他指出现在斯巴达已经停止了针对雅典的不正义活动，雅典已经不是这些不正义活动的受害者。雅典所援助的对象彼奥提亚人，由于斯巴达准备承认彼奥提亚联盟，因此他们准备允许奥克门努斯（Orchomenus）保持独立，接受和平协议，因此彼奥提亚人也不再是非正义的受害者。在这种情况下，继续进行战争自然也就没有了必要。② 其次，安多基德斯转向质问进行战争的目的，他认为在已经获得自由、被允许重建城墙和舰队以及占领列姆诺斯等岛屿的情况下，雅典已经没有必要再进行战争了。③ 最后，安多基德斯接着对城邦内部所存在的恢复切尔索涅斯、殖民地、海外资产以及债务等思想进行了批评，认为波斯大王和雅典的盟友都不会允许他们如此做，也不能通过他们的帮助而达到这一点。安多基德斯认为雅典没有能力这样做，即使是达到目的了，也应该考虑波斯帝国会对雅典的所作所为采取怎样的措施？

在以上三点叙述的基础上，安多基德斯得出结论，认为如果雅典心怀上述战争的目的，即使有足够的金钱和强有力的力量，雅典也不

---

① Andocides, *On the Peace with Sparta*, 12; Michael Edwards, *Andocides*, pp. 196 – 197.
② Andocides, *On the Peace with Sparta*, 13.
③ Andocides, *On the Peace with Sparta*, 14.

第六章 雅典的中兴努力与安多基德斯的再次流亡

应该继续战争。现在雅典既没有战争的企图，也无进行战争的对手和资源，在这种情况下，雅典更应该选择签订协议。①

根据安多基德斯的叙述，我们可以得到如下几点认识：一是雅典城邦内部存在强烈的恢复雅典帝国的倾向，恢复切尔索涅斯、殖民地、海外资产以及债务等是这一思想的外在表现。爱德华兹在分析这一点时，认为这主要是体现了下层公民的利益诉求。② 需要注意的是雅典帝国并不仅仅是给予下层民众以利益，它所惠及的阶层具有相当的普遍性，因此，我们更倾向于认为复兴雅典帝国的想法与追求，反映了绝大多数雅典人的意志。③ 二是波斯对于斯巴达和谈建议的最终态度，截至安多基德斯发表演说，还没有形成。这印证了前述关于这次和平会议是在波斯的意见到达希腊之前召开的推论。三是斯巴达在这次和谈上对彼奥提亚人做出了比较大的让步，主要体现就是，承认彼奥提亚人组成彼奥提亚同盟，奥克门努斯除外。这意味着底比斯在彼奥提亚联盟中的优势地位得到了斯巴达的承认。四是安多基德斯已经意识到雅典恢复雅典帝国与波斯之间存在潜在的矛盾，与此同时，他认为雅典缺乏进行战争的资源。

在接下来的17—23节，安多基德斯主要阐述和平对斯巴达的损害以及给底比斯、雅典所带来的好处。这些是通过运用美化斯巴达，与贬低底比斯、雅典的策略实现的。在美化斯巴达的问题上，他主要是从如下几个方面进行的：一是斯巴达放弃了伯罗奔尼撒战争刚刚结束时，在海陆两方面所拥有的主导权，并将自由给予了所有的希腊人。二是将斯巴达的行为，放在其新近取得的三次战争胜利的基础上，进一步突出斯巴达的美德和强大军事能力。④ 三是突出斯巴达在伯罗奔尼撒战争结束时，对雅典的宽宏大量。认为是斯巴达拒绝了底

---

① Andocides, *On the Peace with Sparta*, 15.
② Michael Edwards, *Andocides*, p.197.
③ 关于公元前4世纪雅典民众对于雅典帝国的认识，可参阅 S. Perlman, "Athenian Democracy and the Revival of Imperialistic Expansion at the Beginning of the Fourth Century. B. C.", pp.257–267。
④ Andocides, *On the Peace with Sparta*, 17–18.

比斯、科林斯等要求毁灭雅典的建议，从而使雅典避免了被摧毁的命运。四是列举雅典对斯巴达的忘恩负义的冒犯行为，而斯巴达却对此不予计较，并给予雅典优厚的和谈条件，从而再次强调斯巴达的宽宏大量。①

与此同时，安多基德斯对底比斯和雅典进行了另一番描述。对于底比斯，他首先是讥讽了他们在经历了四年重大人员伤亡和荒废土地等惨痛代价后，并未赢取奥克门努斯。这一方面进一步凸显了斯巴达的强大军事能力，另一方面也通过斯巴达在彼奥提亚同盟问题上的让步来强调底比斯所获得的益处。除此之外，他还重提伯罗奔尼撒战争末期，底比斯、科林斯等原斯巴达的盟友对雅典的处罚意见，这其中固然主要是为了从另一个角度美化斯巴达，但也不排除分化雅典与底比斯、科林斯关系的可能。对于雅典，他的描述与上述将雅典认定为受害者的形象不同，雅典开始被认为是忘恩负义的，它不仅没有感谢斯巴达的宽宏大量，反而分化了斯巴达的盟友，组成了反对斯巴达的同盟，参与反对斯巴达的科林斯战争，使波斯与斯巴达敌对，并援助科农从而使斯巴达在克尼都斯海战中失去对海洋的主导权。因此，安多基德斯认为，在雅典的这些忘恩负义行为面前，斯巴达能够不计前嫌，并给出大量有利于雅典的条款，而这正是雅典所需求的。②

对于安多基德斯的这种认识，不难发现在其貌似有理的背后，却存在诸多的有意地遗漏和歪曲：

一是对于斯巴达在海陆两方面的控制权而言，在伯罗奔尼撒战争刚刚结束时无疑其是占据优势的，但是随着科林斯战争的爆发与波斯在海上对斯巴达的进攻，斯巴达的这种优势也随之失去。在这种情况下，斯巴达放弃它在海陆两方面的控制权其实并不是一种自愿行为，而是实际上不得不放弃，这更多的是对现状的被动接受。

二是对于斯巴达在陆地上所取得的三次胜利，安多基德斯认为斯

---

① Andocides, *On the Peace with Sparta*, 21-23.
② Andocides, *On the Peace with Sparta*, 20-23.

第六章 雅典的中兴努力与安多基德斯的再次流亡

巴达取得了胜利,但值得注意的是这些战役并非决定性的,与此同时,斯巴达在海上战场更是直接失去了爱琴海的制海权,随后斯巴达本土还面临着来自库塞拉岛屿驻军入侵的威胁。[①]

三是对于斯巴达在伯罗奔尼撒战争结束时,拒绝科林斯、底比斯的提议对雅典表现出所谓的宽宏大量问题。尽管斯巴达所给出的理由是雅典在希腊历史上所做的贡献,但其背后却有实在的利益考量,即由于底比斯、科林斯等盟友的力量增长,要竭力避免它们,尤其是底比斯去填补雅典灭亡后所留下的权力真空。[②]

对于第四点斯巴达在和约协议中所给予雅典的优厚条件而言,集中反映了斯巴达在这次会谈中的策略,即竭力维护自己在伯罗奔尼撒的地位。

另外,需要指出的是,从伯罗奔尼撒战争结束以后斯巴达的外交政策来看,它对雅典进行再限制的意愿并不是很足。这在这次会议以及《大王和约》,乃至以后阿哥西劳所推行的反对底比斯的外交政策中都有所体现。

对于安多基德斯此时对底比斯的描述,并没有太多需要注意的地方,但他对雅典形象的塑造,却体现了他的有意歪曲。此处的雅典形象,明显区别于在该演说词 13 节所塑造的形象,雅典不再是一个非正义的受害者,它更像是一个忘恩负义者以及矛盾的制造者。但需注意的是,包括色诺芬在内的多位古典作家都把组织反对斯巴达同盟的责任归于底比斯而不是雅典。[③] 波斯与斯巴达在伯罗奔尼撒战争结束以后关系的恶化,更多的是由小亚细亚城邦的归属,以及斯巴达所采取的反波斯的外交政策所决定的,与雅典的干系不大。雅典与波斯的接触,是从公元前 397 年科农被任命为波斯海军将领后开始的,而此

[①] 详细可以参阅本章的科林斯战争战场形势部分。

[②] Xenophon, *Hellenica*, 2.2.20; Diodorus, *The Library of History*, 13.107.4 – 5; D. M. Lewis, John Boardman, Simon Hornblower and M. Ostwald, *The Cambridge Ancient History*, Vol. 5, Cambridge: Cambridge University Press, 1992, pp. 495 – 496.

[③] Xenphon, *Hellenica*, 3.5.3; *Hellenica Oxyrhynchia*, 17; Pausanias, *Description of Greece*, 3.9.9 – 13.

◆ ◆ ◆ 安多基德斯与雅典城邦政治

时波斯与斯巴达早已处于战争状态。

对于 17—23 节的认识，我们还需要注意的一个问题是在 21 节起始部分，安多基德斯在阐述伯罗奔尼撒战争结束时，斯巴达对雅典的态度中所表达出的歉意，这反映出雅典城邦内部存在反斯巴达的倾向。在安多基德斯阐述时，着重提及公元前 404 年停战协议中斯巴达对于雅典的慷慨之举，但回避了当时斯巴达与雅典民主政治的被推翻，以及它与三十僭主上台的关系。在第 12 节，他错误地将这些责任推给回归的流放者。实际上，斯巴达对于雅典民主政治的被推翻以及三十僭主的上台应负很大的责任，这是雅典城邦内部存在强烈反斯巴达倾向的原因。①

在接下来的 24—32 节，安多基德斯列举了与科林斯以及阿尔戈斯结盟的缺点。其中在 24—25 节，安多基德斯指出，在彼奥提亚人准备接受和平协议的情况下，与科林斯结盟已经失去了必要性，认为此时的科林斯对雅典而言已经没有了价值。接着，安多基德斯在 26—27 节指出与阿尔戈斯结盟也没有必要。他认为与阿尔戈斯结盟，战败意味着失去科林斯以及雅典的领土，而战胜却会使科林斯被阿尔戈斯占有。随后，安多基德斯认为在战争过程中，阿尔戈斯援引与斯巴达签订的传统和平协议使其避免了斯巴达的战争危害，但是阿尔戈斯的盟友却没有办法避免这些危害。并指出战争的拖延有利于阿尔戈斯兼并科林斯。②

在力陈雅典不要与科林斯、阿尔戈斯继续保持同盟的基础上，安多基德斯指出了雅典所面临的前景：要么与科林斯、阿尔戈斯一道反对斯巴达，要么加入彼奥提亚的一边去接受和平。此时，安多基德斯道出了自己的担心，即担心雅典继续执行援助弱者对抗强者、当自己可以选择和平时却因别人而选择战争的政策。随后，安多基德斯列举了历史上雅典选择该政策的事例：一是因阿摩尔盖司（Amorges）放

---

① Peter Krentz, *The Thirty at Athens*, pp. 28 – 43.
② Andocides, *On the Peace with Sparta*, 24 – 27.

第六章 雅典的中兴努力与安多基德斯的再次流亡

弃了与波斯的友好政策,正因为如此,波斯才选择与斯巴达结盟,提供5000塔兰特的支持,直至雅典失败。二是当叙拉古人在西西里远征前寻求与雅典结盟时,雅典却选择了塞杰斯塔(Segesta),并发动了西西里远征。正是这场远征使雅典损失惨重。三是应阿尔戈斯人的要求,选择在海上进攻斯巴达的领土,而当时雅典与斯巴达正处于和平中。这是一系列灾难的开始,最终导致了雅典拆毁城墙、交出舰队以及允许流放者回归的结局。最后,安多基德斯告诫雅典公民要吸取过去的教训,不要再次犯错。[①]

对于安多基德斯在24—32节的叙述,他最主要的观点是在彼奥提亚人准备接受和平协议的情况下,与科林斯以及阿尔戈斯结盟已经失去了价值与意义。阿尔戈斯与科林斯的价值与意义,仅从斯巴达在此次和谈会议上对两者的主张就可管窥一二:斯巴达在对雅典和彼奥提亚人做出相当让步的情况下,坚决要求阿尔戈斯与科林斯要放弃政治合并。这恰恰说明了两者的政治合并对斯巴达构成了前所未有的威胁。和谈失败之后,斯巴达多次直接出兵阿尔戈斯即这种重要性的说明,虽然斯巴达的借口是阿尔戈斯造成了和谈的失败。

除此之外,如下的几个细节也足以说明与它们两者结盟的贡献:阿尔戈斯在前期的战争中所提供的参战人数是最多的。[②] 当公元前394年科林斯的内部出现问题时,雅典紧急通过了要重建城墙的法令,虽然此时的雅典面临严峻的经济压力,但它从侧面说明了科林斯对雅典的战略屏障作用。[③]

至于安多基德斯认定阿尔戈斯为战争贩子的言论,实际上,阿尔戈斯在挑起科林斯战争方面所发挥的作用着实不大,这可从阿尔戈斯参战以及参加联盟的时间可以推出。

[①] Andocides, *On the Peace with Sparta*, 28 – 32.
[②] Xenophon, *Hellenica*, 4.2.17. 在这次反对斯巴达的战争中,首先阿尔戈斯人提供了7000名重装步兵,这是四方同盟中提供人数最多的,其次依次为雅典人6000名,彼奥提亚人5000名,科林斯人3000名。
[③] Hamilton, *Sparta's Bitter Victories*, pp. 252 – 259.

◆ ◆ ◆ 安多基德斯与雅典城邦政治

对于安多基德斯在29—31节所列举的三个事例,爱德华兹对其进行了详尽的注释,他指出《埃庇吕库斯和约》有一则铭文对其可资辅证,即铭文中授予荣誉的对象是赫拉克利德斯(Heraclides)。在该和约签订的过程中,他曾帮助过雅典。但在该和约的真实性问题上,梅格斯认为是真实的,而罗兹则认为其并不存在。① 阿摩尔盖司是萨尔迪斯总督皮苏塔涅斯(Pissuthnes)的私生子,曾反叛波斯,但最终被斯巴达人于公元前412年移交给波斯。而叙拉古人出使雅典的情况一般被认为是安多基德斯本人的杜撰。②

米修在分析这三个事例的基础上,对雅典的外交原则进行了梳理。她认为与希腊传统上以感恩为基础的外交原则不同,雅典在外交上更注重强调它在道德上对于弱者和被误解者所负的责任,并认为安多基德斯是在强烈地批评雅典的外交政策。③ 可以说,米修对雅典外交原则的分析,为理解安多基德斯的演说词提供了一种思路,但是这种分析存在过度解读的倾向,也许安多基德斯通过引述这些例子,力图让雅典避免原先的教训的可能性更大一些,并不一定是质疑和否定雅典当时制定外交政策的原则。

在33—41节部分,安多基德斯主要是论述将和平协议提交给公民大会的正当性,并提请公民大会进行最终定夺。

其中,在33—34节,安多基德斯主要是驳斥了那些主张立即接受和平协议,而无须将其提交给公民大会的观点。当时在城邦内部有人认为,40天的商议时间实在是浪费,因为使者们被授予了全权,完全不必将其提交给公民大会。安多基德斯列举了这一部分人反对的原因,即他们认为通过公开的说服,并不能拯救雅典民众,好的效果必定是通过秘密或欺骗的方式实现的。安多基德斯认为,将军在战场上可以使用秘密或者欺骗的方式,但在讨论整个希腊世界的和平问题时

---

① R. Meiggs, *The Athenian Empire*, pp. 134 – 135; P. J. Rhodes, *A Commentary on the Aristotelian Athenion Politeia*, pp. 492 – 493.
② Michael Edwards, *Andocides*, pp. 198 – 199.
③ Anna Missiou, *The Subversive Oratory of Andokides*, pp. 109 – 139.

第六章 雅典的中兴努力与安多基德斯的再次流亡

不应采用这种方式,并认为这些使者应该得到赞赏,而不是批评,因为他们在授予全权的情况下,给予了雅典公民考虑的机会。①

在接下来的35—41节,安多基德斯首先在35节勾勒出了雅典民众的特性,认为他们多疑、不满足于他们可资利用的事物,并且对那些不能利用的事物谈兴甚浓,犹如它们可资利用。在36节,安多基德斯开始涉及城邦内部的另一种反对意见,即认为讨论的条款对雅典而言没有意义,他们既不能从海外恢复他们的个人财产,也不能从重建城墙中得到任何利益。在随后的37—41节,安多基德斯利用先辈的事迹,论述长墙和舰队对于雅典民众的意义。他认为长墙和舰队是雅典先辈成功的开始,并指出雅典民众如想再次成功,就必须要再次拥有它们。此外,安多基德斯还列举了雅典与其他希腊人打交道的四种方式,或说服,或采取秘密的方式,或通过行贿以及通过武力的方式,每种方式配以事例,从而来说明雅典是如何获取成功的。在39节,安多基德斯通过斯巴达在公元前404年拆毁雅典长墙和解散舰队的事例,再次强调它们对于雅典的重要性。在40节,他认为雅典现在拥有与他们的先辈所取得的同样的成功基础。对于这个和平协议,雅典公民可以再讨论,也可以提出修订意见。与此同时,安多基德斯再次强调接受此条款,意味着和平,而拒绝的话等待雅典的则是战争。最后,安多基德斯再次提请雅典民众就和平条款进行最终表决。

通过33—41节的内容来看,当时在雅典城邦内部存在接受和平条款的意见,但安多基德斯否定了他们的意见,并充分肯定了公开讨论的必要性。随后,对于和平条款并非有利可图的观点,虽然安多基德斯在竭力地论证它所能给予的利益,但他并没有明确地告诉雅典民众如何获得具体的利益,雅典的城墙和舰队,在安多基德斯那里,更像是一种符号或者是一种象征。

从安多基德斯的论述情况来看,他主要是在驳斥城邦内部反对签

---

① Andocides, *On the Peace with Sparta*, 33–34.

订和约的基础上阐述应该签署和平协议的主张。从这个角度上讲，安娜·米修认为安多基德斯的演说是从长远的角度上颠覆雅典民主政治，而不是在于说服出席公民大会的公民接受和平协议的论点，与整篇演说词的主旨有较大的出入。① 整篇演说词展现了安多基德斯本人高超的演说技艺，是他本人演说水平最高的一篇演说词。

但与此同时，安多基德斯的演说也存在较大问题：一是引述的事例并不总是符合历史事实。在阐述的过程中，安多基德斯引述了3段历史事例以说明自己的论点，但需要指出的是，他所引述的这些事例存在大量的错误，这广为希腊化时代的注释者和后世学者所诟病。② 二是论述缺乏说服力。虽然安多基德斯竭力去证明签署和平协议具有必要性，但是整篇演说词并没有对雅典民众怎样利用当前的协议获得足够的利益进行充分的解释。

第三节　和平努力与安多基德斯的命运

从实际情况来看，雅典公民并没有接受安多基德斯的和平建议，他的和平努力显然是失败的。更糟糕的是，包括安多基德斯在内的四位使者，也被控诉并最终在缺席的情况下被判以死刑。需注意的是，虽然安多基德斯所引述的事例多有错误，但这些错误并不是导致和平努力失败的原因，因为演说的目的在于说服而非记录。安多基德斯的此类说辞是如此有效，以至于《论和平》的3—12节几乎是一字不落地被埃斯基涅斯平移到《论使团》中。③ 爱德华兹在评价《论和平》的修辞价值时，认为该演说词不仅具备议事性演说所包含的必要主题，而且使用了诘问、虚拟对话、讽刺等多种卓有成效的修辞手法。他指出安多基德斯的失败并不在于其修辞技巧的缺乏。④ 在这种情况

---

① Anna Missiou, *The Subversive Oratory of Andokides*, pp. 172–176.
② 关于此部分请参阅第一章对其演说词史料价值的评析。
③ 可参阅 *On the Embassy*, 172–177。
④ Michael Edwards, *Andocides*, p. 109.

下，我们需要关注演说词中知识性错误之外的内容。本节的主要内容是分析安多基德斯的和平努力为什么会失败？他的控告者是谁，其动机又是什么？在考察《大王和约》的基础上，对安多基德斯的和平主张进行简要评价。

一 和平努力失败的原因

关于安多基德斯的主张失败的原因，狄迪莫斯（Didymus）在为德谟斯提尼的演说词《第四篇反腓力辞》34节做注时，援引菲洛科罗斯（Philochorus）的论述。他认为由于雅典人认为该条约承认了波斯对小亚细亚城邦的主权主张，这是对神明的亵渎。[①]

至于和谈的议题有没有涉及小亚细亚城邦问题，学界多有争论。相比之下，认为安多基德斯在演说中故意遗漏的意见占据上风，但也有学者认为它不在议题范围之内。[②] 笔者是赞同后者意见的，因为与萨尔迪斯会谈相比，这次会谈是对上次雅典、底比斯人反对意见的回应，可将这次会谈看作上次会谈的继续。小亚细亚问题既然是斯巴达与波斯之间的谈判内容，并不涉及雅典等城邦，所以不在议题范围之内也在情理之中。另外，假如安多基德斯确实隐瞒了小亚细亚问题，那么在公民大会上也必定是无法回避的，并会削弱他演说的说服力。但我们并无对手的演说，无法予以证明。而谈判的基础是斯巴达与波斯的和约，不涉及小亚细亚问题似乎不太可能。也许，安多基德斯的沉默是对该问题并不在议题范围之内的所可能采取的最强应对。因此，以小亚细亚问题作为雅典人拒绝和平协议的理由并不成立。

在现代学者中，米修和汉密尔顿对和平失败的原因进行了较多探

[①] FGrH 3B 328 F149. 转引自 Phillip Harding, *From the End of the Peloponnesian War to the Battle of Ipsus*, p. 37。

[②] U Wilcken, "über Entstehung und Zweck des Konigsfriedens", *Abhandlung der Preussischen Akademie*, *Phil. – hist. Klasse*, No. 15. Berlin, 1941, pp. 3 – 20. 转引自 Charles D. Hamilton, *Sparta's Bitter Victories*, p. 255。

讨。其中，米修运用传播学的理论从演说者与听众的角度对该演说进行了研究，认为其目的并不在于说服雅典民众去接受该和平协议，而是通过削弱或破坏民主政治的意识形态，从而达到最终推翻民主政治的目的，于是安多基德斯的演说也就成了颠覆性演说。[①] 虽然米修运用了传播学的理论对安多基德斯的演说词进行创新性解释，富有启发意义，但很难想象一名使者在面临说服民众的任务时，他能够不计当前的得失而刻意着眼最终推翻民主政治的目的。与此同时，她对安多基德斯的寡头思想进行了过度解读。假如和平失败的原因是源于安多基德斯的寡头思想，那么如何理解埃皮克拉特斯作为民主派也会被控告？如何理解发起控诉的是同样具有寡头倾向的卡里斯特拉图斯？

相比之下，汉密尔顿着重于协议本身以及外部环境的分析，更令人信服。在协议的内容上，虽然安多基德斯强调斯巴达对雅典十分慷慨，因为他被允许保有重建的城墙和舰队，以及对于列姆诺斯等岛屿的占领。但实际上，斯巴达并没有提供给雅典在当时没有的东西。接下来，安多基德斯为了更好地应对针对这些条款的批评，建议雅典最好放弃重占切尔索涅斯地区拓殖地的想法，因为波斯国王和盟邦都不会同意雅典对该地区的征服。可以说，这与科农回归后雅典在这一地区的扩张政策是矛盾的，是雅典帝国主义政策的倒退。当然，汉密尔顿构建这一图景的前提，是他认为随着公元前392年以来形势的发展，雅典的外交政策被城邦内部主张扩张的派别所掌控，安多基德斯的和平主张并没有反映扩张主义者的利益诉求。

在外部环境的变化上，最主要的体现是阿尔塔薛西斯决定继续支持雅典。波斯的这一举动说明当时安塔尔吉达斯所采取的利用雅典的扩张来离间波斯与雅典之间关系的计谋惨遭失败。从波斯方面来看，

[①] 关于安娜·米修的论证，可参阅 Anna Missiou, *The Subversive Oratory of Andokides*, pp. 55 – 108。对于该书的主要论点，爱德华兹对其主要的论证和结论进行了引述和评论，详见 Michael Edwards, *Andocides*, pp. 109 – 113。

第六章　雅典的中兴努力与安多基德斯的再次流亡　◆◆◆

这也说明了波斯并不认为此时的雅典如斯巴达所声称的那样是损害了波斯的利益。波斯的行为可以从斯巴达的角度去分析，即有些学者强调斯巴达的不守信用，如公元前411年在商议小亚细亚的地位时是承认波斯对于小亚细亚的主权，但在伯罗奔尼撒战争结束后，斯巴达并没有履行协议，相反是在支持小居鲁士争夺波斯王位失败后，派遣了提布隆去保护小亚细亚的希腊城邦。① 斯巴达支持居鲁士与阿尔塔薛西斯争夺波斯王位，可能也是波斯国王感到不快，并否决斯巴达提议的原因。而随后阿哥西劳与波斯总督在签署协议问题上的不义行为，又进一步加剧了斯巴达不守信用的形象。斯巴达在这一时期所表现出来的不守信用，是波斯拒绝斯巴达的重要原因，但起决定性作用的因素应该是此时的雅典并没有威胁到波斯的根本利益，尽管此时雅典的行为已经出现侵犯波斯利益的苗头。波斯的这一政策，使雅典派遣使者去斯巴达出使时的一些主要因素已经消失。而波斯威胁的消除，也使雅典的帝国主义者有勇气去拒绝一个没有赋予他们实质内容的协议。所以，在公元前392年冬天，雅典对和平的诉求已经没有那么急迫，和平协议几乎没有值得考虑的价值。②

汉密尔顿能够从协议出发，注意到雅典自科农以来所推行的帝国主义政策，这是颇具启发意义的，但他并没有对此进行深入的分析。其实，安多基德斯在演说中的一些词语，明显地体现了雅典内部存在支持对外扩张的力量。他曾提及，"一些人认为，如果一个城市拥有城墙和舰队他们不知道和解是怎样的。他们没有从海外重新恢复他们自己的个人财产，并且城墙对他们而言并不能充饥"③。在这里，"充饥"等诉求更多的是雅典下等阶层的要求。芬利曾言："穷人总是最易受到短缺和饥荒的影响。"④ 雅典历史上的粮食问题一直较为突出，

---

① Xenophon, *Hellenica*, 3.1.3; Xenophon, *Anabasis*, 7.6.1.
② Charles D. Hamilton, *Sparta's Bitter Victories*, pp. 257–259.
③ Andocides, *On the Peace with Sparta*, 36.
④ M. I. Finley, "The Fifth-century Athenian Empire: a Balance Sheet", in P. D. A. Garnsey and C. D. Whittaker, eds., *Imperialism in the Ancient World*, Cambridge: Cambridge University Press, 1978, p.122.

◆ ◆ ◆　安多基德斯与雅典城邦政治

即使是在拥有帝国的公元前5世纪,其粮食问题仍是紧迫的。① 公元前4世纪随着帝国的解散,持续的战争、死灰复燃的海盗等使这一问题更趋严重。科林斯战争期间,雅典对他们的粮食供应问题极为关注,尤其是在斯巴达控制赫勒斯滂海峡地区时,更是时刻担心运往雅典的粮食被斯巴达劫掠。② 雅典社会所存在的这种粮食危机,是其对外扩张的内在动因。正是在这一动因的推动下,雅典开始在条件允许的情况下施行占据交通要地等雅典帝国时期的做法。可以说,在这种利益诉求的推动下,斯巴达所提供的和平协议必将遭到反对。

关于安多基德斯发表演说时存在的大量反对意见问题,其实与雅典最初派出使者团去缔结和平协议并不矛盾。当时派出使者团出使,必定是当时环境下的一种选择,但一旦时过境迁,最初的决定即使是公民大会做出的,也并不意味着这次会认同上一次做出的决议。对于这一特性,安多基德斯是有所指的:"雅典公民们,我们这些代表团的成员牢记在心的,不仅包括我们的成文指令,而且包括你们所固有的品质。你们对于所能接触到的事物,易于多疑和不满,并喋喋不休地谈论那些你们接触不到的事物。当你们必须要进行战争时,你们渴望和平,而当一些人为你们安排和平事宜时,你们又把能从战争中得来的所有的益处叠加起来。"③ 与安多基德斯的叙述比较贴近的是,羊河之役之后雅典受困于斯巴达封锁和城邦内部粮食的缺乏,于是派出了特拉梅涅斯出使斯巴达,但当其带回和平协议时,城邦内部依然存在大量反对声音,甚至持续到三十僭主上台以后。只不过这次雅典内部的反对恰逢好的历史时机,因为波斯决定继续支持雅典。在这种情况下,安多基德斯的和平努力注定要失败,尽管雅典民众派遣他出使时是十分渴望和平的。

---

① Peter Garnsey, *Famine and Food Supply in the Greco-Roman World*, Cambridge: Cambridge University Press, 1988, pp. 120 – 133.
② Xenophon, *Hellenica*, 4.8.22 – 24; Isocrates, *Trapeziticus*, 36; Lysias, *Against the Corn Dealers*, 14.
③ Andocides, *On the Peace with Sparta*, 35.

第六章 雅典的中兴努力与安多基德斯的再次流亡 ◆ ◆ ◆

总体而言，安多基德斯的和平努力之所以失败，从根本上说，是因为对于雅典民众而言，斯巴达所提供的和平协议并没有什么吸引力。因为斯巴达所承认的，都是雅典已经实现的。另外在于波斯继续支持雅典的政策，使雅典敢于拒绝斯巴达提出的和平协议。在雅典拒绝斯巴达和平协议的背后，是雅典民众基于粮食危机而对对外扩张的依赖。但对于安多基德斯而言，不仅他的和平主张因此而失败，而且他本人也因此遭到控诉。

二 安多基德斯及其主张的命运

1. 安多基德斯的再次流亡

关于安多基德斯被控告问题，古典作家曾有所记载。普鲁塔克认为，他被认为是在出使的过程中有不法行为，从而被城邦流放。[①] 控诉是由卡里斯特拉图斯（Callistratus）发起的，其控诉的理由是违背了城邦指令、向公民大会做虚假报告、在结盟问题上作假证以及收受贿赂。[②] 德谟斯提尼在《使团辞》中，也曾提及与安多基德斯共同出使的埃皮克拉特斯，也是基于同样的理由被控诉。[③]

对于以上记述的理解，可谓是多有不同，如对于普鲁塔克所言的不法行为的具体所指，福勒（Harold North Fowler）认为无法确定其控告的性质。[④] 需要注意的是，此种类型的控诉罪名与控诉者动机之间的关系，正如有些学者指出的，不管其正式的控告罪名是什么，其控告罪名并不必然与控诉者真实抱怨相一致。[⑤] 因此，使者们最终被流放的原因并非如其罪名所示。例如，拉斐尔·西利根据奥克苏云基亚历史学家对雅典城邦内部政治局势的记载入手，认为当时的雅典存在三种政治势力：保守派、中间派以及激进派。他认为安多基德斯及其

[①] Plutarch, *Moralia*, 835.

[②] Phillip Harding, *From the End of the Peloponnesian War to the Battle of Ipsus*, p. 37; Demosthenes, *On The Embassy*, 277-279.

[③] Demosthenes, *On The Embassy*, 277-279.

[④] Plutarch, *Moralia*, Vol. 10, p. 359, and note b.

[⑤] Jennifer Tolbert Roberts, *Accountability in Athenian Government*, p. 35.

◆ ◆ ◆ 安多基德斯与雅典城邦政治

同行的使者是雅典激进派发起控诉的受害者,这一派的代表人物是阿古尔西乌斯,而控诉者卡里斯特拉图斯的父亲曾娶了阿古尔西乌斯的姐姐或妹妹。卡里斯特拉图斯控告这些使者的目的是想赢得威望与名声,正如伯里克利控告西蒙一样。① 罗伯兹同样也是根据奥克苏云基亚历史学家的记载,并分析了西利的观点,但他认为对安多基德斯等人的控告是由保守派发起的。保守派之所以这样做,很大部分原因是因为使者们并没有能够充分利用全权的和谈权利,没有为保守派带来他们想要的和平。②

就西利和罗伯兹的论述而言,西利从血缘关系角度所做的分析并不足以证明两者就必然属于同一政治派别,且不能解释为何同为民主派的埃皮克拉特斯也在被控告的范围。相较之下,罗伯兹的论述更令人信服,因为他对雅典保守派和平渴求的强调更具合理性。需要指出的是,罗伯兹更多地强调派别斗争的作用,但问题是将某一个人界定为某个政治派别的方法并不总是正确的。就卡里斯特拉图斯个人的情况而言,西利与罗伯兹分别将其纳入两个截然相反的派别,由此可见对于派别斗争的强调并不足以充分地解释他的控告动机。因此,为更好地理解他的控告动机,还应该回归到当时雅典所面临的困难。

前述在论及安多基德斯出使斯巴达的形势时,其实已经对此有所涉及,即当时雅典在萨尔迪斯会谈以后暂时面临的困难。相比之下,雅典的精英阶层在战争状态下承受的压力更大,应该说他们是支持与斯巴达商谈和平的主要力量。在安多基德斯等人争得了和平协议的情况下,他们并没有使用自己的全部权限,而是将其提交给公民大会。但需要注意的是,安多基德斯演说的对象主要是战争派,而提到和平派时也仅仅是利用他们来获取战争派的同情。③ 从其他三位使者最后同时被控诉的情况来看,他们可能也是支持和平协议的。这说明了四位使者在和平问题上是有共识的,这种共识也体现了吁请和平的强烈

---

① Raphael Sealey, "Callistratos of Aphidna and His Contemporaries", pp. 184 – 185.
② Jennifer Tolbert Roberts, "The Athenian Conservatives and the Impeachment Trials of the Corinthian War", pp. 100 – 114; *Accountability in Athenian Government*, pp. 84 – 106.
③ Andocides, *On the Peace with Sparta*, 33.

第六章 雅典的中兴努力与安多基德斯的再次流亡

程度。这种对和平的要求，可能与此时雅典精英阶层所面临的经济压力有很大关系。

具体而言，在伯罗奔尼撒战争结束以后，由于雅典在经济上面临困难，此时城邦的财政更多地依靠捐助阶层，而随着科林斯战争的爆发这种依赖又进一步加强。他们的经济义务，主要体现为公益捐助和缴纳财产税。这两种义务极大地加剧了对富人的经济压力，尤其是对于那些财产较少的贵族更是如此。[1] 科林斯战争期间，雅典大约是从公元前393年开始征收财产税[2]，但是很多雅典富人发现这是难以承受的负担[3]。尽管有学者声称恢复帝国是民众与精英的共同追求[4]，但至少是有部分精英并不认同雅典恢复帝国的做法。这种对于恢复雅典帝国的不同态度，在阿里斯托芬的《公民大会妇女》中有所体现：当时的平民赞成启动一个舰队，但是富人以及自耕农表示了反对意见。从这方面讲，作为雅典富人的一员，即使是排除他本人与安多基德斯等人有私人恩怨的可能，卡里斯特拉图斯也有足够的理由提起控诉。

值得注意的是，卡里斯特拉图斯控诉安多基德斯应该是依照"Eisangelia"的程序提出的控诉。因此，从案件的性质来看，与公元前400年安多基德斯因私控诉不同，这一次是纯粹的因公控诉，虽然其中可能涉及私人恩怨，但对安多基德斯等人的审判具有问责的意味。具体到其控诉的罪名而言，仅仅是接受贿赂这一罪名，研究表明，使者是完全有能力、有机会、有可能接受贿赂的，当然这并不意味着控诉者必然以确切的受贿证据为依据。[5] 与此同时，针对使者控

---

[1] John K. Davies, *Wealth and the Power of Wealth in Classical Athens*, pp. 82 – 83; Paul Millett, *Lending and Borrowing in Ancient Athens*, Cambridge: Cambridge University Press, 1991, pp. 67 – 69.

[2] Rudi Thomsen, *Eisphora*, KØbenhavn Mcml XIV: Gyldendalske Boghandel, 1946, pp. 180 – 181.

[3] Lysias, *Against Ergocles*, 3 – 4; Aristophanes, *Assemblywomen*, 195 – 197; Isocates, *To Philip*, 37.

[4] Barry S. Strauss, *Athens after the Peloponnesian War*, pp. 55 – 59.

[5] Claire Taylor, "Bribery in Athenian Politics Part Ⅰ", *Greece & Roman*, Vol. 48, No. 1 (Apr., 2001), pp. 53 – 66; "Bribery in Athenian Politics Part Ⅱ", *Greece & Roman*, Vol. 48, No. 2 (Oct., 2001), pp. 154 – 172.

诉的审判结果绝大多数都被宣判有罪，埃斯基涅斯是唯一逃脱该罪名指控的人。① 从雅典历史上的情况来讲，安多基德斯等人在被控诉的情况下，他们并没有出席陪审法庭，而是选择了直接逃亡。这与公元前400—前399年他甘冒风险留下来，勇敢地迎战对他的控诉形成了鲜明对比。

与安多基德斯被审判相关联的是，陪审法庭在其中所发挥的作用。此时的陪审法庭是在民主政治恢复以后重建的，它的权力得到扩充，因为原属议事会审判的案件已移交给它。② 在本次审判中，陪审法庭并没有对卡里斯特拉图斯的指控进行核实，而是对安多基德斯等人进行了缺席审判，四人皆被判处死刑。可以说，这一判罚对控告者来说是极其有利的，无论其最初的控告动机是什么，现在的结局是他们成功地剪除了安多基德斯等人。通过考察从公元前420—前320年陪审法庭对将军以及政治家的审判情况来看，这种类型的审判极为常见。通过陪审法庭的裁决，不仅是维护了法律的统治，而且促使了敌对的政治家强化他们之间的冲突。③

在审判后，安多基德斯再也没有出现在雅典，至于是他本人已经对民主政治失去信心不曾尝试回归，还是他进行了回归尝试但城邦拒绝了，我们不得而知。需要指出的是，对阿里斯提德斯的附注表明，埃皮克拉特斯后来回到雅典，并且主张接受与斯巴达的和谈协议。④ 安多基德斯本人以后的活动无从知晓。与他一起消失的，还有他那古老而有名望的家族，因为他是他们家族的最后一名男性继承人。⑤

2. 安多基德斯和平主张的实现

虽然安多基德斯本人主动选择了流放，但他的和平主张却在公元

---

① Jennifer Tolbert Roberts, *Accountability in Athenian Government*, p. 27.

② Aristotle, *The Athenian Constitution*, 41.2.

③ Peter J. Rhodes, "Stability in the Athenian Democracy after 403 B. C." in Bernhard Linke, Mischa Meier, Meret Strohmann (Hg), *zwischen Monarchie und Republik*, Franz Steiner Verlag Stuttgart, 2010, p.71.

④ 对于这则附注，布鲁斯认为必定是误解。详见 I. A. F. Bruce, "Athenian Embassies in the Early Fourth Century B. C.", pp. 272–281.

⑤ J. K. Davies, *Athenian Propertied Families 600–300 B. C.*, p. 31.

第六章 雅典的中兴努力与安多基德斯的再次流亡

前387年,以几乎差不多的条款出现在《大王和约》(又名《安塔尔吉达斯和约》)。这一实现是与当时的形势密切相关的。

当时的情况是,斯巴达和谈失败使斯巴达无法在希腊大陆实现与雅典等敌人的和解,而波斯又继续执行亲雅典的政策,使斯巴达不得不继续在两线进行战争。但对于雅典而言,它却开始更多地触及波斯的实质利益,最主要的体现是支持反叛波斯的尤阿哥拉斯。公元前390年,尼科菲姆斯的儿子阿里斯托芬试图去援助尤阿哥拉斯,结果是其率领的舰队悉数落入斯巴达人的手中。① 在这种情况下,雅典对波斯利益的侵犯逐渐引起了阿尔塔薛西斯的注意和警惕。于是,在雅典人援助尤阿哥拉斯不久,波斯就任命亲斯巴达的提里巴祖斯替代亲雅典的斯特鲁塔斯担任萨尔迪斯的总督。②

与支持波斯的反叛力量相对应,雅典开始在小亚细亚地区更多地侵害波斯的利益。本来在科农的领导下,雅典在这一地区的扩张已经引起斯巴达的注意,并将其提交给提里巴祖斯,只是波斯国王采取了继续支持雅典的政策。但随后,塔拉绪布罗斯开始在这一带加强活动。在公元前389年,雅典派塔拉绪布罗斯率军去解救被斯巴达围困的罗得斯,但当他确认罗得斯已被斯巴达占领时,他并没有回国而是转道前往赫勒斯滂地区。在那里,他首先与色雷斯地区的几个国王和解,并与他们结盟。随后,他赢得了更多地区的归附,并占领了拜占庭,在那里对过往的商船征收百之分十的关税。但是由于纵容士兵劫掠,他被当地土著阿斯彭都司人(Aspendians)杀死。③

对于塔拉绪布罗斯的行为倾向,学界更多地认为是雅典温和派的代表,如汉密尔顿认为他不曾攻击过波斯声称有主权的地区,④ 但很显然,除了阿斯彭都司(Aspendus)是在亚洲外,作者所没有提及的哈利卡纳苏斯(Halicarnassus)⑤ 也属亚洲的范围,这无疑是"侵犯"

---

① Lysias, *On the Property of Aristophanes*, 21 - 27; Xenophon, *Hellenica*, 4.8.24.
② Xenophon, *Hellenica*, 5.1.6.
③ Xenophon, *Hellenica*, 4.8.25 - 30.
④ Charles D. Hamilton, *Sparta's Bitter Victories*, p.305.
⑤ Lysias, *Against Ergocles*, 12, 17.

了波斯的利益。这说明塔拉绪布罗斯是在损害波斯利益的情况下，积极推行复兴雅典帝国的政策的。雅典在该地区的政策并没有随着塔拉绪布罗斯的离世而发生改变。随后，阿古尔西乌斯被派往该地区，只是所取得的成果并不大。但他的继任者伊菲克拉特斯在切尔索涅斯却进展颇大。①

塔拉绪布罗斯和伊菲克拉特斯在小亚细亚地区行动的目的是极为明显的，这反映了雅典重建帝国的意图。而雅典在此时与克拉佐门奈（Clazomenae）的关系则展示了他们所取得的成果要比想象的大得多。有一则铭文规定克拉佐门奈除了缴纳5%的关税外，无须承担其他的财政义务。②《大王和约》中，波斯对这一地区归国王所有的强调，则足以证明波斯对雅典的扩张是极为关注的。

当雅典开始逐步侵犯波斯利益的时候，斯巴达于公元前388—前387年任命安塔尔吉达斯为海军将领以取悦提里巴祖斯，从而顺利开展和谈工作。最终安塔尔吉达斯与提里巴祖斯共同前往波斯首都，并带回了双方已经达成的和平协议：如果雅典人及其同盟拒绝接受波斯国王向他们提出的和平协议，那么波斯国王将与斯巴达结盟。而随后斯巴达对赫勒斯滂海峡和制海权的控制，使本应运往雅典的粮船被迫停靠到斯巴达同盟者的港口。在这种情况下，此时雅典所面临的局势与羊河战役之后是一样的，被迫签订了和平协议。③

这一和平协议的具体内容为：

> 国王阿尔塔薛西斯认为：小亚细亚的城市，以及岛屿中的克拉佐门奈和塞浦路斯，皆应属于他。剩余希腊各邦，无论大小，除列姆诺斯、音姆布罗斯、西居罗斯外，理应独立自主。这三地，如往昔一样，仍属雅典。如果两方中的任一方不接受此和

---

① Xenophon, *Hellenica*, 4.8.34–39.
② P. J. Rhodes and Robin Osborne, *Greek Historical Inscriptions 404–323 BC*, pp. 76–79.
③ Xenophon, *Hellenica*, 5.1.6–29. 关于雅典、底比斯、阿尔戈斯以及科林斯对该和约的反应，可参阅 Charles D. Hamilton, *Sparta's Bitter Victories*, pp. 318–325。

约，我将连同赞成和约的一方，从陆上和海上，用舰船和金钱，向其宣战。①

三 对安多基德斯共同和平方案的评述

尽管安多基德斯的和平努力在当时以失败告终，但这并不意味着他的主张本身是毫无价值的。在安多基德斯的演说中体现了他对于雅典重建霸权的新认识。

在对待雅典帝国的态度上，雅典政治家伯里克利在伯罗奔尼撒战争爆发之前力主拒绝斯巴达人迎接战争的发言中体现得极为明显。他认为："我们的祖辈，尽管没有我们这样的资源，但他们抵抗了波斯人，并舍弃了他们所有的东西。通过他们的决心，而不是他们的好运气，并基于超越其实力的坚毅之心，击退了波斯人，并将我们的运气提升至今天这个程度。我们务必不要落后于他们的榜样，而必须在各个方面抗御我们的敌人来保护我们自己，并务必将我们的帝国完整无损地传之于我们的后代。"②

根据伯里克利的演说，雅典人不仅应该倾其全力卫护雅典帝国，而且应该将其完整地移交给下一代。此后，虽然由于雅典在伯罗奔尼撒战争中最终失败而被迫放弃了雅典帝国，但在科林斯战争前夕底比斯派往雅典的使者却证实了雅典内部依然存有重建霸权的野心。与之相辅证的是，吕西亚斯在科林斯战争克尼杜斯海战之后所发表的葬礼演说。③

在吕西亚斯的葬礼演说中，对于伯罗奔尼撒战争之后雅典重建帝

---

① Xenophon, *Hellenica*, 5.1.31.

② Thucydides, *The Peloponnesian War*, 1.144.4.

③ 关于吕西亚斯该葬礼演说所发表的时间，主要是依据该演说的第59节："领导权被另一派所掌握，之前从未涉足海洋的种族在一次海战中打败了希腊人。他们驶向欧洲，并奴役了希腊人的城市，在那里建立起专制统治，其中有些是在我们的灾难之后，有些是在蛮族人的胜利之后。"（Lysias, *Funeral Oration*, 59.）虽然吕西亚斯并未明确提及该海战的名称，但学界大多认为此处的海战即克尼杜斯海战。（W. R. M. Lamb, *Lysias*, Cambridge: Harvard University Press, 1930, pp. 58–59, and Note 2; S. C. Todd, *A Commentary on Lysias*, pp. 258–259.）托德甚至根据丧葬对象主要集中于援助科林斯这一细节，将其定位于公元前393—前390年之间。（S. C. Todd, *A Commentary on Lysias*, pp. 266–267.）

◆ ◆ ◆ 安多基德斯与雅典城邦政治

国的努力是明确予以支持的。主要表现为,在列举雅典人先祖的光荣事迹时,吕西亚斯对雅典的先祖在抵抗波斯侵略过程中的雅典帝国主义的正当性进行了论证。他认为正是"通过数不尽的辛劳、惹人注目的斗争以及令人难以忘怀的险情,雅典解放了希腊。与此同时,也使他们的故土超越了伟大:他们在七十年间掌控了海洋,将他们的盟邦从派系斗争中解救出来,不是将大多数人沦为少数人的奴隶,而是使所有人在平等中生活成为必需。不是削弱了他们的盟邦,他们的实力来源于他们自身的力量,并通过展现他们的力量迫使波斯大王再也不能觊觎别人的所有,而是出让他们的部分所得,乃至于他们对目前所保有的感到担心"①。面对伯罗奔尼撒战争结束以来雅典所遭遇的种种不幸,吕西亚斯力图通过演说将雅典人从战争的失利以及诸多相伴随的危险中解放出来,这时雅典先祖的辉煌过去无疑成为解救城邦脱离萎靡情绪的有力论据。正是通过强调雅典行为的这些利处,吕西亚斯论证了雅典人所经历战争以及其后果的正当性,从而对雅典重建霸权的行为表达了支持。②

与吕西亚斯支持重建霸权的言论相一致,安多基德斯在其演说中也展现了雅典普通民众对于恢复雅典帝国的渴望态度。此时雅典民众中充斥着重新占领切尔索涅斯、收复其殖民地、收回海外地产以及债务的诉求。③ 但与同时期的吕西亚斯以及雅典民众对待雅典帝国的态度不同,安多基德斯展现了他对希腊世界秩序的新认识和新思考,即他主张接受斯巴达提出的《共同和平方案》。这一方案的主要内容为:准许雅典重建长墙和拥有舰队,列姆诺斯、音姆布罗斯以及西居罗斯等战略要地重归雅典所有;④ 底比斯可以继续保有其彼奥提亚同盟;除此之外,剩余城邦则应该保持独立自主的地位。为了说服雅典民众接受这一和平方案,安多基德斯实际上主要从该方案不会威胁雅典民

---

① Lysias, *Funeral Oration*, 48 – 56.
② Lysias, *Funeral Oration*, 57 – 59, 67 – 68.
③ Andocides, *On the Peace*, 15.
④ 前两者内容,可参见 Andocides, *On the Peace*, 12。

第六章 雅典的中兴努力与安多基德斯的再次流亡

主政治的安全、该方案已经给予雅典城邦足够的好处以及批判雅典帝国三个层面进行了阐述。

在《共同和平方案》不会威胁雅典民主政治的安全上,安多基德斯的阐述主要集中在第 1—12 节。① 在此基础上,安多基德斯指出停战协议是由斯巴达人强加给雅典的,但是现在谈论的是和平协议,并且给予了雅典多项好处。

在和平方案给予雅典城邦足够的好处方面,安多基德斯主要是从与斯巴达开战无利可图和斯巴达的军事优势以及道德优势等角度展开了阐述。在对与斯巴达开战无利可图上,主要集中在第 13—16 节。在这里,安多基德斯从战争的目的出发,认为当前雅典并非受到不公正的待遇,而且在援助的对象彼奥提亚人业已准备接受和谈方案的情况下,雅典人已经没有了继续进行战争的必要,因为雅典已经得到了自由、城墙、舰队以及包括占有列姆诺斯、音姆布罗斯以及西居罗斯等战略要地。值得注意的是,安多基德斯睿智地指出了雅典继续战争的后果,认为倘若雅典的目标依然是重复雅典帝国的老路,即去重新占有切尔索涅斯、先前的殖民地、海外地产以及旧有债务的话,那么波斯大王以及雅典的盟友都不会允许他们那样做,而雅典人在战争中恰恰需要他们的帮助以便达到这一点。正如安多基德斯所认为的:"我们必须要继续战斗,直至我们打败斯巴达和它的同盟者。但是,我并不认为我们能够实现那一点,如果我们能达到那一点,你们认为蛮族人会对我们做什么?"② 可以说,安多基德斯清醒地认识到雅典重建霸权的努力与波斯帝国之间存在巨大的利益冲突,而此时雅典实质上却是依赖波斯帝国帮助的。从这个意义上讲,此时的安多基德斯是清醒而睿智的,其对于当时雅典重建霸权的行径终将招致波斯帝国反对的认识是富有见地的。

在阐述斯巴达的军事优势以及道德优势上,安多基德斯的阐述主

---

① 详情可参阅本章第三节第 239 页"《论和平》的主要内容"。
② Andocides, *On the Peace*, 13–16.

◆ ◆ ◆ 安多基德斯与雅典城邦政治

要集中在第 17—23 节。他首先是重点关注了斯巴达人截至当时所取得的军事成果。这些成果主要体现为取得了三次战役的胜利。第一次,斯巴达在科林斯战胜了同盟的所有军队,让雅典人心服口服,那只是因为斯巴达人是最好的战士。第二次,在彼奥提亚,阿哥西劳担任统帅时,斯巴达人以同样的方式再次赢得了战争。第三次,斯巴达人夺取了莱凯昂,打败了阿尔戈斯和科林斯的所有军队以及雅典人与彼奥提亚人的一部分军队。在此基础上,安多基德斯转而开始陈述斯巴达人对雅典人的宽容与恩惠,认为在当前的和平方案之下,雅典的战争目的已经实现,他们恰好得到了自己最想得到的东西。[1] 与此同时,安多基德斯开始逐渐将批判的对象转向雅典现在的盟友科林斯和底比斯。安多基德斯指出,假如顺从科林斯的心意继续作战,如果失败了,雅典人将失去自己的国家以及科林斯的支持,而如果雅典人胜利了,则是将科林斯给予了阿尔戈斯。这并不符合雅典人的利益。安多基德斯指责阿尔戈斯人尽管煽动雅典人与他们以及科林斯人结盟,继续进行战争,但是他们自己有一个单独的协议,不允许在他们自己的领土上发生战争。而战争的继续延长将有助于他们吞并科林斯,这对于雅典人而言同样意义不大。

在批判雅典帝国方面,主要集中在第 36—41 节。在这里,安多基德斯的本意是继续解释斯巴达给出的和平方案如何会给雅典城邦带来利益,即解释雅典在不恢复海外财产的情况下,如何依靠城墙和舰队实现和解。安多基德斯认为,雅典曾经有段时间并没有城墙和舰队,但是当得到它们时,雅典城邦的成功就开始了。如果雅典现在渴望再次取得成功,城墙和舰队是必须要拥有的。正是有了这些基础,雅典的先辈建立了比迄今为止任何既有城邦都更为伟大的权威。正是在这一解释的过程中,安多基德斯展现了他对雅典创建帝国的认识,认为他们与希腊人打交道的方式,或说服,或密谋,或贿赂,或强力。[2]

---

[1] Andocides, *On the Peace*, 17–23.
[2] Andocides, *On the Peace*, 36–38.

第六章　雅典的中兴努力与安多基德斯的再次流亡　◆◆◆

可以说，这一认识与前述伯里克利、吕西亚斯等人对雅典帝国的正面评价以及怀念是极为不同的，这其中充斥着对雅典帝国的批评。这正如米修在评述安多基德斯的演说策略时所指出的，在第1—12节对"霸权"的遗漏暗示着安多基德斯意图切断帝国与民主政治、雅典繁荣之间的心理联系。而他在第37—40节第二次对雅典辉煌过去的提及中，象征帝国主义意识标识的"霸权"一词得到使用，这意指雅典的伟大，然而倘若考之于语境，这并非削弱而是实际上支撑了安多基德斯批评帝国的观点。[①]

通过以上安多基德斯以共同和平替代帝国方案的内容可以看出，其实质是通过《共同和平方案》的形式来实现雅典帝国另一种形式的出现。需要指出的是，在安多基德斯提出这一方案的背后，他本人所代表的立场。在演说的开端部分，安多基德斯实际上已经展示了自身的立场，即有别于民众派反对者。其目的在于驳斥民主派人士所认为的与斯巴达签订和约将危及雅典民主政治安全的观点。[②] 据此，可以得出，安多基德斯如此提议的出发点，并不在于支持民主派的立场，其背后更多反映的是精英阶层中部分群体的利益。这一利益诉求的本质是要求和平、拒绝战争。因为战争的进行意味着雅典精英阶层在军事上的义务，其不仅体现为提供三列桨战舰捐助，还体现为紧急时刻的财产税。而安多基德斯演说中所透露的部分雅典人士迫切要求缔结和平协议，并认为出使使者将和平协议提交给公民大会进行表决是多余的，这充分反映了这一派别在和平诉求上的强烈态度。

与此同时，相比于伯里克利时期的共同和平的提议，此时的共同和平无疑更具进步性和更具实现的可能。关于伯里克利共同和平的提议，普鲁塔克对此具有较为详细的记述。当时的情况是，伯里克利提议希腊世界的各个城邦到雅典商议共同和平的问题，并派出了大批使者到各个城邦进行游说，但由于斯巴达的破坏而最终失败。[③] 可以说，

---

① Anna Missiou, *The Subversive Oratory of Andokides*, p. 73.
② Andocides, *On the Peace*, 1 – 2.
③ Plutarch, *Pericles*, 17.

◆ ◆ ◆ 安多基德斯与雅典城邦政治

尽管伯里克利的宣传意在实现共同和平,但在斯巴达看来,却是划分希腊世界的霸权。可以说,这一方案,在雅典和斯巴达两强并立的情况下,其最终的命运其实是可预知的。

尽管安多基德斯的和平方案较之伯里克利的方案具有进步性,但在这一进步的表象之下,仍存有霸权思想的痕迹。这一痕迹突出地表现为列姆诺斯、音姆布罗斯以及西居罗斯等战略要地将重归雅典所有。可以说,这既是旧有霸权思想的体现,也是斯巴达分化四方同盟的伎俩。这是安多基德斯在演说中极力渲染的成果,认为这是雅典日后扩张其帝国的基础。但应该认识到,雅典对这些战略要地的占领实际上违背了共同和平的实质精神。

需要注意的是,尽管共同和平的方案在《论和平》中是由安多基德斯所主张,但这一方案的最初倡议者实际上并非安多基德斯本人。显然的是,在萨尔迪斯召开的会议与斯巴达和平会议上,两者对于雅典的态度是有差异的。在斯巴达的和平会议上,斯巴达主要目的是分化四方同盟,而允诺给雅典较多的实际性让步只是实现这一目标的手段。从具体内容来看,固然雅典得到了较多的实际利益,但共同和平方案的最终获利者却是斯巴达。因为根据这一方案中城邦自主的原则,希腊世界的任何联盟变得皆无可能,这实际上将使斯巴达以最小的代价获取了最为丰厚的利益。[①]

当然,这并不意味着安多基德斯的和平方案毫无意义,恰恰相反,安多基德斯的提议具有某种程度的进步性。这一进步性主要体现为他主张雅典民众应该放弃在切尔索涅斯的殖民地,其理由是占据这些殖民地将引起波斯大王和盟邦的反对。[②] 在这里,安多基德斯有关雅典的行为与波斯利益以及盟邦利益之间潜在冲突的预测,是富有预见性的,这对于雅典民众具有警示意义。

最后,虽然前述和平方案具有实现的可能性,但该和平方案的最

[①] C. D. Hamilton, *Sparta's Bitter Victories*, p. 245.
[②] Andocides, *On the Peace*, 15.

第六章　雅典的中兴努力与安多基德斯的再次流亡　◆◆◆

终结果是失败的。至于其中的原因，很多学者将其归结为雅典民主派的反对，因为该方案并没有为雅典提供新的权益。但其本质的原因是，在没有外界强大力量干涉的情况之下，希腊世界难以实现类似的和平方案。从希腊历史上的情况来看，和平方案的最终实现有赖于外界力量的干涉，这种外界力量首先是来自波斯，其次是来自马其顿。而当时的情况是，波斯方面作为外界的干涉力量，其并没有支持希腊世界的共同和平——尽管这一方案也是符合其自身利益的——而是采取了继续支持雅典反对斯巴达的战争政策。

总体而言，安多基德斯并非《共同和平方案》的倡议者，他只是这一方案的支持者。作为该方案的提出者，斯巴达的目的是利用城邦自主的原则分化四方同盟，从而瓦解科林斯与阿尔戈斯的政治合并。从这个角度来看，雅典作为方案的接受者，在更大程度上是斯巴达拉拢的对象。尽管雅典认同其总体原则，但斯巴达出于拉拢雅典的需要，不可避免地部分地承认了雅典的现实利益，从而使该方案虽然具有进步性，但仍具有旧式霸权思想的痕迹。虽然这一方案迎合了雅典内部一部分精英分子反对战争的态度，并得到这些人员的支持，但由于该方案只是承认了雅典的现实利益，而实质上并没有增加雅典的所得，因此雅典民众否决了安多基德斯的提议。从表面上看，这一和平方案的失败，固然源自雅典民众的否决和科林斯、阿尔戈斯的反对，但本质的原因在于在当时的希腊世界并不具备实现和平的条件，遑论达成一种和平的共识。但这并不意味着安多基德斯的《共同和平方案》一无是处，其建议雅典民众放弃在切尔索涅斯的海外殖民地是具有进步性的，而其对占据这些海外殖民地将引起波斯大王和盟邦的反对的预见也是富有前瞻性的。

小　　结

科林斯战争的爆发，为雅典恢复其帝国提供了良好的机遇，而来自科农以及波斯方面的支持，极大地加速了这一进程。在压力之下，面对双线作战压力的斯巴达率先调整政策，派出安塔尔吉达斯出使萨尔迪斯，希望通过承认波斯对小亚细亚地区和希腊世界剩余各城邦自治的主张换取和平。但该和平提议遭到闻讯前来参加和谈的雅典等四方同盟成员的反对。与此同时，波斯将军提里巴祖斯对安塔尔吉达斯的和平提议很感兴趣，并在为其提供秘密资助后，到波斯宫廷呈请国王批准。在这一情况之下，斯巴达准备再次召开和谈会议。由于战争面临困难，雅典派出了安多基德斯等四人前去和谈，并被委托以全权出使。但是，出使的使者并没有利用城邦授予他们的权力，而是将和平协议带回了雅典，提请公民大会批准。在大会上，安多基德斯进行了演说，意图说服国内的战争派能够接受和平协议。不幸的是，和平协议最终被公民大会否决，和平的努力遭到失败。究其原因，主要是因为协议并没有为雅典提供实际的好处，因为斯巴达所出让的，是雅典早已取得的和占有的。而波斯继续支持雅典的政策，也使雅典有勇气拒绝斯巴达的和平提议。在安多基德斯和平努力失败的同时，他本人及其他三位使者被卡里斯特拉图斯控告。安多基德斯等人并没有出席审判，而是选择了主动流放，与此同时，陪审法庭在他们缺席的情况下判四人以死刑。随后，科林斯战争又持续了五年，最终以签订《大王和约》告终。这一次雅典所接受的和平协议内容，与公元前392年斯巴达所提供的和平协议是基本相同的。

结　　语

　　通过安多基德斯的主要经历来看，他的个人命运与雅典城邦政治之间存在明显的互动与联系。

　　安多基德斯在青年时期，由于其出身以及社会风气的影响，他选择参加同龄贵族的小团体，并积极地参与各种活动，其中不乏对民主政治的批评以及对民主派领袖的攻击。也正是他所在的贵族团体，早在西西里远征之前便曾计划去破坏赫尔墨斯神像，只是一时并未实现。迨至西西里远征前夕，雅典城邦的赫尔墨斯神像一夜之间尽遭破坏。这反映出当时的部分贵族对于西西里远征的不满，也是他们对民主政治不满的表现。在渎神案发生后，雅典开始了大规模的调查活动。在这一过程中，安多基德斯进行了自我揭发。尽管安多基德斯本人及其亲友得以保全性命，城邦也从政治恐慌中解放出来。但城邦通过的《伊索提米德斯法令》禁止安多基德斯迈入雅典广场以及阿提卡圣地。随后，他选择了流亡海外。

　　西西里远征的失败给雅典民主政治造成了极大的危机。在这种情况下，雅典开始主动对政制进行调整。主要表现为从长者中遴选组成的委员会，让其根据形势需要准备建议，从而尽量保持审慎。此举暂时稳定了形势，但与此同时，也意味着民主政治的右转。雅典的寡头派利用民主政治所面临的困难联合起来，于公元前411年推翻了民主政治，建立了四百人寡头政权，但是仅仅维持了4个月。随后四百人政权被五千人政权取代，而五千人政权又被后来的民主政治所取代。伯罗奔尼撒战争的失败，意味着恢复后的民主政治再次被推翻。在吕

◆ ◆ ◆　安多基德斯与雅典城邦政治

山德的授意下,此时的雅典建立了三十僭主政权。正是在这一段时间内,安多基德斯本人曾两次试图返回雅典,但都被城邦当局所否决。

三十僭主政权建立后,由于其统治的暴虐,在维持了10个月后,被雅典的民主派所推翻。在斯巴达的干预与主持下,雅典的民主派与寡头派签订了和解协议。安多基德斯在民主政治恢复后回到了雅典,并陆续参加城邦的政治活动和宗教活动。相应地,城邦也授予安多基德斯以荣誉。城邦对于安多基德斯最大的恩惠,莫过于在安多基德斯于公元前400年因违犯《伊索提米德斯法令》被控告时,尽管他本人的案件并不在大赦的范围之内,但城邦仍接受了他基于法律修订以及大赦令为自己所做的辩护。安多基德斯在被无罪开释后继续留在雅典。

安多基德斯的政治影响力,在公元前392年被派往斯巴达进行和谈时得到了体现。在这一次和谈中,他与同行的另三位使者被城邦委以全权,但他们并没有行使此权力,而是将和平协议提交给雅典公民大会进行定夺。他在公民大会上发表了演说,劝说城邦内部的主战派接受和平协议。不幸的是,他的演说并没有取得成功,他的和平努力失败了。包括他在内的四位使者被控诉,他们选择了主动逃离,而陪审法庭在他们缺席的情况下判处他们死刑。

在他与城邦之间的互动与联系之间,我们不难发现安多基德斯的悲情命运:首先是在渎神案中虽然在自我揭发换取赦免的情况下进行了自我揭发,但他被《伊索提米德斯法令》剥夺了部分公民权,事先得到的赦免权变得毫无价值。其次是尽管他曾两次尝试回归雅典,并因此为城邦做出了在他看来应该是值得城邦允许其回归的贡献,但两次都被拒绝,并且在第一次尝试回归时还曾被监禁。最后是在出使斯巴达和平会议时,尽管出使时被授予全权,但他们认为将其提交给公民大会决定更合适。不幸的是,雅典拒绝了该和平协议,他本人为躲避陪审法庭的审判逃离雅典。在这一悲情命运的背后,也有他个人的积极转变:早年的安多基德斯,对民主政治及其领袖的批判与讽刺颇多,其思想中寡头意识的成分清晰可辨。随后因为渎神案而陷入流放

结　语

状态，但在流放一段时间后，尽管能够广结善缘且赚取了丰厚资财却渴望能够回归故土，并因此向雅典提供了价值颇高的贡献。虽然历经了前两次回归的失败，但他始终不改回归愿望，并最终在三十僭主被推翻民主政治重新建立后回到雅典。在成功回归后，他积极参与城邦政治和宗教活动，并在私人生活上也尽量担当起应负的责任。当面临色菲西乌斯的控告时，他并没有逃离雅典而是选择积极应对，并成功为自己进行了辩护。此后，他得以继续留在雅典，并于公元前392年被派往斯巴达进行和平谈判。虽然米修曾多次指出其思想意识中的寡头成分，但需要承认的是，在因渎神案被流放后，他在政治态度上的变化却是可循的，尤其是他在最终成功回归后更是如此。

考较该时期的城邦政治状况，足以表明在安多基德斯前两次的回归失败的原因中，尽管存有个人方面的因素，但城邦拒绝召回流放者的政策是根本原因。当然，城邦两次拒绝召回流放者的原因各有不同，第一次主要是针对阿尔基比阿德斯，第二次则是出于恢复后的民主政治政权对寡头派的憎恨，因为寡头派推翻了雅典的民主政治。安多基德斯得以最终回归，并在城邦政治上小有建树，主要得益于恢复后的民主政治所实行的和解赦免政策。与此同时，安多基德斯在城邦政治中的积极表现，以及他通过引用大赦令与修订的法律来证明《伊索提米德斯法令》已经失效且获得城邦认同，也反映了此时城邦政治的温和运转。

可以说，在影响该时期雅典城邦运转的诸多因素中，以保萨尼阿斯为代表的斯巴达因素是需要强调的，因为正是在他的推动之下，斯巴达改变了原先吕山德执行的政策，并且在他的主持下迫使雅典的民主派与寡头派签订了和解协议。在签订和解协议以后，斯巴达因素作为超越雅典内部派别的外部力量很好地维护了和解协议的执行。但和解协议的执行毕竟要依赖雅典人自己，因此以塔拉绪布罗斯为首的民主派领袖在这一过程中所提供的引导是必不可少的。事实上，在雅典民主政治重建的过程中，他们遵守了和解特赦的条款并避免各种形式的复仇，尽量让雅典的民主派与寡头派和睦相处。当然，这并不意味

◆ ◆ ◆ 安多基德斯与雅典城邦政治

着该时期的雅典就没有因为"过去的罪行"而产生的纷争。伊索克拉底和吕西亚斯等人的一些演说词足以证明尽管不能直接就三十僭主统治期间的罪行进行报复,但总可以通过凭借各种借口以及其他法律程序就"过去的罪行"追究责任。这些报复即使没有在字面上违背和解特赦的条款,也在实质上背离了和解特赦的精神。① 但需注意的是,这些背离和解特赦精神的追责,并非个体之间的私下较量,他们必须要诉诸陪审法庭。通过陪审法庭这一公共空间,展开原告与被告之间的控告与辩解,然后由陪审员做出最终判决。

事实上,安多基德斯的政治经历,在很大程度上也与陪审法庭密切相关。在公元前 403 年回归后不到 10 天的时间内,他便在陪审法庭上控告了阿基普斯,并赢得了这场诉讼;在公元前 400 年,面临色菲西乌斯等人的控告,最终他的辩护赢得了陪审员的认同;公元前 392 年,他与其他三位使者一起被卡里斯特拉图斯控告,陪审法庭在他们缺席的情况下判处他们死刑。除了陪审法庭外,安多基德斯也曾出现在公民大会上发表演说,一次是为了向民众请求回归,另一次是劝说雅典的主战派接受与斯巴达的和平协议。从这个角度讲,安多基德斯在陪审法庭和公民大会这种公共空间的表现,是其政治生涯的晴雨表,而陪审法庭的判罚与公民大会的选择,决定了他个人的政治命运走向甚至是个人生命的安危。

安多基德斯的人生轨迹展现了他作为贵族个体在城邦政治中的起伏,而这种政治命运起伏的背后是隐含的一系列政治调整。对于安多基德斯而言,这种政治调整,既有对安多基德斯回归请求的断然拒绝,又有对其参与城邦的政治活动的积极肯定。他本人既有可能借此获得荣誉与地位,也必须要承担因问责带来的各种后果。罗伯兹通过对雅典政府中的问责制的研究表明,安多基德斯在公元前 392 年被控告,只是雅典历史上众多问责案例之一,与其他使者被控诉的案件相

---

① Alfred P. Dorjahn, *Political Forgiveness in Old Athens*, pp. 40 – 53.

结　语

比，并无特殊之处。① 由此可见，他的个人命运所透视出贵族在民主政治下的处境是较为清晰的：在城邦层面，雅典民主政治对于贵族的依赖是依然存在的，并且这种依赖随着雅典帝国的消失有增强的趋势。正因为如此，安多基德斯才得以回到雅典，并能够在城邦的政治舞台上发挥作用。在回归以后，安多基德斯承担捐助义务、参加赛会、为城邦提供各种建议以及代表城邦出使斯巴达等，都是这种依赖的体现。可以说，民主政治的运转依然需要贵族的支持。对于个人而言，在这种情况下，甚至是像安多基德斯这种曾经被剥夺公民权的贵族人物，在得到城邦允许的情况下，都可以回到雅典参加城邦政治。此时的贵族甚至是拥有一定程度"自由发挥"的空间。这种自由发挥的空间，最大的体现是他对雅典赦免条款的改造和应用。他运用修订法律的事实来证明《伊索提米德斯法令》已经失效可管窥一二。他在试图说服雅典公民接受与斯巴达的和平协议时，为更好地提升演说效果，对历史细节和具体事实的再加工，也是这种自由发挥空间的体现。这些自由发挥能够达到怎样的效果，决定权并不在于他个人，而是取决于城邦在公民大会和陪审法庭的裁决。这种裁决是对贵族人物参加城邦政治效果的评价，决定了他的政治权威能否形成以及延续下去，有时甚至决定了他生命的安全与否。从贵族与城邦的角度而言，安多基德斯时期的城邦政治与他之前的民主政治相比并无本质不同。但由于安多基德斯所经历的时代是雅典历史上政制更迭最为频繁和剧烈的时期，他那个时代的民主政治必然带有其时代的烙印。

这些烙印主要体现在两个方面，一是重视法律的援引和使用，二是强调对僭主政治的防范和限制。关于第一点重视法律的援引和使用方面。安多基德斯所处的时代是雅典历史上法律变革与修订的时代。尽管安多基德斯更多地论证法律的调整主要是为了配合赦免条款的施行，需要指出的是，雅典对于法律的调整其实早在公元前411年四百人政权时即已开始。四百人政权建立之初，克莱托封就提议选举出来

---

① Jennifer Tolbert Roberts, *Accountability in Athenian Government*, pp. 14–160.

的委员会成员应该研究克里斯提尼制定的祖宗法律,认为克里斯提尼的政制并不是民主的,而是接近梭伦政制。四百人政权确立以后,规定之一就是要遵守就城邦事务通过的所有法律,并无权修改它们或者是通过与之抵触的其他法律。① 及至该政权被五千人政权所取代,新的政权在召开公民大会时,任命了法律委员会并提议了与其政体形式相关的其他措施。② 随后,该政权命尼科马库斯等人去刻写梭伦的法律,直至公元前404年被三十僭主政权中断。按照吕西亚斯的说法,这项工作本计划为4个月,最终历经6年才得以完成,并且这一过程中存在篡改法律的情况。③ 但公元前409—前408年的一则公民大会的法令表明,德拉古法律中关于杀人罪的条款也得以重刻,并且石刻的起始部分得到恢复。④ 三十僭主是按照祖宗政制的方式来进行统治,他们选举了三十人组成的委员会以拟定宪法,但该项工作迟迟未能开展。⑤ 公元前403年民主政治再次恢复后,雅典城邦重启修订法律的工作,安多基德斯的演说词展现了这一过程。根据他所援引的《特萨美诺斯法令》,其中共涉及两个法律委员会,一个是由议事会选举,另一个是由公民大会选举,前者主要是负责通过新的法律,而后者重点是审查法律,且具有更大的权威。⑥ 吕西亚斯的演说词表明,尼科马库斯该时期又受命去刻写法律,主要是涉及宗教仪式,于公元前400—前399年完成。⑦

可以说,这一时期对法律和法令的区分,以及对于书面法律的强调,对于该时期的民主政治是有深刻影响的。这在安多基德斯的《论密仪》中有着深刻的体现,安多基德斯为了求得公正审判,他向陪审

---

① Aristotle, *The Athenian Constitution*, 29.3 – 4, 31.2.
② Thucydides, *History of the Peloponnesian War*, 8.97.2.
③ Lysias, *Against Nicomachus*, 2 – 3.
④ Russell Meiggs and David Lewis, *A Selection of Greek Historical Inscriptions*, pp. 264 – 267.
⑤ Xenophon, *Hellenica*, 2.3.2 – 11.
⑥ Andocides, *On the Mysteries*, 81 – 89.
⑦ Lysias, *Against Nicomachus*, 4.

结　语

员吁请正义的审判和要求他们遵守陪审法庭的誓言；为了证明自己提供的控告名单是正确的，他提供了城邦记录和证人举证；为了证明《伊索提米德斯法令》已经失效，他援引了大量法律和法令。如果将安多基德斯与他之前的演说家安提丰相比，更能体现这个时代烙印对该时期民主政治的影响。在对证据的援引上，博纳曾认为书面形式的证据直到公元前4世纪才在陪审法庭中出现，包括安提丰、安多基德斯、吕西亚斯和伊索克拉底在内的早期演说家都与书面的证据没有关系。[①] 这一结论可能适用于其他几位演说家，但安多基德斯在辩护过程中是提供了城邦记录的，而且为了证明它们的真实性还有证人作证。从这个意义上讲，安多基德斯时代的民主政治在重视援引法律方面是区别于公元前5世纪的民主政治的，与公元前4世纪更近似。

但这种对法律的重视，并不必然意味着该时期的民主政治已经成为法律的统治。这主要是因为：其一，从安多基德斯的在《论密仪》中对法律的援引效果来看，这些法律与法令并不足以证明《伊索提米德斯法令》已经失效，而是实际上被用来证明原告的法律地位是存在问题的。其二，从该期修订法律的情况来看，自公元前411年以来的所有政权都注重用法律加强统治，并且都强调以书面的形式向大众开放。公元前403年民主政治重建后的法律，可能是已经存在的书面法律，之所以修订，很可能在于已经刻写的法律存在相互抵触的条款。综观该时期的法律性质，都强调使用祖先政制，只是在具体理解上存有争议，但强调法律的温和性和依法治邦应该是这些政权共同的追求，尽管寡头政权在现实中表现出很暴虐的一面。从这个角度讲，单单强调公元前403年重建后的民主政治是实行法律的统治，并不符合该期的历史事实。其三，该时期雅典将立法权从"公民大会"转移到"法律委员会"，以此来稳定法律的努力还是值得肯定的。但此举并非意味着雅典已经由"人民主权"转化为"法律统治"，因为"法律委

[①] R. J. Bonner, *Evidence in Athenian Courts*, Chicago: The University of Chicago Press, 1905, p. 46. 他认为最早的书面证据是在伊萨乌斯演说词中（*On the Estate of Dicaeogenes*, 2）。当时在诉讼过程中，出现了保证金以及与之相联系的誓言书面证明。

员会",如公民大会、议事会以及陪审法庭一样,它可以代表或意指整个公民群体,它们的活动象征着民众的意愿。实际上,公民大会掌握着法律委员会的任命权。如此而言,法律委员会是无法限制人民主权的,它的作用恰恰是维护了人民的主权。从这个意义上讲,安多基德斯时代的雅典民主政治并没有因为重视法律而出现"人民主权"向"法律统治"的转化。如果必须要强调民主政治之下法律所发挥的作用,无疑这种"法律的统治"是为了维护"人民主权",于是民主政治实现了"人民主权"与"法律统治"的结合。

关于第二点强调对僭主政治的防范和限制方面。寡头政治作为民主政治的对立面,仅仅在该时期就对雅典造成了两次伤害,当然这也是雅典历史上仅有的两次伤害。这两次危害仅仅相隔了7年,对雅典造成的伤害是前所未有的。所以,民主政治的重建绝不是原先民主政治的简单翻版,此时的重要任务就是从制度层面上对寡头政治做出防范。

早在公元前410年民主政治恢复以后,雅典城邦便已经通过了《德摩潘图斯法令》。该法令要求所有的雅典公民宣誓去杀死推翻民主政治或在民主政治被推翻后担任官职的人,并由城邦给予任何这样做的人以回报。[①] 这个法令还被刻写在石碑上,放置在议事会的入口处,并需要全体雅典人宣誓遵守。从立碑为证到民众集体发誓,可以深刻地体会到他们对于寡头政治的痛恨以及拒绝寡头政治的强烈决心。尽管安多基德斯本人在公元前400年为自己辩护时声称该法令已经失效,但这一法令是以"梭伦法律"的名义颁布的,并且类似的内容在庇西特拉图家族统治期间关于反僭主政治的法律中有所体现,这足以表明该法令的有效性。[②] 对于这一法令的作用,缇加登(David A.

---

① Andocides, *On the Mysteries*, 96 – 98; Douglas MacDowell, *Andokides on the Mysterie*, pp. 134 – 137; David A. Teegarden, *Death to Tyrants*, Princeton & Oxford: Princeton University Press, 2014, pp. 30 – 35.

② Andocides, *On the Mysteries*, 99, 96; Aristotle, *The Athenian Constitution*, 16.10; P. J. Rhodes, *A Commentary on the Aristotelian Athenaion Politeia*, pp. 220 – 223.

Teegarden）认为，尽管在此之前也有类似的条款，但是该法令通过共同宣誓促使雅典公民在杀死僭主方面达成了共识，并解决了政变中的协作配合问题。三十僭主之所以维持时间较短，该法令在动员民众反对该政权方面发挥了作用。根据该法令，在公元前403年民主政治再次恢复以后，雅典城邦内部必将掀起大规模针对僭主的报复行动。实际上，雅典的民主派在塔拉绪布罗斯的带领下主动放弃复仇，而是再次以宣誓的形式实现了赦免。正是雅典自身所体现出来的宽容精神，使安多基德斯、色诺芬以及亚里士多德等都对此予以高度的赞叹。从这个角度讲，赦免宣誓所起的作用与《德摩潘图斯法令》誓言的作用是相似的，都代表着控制风险以维护民主政治的尝试。①

遗憾的是，尽管缇加登肯定了《德摩潘图斯法令》在动员民众反对三十僭主，以及该法令对于公元前4世纪民主政治的稳定所带来的影响，但他显然刻意降低了该法令在三十僭主统治时期所表现出来的无效。公元前403年重建后的民主政治，应该还有其他防范僭主政治的举措，而这种举措更多地体现在重构民主派与寡头派之间的关系上。这些举措除了实行赦免外，还包括一系列温和的政策，如拒绝塔拉绪布罗斯准备授予其支持者以公民权的提案、以立法的形式禁止破坏赦免、使用国库收入偿还斯巴达三十僭主政权的借款。② 从伊索克拉底和德谟斯提尼对法律的引用情况来看，还包括禁止取消债务以及重新分配土地的规定。③ 与此同时，为了恢复民众对城邦政治活动的热情，雅典又决定向参加公民大会的人员发放津贴，先是1奥波尔，后来逐步增加到3奥波尔。④ 这些举措的目的在于稳定雅典的寡头派和激发民众的政治热情，使两者都聚集和团结在重建后的民主政治之下。从这个角度讲，雅典是在防范僭主政治的前提下，力求使内部和

---

① David A. Teegarden, *Death to Tyrants*, pp. 37–52.
② Aristotle, *The Athenian Constitution*, 40.2–4.
③ Isocrate, *Areopagiticus*, 31–35, 51–52; Demosthenes, *Against Timocrates*, 149–151.
④ Aristotle, *The Athenian Constitution*, 41.3.

◆◆◆ 安多基德斯与雅典城邦政治

谐共处以及实现政体的平和运转，这体现了塔拉绪布罗斯等民主派领袖在城邦层面的思考与努力。

具体到公元前403年的雅典，无疑以塔拉绪布罗斯为首的民主派，希望城邦内部的各个部分和谐相处，但这毕竟只是这一部分人的愿望，现实状况是公民个体的意愿并不总是能够与其意愿相一致。该时期陪审法庭的控告情况，说明了情况的复杂性。在这些控告中，除了针对三十僭主时期的行为发起的控告，以及包括针对安多基德斯、苏格拉底的亵渎行为的控告外，还有针对富人的控告。[①] 在这些控告的背后，其控告动机自然是复杂的，在这里并没有办法一一将其列举和分类。具体到安多基德斯本人的控告而言，虽然他的案件具有更多的宗教成分，但他成功地将控告的原因归为个人恩怨，并将对他的审判与特赦相结合，从而最终说服了陪审员判其无罪开释。他的无罪开释加上之前他被允许回归以及之后积极参与城邦政治，都说明公元前403年重建后的民主政治更宽容。具体到苏格拉底的审判，虽然控诉的罪名是引进新神和腐蚀青年，但真正的控诉原因可能与他的学生在三十僭主政权中的恶劣表现有重大关系。这种罪名与实际控告原因的差异，我们无须理会，值得注意的是苏格拉底在法庭上本有机会避免死刑，但他并没有采用博取陪审员同情的方法，反倒是宣称自己最有智慧且质问雅典民众的智慧，从而在错误地选择刑罚的情况下被判处死刑。苏格拉底之死使雅典民主政治蒙上恶名，但从审判过程来看，此时的雅典并非想置其于死地，他的死涉及当时各方态度的微妙互动，苏格拉底的悲剧在很大程度上是他个人选择的结果。从这个意义上讲，公元前403年恢复以后的民主政治，要比公元前410年恢复后的雅典民主政治要"温和"。

当然，这种"温和"并不意味着城邦可以纵容公民伤害城邦的公共利益。相反，一旦城邦意识到公民有此类的伤害行为，城邦会采取果断措施加以惩罚。而城邦要想实现这一目的，是离不开来自志愿控

[①] Andrew Lintott, *Violence, Civil Strife and Revolution in the Classical City*, pp. 176–178.

结　语

告者的控诉以及陪审法庭的审判的。这些审判最主要的体现，是在科林斯战争期间针对公职人员而展开的因公控告。在这些因公控告中，一系列与科林斯战争有关的人员都被控告。在这些人员中涉及安多基德斯、塔拉绪布罗斯、尼科菲姆斯父子等。关于这些人为何会成为被告，包括迈耶、格罗兹以及科恩在内的学者，大多认为控告来自社会的底层阶级，他们因这些人没有赢得战争而使其恼怒。对此，罗伯兹提出了相反的意见，她认为政策问题和派别斗争因素在其中发挥了作用，并且控告主要来自保守者。① 在这两种意见中，结合安多基德斯的事例，罗伯兹的论述无疑更有道理。而且她在论述的过程中，注意将这些人的控诉与城邦政治中的问责联系起来，正确地指出这一类人员之所以被控告，很大程度上是因为在履行职责时存在或多或少的问题。

　　从这些控告发生的过程来看，雅典贵族尤其是贵族中的保守分子，在此时期往往是控告的发起者，这意味着他们在此时的民主政治中发挥了较为积极的作用。其参与政治的目标，并不仅仅局限于通常所言的责任与美德，经济利益方面的考虑应该是其动力之一。而被控告者所面临的被审判的命运，一方面说明了这些保守分子能够做到合理地利用城邦政治的规则来实现其目的，另一方面也体现了城邦需要此类提议的提出。这意味着这些发起控诉的个人与城邦在客观上形成了共同的目标，即"问责"那些在履行职责过程中存在问题的人，尽管有些贵族的动机可能并不高尚。至于为何有些控告者的动机颇为可疑，但城邦却为何认同此类做法的原因，可能是城邦想借此保证为其服务的公民都能够在法律限度内行动，从而避免对民主政治造成伤害。而城邦要想达到这一目的，是离不开来自对立双方的控诉以及陪审法庭的审判的。正是通过相互控诉以及陪审法庭的审判，被诉者的行为不断得到检验和判定。对于城邦而言，此举意味着强化了对公民的行为控制，从而保证了雅典贵族对于民主政治的恭顺态度，也许这

---

① Jennifer Tolbert Roberts, *Accountability in Athenian Government*, pp. 84–106.

正是公元前4世纪雅典再也没有遭遇来自内部僭主政治威胁的原因之一。从这个角度讲，陪审法庭只是城邦实现这一目标的工具和载体。

综上而言，从公元前415—前392年发生的一系列事实可以看出，该时期雅典的任务并非实现主权主体的转换，而是为了保障民主政治的安全，避免它再次被寡头政权所取代。该时期政策的调整和对法律的修订都服务于这一目的。由此可见，"法律统治"与"人民主权"之间并非截然对立，更多地表现为法律的统治是民主政治的应有之义和保证。而从公元前4世纪雅典民主政治的运行实践来看，也再次证明了民主政治在保存政体方面的高效。从这个角度讲，该时期的民主政治依然是公元前5世纪雅典民主政治的继续。

参考文献

原始文献

Antiphon & Andocides, Translated by Michael Gagarin and Douglas M. MacDowell, Austin: University of Texas Press, 1998.

Aristophanes, *Acharnians*, *Knights*, *Wasp*, *Clouds*, Edited and Translated by Jeffrey Henderson, Loeb Classical Library, Cambridge: Harvard University Press, 1998.

Aristophanes, *Assemblywomen*, Edited and Translated by Jeffrey Henderson, Loeb Classical Library, Cambridge: Harvard University Press, 2002.

Aristophanes, *Lysistrata*, Edited and Translated by Jeffrey Henderson, Loeb Classical Library, Cambridge: Harvard University Press, 2000.

Aristotle, *Politics*, with an English Translation by H. Rackham, Loeb Classical Library, Cambridge: Harvard University Press, 1944.

Aristotle, *The Athenian Constitution*, with an English Translation by H. Rackham, Loeb Classical Library, Cambridge: Harvard University Press, 1952.

Aristotle, *The Nicomachean Ethics*, with an English Translation by H. Rackham, Loeb Classical Library, Cambridge: Harvard University Press, 1934.

Demosthenes, *Against Timocrates*, with an English Translation by J. H. Vince, Loeb Classical Library, Cambridge: Harvard University Press,

1935.

Demosthenes, *On the Trierarchic Crown*, with an English Translation by A. T. Murray, Loeb Classical Library, Cambridge: Harvard University Press, 1939.

Diodorus of Sicily, Vol. Ⅴ – Ⅵ, with an English Translation by C. H. Old father, Loeb Classical Library, Cambridge: Harvard University Press, 1950, 1954.

Fornara, C. W., *Archaic Times to the End of the Peloponnesian War*, Cambridge: Cambridge University Press, 1983.

Greek Orators-Ⅰ: Antiphon and Lysias, Translated with Commentary and Noted by M. J. Edwards and S. Usher, Warminster: Aris & Phillips Ltd, 1987.

Greek Orators-Ⅳ: Andocides, Edited with a Translation and Commentary by Michael Edwards, Warminster: Aris & Phillips Ltd, 1995.

Harding, Phillip, *From the End of the Peloponnesian War to the Battle of Ipsus*, Cambridge University Press, 1985.

Herodotus, Vol. Ⅰ – Ⅳ, with an English translation by A. D. Godley, Loeb Classical Library, Cambridge: Harvard University Press, 1926, 1928, 1922, 1925.

Isocrates, Vol. Ⅰ – Ⅱ, with an English translation by George Norlin, Loeb Classical Library, Cambridge: Harvard University Press, 1928, 1929.

Isocrates, Vol. Ⅲ, with an English translation by La Rue Van Hook, Loeb Classical Library, Cambridge: Harvard University Press, 1945.

Lysias, with an English Translation by W. R. M. Lamb, Loeb Classical Library, Cambridge: Harvard University Press, 1930.

Meiggs, Russell and David Lewis, eds., *A Selection of Greek Historical Inscriptions*, Oxford: The Clarendon Press, 1969.

Minor Attic Orators, Vol. Ⅰ, with an English Translation by K. J. Maidment, Loeb Classical Library, Cambridge: Harvard University Press, 1982.

Pausanias, *Description of Greece*, Vol. I, with an English Translation by W. H. S. Jones, Loeb Classical Library, Cambridge: Harvard University Press, 1918.

Plato, *Phaedrus*, with an English Translation by Harold North Fowler, Loeb Classical Library, Cambridge: Harvard University Press, 1914.

Plato, *Hipparchus*, with an English Translation by W. R. M. Lamb, Loeb Classical Library, Cambridge: Harvard University Press, 1955.

Plato, *Laches*, with an English Translation by W. R. M. Lamb, Loeb Classical Library, Cambridge: Harvard University Press, 1924.

Plutarch, *Moralia*, Vol. X, with an English Translation by Harold North Fowler, Loeb Classical Library, Cambridge: Harvard University Press, 1936.

Rhodes, P. J. and Robin Osborne, *Greek Historical Inscriptions 404 – 323 B. C.*, Oxford: Oxford University Press, 2003.

Thucydides, *The Peoloponnesian War*, Vol. I – IV, with an English Translation by Charles Forster Smith, Loeb Classical Library, Cambridge: Harvard University Press, 1928, 1930, 1921, 1935.

Tod, Marcus N., eds, *A Selection of Greek Historical Inscriptions*, Oxford: The Clarendon Press, 1946 – 1948.

Xellenica Oxyrhynchia, edited by Vittorio Bartoletti, Leipzig, 1959.

Xenophon, *Anabasis*, with an English Translation by Carleton L. Brownson, Loeb Classical Library, Cambridge: Harvard University Press, 1998.

Xenophon, *Hellenica*, Vol. I – II, with an English Translation by Carleton L. Brownson, Loeb Classical Library, Cambridge: Harvard University Press, 1918, 1921.

英文研究著作

Adcock, Frank and D. J. Mosley, *Diplomacy in Ancient Greece*, London: Thames and Hudson, 1975.

Andreades, A. M., *A History of Greek Public Finance*, Vol. 1, New York: Arno Press, 1979.

Austin, M. M. and P. Vidal-Naquet, *Economic and Social History of Ancient Greece: An Introduction*, Berkeley Los Angeles: University of California Press, 1977.

Bauman, R. A., *Political Trials in Ancient Greece*, London and New York: Routledge, 1990.

Bonner, R. J., *Evidence in Athenian Courts*, Chicago: The University of Chicago Press, 1905.

Bowden, Hugh, *Mystery Cults of the Ancient World*, Princeton: Princeton University Press, 2010.

Bruce, I. A. F., *An Historical Commentary on the "Hellenica Oxyrhynchia"*, Cambridge: Cambridge University Press, 1967.

Buck, R. J., *Thrasybulus and the Athenian Democracy*, Franz Steiner Verlag Stuttgart, 1998.

Bury, J. B., *A History of Greece to the Death of Alexander the Great*, London: Macmilian and Co., Limited, 1924.

Calhoun, George Miller, *Athenian Clubs in Politics and Litigations*, Austin: The University of Texas, 1913.

Carawan, E., *The Athenian Amnesty and Reconstructing of Law*, Oxford: Oxford University Press, 2013.

Cargill, J., *Athenian Settlements of the Fourth Century B. C.*, Leiden: Brill, 1995.

Carter, L. B., *The Quiet Athenian*, Oxford: The Clarendon Press, 1986.

Christ, Matthew R., *The Bad Citizen in Classical Athens*, Cambridge:

Cambridge University Press, 2006.

Christ, Matthew R., *The Litigious Athenian*, Baltimore and London: The Johns Hopkins University Press, 1998.

Cohen, D., *Law, Violence and Community in Classical Athens*, Cambridge: Cambridge University Press, 1995.

Cohen, Edward E., *Athenian Economy and Society*, Princeton: Princeton University Press, 1992.

Connor, W. R., *Theopompus and Fifth-century Athens*, Cambridge: Harvard University Press, 1968.

Connor, W. R., *The New Politicians of Fifth-Century Athens*, Indianapolis and Cambridge: Hackett Publishing Company, 1992.

Davies, J. K., *Athenian Propertied Families*, Oxford: The Clarendon Press, 1971.

Davies, J. K., *Wealth and the Power of Wealth in Classical Athens*, New York, 1981.

Develin, Robert, *Athenian Officials 684 – 321 B. C.*, Cambridge: Cambridge University Press, 1989.

Dobson, J. F., M. A., *The Greek Orators*, London: Methuen and Co., 1919.

Dorjahn, Alfred P., *Political Forgiveness in Old Athens*, Evanston: Northwestern University, 1946.

Dover, K. J., *Lysias and the Corpus Lysiacum*, Berkeley and Los Angeles: University of California Press, 1968.

Dover, K. J., *Greek Popular Morality in the Time of Plato and Aristotle*, Oxford: Basil Blackwell, 1974.

Ehrenberg, V., *The People of Aristophanes*, Oxford: Basil Blackwell, 1943.

Ellis, Walter M., *Alcibiades*, London and New York: Routledge, 1989.

Forsdyke, Sara, *Exile, Ostracism, and Democracy*, Princeton and Oxford: Princeton University Press, 2005.

Furley, W. D., *Andocides and Herms: A Study of the Crisis in Fifth-Century Athenian Religion*, London: Institute of Classical Studies, 1996.

Gabrielsan, V., *Financing the Athenian Fleet*, Baltimore: The Johns Hopkins University Press, 1994.

Garnsey, P. D. A., *Famine and Food Supply in the Greco-Roman World*, Cambridge: Cambridge University Press, 1988.

Goldhill, S. and Osborne, R., *Rethinking Revolutions through Ancient Greece*, Cambridge: Cambridge University Press, 2006.

Gomme, A. W., *A Historical Commentary on Thucydides*, Vol. 1, Oxford: The Clarendon Press, 1972.

Gomme, A. W., *A Historical Commentary on Thucydides*, Vol. 2, Oxford: The Clarendon Press, 1968.

Gomme, A. W., Andrewes, A. and Dover, K. J., *A Historical Commentary on Thucydides*, Vol. 4 – 5. Oxford: The Clarendon Press, 1970 – 1981.

Gribble, D., *Alcibiades and Athens*, Oxford: The Clarendon Press, 1999.

Grote, George, *A History of Greece*, Vol. 7, London & Cambridge: Cambridge University Press, 2009.

Hamel, Debra, *The Mutilation of the Herms: Unpacking an Athenian Mystery*, Baltimore: The Johns Hopkins University Press, 2012.

Hamilton, C. D., *Sparta's Bitter Victories*, Ithaca, New York: Cornell University Press, 1979.

Hamilton, C. D., *Agesilaus and the Failure of Spartan Hegemony*, Ithaca and London: Cornell University Press, 1991.

Hansen, M. H., *The Athenian Democracy in the Age of Demosthenes*, Oxford & Cambridge: Basil Blackwell Ltd., 1991.

Harrison, A. R. W., *The Law of Athens: the Family and Property*, Oxford: The Clarendon Press, 1968.

Harrison, A. R. W. , *The Law of Athens: Procedure*, Oxford: The Clarendon Press, 1971.

Hignett, C. , *A History of the Athenian Constitution to the End of the Fifth Century*, Oxford: The Clarendon Press, 1952.

Hornblower, S. , *A Commentary On Thucydides*, Volume 3, Oxford: Oxford University Press, 2008.

Hornblower, S. , *The Greek World 479 – 323 B. C.* , London and New York: Routledge, 2011.

Hunter, Virgina J. , *Policing Athens: Social Control in the Attic Lawsuits*, Princeton: Princeton University Press, 1994.

Isaac, Benjamin, *The Greek Settlements in Thrace until the Macedonian Conquest*, Leiden: Brill, 1986.

Jebb, R. C. , *Attic Orators from Antiphon to Isaeus*, Cambridge: Cambridge University Press, 2009.

Jones, N. F. , *The Associations of Classical Athens*, Oxford: Oxford University Press, 1999.

Kagan, D. W. , *The Peace of Nicias and the Sicilian Expedition*, Ithaca and London: Cornell University Press, 1981.

Kagan, D. W. , *The Fall of the Athenian Empire*, Ithaca and London: Cornell University Press, 1987.

Kingsbury, S. S. , *A Rhetorical Study of the Style of Andocides*, Baltimore: John Murphy Company, 1899.

Krentz, P. , *The Thirty at Athens*, Ithaca and London: Cornell University Press, 1982.

Lewis, D. M. , *Sparta and Persia*, Leiden: Brill, 1977.

Lewis, D. M. , John Boardman, J. K. Davies and M. Ostwald, ed. , *The Cambridge Ancient History*, Vol. 5, Cambridge: Cambridge University Press, 1992.

Lewis, D. M., John Boardman, Simon Hornblower and M. Ostwald, ed., *The Cambridge Ancient History*, Vol. Ⅵ, Cambridge: Cambridge University Press, 1994.

Lintott, A. W., *Violence, Civil Strife and Revolution in the Classical City*, Baltimore: The Johns Hopkins University Press, 1982.

Loraux, N., *The Divided City: on Memory and Forgetting in Ancient Athens*, Trans. Corinne Pachewith Jeff Fort, New York: Zone Books, 2002.

MacDowell, D. M., *Andokides on the Mysterie*, Oxford: The Clarendon Press, 1962.

MacKendrick, Paul, *The Athenian Aristocracy 399 to 31 B.C.*, Cambridge, Massachusetts: Harvard University Press, 1969.

Meiggs, R., *The Athenian Empire*, Oxford: The Clarendon Press, 1972.

Millett, Paul, *Lending and Borrowing in Ancient Athens*, Cambridge: Cambridge University Press, 1991.

Missiou, Anna, *The Subversive Oratory of Andokides: Politics, Ideology and Decision-Making in Democratic Athens*, Cambridge: Cambridge University Press, 1992.

Mitchell, L. G., *Greek Bearing Gifts*, Cambridge: Cambridge University Press, 1997.

Mossé, Claude, *Athens in Decline 404 – 86 B.C.*, London and Boson, Routledge & Kegan Paul, 1973.

Munn, M. H., *The School of History*, Berkeley: University of California Press, 2000.

Mylonas, George E., *Eleusis and the Eleusinian Mysteries*, Princeton: Princeton University Press, 1961.

Ober, J., *Mass and Elite in Democratic Athens*, Princeton: Princeton University Press, 1989.

Ober, J., *The Athenian Revolution*, Princeton: Princeton University

Press, 1996.

Osborne, M. J., *Naturalization in Athens*, Vol. 3 – 4, Brussel: Paleis Der Academiēn, 1983.

Osborne, R., *Classical Greece 500 – 323 BC*, Oxford: Oxford University Press, 2000.

Ostwald, Martin, *From Popular Sovereignty to the Sovereignty of the Law*, Berkeley: University of California Press, 1986.

Parker, R. C. T., *Athenian Religion*, Oxford: The Clarendon Press, 1996.

Pritchett, W. K., *The Greek States at War*, Vol. 2, Berkeley and Los Angeles: University of California Press, 1974.

Raaflaub, Kurt A., *Origins of Democracy in Ancient Greece*, Berkeley: University of California Press, 2007.

Rhodes, P. J., *A Historical Commentary on the Aristotelian Athenaion Politeia*, Oxford, The Clarendon Press. 1981.

Rhodes, P. J., *The Athenian Boule*, Oxford: The Clarendon Press, 1985.

Rhodes, P. J., *Athenian Democracy*, Edinburgh: Edinburgh University Press, 2004.

Roberts, J., *Accountability in Athenian Government*, The University of Wisconsin Press, 1982.

Sealey, R., *Essays in Greek Politics*, New York: Manyland Books, Inc., 1967.

Sealey, R., *The Athenian Republic: Democracy or the Rule of Law?*, University Park, Penn.: Pennsylvania State University Press. 1987.

Sears, Matthew A., *Athens, Thrace, and the Shaping of Athenian Leadership*, Cambridge: Cambridge University Press, 2013.

Shear, Julial L., *Polis and Revolution: Responding to Oligarchy in Classical Athens*, Cambridge: Cambridge University Press, 2011.

Sinclair, R. K., *Democracy and Participation in Athens*, Cambridge: Cambridge University Press, 1988.

Stanton, G. R., *Athenian Politics c. 800 – 500 BC*, London and New York: Routledge, 1990.

Starr, C. G., *Individual and Communrity*, New York, 1986.

Starr, C. G., *The Aristocratic Temper of Greek Civilization*, Oxford: Oxford University Press, 1992.

Strauss, B. S., *Athens after the Peloponnesian War*, Ithaca and New York: Cornell University Press, 1986.

Teegarden, David A., *Death to Tyrants*, Princeton & Oxford: Princeton University Press, 2014.

Thomas, Rosalind, *Oral Tradition and Written Record in Classical Athens*, Cambridge: Cambridge University Press, 1989.

Thomsen, Rudi, *Eisphora*, KØbenhavn Mcml XIV: Gyldendalske Boghandel, 1946.

Todd, S. C., *The Shape of Athenian Law*, Oxford: Clarendon Press, 1993.

Todd, S. C., *A Commentary on Lysias*, Oxford: Oxford University Press, 2007.

Usher, Stephen, *Greek Oratory*, Oxford: Oxford University Press, 1999.

Whibley, L., *The Greek Oligarchies: Their Character and Organisation*, London: Metheun & Co. 1896.

Wohl, Victoria, *Love among the Ruins: The Erotics Democracy in Classical Athens*, Princeton and London: Princeton University Press, 2002.

Wohl, Victoria, *Law's Cosmos: Juridical Discourse in Athenian Forensic Oratory*, Cambridge: Cambridge University Press, 2010.

Wolpert, Andrew, *Remembering Defeat: Civil War and Civic Memory in Ancient Athens*, Baltimore and London: The Johns Hopkins University Press, 2002.

英文研究论文

Boegehold, Alan L., "Andokides and the Decree of Patrokleides", *Historia*, Bd. 39, H. 2 (1990).

Broneer, O., "Excavations on the North Slope of the Acropolis, 1937", *Hesperia*, Vol. 7, No. 2 (1938).

Bruce, I. A. F., "The Democratic Revolution at Rhodes", *The Classical Quarterly*, Vol. 11, No. 2 (Nov., 1961).

Bruce, I. A. F., "Athenian Embassies in the Early Fourth Century B. C.", *Historia*, Bd. 15, H. 3 (Aug., 1966).

Bugh, Glenn R., "Andocides, Aeschines, and the Three Hundred Athenian Cavalrymen", *Phoenix*, Vol. 36, No. 4 (Winter, 1982).

Canevaro, Mirko and Edward Harris, "The Document in Andocides' On The Mysteries", *The Classical Quarterly*, New Series, Vol. 62, No. 1 (May, 2012).

Carawan, E., "Amnesty and Accountings for the Thirty", *The Classical Quarterly*, New Series, Vol. 56, No. 1 (May, 2006).

Carawan, E., "The Meaning of MÊ MNÊSIKAKEIN", *The Classical Quarterly*, New Series, Vol. 62, No. 2 (December, 2012).

Cawkwell, G. L., "The king's Peace", *The Classical Quarterly*, Vol. 31, No. 1 (1981).

Chroust, Anton-Hermann, "Treason and Patriotism in Ancient Greece", *Journal of the History of Ideas*, Vol. 15, No. 2 (Apr., 1954).

Clark, W. P., "Private and Public Benefactions in Athenian Litigation", *The Classical Weekly*, Vol. 23, No. 5 (Nov. II, 1929).

Cook, Margaret, "Ancient Political Factions: Boiotia 404 to 395", *Transactions of the American Philological Association*, Vol. 118 (1988).

Cox, Cheryl Anne, "Hipponicus' Trapeza: Humour in Andocides 1. 130 – 131", *The Classical Quarterly*, Vol. 46, No. 2 (1996).

Davies, J. K., "Demosthenes on Liturgies: A Note", *Journal of Hellenic Studies*, Vol. 87 (1967).

Devoto, James G., "Agesilaus, Antalcidas, and the Failed Peace of 392/1 B. C.", *Classical Philology*, Vol. 81, No. 3 (Jul., 1986).

Dover, K. J., "Diokleides and the Light of the Moon", *The Classical Review*, Vol. 15, No. 3 (Dec., 1965).

Eder, Walter, "Who Rules? Power and Participation in Athens and Rome", in Anthony Molho, Kurt Raaflaub and Julia Emlen, eds., *City States in Classical Antiquity and Medieval Italy*, Ann Arbor: The University of Michigan Press, 1991.

Finley, M. I., "Athenian Demagogues", *Past and Present*, No. 21 (Apr., 1962).

Finley, M. I., "The Fifth-century Athenian Empire: a Balance Sheet", in P. D. A. Garnsey and C. D. Whittaker, eds., *Imperialism in the Ancient World*, Cambridge: Cambridge University Press, 1978.

Furley, W. D., "Andokides Ⅳ ('Against Alkibiades'): Fact or Fiction", *Hermes*, 117. Bd., H. 2 (1989).

Gribble, David, "Rhetoric and History in [Andocides] 4, against Alcibiades", *The Classical Quarterly*, New Series, Vol. 47, No. 2 (1997).

Hansen, M. H., "Misthos for magistrates in classical Athens", *Symbolae Osloenses: Norwegian Journal of Greek and Latin Studies*, Vol. 54, No. 1 (1979).

Hansen, M. H., "Eisangelia in Athens: A Reply", *The Journal of Hellenic Studies*, Vol. 100 (1980).

Harrison, A. R. W., "Law-making at Athens at the End of the Fifth Century B. C.", *The Journal of Hellenic Studies*, Vol. 75 (1955).

Harris, Edward M., "Review: M. J. Edwards Greek Orators Ⅳ. Andocides", *The Classical Review*, Vol. 48, No. 1 (1998).

Harris, Edward M., "The Authenticity of Andocides' *De Pace* A Subversive Essay", in Pernille Flenstad-Jensen, Thomas Heine Nielsen and Lene Rubinstein, eds., *Polis & Politics: Studies in Ancient Greek History*, Museum Tusculanum Press & University of Copenhagen, 2000.

Harris, Edward M., "Law and Oratory", in Ian Worthington, eds., *Persuasion: Greek Rhetoric in Action*, London & New York: Routledge, 1994.

Harvey, F. D., "The Conspiracy of Agasias and Aischines (Plutarch, Aristeides 13)", *Klio*, Vol. 66, No. 1 (1984).

Joyce, Christopher J., "The Athenian Amnesty and Scrutiny of 403", *The Classical Quarterly*, New Series, Vol. 58, No. 2 (Dec., 2008).

Keen, Antony G., "A 'Confused' Passage of Philochoros (F 149a)' and the Peace of 292/1 B. C.", *Historia*, Bd. 44, H. 1 (1st Qtr., 1995).

Kox, Cheryl Anne, "Incest, Inheritance and the Political Forum in Fifth-Century Athens", *The Classical Journal*, Vol. 85, No. 1 (Oct-Nov., 1989).

Lewis, D. M., "Cleisthenes and Attica", *Historia*, Bd. 12, H. 1 (Jan., 1963).

Lewis, John David, "Constitution and Fundamental Law: The Lesson of Classical Athens", *Social Philosophy and Policy*, Vol. 28, No. 1 (2011).

Marr, J. L., "Andocides' Part in the Mysteries and Hermae Affairs 415 B. C.", *The Classical Quarterly*, Vol. 21, No. 2 (Nov., 1971).

McDevitt, A. S., "Andocides 1, 78 and the Decree of Patrocleides", *Herms*, Bd. 98, H. 4 (1970).

McGlew, James F., "Politics on the Margins: The Athenian 'Hetaireiai' in 415 B. C.", *Historia*, Bd. 48, H. 1 (1st Qtr., 1999).

Missiou, Anna., "Δουλος τον βασιλέως: The Politics of Translation", *The Classical Quarterly*, Vol. 43, No. 2 (1993).

Murry, Oswyn. , "The Affair of the Mysteries", in Oswyn Murray, eds. , *Sympotica: A Symposium on the Symposium*, Oxford: Clarendon Press, 1990.

Osborne, R. , "The Erection and Mutilation of the Hermai", *Proceedings of the Cambridge Philological Society*, New Series, Vol. 31 (211) (1985).

Ostwald, Martin. , "Public Expense: Whose Obligation? Athens 600 – 454 B. C. E. ", *Proceedings of the American Philosophical Society*, Vol. 139, No. 4 (Dec. , 1995).

Perlman, S. , "The Cause and the Outbreak of the Corinthian War", *The Classical Quarterly*, Vol. 14, No. 1 (May. , 1964).

Perlman, S. , "Athenian Democracy and the Revival of Imperialistic Expansion at the Beginning of the Fourth Century B. C. ", *Classical Philology*, Vol. 63, No. 4 (Oct. , 1968).

Quinn, Josephine Crawley. , "Herms, Kouroi and the Political Anatomy of Athens", *Greece & Rome*, Vol. 54, No. 1 (Apr. , 2007).

Rhodes, P. J. , "ΕΙΣΑΓΓΕΛΙΑ in Athens", *The Journal of Hellenic Studies*, Vol. 99 (1979).

Rhodes, P. J. , "Athenian Democracy after 403 B. C. ", *The Classical Journal*, Vol. 75, No. 4 (Apr-May. , 1980).

Rhodes, P. J. , "The Athenian Code of Law, 410 – 399 B. C. ", *The Journal of Hellenic Studies*, Vol. 111 (1991).

Rhodes, P. J. , "Stability in the Athenian Democracy after 403 B. C. ", in Bernhard Linke, Mischa Meier and Meret Strohmann, Hg. , *zwischen Monarchie und Republik*, Franz Steiner Verlag Stuttgart, 2010.

Roberts, J. , "The Athenian Conservatives and the Impeachment Trials of the Corinthian War", *Hermas*, 108. Bd. , H. 1 (1980).

Rosivach, Vincent J. , "IG I^3 82 and the Date of the Introduction of Bouleutic 'μισθοσ' ", *Zeitschrift für Papyrologie und Epigraphik*, Bd.

175 (2010).

Schwartzberg, Melissa, "Athenian Democracy and legal Change", *American Political Science Review*, Vol. 98, No. 2 (May, 2004).

Seager, R., "Lysias Against the Corn-dealers", *Historia*, Bd. 15, H. 2 (Apr., 1966).

Seager, R., "Andocides' Confession: A Dubious Note", *Historia*, Bd. 27, H. 1 (1st Qtr., 1978).

Seager, R., "Thrasybulus, Conon and Athenian Imperialism, 396 – 386 B. C.", *Journal of Hellenic Studies*, Vol. 87 (1967).

Sealey R., "On the Athenian Concept of Law", *The Classical Journal*, Vol. 77, No. 4 (Apr-May., 1982).

Sealey, R., "Callistratos of Aphidna and His Contemporaries", *Historia*, Bd. 5, H. 2 (Jun., 1956).

Strauss, B. S., "Thrasybulus and Conon: A Rivalry in Athens in the 390s B. C.", *The American Journal of Philology*, Vol. 105, No. 1 (Spring, 1984).

Taylor, Claire, "Bribery in Athenian Politics Part Ⅰ", *Greece & Roman*, Vol. 48, No. 1 (Apr., 2001).

Taylor, Claire, "Bribery in Athenian Politics Part Ⅱ", *Greece & Roman*, Vol. 48, No. 2 (Oct., 2001).

Thompson, Wesley E., "Andocides and Hellanicus", *Transactions and Proceedings of the American Philological Association*, Vol. 98 (1967).

Thompson, Wesley E., "Andocides and the Peace of Cimon", *Phoenix*, Vol. 38, No. 3 (Autumn, 1984).

Todd, S. C., "Revisiting the Herms and the Mysteries", in D. L. Cairns and R. A. Knox., eds., *Law, Rhetoric, and Comedy in Classical Athens*, Swansea: The Classical Press of Wales, 2004.

Tuplin, Christopher, "ΣΥΜΠΡΙΑΣΘΑΙ in Lysias 'against the Corndealers'", *Herms*, Bd. 114, H. 4 (4th Qtr., 1986).

Wallace, R. W., "Charmides, Agariste and Damon: Andocides 1.16", *The Classical Quarterly*, 2, Vol. 42 (1992).

英文工具书

Cary M., Nock A. et al. eds., *Oxford Classical Dictionary*, 1st edition, Oxford: The Clarendon Press, 1964.

Hornblower S. and Spawforth A. eds., *The Oxford Classical Dictionary*, 3rd edition revised, Oxford: Oxford University Press, 2003.

Hubert Cancik and Helmuth Schneid, eds., *Brill's New Pauly*, Leiden-Boston: Brill, 2003.

中文译作

苗力田主编:《亚里士多德全集》第9、10卷,中国人民大学出版社1994、1997年版。

[古希腊]《阿里斯托芬喜剧》上卷,张竹明译,译林出版社2007年版。

[古希腊]希罗多德:《历史》,王以铸译,商务印书馆2005年版。

[古希腊]修昔底德:《伯罗奔尼撒战争史》,谢德风译,商务印书馆1960年版。

[古希腊]亚里士多德:《政治学》,颜一、秦典华译,中国人民大学出版社2003年版。

[古希腊]安多基德斯:《论密仪》,晏绍祥译,载彭小瑜、张绪山主编《西学研究》第一辑,商务印书馆2003年版。

[英]J. K. 戴维斯:《民主政治与古典希腊》,黄洋、宋可即译,上海人民出版社2010年版。

[英]M. I. 芬利:《古代世界的政治》,晏绍祥、黄洋译,商务印书馆2013年版。

[美]米尔恰·伊利亚德:《宗教思想史》,吴晓群译,上海社会科学院出版社2011年版。

中文著作

黄洋、晏绍祥主编:《希腊史研究入门》,北京大学出版社 2009 年版。

李尚君:《演说舞台上的雅典民主——德谟斯提尼的演说表演与民众的政治认知》,北京大学出版社 2015 年版。

晏绍祥:《古典历史研究史》下卷,北京大学出版社 2013 年版。

中文论文

黄洋:《雅典民主政治新论》,《世界历史》1994 年第 1 期。

黄洋:《民主政治诞生 2500 年?——当代西方雅典民主政治研究》,《历史研究》2002 年第 2 期。

黄洋:《"雅典革命论"与古典雅典政制的构建》,《历史研究》2012 年第 5 期。

蒋保:《演说与雅典民主政治》,《历史研究》2006 年第 6 期。

蒋保:《20 世纪中后期国外学者对古希腊演说研究述评》,《古代文明》2008 年第 4 期。

李尚君:《德谟斯提尼的修辞策略与雅典民众政治角色的塑造》,《历史研究》2011 年第 4 期。

李尚君:《雅典民主政治研究的新视角——德谟斯提尼的演说修辞策略与民众的政治认知》,《史林》2012 年第 4 期。

晏绍祥:《从理想到暴政——古典时代希腊人的雅典民主观》,《华东师范大学学报》2003 年第 6 期。

晏绍祥:《演说家与希腊城邦政治》,《历史研究》2006 年第 6 期。

晏绍祥:《"新世纪、新民主?"——近十年来雅典民主研究的某些取向》,《史学理论研究》2009 年第 4 期。

晏绍祥:《雅典民主政治发端之论争》,《武汉大学学报》2019 年第 1 期。

杨巨平、王志超:《试论演说家与雅典民主政治的互动》,《世界历史》2007 年第 4 期。

中文学位论文

蒋保：《演说术与雅典民主政治》，博士学位论文，复旦大学，2005年。

李尚君：《演说舞台上的雅典民主——德谟斯提尼的演说表演与民众的政治认知》，博士学位论文，复旦大学，2009年。

中文工具书

《辞海》（下册），上海辞书出版社1989年版。

罗念生、水建馥编：《古希腊语汉语词典》，商务印书馆2004年版。

新华通讯社译名室主编：《世界人名翻译大辞典》，中国对外翻译出版公司2007年版。

周定国主编：《世界地名翻译大辞典》，中国对外翻译出版公司2008年版。

后　　记

当开始书写这一段文字时，本应是一丝轻松扑面而来，但此时却感觉到更大的压力和不安。这其中的原因其实很简单，这本小书是在博士学位论文的基础上修改而成的，尽管距离博士毕业已经四年有余，但实际上由于博士毕业后就入站上海师范大学做博士后，在从事一个新选题的情况下，业已完成的博士学位论文更多的是沉睡在电脑的角落里。从这个意义上讲，从博士后出站到准备向出版社交稿的短暂数月时间里，其实对该论文的修改是有限的。也许用更长的时间进一步修改是更为明智的选择。但在各种因素的催生和压力之下，这本小书却不得不提前正式面世。

正因为是以博士学位论文为基础，所以思绪由此而追忆到2012年秋季至2015年夏季在首都师范大学跟随晏绍祥先生求学的日子。求学三年，充实而宝贵，已然在我的人生旅程中留下了永恒痕迹。此前我是山东省枣庄学院的一名教学秘书。虽言教学秘书，工作却无所不包，烦琐、忙碌是那段时光的真实写照，而逃避这种生活的路径之一便在于外出读书。幸运的是，尽管没有太多时间去复习功课，但最终总算磕磕绊绊地在荒废了五年后重返校园。所以，首先感谢晏绍祥先生给我重返校园的机会，这是旧我的结束。入学后，晏先生根据我的实际情况确定了目前的选题，然后是围绕该选题阅读相关的文献和论著。在这一过程中，最让我感动的是，为挑选合适的论文，晏先生有一次从午夜忙碌到清晨。在写作论文的过程中，晏先生更是如《荷马史诗》中的老者涅斯托尔那样指引着我，带我走出迷茫与困惑。在攻读博士学位的三年时间里，全新的论文选题和写作模式，以及海量的图书资料，对我而言都是极大挑战，是新我的塑造。博士毕业后，晏先生依然关心我的学业和生活，继续给我指导和鼓励。旧我的结束和告别、新我的塑造和成长，都与晏先生密不可分，因此我在此致以最真挚的谢意。

在博士学位论文的写作过程中，母校的徐蓝教授、刘城教授、金寿福教授、陈志坚教授、李永斌博士都给予了诸多指点和帮助，感谢各位老师。在北京大学学习希腊语期间，黄洋教授、刘淳老师给予我很多教导，感谢两位老师。在搜集资料的过程中，浙江大学由昭红博士、复旦大学李宏伟博士、南开大学高克冰博士以及上海师范大学李红霞博士等都提供了诸多帮助，感谢他们。学习生活中，也得到了首都师范大学历史学院世界史资料室王晓红、宋凤英，学生办公室刘旭，科研办公室赵山花等诸位老师的帮助。同门王宁师兄、陈思伟师兄、刘小青师姐、李立华师弟、王坤霞师妹、丁庆节师弟、陈娇娇师妹等诸位同门在查找资料、论文写作及修改过程中也提供了诸多有益的建议和帮助。同窗裴幸超、范建文、卢玲玲、郜俊斌等诸君给予了诸多鼓励和支持。在此，一并致谢。

在毕业答辩时，中国社会科学院的徐建新、赵文洪和中国人民大学的徐浩三位先生都给出了详细的修改建议，刘城教授、金寿福教授、陈志坚教授三位老师给予了诸多鼓励，特此感谢。

在求学的日子里，由于我在原单位枣庄学院还承担了部分教学任务，感谢徐玲院长在排课等诸多方面为我提供的便利。学院的张传洲院长、蔡永清书记、隋保禄院长等领导对我多有关心和爱护，在此表示感谢。在毕业后的日子里，教学压力依旧存在，但同事间和谐相处、相互激励，感谢他们。

在多年求学的路上，我的父母、哥哥、嫂子以及小妹为整个家庭付出太多，感谢他们常年的付出和支持。在这里，我将这本小书献给

后　记

已去世的父亲。父亲是朴实的农民，历尽辛劳，一步一步把我从乡土世界推出去。本该到了享受收获季节的喜悦之时，父亲却因病离世。"子欲养而父不待"的悲情涌上心间，却是另一番苦楚，怀念父亲。在枣庄安家后，我的岳父、岳母同样支持我求学和进步，每次回家都会有丰盛的饭菜，很是温馨，感谢两位老人。妻子刘燕在工作的同时，承担起照顾老人、接送孩子以及料理家务的重任，有时还要忍受我因为写作论文带来的不稳定情绪。没有她在家稳定全局，我实难安心求学和写作论文。因为我求学的缘故，小女蒙蒙也不得不提前半年被送往幼儿园体验集体生活。虽然每隔一段时间，我都会回山东去陪陪她，但毕竟来去匆匆，这在亲情上是难以弥补的亏欠。在即将交稿之际，二宝昊润如期而至地加入我们的大家庭，期望他健康快乐成长。

回首最初准备攻读博士学位的动机，这其中固然存在合理逃避教学秘书工作的因素，但这并非唯一的理由，因为当时逃离的方式很多，也许大学时代对希腊文明的向往是内心深处的遥远呼唤。但显而易见的是，这种向往并不应该仅仅是求得知识和学问，它更应该是一种责任和担当，因为现代中国文明的构建需要古希腊文明这块他山之石。在毕业后的日子里，忙碌和压力同在，也深知这份责任的沉重，希望自己能够担负得起这份应尽的责任。

为已逝的昨日，为向往的明天，是为记。

贾文言
2019 年 7 月 28 日